Auxiliando a humanidade a encontrar a Verdade

Série
Memórias do Espiritismo

Fotos e ilustrações da página anterior (de cima para baixo, a partir da esquerda):
Gabriel Delanne, Bezerra de Menezes, Allan Kardec, Leon Denis;
William Crookes, Alfred Russel Wallace, Alexander Aksakof, Oliver Lodge;
Yvonne do Amaral Pereira, Alfred Binet, Ernesto Bozzano, Arthur Conan Doyle;
Hercílio Maes, Caibar Schutel, Gustavo Geley, Eurípedes Barsanulfo;
Victor Hugo, Charles Robert Richet, Cesare Lombroso, Pierre Gaetan Leymarie;
Andrew Jackson Davies, Camille Flammarion, Francisco Cândido Xavier, Emanuel Swedenborg.

Reconhecemos a ausência de inúmeros expoentes do espiritismo nesta galeria de imagens. Em razão do limitado espaço, escolhemos apenas algumas personalidades ilustres para representar todos aqueles que gostaríamos de homenagear.

O Problema do Ser
e do Destino

© 2022 — Conhecimento Editorial Ltda

O Problema do Ser e do Destino
Léon Denis

Todos os direitos desta edição
reservados à
CONHECIMENTO EDITORIAL LTDA.
Rua Prof. Paulo Chaves, 276 - Vila Teixeira Marques CEP 13485-150 — Limeira — SP
Fone/Fax: 19 3451-5440
www.edconhecimento.com.br
vendas@edconhecimento.com.br

Nos termos da lei que resguarda os direitos autorais, é proibida a reprodução total ou parcial, de qualquer forma ou por qualquer meio — eletrônico ou mecânico, inclusive por processos xerográficos, de fotocópia e de gravação — sem permissão, por escrito, do editor.

Tradução: Mariléa de Castro
Ilustração da Capa: Banco de imagens
Projeto Gráfico: Sérgio Carvalho

ISBN 978-85-7618-256-6 — 1ª Edição - 2011

• Impresso no Brasil • *Presita en Brazilo*

Produzido no departamento editorial da
CONHECIMENTO EDITORIAL LTDA

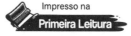

Impresso na
Primeira Leitura

a gráfica digital da **EDITORA DO CONHECIMENTO**

Dados Internacionais de Catalogação na Publicação (CIP)
(Angélica Ilacqua CRB-8 / 7057)

Denis, Léon (1846-1927)

O Problema do Ser e do Destino / Léon Denis tradução de Mariléa de Castro - Limeira, SP: 1ª edição ; Editora do Conhecimento, 20113.

394 p.

ISBN: 987-85-7618-256-6

1. Espiritismo I. Título II. Castro, Mariléa de III. Série

CDD - 133.93

Índices para catálogo sistemático:
1. Espiritismo

Léon Denis

O Problema do Ser e do Destino

1ª edição
2011

Sumário

Textos introdutórios – Obra de Léon Denis, *O Problema do Ser e do Destino* – Do livro de Henry Regnault, *A Morte Não Existe* (com base nas obras de Léon Denis), 9

Introdução, 18

Primeira Parte – O problema do ser

I – A evolução do pensamento, 31
II – O critério da doutrina dos espíritos, 39
III – O problema do ser, 61
IV – A personalidade integral, 68
V – A alma e os diferentes estados do sono, 79
VI – Desprendimento e exterior
– Projeções telepáticas, 93
VII – Manifestações depois da morte, 101
VIII – Estados vibratórios da alma – A memória, 114
IX – Evolução e finalidade da alma, 120
X – A morte, 130
XI – A vida no Além, 146
XII – As missões, a vida superior, 156

Segunda Parte – O problema do destino

I – As vidas sucessivas
– A reencarnação e suas leis, 163
II – As vidas sucessivas – provas experimentais
– Renovação da memória, 181
III – As vidas sucessivas
– As crianças-prodígio e a hereditariedade, 232
IV – As vidas sucessivas – objeções e críticas, 249
V – As vidas sucessivas – provas históricas, 262
VI – Justiça e responsabilidade
– O problema do mal, 280
VII – A lei dos destinos, 292

Terceira Parte – As potências da alma

I – A vontade, 305
II – A consciência – O sentido íntimo, 315
III – O livre-arbítrio, 335
IV – O pensamento, 342
V – A disciplina do pensamento
e a reforma do caráter, 348
VI – O amor, 356
VII – A dor, 364
VIII – Revelação pela dor, 379

Profissão de fé do século **XX**, 391

Textos introdutórios
Obra de Léon Denis
O Problema do Ser e do Destino
Do livro de Henri Regnault
A Morte Não Existe
(Com base nas obras de Léon Denis)

Como todas as obras de Léon Denis, *O Problema do Ser e do Destino* foi um livro escrito com a colaboração do mundo invisível. O mestre não se cansa de confessar tal fato a seus leitores.

Ele escreve: "Esta obra não é exclusivamente minha; é, antes, o reflexo de um pensamento mais alto que eu busco interpretar".[1]

Ele concorda, em todos os pontos essenciais, com as diretrizes expressas pelos instrutores de Allan Kardec; todavia, os pontos por eles deixados obscuros são nesta obra abordados.

Tenho tratado, igualmente, nesta obra, das ideias, da ciência humana e de suas descobertas. Em certos casos, ofereci minhas impressões pessoais e meus comentários, porque, no espiritismo – não precisaríamos dizer –, não há dogmas,[2] e cada um de seus princípios pode e deve ser discutido, julgado e submetido ao controle da razão.

Considerei como um dever beneficiar meus irmãos terrenos com esses ensinamentos. Uma obra só vale por si mesma; é o que se pode pensar e dizer sobre a revelação dos espíritos. Embora eu não possa admitir que, enquanto são ensinados, em todas as universidades, sistemas filosóficos elaborados pelo pensamento humano, ainda se

---

[1] Léon Denis. *O Problema do Ser e do Destino*. 14. milheiro, p. 53 (edição francesa).
[2] Consultar página 98, nota I, parágrafo 2 (edição francesa).

desconheçam e se rejeitem os princípios divulgados pelas nobres inteligências do espaço.

Embora estimemos os mestres da razão e da sabedoria humanas, não há motivo para desdenhar os mestres da razão sobre-humana, os representantes de uma sabedoria mais alta e mais grave.

O espírito do homem, comprimido pela carne, privado da plenitude de seus recursos e de suas percepções, não pode alcançar, por si só, o conhecimento do Universo invisível e de suas leis.

O círculo no qual se agitam nossas vidas e nosso pensamento é limitado, e nosso ponto de vista é restrito.

A insuficiência dos dados adquiridos torna qualquer generalização impotente ou improvável.

Faltam-nos guias para a penetração no domínio do desconhecido e no infinito das leis. E, pela colaboração dos eminentes pensadores dos dois mundos, das duas humanidades, as mais altas verdades serão atingidas; pelo menos as entrevistas e os mais nobres princípios estabelecidos.

Bem melhores e mais seguros que nossos mestres terrenos, os mestres do espaço sabem nos colocar em presença do problema da vida, do mistério da alma e nos ajudam a tomarmos consciência acerca de nossa grandeza e de nosso futuro.

No que concerne à data de publicação dessa obra, não consegui obter a indicação precisa. Meu volume está marcado com 14°. milheiro. Na página 18, consta a questão do livro *No invisível*. Por consequência, *O Problema do Ser e do Destino* apareceu depois de 1901. Na página 231 de *Joana d'Arc, Médium*, Léon Denis remete o leitor à *O Problema do Ser e do Destino*. Este livro é, pois, anterior ao *Joana d'Arc, Médium*, que aparece em 1910.

Podemos, pois, considerar essa obra como publicada entre 1901 e 1910, sem poder precisar mais nada.

Como todos os outros volumes de Léon Denis, *O Problema do Ser e do Destino* foi muito bem acolhido pela crítica. *Le Journal* publicou o seguinte artigo:

> Léon Denis, já conhecido do grande público europeu por suas obras, acaba de publicar um novo livro. *O Problema do Ser e do Destino* nos oferece uma verdadeira revelação dos aspectos ignorados do ser humano, de suas origens, de seus fins, assim como das potencialidades nele ocultas.

A possibilidade de reconstituir, experimentalmente, pelo método hipnótico, a imensa cadeia de lembranças, aquisições, peripécias das vidas anteriores e sucessivas, no curso das quais se constitui nosso eu, e prosseguir sua lenta evolução, tudo isso é demonstrado em quinhentas páginas, em um estilo eloquente, atraente e luminoso.

Todas as deduções do autor se apoiam nesses fatos expostos com precisão e clareza e com os testemunhos de eminentes sábios, de experimentadores autorizados, de pensadores pertencentes à elite intelectual de todas as nações.

Esse livro nos ensina: nosso ser é, na realidade, um pequeno mundo ainda pouco conhecido, em que dormitam energias ocultas, forças latentes, lembranças abafadas, no estado de vigília, sob o peso da carne.

Todas essas riquezas, porém, podemos resgatá-las, colocá-las em ação e, por elas, edificar um futuro melhor.

Por aí se explica a infinita variedade das aptidões, dos caracteres e também as paixões, os talentos, os gênios, o amor, o ódio e a dor. Os sombrios enigmas da vida se resolvem; o mistério do destino se aclara com uma intensa luz.

Essa obra compreende três partes: Léon Denis estuda, inicialmente, o problema do ser; em seguida, busca o problema do destino; e, finalmente, ele faz o estudo das potencialidades da alma.

Na primeira parte (o problema do ser), o autor analisa o que somos e qual é a natureza de nossa personalidade.

Na segunda parte (o problema do destino), Léon Denis estuda qual é nosso destino. Ele indaga se a morte causa o aniquilamento do ser e pergunta se uma única existência permite ao homem cumprir sua evolução ou se, ao contrário, as vidas sucessivas não são uma obrigação.

Na terceira parte (potencialidades da alma), ele estuda as possibilidades da alma.

Sabemos que o espiritismo explica que o homem é composto por corpo físico, perispírito e alma.

Temos a prova da existência da alma dos vivos, inicialmente pelas manifestações do fantasma dos vivos e, em seguida, pelas duplas personalidades.

Por vezes, a pessoa parece um ser diferente daquele conhecido, em seu estado normal; esse novo indivíduo é muito diferente quanto ao caráter.

Léon Denis se preocupa em mostrar exemplos de dupla personalidade e cita, notadamente, os casos clássicos de Felida, Mary Renolds, Louis Vivé, Miss Beauchamp e Alma Z.[3]

Ele escreve: "Alma Z.[4] era uma jovem sadia e inteligente, de caráter sólido e atraente, de espírito de iniciativa em tudo quanto empreendia: estudo, esportes ou relações sociais".

Com a continuidade do trabalho intelectual e de uma indisposição negligenciada, sua saúde ficou bastante abalada, e, após dois anos de grandes sofrimentos, uma segunda personalidade apareceu, bruscamente.

Em uma linguagem semi-infantil, semi-indiana, essa personalidade se anunciava como sendo a número dois, vinda para suavizar os sofrimentos da número um.

Ora, o estado da número um era, naquele momento, um dos mais deploráveis: dores, debilidade, síncopes frequentes, insônias, estomatite mercurial de origem medicamentosa, a qual tornava a alimentação impossível.

A número dois, por sua vez, era alegre e terna, dona de uma conversação fina e espiritual, de forma a guardar todo o seu conhecimento, alimentado-se bem e fartamente, para tirar melhor proveito da primeira personalidade. A conversação, por mais refinada e interessante que fosse, não dentava supor conhecimentos adquiridos pela primeira personalidade. Mostrava uma inteligência supranormal, relativamente aos acontecimentos que se passavam nas proximidades.

Foi naquele momento que o autor começou a observar o caso, e eu não o perdi de vista, durante seis anos consecutivos. Quatro anos após a aparição da segunda personalidade, surgiu uma terceira, que se anunciou com o nome de "gamin".[5] Ela era completamente distinta das outras duas, tomando o lugar do número dois, que ela manteve durante quatro anos.

Todas essas personalidades, embora absolutamente distintas e características, eram agradáveis, cada uma em seu gênero. A segunda, em particular, foi e ainda é a alegria de seus amigos, todas as vezes que aparecia e em que era possível ela se aproximar. Era sempre nos momentos de fa-

---

[3] Léon Denis. *O Problema do Ser e do Sestino*. 14. milheiro, p. 81 (edição francesa).
[4] Esta passagem é extraída de um livro de Myers: *La Personnalité Humaine*.
[5] N.T. – Garoto.

diga excessiva, de excitação mental e de prostração que ela surgia, permanecendo, por vezes, durante alguns dias.

O "eu" original afirma sempre sua superioridade; os outros só estão lá por interesse.

A número um não tem qualquer conhecimento pessoal quanto às duas personalidades. Entretanto, conhece-as bem, principalmente a número dois, pelas narrativas dos outros e pelas cartas que recebia delas. A número um admira as mensagens finas, espirituais e, frequentemente, instrutivas que lhe trazem essas cartas ou as narrações dos amigos.

Esses casos de dupla personalidade são bem a prova de que há no homem outra coisa além do que aparece para o mundo.

Em *O Problema do Ser e do Destino*, como em suas outras obras, Léon Denis não deixa de indicar os perigos do espiritismo. Ele escreve:[6]

> Certas precauções são necessárias. O mundo invisível é povoado por entidades de todas as ordens, e quem aí penetra deve possuir uma perfeição suficiente, estar inspirado por sentimentos muito elevados para se colocar ao abrigo de todas as sugestões do mal.

Ao menos, tudo deve ser conduzido, em suas pesquisas, por um guia seguro e esclarecido.

É pelo progresso moral que se obtém a autoridade e a energia necessárias para comandar os espíritos levianos e atrasados que pululam em nosso derredor.

A plena posse de si mesmo e os conhecimentos profundos e tranquilos das leis eternas nos protegem contra os perigos, as armadilhas e as ilusões do Além. As leis divinas nos mostram os meios de controlar as forças em ação sobre o plano oculto.

Léon Denis oferece, igualmente, preciosos conselhos quanto ao desenvolvimento da mediunidade. Essa questão já foi estudada no capítulo consagrado, em *No invisível*; não voltarei mais a ele. Entretanto, devo sublinhar que o mestre, na página 130, assinala a importância da incorporação, que é um dos fenômenos "que mais concorrem para demonstrar a espiritualidade do ser e o princípio da sobrevivência".

Tenho me dado bem com essa apreciação, porque es-

---

[6] Léon Denis. *O Problema do Ser e do Destino*. 14. milheiro, p 426 (edição francesa).

tou muito preocupado com a incorporação (ou encarnação), no curso de minhas pesquisas pessoais.[7]

Para desenvolver os sentidos psíquicos, convém, segundo Léon Denis, isolar-se, afastar as imagens materiais e procurar ler com calma e recolhimento.

"Quanto mais a alma se afasta do corpo e penetra nas regiões etéreas, mais frágil é o liame que os une, mais vaga a lembrança ao despertar."

A alma plana, bem longe, na imensidade, e o cérebro não mais registra suas sensações. Daí resulta que não podemos analisar nossos mais belos sonhos.

Algumas vezes, a última das impressões sentidas, no curso dessas peregrinações noturnas, subsiste ao despertarmos. Se, nesse momento, tivermos a precaução de fixarmos a memória, podemos gravar a lembrança.

Certa noite, tive a sensação de vibrações percebidas no Espaço, as últimas de uma doce e penetrante melodia, e a lembrança das últimas palavras de um canto, que terminava assim: "Há Céus inumeráveis".[8]

Léon Denis deu, muitas vezes, àqueles que sofrem o meio de entrarem em comunicação com o Além.

Ele escreve:[9]

> Muitas vezes, almas humanas em sofrimento se dirigiam a mim, para solicitar notícias do Além, conselhos e indicações que eu não podia atender. Recomendei-lhes, então, a seguinte experiência que, por vezes, dava resultado: inclinai-vos sobre vós mesmos, dizia-lhes eu, no isolamento e no silêncio.

Elevai vossos pensamentos para Deus, evocai vosso Espírito Protetor, esse guia tutelar que a previdência põe em nossos passos na viagem da vida.

Interrogai-o sobre as questões que vos preocupam, com a condição de que elas sejam dignas dele, livres de qualquer interesse inferior. Depois, aguardai e ouvi, atentamente, vós mesmos. No fim de alguns instantes, nas profundezas de vossa consciência, ouvireis, como um eco débil de uma voz distante, ou então percebereis as vibrações de um pensamento misterioso, que dissipará vossas dúvidas, vossas angústias e consolar-vos-á.

Eis aí, com efeito, uma das formas da mediunidade,

---

[7] Consultar, por exemplo, Henri Regnault. *A Mediunidade na Incorporação*.
[8] Léon Denis. *O Problema do Ser e do Destino*. 14. Milheiro, p. 95 (edição francesa).
[9] *Ibidem*, p 417.

e não das menos belas. Todos podem obtê-la e participar dessa comunhão dos vivos e dos mortos, que é chamada para que seja ouvida, um dia, pela humanidade inteira.

No capítulo consagrado "Depois da Morte", estudei o que é a morte, segundo Léon Denis.

O mestre, em *O Problema do Ser e do Destino*, recorda, várias vezes, essa questão (por exemplo, páginas 118, 155, 164 e 318).[10]

Há mesmo um capítulo especial sobre a morte, o capítulo X.

Ele insiste neste fato: a morte não transforma o indivíduo, porém, ela deixa o ser, intelectualmente e moralmente, no exato estado em que estava, por ocasião da morte.

Quando se sabe o que é a vida e o que é a morte, é impossível temer a Parca.[11]

Não seria útil inserir, nos textos destinados à juventude, o que se poderia chamar de Hino à Morte.

Escreve Léon Denis:[12]

> Ó Morte, ó majestade serena, tu de quem se faz um espantalho, não és para o pensador senão um instante de repouso, a transição entre dois atos do destino, enquanto um termina e outro se prepara. Quando minha pobre alma, errante de tantos séculos pelos mundos, após tantas lutas, vicissitudes e decepções, após tantas ilusões extintas e esperanças adiadas, for repousar de novo em teu seio, é com alegria que ela saudará o despontar da vida fluídica. É com entusiasmo que se elevará, do meio da poeira terrestre, aos espaços insondáveis, na direção dos que ela amou aqui e que a aguardam.
>
> Para a maior parte dos homens, a morte continua o grande mistério, o sombrio problema que não se ousa enfrentar.
>
> Para nós, ela é a hora abençoada em que o corpo fatigado retorna à grande Natureza para permitir à Psique, sua prisioneira, uma livre passagem rumo à Pátria Eterna.
>
> Essa Pátria é a imensidão radiosa, semeada de sóis e de esferas. Perto deles como nossa pobre Terra pareceria mesquinha. O Infinito a envolve por todos os lados.

---

[10] Léon Denis. *O Problema do Ser e do Destino*. 14. milheiro (edição francesa).

[11] Nota da editora: figuradamente, a morte. Cada uma das deusas (Cloto, Láquesis e Átropos) que, consoante a mitologia, fiavam, dobravam e cortavam o fio da vida.

[12] *Ibidem*, p 157.

O Infinito na extensão e no tempo é o que nos aguarda, quer para a alma, quer para o Universo.

Sabendo exatamente o que é a morte, Léon Denis se posiciona contra o cerimonial lúgubre que tanto contribui para difundir entre os homens o terror do fim.

Tendo sabido conhecer a morte, o espírita não iria temê-la, porque: [13]

> Ela é para ele a entrada em uma forma de vida mais rica de impressões e de sensações.
>
> Não ficamos privados das riquezas espirituais, porém, enriquecidos de novos recursos, tanto mais extensos e mais variados como jamais a alma estaria preparada para usufruir-lhes.
>
> A morte não nos priva sequer das coisas deste mundo.
>
> Continuaremos a ver os que amamos e deixamos na Terra.
>
> Do seio dos espaços, seguiremos o progresso de nosso Planeta, veremos as transformações operadas em sua superfície, assistiremos às novas descobertas, ao desenvolvimento social, político e religioso das nações. E, até a hora de novo retorno à carne, participaremos, fluidicamente, ajudando, com nossa influência, na medida de nossas forças e de nosso progresso, aos que trabalham em proveito de todos.

Léon Denis faz um estudo bem interessante sobre o sono, no capítulo V, intitulado "A Alma e os Diferentes Estados do Sono". Para ele, o sono é: "Simplesmente a saída, o desprendimento da alma fora do corpo. Diz-se: o sono é irmão da morte. Essas palavras exprimem uma profunda verdade".

Sequestrada na carne, no estado de vigília, a alma recobra no sono sua liberdade relativa e temporária, ao mesmo tempo em que recupera seus poderes ocultos.

A morte será sua liberação completa e definitiva.

O terceiro capítulo de *O Problema do Ser e do Destino* é muito importante; ele é consagrado no estudo dos poderes da alma.

Léon Denis demonstra que possuímos nosso livre-arbítrio, o que nos permite transformar nosso caráter e disciplinar nossos pensamentos.

---

[13] Léon Denis. *O Problema do Ser e do Destino*. 14. milheiro, p. 160 (edição francesa).

Após ter indicado a necessidade e o papel benéfico da dor, Léon Denis insiste sobre o poder do amor.

Em seguida, mostra a força de vontade, sem indicar, entretanto, a seus leitores quais são os meios práticos de desenvolver tal faculdade.

Em *O Problema do Ser e do Destino,* Léon Denis consagrou vários capítulos ao estudo da reencarnação, o que constitui o assunto da segunda parte.

Estudei, especialmente, essa importante questão em meu livro *Tu Revivras*. Na página 448 de *O Problema do Ser e do Destino*, Léon Denis escreveu:

> É bom viver em contato pelo pensamento com os escritores de gênio, com os autores verdadeiramente grandes, de todos os tempos, lendo suas obras e meditando, impregnando todo o nosso ser com a substância de suas almas.
>
> As irradiações de seus pensamentos despertam em nós efeitos semelhantes e provocarão, com o tempo, modificações em nosso caráter, de acordo com a própria natureza das impressões experimentadas.

Parece-me normal aplicar esse pensamento às obras de Léon Denis.

Vivamos, portanto, muitas vezes, em comunhão com ele; leiamos suas obras e teremos tudo a ganhar, tanto do ponto de vista da perfeição da forma quanto dos nobres pensamentos e do generoso ideal sempre expressos nos livros do mestre.

Introdução

Uma dolorosa observação surpreende o pensador no ocaso da vida. Resulta também, mais pungente, das impressões sentidas em seu giro pelo espaço. Ele reconhece, então, que, se o ensino ministrado pelas instituições humanas, em geral – igrejas e templos, escolas, universidades –, faz-nos conhecer muitas coisas supérfluas, em compensação, quase nada ensina do que mais precisamos conhecer para encaminhamento da existência terrestre e preparação para o Além.

Aqueles a quem incumbe a alta missão de esclarecer e guiar a alma humana parecem ignorar sua natureza e seus verdadeiros destinos.

Nos meios universitários, reina ainda completa incerteza sobre a solução do mais importante problema com que o homem se defronta em sua passagem pela Terra. Essa incerteza se reflete em todo o ensino. A maior parte dos professores e pedagogos afasta sistematicamente de suas lições tudo o que se refere ao problema da vida, às questões de termo e à sua finalidade.

A mesma impotência encontramos no padre. Por suas afirmações despidas de provas, ele apenas consegue comunicar às almas que lhe estão confiadas uma crença que já não corresponde às regras de uma crítica sã, nem às exigências da razão.

Com efeito, na universidade, assim como na igreja, a alma moderna não encontra senão obscuridade e contradição em tudo o que se refere ao problema de sua natureza e de seu futuro. É a esse estado de coisas que se deve atribuir, em grande parte, o mal de nossa época: a incoerência das ideias, a desordem das consciências, a anarquia moral e social.

A educação que se oferece às gerações é complicada, mas não lhes esclarece o caminho da vida, não lhes confere a têmpera necessária para as lutas da existência. O ensino clássico pode guiar no cultivo, no ornamento da inteligência, mas não inspira, entretanto, a ação, o amor e a dedicação e ainda menos possibilita alcançar uma concepção da vida e do destino que desenvolva as energias profundas do "eu" e nos oriente quanto aos impulsos e aos esforços para um fim elevado.

Essa concepção, no entanto, é indispensável a todo o ser, a toda a sociedade, porque é o sustentáculo, a consolação suprema nas horas difíceis, a origem das virtudes másculas e das altas inspirações.

Carl du Prel cita o seguinte fato:[14]

> Um amigo meu, professor da universidade, passou pela dor de perder a filha, o que lhe reavivou o problema da imortalidade. Dirigiu-se aos colegas, professores de filosofia, esperando achar consolações em suas respostas. Amarga decepção: pedira um pão, ofereciam-lhe pedras; procurava uma afirmação, respondiam-lhe com um talvez!

Francisque Sarcey, modelo completo de professor da universidade, escrevia:[15] "Estou na Terra. Ignoro absolutamente como aqui vim ter e como aqui fui lançado. Não ignoro menos como daqui sairei e o que de mim será quando daqui sair".

Ninguém o confessaria mais francamente: a Filosofia da escola, depois de tantos séculos de estudo e de labor, é ainda uma doutrina sem luz, sem calor, sem vida.[16] A alma de nossos filhos, sacudida entre sistemas diversos e contraditórios – o positivismo de Auguste Comte, o naturalismo de Hegel, o materialismo de Stuart Mill, o ecletismo de Cousin etc. –, flutua incerta, sem ideal, sem fim preciso.

Daí o desânimo precoce e o pessimismo dissolvente, moléstias das sociedades decadentes, ameaças terríveis para o futuro, a que se junta o ceticismo amargo e zombeteiro de tantos moços de nossa época, os quais em nada mais creem do que na riqueza; nada mais honram que o êxito.

---

[14] Carl du Prel. *La mort et l'au-dela*. p. 7.

[15] *Petit Journal*, Crônica, 7 de março de 1894.

[16] A propósito dos exames universitários, escrevia M. Ducros, deão da Faculdade de Aix, no *Journal des Débats*, em 3 de maio de 1912: "Parece que existe entre o discípulo e as coisas como um anteparo, não sei que nuvem de palavras aprendidas, de fatos esparsos e opacos. É sobretudo em filosofia que se experimenta essa penosa impressão".

O Problema do Ser e do Destino

O eminente professor Raoul Pictet assinala esse estado de espírito na introdução de sua última obra sobre as ciências psíquicas.[17] Ele fala do efeito desastroso produzido pelas teorias materialistas na mentalidade de seus alunos e conclui assim:

> Esses pobres moços admitem que tudo quanto se passa no mundo é efeito necessário e fatal de condições primárias, em que a vontade não intervém; consideram que a própria existência é, forçosamente, joguete da fatalidade inelutável, à qual estão entregues de pés e mãos ligados.
> Esses moços cessam de lutar logo às primeiras dificuldades. Já não creem em si mesmos. Tornam-se túmulos vivos, onde se encerram, promiscuamente, suas esperanças, seus esforços, seus desejos, fossa comum de tudo o que lhes fez bater o coração até ao dia do envenenamento. Tenho visto desses cadáveres diante de suas carteiras e no laboratório, e tem-me causado pena vê-los.

Tudo isso não é somente aplicável a uma parte de nossa juventude, mas também a muitos homens de nosso tempo e de nossa geração, nos quais se pode verificar uma espécie de lassidão moral e de abatimento. F. Myers o reconhece, igualmente. Ele diz:[18] "Há uma espécie de inquietação, um descontentamento, uma falta de confiança no verdadeiro valor da vida. O pessimismo é a doença moral de nosso tempo".

As teorias de além-Reno, as doutrinas de Nietzsche, de Schopenhauer, de Haeckel etc. muito contribuíram, por sua parte, para determinar esse estado de coisas. Sua influência por toda a parte se derrama. Deve-se-lhes atribuir, em grande parte, esse lento trabalho, obra obscura de ceticismo e de desânimo, que se desenvolve na alma contemporânea, essa desagregação de tudo o que fortificava a alegria, a confiança no futuro, as qualidades viris de nossa raça.[19]

É tempo de reagir com vigor contra essas doutrinas funestas e de procurar, fora da órbita oficial e das velhas crenças, novos métodos de ensino que correspondam às

---

[17] *Étude critique du matérialisme et du spiritualisme, pour la physique expérimentale.* -F. Alcan, ed., 1896.

[18] F. Myers. *La personnalite humaine.*

[19] Estas linhas foram escritas antes da guerra de 1914-15. É preciso reconhecer que, no curso dessa luta gigantesca, a mocidade francesa demonstrou um heroísmo acima de todo o elogio. Mas nisso em nada interveio a educação nacional. Devemos, pelo contrário, ver aí um acordar das qualidades étnicas que dormitavam no coração da raça.

imperiosas necessidades da hora presente. É preciso dispor os espíritos para os reclamos, os combates da vida presente e das vidas ulteriores; é necessário, sobretudo, ensinar o ser humano a conhecer-se, a desenvolver, sob o ponto de vista de seus fins, as forças latentes que nele dormem.

Até aqui, o pensamento se confinava em círculos estreitos: religiões, escolas ou sistemas, que se excluem e se combatem reciprocamente. Daí essa divisão profunda dos espíritos, essas correntes violentas e contrárias que perturbam e confundem o meio social.

Aprendamos a sair desses círculos austeros e a dar livre expansão ao pensamento. Cada sistema contém uma parte de verdade; nenhum contém a realidade inteira.

O Universo e a vida têm aspectos muito variados, numerosos demais para que um sistema possa abraçar todos. Dessas concepções disparatadas, devem-se recolher os fragmentos de verdade que contêm, aproximando-os e pondo-os de acordo; é necessário, depois, uni-los aos novos e múltiplos aspectos da verdade que descobrirmos todos os dias e encaminharmo-nos para a unidade majestosa e para a harmonia do pensamento.

A crise moral e a decadência de nossa época provêm, em grande parte, de se ter o espírito humano imobilizado durante muito tempo. É necessário arrancá-lo à inércia, às rotinas seculares e levá-lo às grandes altitudes, sem perder de vista as bases sólidas que lhe vêm oferecer uma ciência engrandecida e renovada. É essa ciência de amanhã que trabalhamos para constituir. Ela fornecer-nos-á o critério indispensável, os meios de verificação e de comparação sem os quais o pensamento, entregue a si mesmo, estará sempre em risco de desvairar.

A perturbação e a incerteza que verificamos no ensino repercutem e se encontram, como se dizia, na ordem social inteira.

Em toda a parte, a crise existe, inquietante. Sob a superfície brilhante de uma civilização apurada, esconde-se um mal-estar profundo. A irritação cresce nas classes sociais. O conflito dos interesses e a luta pela vida se tornam, dia a dia, mais ásperos. O sentimento do dever tem se enfraquecido na consciência popular, a tal ponto que muitos homens já não sabem onde está o dever. A lei do número, isto é, da força cega, domina mais do que nunca.

Pérfidos retóricos se dedicam a desencadear as paixões, os maus instintos da multidão, a propagar teorias nocivas e às vezes criminosas. Depois, quando a maré sobe e sopra o vento de tempestade, eles afastam de si toda a responsabilidade.

Onde está, pois, a explicação desse enigma, dessa contradição notável entre as aspirações generosas de nosso tempo e a realidade brutal dos fatos? Por que um regime que suscitara tantas esperanças ameaça chegar à anarquia, à ruptura de todo o equilíbrio social?

A inexorável lógica vai nos responder: a democracia, radical ou socialista, em suas massas profundas e em seu espírito dirigente, inspirando-se nas doutrinas negativas, não podia chegar senão a um resultado negativo para a felicidade e a elevação da humanidade. Tal qual o ideal e o homem, tal a nação e o país.

As doutrinas negativas, em suas consequências extremas, levam fatalmente à anarquia, isto é, ao vácuo, ao nada social. E a história humana já o tem experimentado dolorosamente.

Enquanto se tratou de destruir os restos do passado, de dar o último golpe nos privilégios que restavam, a democracia se serviu habilmente de seus meios de ação. Mas, hoje, importa reconstruir a cidade do futuro, o edifício vasto e poderoso que deve abrigar o pensamento das gerações. Diante dessas tarefas, as doutrinas negativistas mostram sua insuficiência e revelam sua fragilidade; vemos os melhores operários se debaterem em uma espécie de impotência material e moral.

Nenhuma obra humana pode ser grande e duradoura se não se inspirar, na teoria e na prática, quanto aos seus princípios e às suas explicações, nas leis eternas do Universo. Tudo o que é concebido e edificado fora das leis superiores se funda na areia e desmorona.

Ora, as doutrinas do socialismo atual têm uma tara capital. Querem impor uma regra em contradição com a natureza e a verdadeira lei da humanidade: o nível igualitário.

A evolução gradual e progressiva é a lei fundamental da natureza e da vida; é a razão de ser do homem, a norma do Universo. Insurgir-se contra essa lei, substituir o fim por outro seria tão insensato como querer parar o movimento da Terra ou o fluxo e o refluxo dos oceanos.

O lado mais fraco da doutrina socialista é a ignorância absoluta do homem, de seu princípio essencial, das leis que presidem seu destino. E, quando se ignora o homem individual, como poder-se-ia governar o homem social?

A origem de todos os nossos males está em nossa falta de saber e em nossa inferioridade moral. Toda a sociedade permanecerá débil, impotente e dividida durante todo o tempo em que a desconfiança, a dúvida, o egoísmo, a inveja e o ódio a dominarem. Não se transforma uma sociedade por meio de leis. As leis e as instituições nada são sem os costumes, sem as crenças elevadas. Quaisquer que sejam a forma política e a legislação de um povo, se ele possui bons costumes e fortes convicções, será sempre mais feliz e poderoso do que outro povo de moralidade inferior.

Sendo uma sociedade a resultante das forças individuais, boas ou más, para se melhorar a forma dessa sociedade, é preciso agir primeiro sobre a inteligência e sobre a consciência dos indivíduos.

Contudo, para a democracia socialista, o homem interior, o homem da consciência individual não existe; a coletividade o absorve por inteiro. Os princípios que ela adota não são mais do que uma negação de toda a filosofia elevada e de toda a causa superior. Não se procura outra coisa senão conquistar direitos; entretanto, o gozo dos direitos não pode ser obtido sem a prática dos deveres. O direito sem o dever, que o limita e corrige, só pode produzir novas dilacerações, novos sofrimentos.

Eis por que o impulso formidável do socialismo não faria senão deslocar os apetites, as ambições, os sofrimentos e substituir as opressões do passado por um despotismo novo, mais intolerável ainda.

Já podemos medir a extensão dos desastres causados pelas doutrinas negativas. O determinismo, o monismo, o materialismo, negando a liberdade humana e a responsabilidade, minam as próprias bases da ética universal. O mundo moral não é mais que um anexo da fisiologia, isto é, o reinado, a manifestação da força cega e irresponsável. Os espíritos de escol professam o niilismo metafísico, e a massa humana, o povo, sem crenças, sem princípios fixos, está entregue a homens que lhe exploram as paixões e especulam suas ambições.

O positivismo, apesar de ser menos absoluto, não é menos funesto em suas consequências. Por suas teorias do desconhecido, suprime as noções de fim e de larga evolução. Considera o homem, na fase atual de sua vida, simples fragmento de seu destino e o impede de ver para diante e para trás de si. Método estéril e perigoso, feito, parece, para cegos de espírito, e que se tem proclamado muito falsamente como a mais bela conquista do espírito moderno.

Tal é o atual estado da sociedade: o perigo é imenso, e, se alguma grande renovação espiritualista e científica não se produzisse, o mundo soçobraria na incoerência e na confusão.

Nossos homens de governo sentem já o que lhes custa viver em uma sociedade em que as bases essenciais da moral estão abaladas, em que as sanções são fictícias ou impotentes, em que tudo se funde, até a noção elementar do bem e do mal.

As igrejas, é verdade, apesar de suas fórmulas antiquadas e de seu espírito retrógrado, agrupam ainda ao redor de si muitas almas sensíveis, mas se tornaram incapazes de conjurar o perigo, pela impossibilidade em que se colocaram de fornecerem uma definição precisa do destino humano e do Além, apoiada em fatos probantes e bem estabelecidos. A religião, que teria, sobre esse ponto capital, o mais alto interesse em se pronunciar, conserva-se no vago.

A humanidade, cansada dos dogmas e das especulações sem provas, mergulhou no materialismo ou na indiferença. Não há salvação para o pensamento, senão por meio de uma doutrina fundamentada na experiência e no testemunho dos fatos.

De onde virá essa doutrina? O que poderá nos livrar do abismo em que nos arrastamos? Que ideal novo virá dar ao homem a confiança no futuro e o fervor pelo bem? Nas horas trágicas da história, quando tudo parecia desesperado, nunca faltou o socorro. A alma humana não se pode afundar inteiramente e perecer. No momento em que as crenças do passado se velam, uma concepção nova da vida e do destino, fundamentada na ciência dos fatos, reaparece. A grande tradição revive sob formas engrandecidas, mais novas e mais belas. Mostra a todos um futuro cheio de esperanças e de promessas. Saudemos o novo reino da ideia, vitoriosa sobre a matéria, e trabalhemos para preparar-lhe o caminho.

A tarefa a cumprir é grande. A educação do homem deve ser inteiramente refeita. Essa educação, já o vimos, nem a universidade nem a igreja estão em condições de fornecer, pois já não possuem as sínteses necessárias para esclarecer a marcha das novas gerações. Uma só doutrina pode oferecer essa síntese, a do espiritualismo científico. Já ela se eleva no horizonte do mundo intelectual e parece que há de iluminar o futuro.

As descobertas contemporâneas trazem a cada dia novas e preciosas contribuições a essa filosofia, a essa ciência, livre, independente, emancipada de toda a pressão oficial, de todo o compromisso político. Os fenômenos do magnetismo, da radioatividade e da telepatia são aplicações de um mesmo princípio, manifestações de uma mesma lei, que rege conjuntamente o ser e o Universo.

Ainda alguns anos de labor paciente, de experimentação consciensiosa, de pesquisas perseverantes, e a nova educação terá encontrado sua fórmula científica, sua base essencial. Esse acontecimento será o maior fato da História, desde o aparecimento do cristianismo.

A educação, sabe-se, é o mais poderoso fator do progresso, pois contém em gérmen todo o futuro. Mas, para ser completa, deve inspirar-se no estudo da vida sob suas duas formas alternantes, visível e invisível, em sua plenitude, em sua evolução ascendente para os cimos da natureza e do pensamento.

Os preceptores da humanidade têm, pois, um dever imediato a cumprir: de repor o espiritualismo na base da educação, trabalhando para refazer o homem interior e a saúde moral. É necessário despertar a alma humana adormecida por uma retórica funesta, mostrar-lhe seus poderes ocultos, obrigá-la a ter consciência de si mesma, a realizar seus gloriosos destinos.

A ciência moderna analisou o mundo exterior. Suas penetrações no universo objetivo são profundas, e isso será sua honra e sua glória, mas nada sabe ainda do universo invisível e do mundo interior. É esse o império ilimitado que lhe resta conquistar. Saber por que laços o homem se liga ao conjunto, descer às sinuosidades misteriosas do ser, onde a sombra e a luz se misturam, como na caverna de Platão, percorrer-lhe os labirintos, os redutos secretos, auscultar o "eu" normal e o "eu" profundo, a consciência e a subconsciência; não há estudo mais necessário. Enquanto as escolas e as academias não o tiverem introduzido em seus programas, nada terão feito pela educação definitiva da humanidade.

O Problema do Ser e do Destino

Já vemos, porém, surgir e constituir-se uma psicologia maravilhosa e imprevista, de onde vão derivar uma nova concepção do ser e a noção de uma lei superior que abarca e resolve todos os problemas da evolução e do movimento transformador.

Um tempo se acaba; novos tempos se anunciam. A hora em que estamos é uma hora de transição e de parto doloroso. As formas esgotadas do passado se empalidecem e se desfazem para dar lugar a outras, a princípio, vagas e confusas, mas que se precisam cada vez mais. Nelas se esboça o pensamento crescente da humanidade.

O espírito humano está em trabalho, por toda a parte, sob a aparente decomposição das ideias e dos princípios; por toda a parte, na ciência, na arte, na filosofia e até no seio das religiões, o observador atento pode verificar que uma lenta e laboriosa gestação se produz. A ciência, sobretudo, lança em profusão sementes de ricas promessas. O século que começa será o das potentes eclosões.

As formas e as concepções do passado, dizíamos, já não são suficientes. Por mais respeitável que pareça essa herança, não obstante o sentimento piedoso com que se podem considerar os ensinamentos legados por nossos pais, percebe-se que esse ensinamento não foi suficiente para dissipar o mistério sufocante do porquê da vida.

Pode-se, entretanto, em nossa época, viver e agir com mais intensidade do que nunca. Mas é possível viver e agir plenamente, sem se ter consciência do fim a atingir? O estado contemporâneo da alma pede, reclama uma ciência, uma arte, uma religião de luz e de liberdade que venham dissipar as dúvidas, libertar o indivíduo das velhas servidões e das misérias do pensamento, guiá-lo para horizontes radiosos a que se sente levado pela própria natureza e pelo impulso de forças irresistíveis.

Fala-se muito de progresso. Mas o que se entende por progresso? É uma palavra vazia e sonora, na boca de oradores, em sua maior parte, materialistas, ou tem um sentido determinado? Vinte civilizações têm passado pela Terra, iluminando com seus alvores a marcha da humanidade. Seus grandes focos brilharam na noite dos séculos; depois, extinguiram-se. E o homem não discerne ainda, atrás dos horizontes limitados de seu pensamento, o além sem limites aonde o leva o destino. Impotente para dissipar o mistério que o cerca, estraga suas forças nas obras da Terra e foge aos esplendores de sua tarefa espiritual, a qual fará sua verdadeira grandeza.

A fé no progresso não caminha sem a fé no futuro; no futuro de cada um e de todos. Os homens não progridem e não se adiantam, senão crendo no futuro e marchando com confiança, com certeza para o ideal entrevisto.

O progresso não consiste somente nas obras materiais, na criação de máquinas poderosas e de toda a ferramenta industrial; do mesmo modo, não consiste em descobrir processos novos de arte, de literatura ou formas de eloquência. Seu mais alto objetivo é empolgar, atingir a ideia primordial, a ideia mãe que há de fecundar toda a vida humana, a fonte elevada e pura de onde hão de dimanar conjuntamente as verdades, os princípios e os sentimentos que inspirarão as obras de peso e as nobres ações.

É tempo de compreender: a civilização só poderá engrandecer-se, a sociedade só poderá subir se um pensamento cada vez mais elevado e uma luz mais viva vierem inspirar, esclarecer os espíritos e tocar os corações, renovando-os. Somente a ideia é mãe da ação. Somente a vontade de realizar a plenitude do ser, cada vez melhor, cada vez maior, pode nos conduzir aos cimos longínquos em que a ciência, a arte, ou seja, toda a obra humana, em uma palavra, achará sua expansão, sua regeneração.

Tudo nos diz: o Universo é regido pela lei da evolução; é isso o que entendemos pela palavra progresso. E nós, em nosso princípio de vida, em nossa alma, em nossa consciência, estamos para sempre submetidos a essa lei. Não se pode desconhecer, hoje, essa força, essa lei soberana; ela conduz a alma e suas obras, por meio do infinito do tempo e do espaço, a um fim cada vez mais elevado; mas essa lei não é realizável senão por nossos esforços.

Para fazer obra útil, para cooperar na evolução geral e recolher todos os seus frutos, é preciso, antes de tudo, aprender a discernir, a reconhecer a razão, a causa e o fim dessa evolução, saber aonde ela conduz, a fim de participar, na plenitude das forças e das faculdades que dormitam em nós, dessa ascensão grandiosa.

Nosso dever é traçar a trajetória à humanidade futura, da qual ainda faremos parte integrante, como nos ensinam a comunhão das almas, a revelação dos grandes instrutores invisíveis e como a natureza o ensina também por suas milhares de vozes, pelo renovamento perpétuo de todas as coisas, àqueles que a sabem estudar e compreender.

Vamos, pois, para o futuro, para a vida sempre renascente, pela via imensa que nos abre um espiritualismo regenerado.

Fé no passado, ciências, filosofias, religiões, iluminai-vos com uma chama nova; sacudi vossos velhos sudários e as cinzas que os cobrem. Escutai as vozes reveladoras do túmulo; elas nos trazem uma renovação do pensamento com os segredos do Além, que o homem tem necessidade de conhecer para melhor viver, melhor agir e melhor morrer.

Paris, 1908.
Léon Denis

Primeira Parte
O problema do ser

CAPÍTULO I

A evolução do pensamento

Uma lei, já o dissemos, rege a evolução do pensamento, como a evolução física dos seres e dos mundos; e a compreensão do Universo se desenvolve com os progressos do espírito humano.

Essa compreensão geral do Universo e da vida foi expressa de mil maneiras, sob mil formas diversas no passado. Hoje, ela é expressa em termos mais amplos e o será sempre com mais amplitude, à medida que a humanidade for subindo os degraus de sua ascensão.

A ciência vê alargar-se, sem cessar, seu campo de exploração. Todos os dias, com o auxílio de seus poderosos instrumentos de observação e análise, descobre novos aspectos da matéria, da força e da vida. Contudo, o que esses instrumentos verificam já há muito tempo o espírito discernira, porque o voo do pensamento precede sempre e excede os meios de ação da ciência positiva. Os instrumentos nada seriam sem a inteligência, a vontade que os dirige.

A ciência é incerta e mutável, ela se renova sem cessar. Seus métodos, suas teorias e seus cálculos, com grande custo arquitetados, desabam ante uma observação mais atenta ou uma indução mais profunda, para ceder lugar a novas teorias, que não terão maior estabilidade.[20] A teoria do átomo indivisível, por exemplo, que há dois mil anos servia de base à física e à química, é atualmente qualifi-

---

[20] O professor Charles Richet assim o reconhece: "A ciência nunca deixou de ser uma série de erros e aproximações, elevando-se com constância para constantemente cair com rapidez tanto maior quanto mais elevado é seu grau de adiantamento." (*Anais das Ciências Psíquicas*, p. 15, janeiro de 1905).

cada como hipótese e puro romance por nossos químicos mais eminentes.

Quantas decepções análogas não têm demonstrado no passado a fraqueza do espírito científico, que só chegará à realidade quando se elevar acima da miragem dos fatos materiais para estudar as causas e as leis?

Dessa maneira foi que a ciência pôde determinar os princípios imutáveis da lógica e das matemáticas. Não sucede o mesmo nos outros campos de investigação. Na maior parte das vezes, o sábio para eles leva seus preconceitos, suas tendências, suas práticas rotineiras, todos os elementos de uma individualidade acanhada, como se pode verificar no domínio dos estudos psíquicos, principalmente na França, onde até agora existiram poucos sábios corajosos o bastante e suficientemente ilustrados para seguirem a estrada já amplamente traçada pelas mais belas inteligências de outras nações.

Não obstante, o espírito humano avança passo a passo no conhecimento do ser e do Universo. Nosso saber, quanto à força e à matéria, modifica-se dia a dia, e a individualidade humana se revela com aspectos inesperados. À vista de tantos fenômenos verificados experimentalmente, em presença dos testemunhos que de toda a parte se acumulam,[21] nenhum espírito perspicaz pode continuar a negar a realidade da outra vida, a esquivar-se às consequências e às responsabilidades que ela acarreta.

O que dizemos da ciência poder-se-ia, igualmente, dizer das filosofias e das religiões que se têm sucedido através dos séculos. Elas constituem outros tantos estádios ou trechos percorridos pela humanidade, ainda criança, elevando-se a planos espirituais cada vez mais vastos e que se ligam entre si. Em seu encadeamento, essas crenças diversas nos aparecem como o desenvolvimento gradual do ideal divino, que o pensamento reflete, com tanto mais brilho e pureza quanto mais delicado e perfeito vai se tornando.

É essa a razão pela qual as crenças e os conhecimentos de um tempo ou de um meio parecem ser, para o tempo ou o meio onde reinam, a representação da verdade, tal qual a podem alcançar e compreender os homens dessa época, até que o desenvolvimento de suas faculdades e consciências os torne capazes de perceber uma forma mais elevada, uma radiação mais intensa dessa verdade.

---

[21] Consultar a obra *No invisível* (passim).

Sob esse ponto de vista, o próprio feiticismo, apesar de seus ritos sangrentos, tem uma explicação. É o primeiro balbuciar da alma infantil, ensaiando-se para soletrar a linguagem divina e fixando, em traços grosseiros, em formas apropriadas ao seu estado mental, a concepção vaga, confusa, rudimentar de um mundo superior.

O paganismo representa uma concepção mais elevada, posto que mais antropomórfica. Nele, os deuses são semelhantes aos homens, têm todas as suas paixões, todas as suas fraquezas, contudo, agora, a noção do ideal se aperfeiçoa com a do bem. Um raio de beleza eterna vem fecundar as civilizações no berço.

Mais acima vem a ideia cristã, essencialmente feita de sacrifício e abnegação. O paganismo grego era a religião da natureza radiosa; o cristianismo é a da humanidade sofredora, religião das catacumbas, das criptas e dos túmulos, nascida na perseguição e na dor, conservando o cunho de sua origem. Como reação necessária contra a sensualidade pagã, tornar-se-á ela, por seu próprio exagero, impotente para vencê-la, porque, com o ceticismo, a sensualidade renascerá.

O cristianismo, em sua origem, deve ser considerado o maior esforço tentado pelo mundo invisível para comunicar-se ostensivamente com nossa humanidade. É, segundo a expressão de F. Myers, "a primeira mensagem autêntica do Além". Já as religiões pagãs eram ricas de fenômenos ocultos de toda a espécie e de fatos de adivinhação. Contudo, a ressurreição, isto é, as aparições do Cristo materializado, depois de ter morrido, constituem a mais poderosa manifestação de que os homens têm sido testemunhas. Foi o sinal de uma entrada em cena do mundo dos espíritos, entrada que, nos primeiros tempos cristãos, se produziu de mil maneiras. Dissemos em outra parte[22] como e por que pouco a pouco foi descendo de novo o véu do Além, e o silêncio se fez, salvo para alguns privilegiados: videntes, extáticos e profetas.

Assistimos hoje a uma nova florescência do mundo invisível na História. As manifestações do Além, de passageiras e isoladas, tendem a converter-se em permanentes e universais. Entre os dois mundos, desdobra-se um caminho, a princípio simples carreiro, estreita senda, mas que se alarga, melhora pouco a pouco e que se tornará estrada larga e segura.

---

[22] Consultar Cristianismo e espiritismo, capítulo V.

O cristianismo teve como ponto de partida fenômenos de natureza semelhante aos que se verificam em nossos dias, no domínio das ciências psíquicas. É por esses fatos que se revelam a influência e a ação de um mundo espiritual, verdadeira morada e pátria eterna das almas. Por meio deles, rasga-se um claro azul na vida infinita. Vai renascer a esperança nos corações angustiados, e a humanidade vai reconciliar-se com a morte.

As religiões têm contribuído poderosamente para a educação humana, visto que têm oposto um freio às paixões violentas, à barbaria das idades de ferro e gravado fortemente a noção moral no íntimo das consciências. A estética religiosa criou obras-primas em todos os domínios e teve parte ativa na revelação de arte e beleza que prossegue pelos séculos além.

A arte grega criou maravilhas, e a arte cristã atingiu o sublime nas catedrais góticas em que se ergueram bíblias de pedra sob o céu, com suas altaneiras torres esculpidas, suas naves imponentes, cheias de vibrações dos órgãos e dos cantos sagrados, suas altas ogivas, de onde a luz desce em ondas e se derrama pelos afrescos e pelas estátuas. Seu papel, contudo, está a terminar, visto que, atualmente, ou se copia a si mesma ou, exausta, entra em descanso.

O erro religioso, principalmente o católico, não pertence à ordem estética, que não engana; é de ordem lógica. Consiste em encerrar a religião em dogmas estreitos, em moldes rígidos. Enquanto o movimento é a própria lei da vida, o catolicismo imobilizou o pensamento, em vez de provocar-lhe o voo.

Está na natureza do homem exaurir todas as formas de uma ideia, ir até os extremos, antes de prosseguir o curso normal de sua evolução. Cada verdade religiosa, afirmada por um inovador, enfraquece-se e altera-se com o tempo, por serem os discípulos quase sempre incapazes de se manterem na altura para a qual o Mestre os atraiu.

Desde esse momento, a doutrina se torna uma fonte de abusos e provoca pouco a pouco um movimento contrário, no sentido do ceticismo e da negação. À fé cega sucede a incredulidade, e o materialismo faz sua obra. Somente quando ele mostra toda a sua impotência na ordem social é que se torna possível uma renovação idealista.

Correntes diversas – judaica, helênica, gnóstica – misturam-se e chocam-se, desde os primeiros tempos do cristianismo, na esteira da religião nascente. Declaram-se cismas, e sucedem-se rupturas, conflitos, no meio dos quais o pensamento do Cristo se vai pouco a pouco velando e obscurecendo.

Mostramos[23] quais as alterações, as acomodações sucessivas de que foi objeto a doutrina cristã na sucessão dos tempos. O verdadeiro cristianismo era uma lei de amor e liberdade, e as igrejas fizeram dele uma lei de temor e escravidão. Daí se afastarem gradualmente da igreja os pensadores e daí o enfraquecimento do espírito religioso.

Com a perturbação que invadiu os espíritos e as consciências, o materialismo ganhou terreno. Sua moral, que pretende foros de científica, que proclama a necessidade da luta pela vida, o desaparecimento dos fracos e a seleção dos fortes, reina hoje, quase soberana, tanto na vida pública quanto na vida privada. Todas as atividades se aplicam à conquista do bem-estar e dos gozos físicos. Por falta de preparação moral e de disciplina, a alma perde suas energias; insinuam-se por toda a parte o mal-estar e a discórdia, na família e na nação. É – diz-se –, um período de crise. Não obstante as aparências, nada morre; tudo se transforma e renova. A dúvida, que assedia as almas em nossa época, prepara o caminho para as convicções de amanhã, para a fé inteligente e esclarecida que há de reinar no futuro e estender-se a todos os povos, a todas as raças.

Embora jovem e dividida pelas necessidades de território, de distância e de clima, a humanidade começou a ter consciência de si mesma. Acima e fora dos antagonismos políticos e religiosos, constituem-se agrupamentos de inteligências. Homens preocupados com os mesmos problemas, aguilhoados pelos mesmos cuidados, inspirados pelo invisível trabalham em uma obra comum e procuram as mesmas soluções. Pouco a pouco, vão aparecendo, fortificando-se, aumentando os elementos de uma ciência psicológica e de uma crença universais. Um grande número de testemunhas imparciais vê nisso o prelúdio de um movimento do pensamento, tendendo a abranger todas as sociedades da Terra.[24]

---

[23] Cristianismo e espiritismo (1ª parte, passim).
[24] "Senhor O. Lodge, reitor da Universidade de Birmingham, membro da Academia Real, vê nos estudos psíquicos o próximo advento de nova e mais livre religião" (Annales des Sciences Psychiques, p. 765, dezembro de 1905).

O Problema do Ser e do Destino

A ideia religiosa acaba de percorrer seu ciclo inferior, e se vão desenhando os planos de uma espiritualidade mais elevada. Pode-se dizer que a religião é o esforço da humanidade para se comunicar com a essência eterna e divina. É essa a razão pela qual haverá sempre religiões e cultos cada vez mais liberais e conformes às leis superiores da estética, que são a expressão da harmonia universal. O belo, em suas regras mais elevadas, é uma lei divina, e suas manifestações, em relação com a ideia de Deus, revestirão forçosamente um caráter religioso.

À proporção que o pensamento vai se aperfeiçoando, missionários de todas as ordens vêm provocar a renovação religiosa no seio da humanidade. Assistimos ao prelúdio de uma dessas renovações, maior e mais profunda que as precedentes. Já não há somente homens mandatários e intérpretes, o que tornaria a nova dispensação tão precária como as outras. São os espíritos inspiradores, os gênios do espaço, que exercem ao mesmo tempo sua ação em toda a superfície do Globo e em todos os domínios do pensamento. Sobre todos os pontos, aparece um novo espiritualismo.

Imediatamente, surge a pergunta: "Que és tu, ciência ou religião? Espíritos de pouco alcance, credes então que o pensamento há de seguir eternamente os carreiros abertos pelo passado?".

Até aqui, todos os domínios intelectuais têm permanecido separados uns dos outros, cercados de barreiras e de muralhas – a ciência de um lado e a religião do outro. A filosofia e a metafísica estão eriçadas de sarças impenetráveis. Quando tudo é simples, vasto e profundo no domínio da alma, como no do Universo, o espírito do sistema tudo complicou, apoucou, dividiu. A religião foi emparedada no sombrio ergástulo dos dogmas e dos mistérios; a ciência foi enclausurada nas mais baixas camadas da matéria. Não é essa a verdadeira religião, nem a verdadeira ciência. Bastará nos elevarmos acima dessas classificações arbitrárias para compreendermos que tudo se concilia e reconcilia em uma visão mais alta.

Nossa ciência, posto que elementar, quando se entrega ao estudo do espaço e dos mundos, não provoca, desde logo e imediatamente, um sentimento de entusiasmo, de admiração quase religiosa? Leia as obras dos grandes as-

---

Consultar Os fenômenos psíquicos, p. 11, de Maxwell, advogado geral na Corte de Apelação de Paris.

trônomos, dos matemáticos de gênio, e eles dir-vos-ão que o Universo é um prodígio de sabedoria, harmonia e beleza e que, já na penetração das leis superiores, se realiza a união da ciência, da arte e da religião, pela visão de Deus em sua obra. Chegado a essas alturas, o estudo converte--se em contemplação, e o pensamento, em prece.

O espiritualismo moderno vai acentuar, desenvolver essa tendência, dar-lhe um sentido mais claro e rigoroso. Pelo lado experimental, ainda não é mais do que uma ciência; e, pelo objetivo de suas investigações, penetra nas profundezas invisíveis e eleva-se até os mananciais eternos, de onde dimanam toda a força e toda a vida. Por essa forma, une o homem ao Poder Divino e torna-se uma doutrina, uma filosofia religiosa. É, além disso, o laço que reúne duas humanidades. Por ele, os espíritos prisioneiros na carne e os que estão livres chamam e respondem uns aos outros. Entre eles, estabelece-se uma verdadeira comunhão.

Cumpre, pois, não ver nele uma religião, no sentido restrito, no sentido atual dessa palavra. As religiões de nosso tempo querem dogmas e sacerdotes, e a doutrina nova não os comporta; está patente a todos os investigadores. O espírito de livre crítica, exame e verificação preside às suas investigações.

Os dogmas e os sacerdotes são necessários e sê-lo--ão por muito tempo ainda às almas jovens e tímidas, que todos os dias penetram no círculo da vida terrestre e não se podem reger por si, nem analisar suas necessidades e sensações.

O espiritualismo moderno se dirige principalmente às almas desenvolvidas, aos espíritos livres e emancipados que querem por si mesmos achar a solução dos grandes problemas e a fórmula de seu credo. Oferece-lhes uma concepção, uma interpretação das verdades e das leis universais com base na experiência, na razão e no ensino dos espíritos. Acrescentai a isso a revelação dos deveres e das responsabilidades, única condição que confere base sólida ao nosso instinto de justiça; depois, com a força moral, as satisfações do coração, a alegria de tornar a encontrar, pelo menos com o pensamento, algumas vezes até com a forma,[25] os seres amados que julgávamos perdidos. À prova de sua sobrevivência junta-se a certeza de irmos ter com eles e com eles reviver vidas inumeráveis, de ascensão,

---

[25] Consultar *No invisível*, "Aparições e materializações de espíritos".

O Problema do Ser e do Destino

felicidade ou progresso.

Assim, esclarecem-se gradualmente os problemas mais obscuros e entreabre-se o Além; o lado divino dos seres e das coisas se revela. Pela força desses ensinamentos, a alma humana, cedo ou tarde, subirá e, das alturas a que chegar, verá que tudo se liga, que as diferentes teorias, contraditórias e hostis na aparência, não são mais do que aspectos diversos de um mesmo todo. As leis do majestoso Universo resumir-se-ão para ela em uma lei única, força ao mesmo tempo inteligente e consciente, modo de pensamento e ação. Por ela, achar-se-ão ligados em uma mesma unidade poderosa todos os mundos, todos os seres, associados em uma mesma harmonia, arrastados para um mesmo fim.

Dia virá em que todos os pequenos sistemas, acanhados e envelhecidos, fundir-se-ão em uma vasta síntese, abrangendo todos os reinos da ideia. Ciências, filosofias, religiões, divididas hoje, reunir-se-ão na luz, e será então a vida, o esplendor do espírito, o reinado do conhecimento.

Nesse acordo magnífico, as ciências fornecerão a precisão e o método na ordem dos fatos; as filosofias, o rigor de suas deduções lógicas; a poesia, a irradiação das suas luzes e a magia das suas cores; a religião juntar-lhes-á as qualidades do sentimento e a noção da estética elevada. Assim, realizar-se-á a beleza na força e na unidade do pensamento. A alma orientar-se-á para os mais altos cimos, mantendo ao mesmo tempo o equilíbrio de relação necessário para regular a marcha paralela e ritmada da inteligência e da consciência em sua ascensão para a conquista do bem e da verdade.

CAPÍTULO II

O critério da doutrina dos espíritos

O espiritualismo moderno se fundamenta em um completo conjunto de fatos. Alguns, simplesmente físicos, revelam-nos a existência e o modo de ação de forças por muito tempo desconhecidas; outros têm um caráter inteligente, e são eles: a escrita direta ou automática, a tiptologia e os discursos pronunciados em transe ou por incorporação. Todas essas manifestações já passamos em revista, analisando-as, em outra parte.[26] Vimos que são acompanhadas, frequentemente, por sinais e provas que estabelecem a identidade e a intervenção de almas humanas que viveram na Terra e às quais a morte deu liberdade.

Foi por meio desses fenômenos que os espíritos[27] espalharam seus ensinamentos no mundo, os quais foram, como veremos, confirmados em muitos pontos pela experiência.

O novo espiritualismo se dirige, pois, conjuntamente, aos sentidos e à inteligência. É experimental, quando estuda os fenômenos que lhe servem de base; e racional, quando verifica os ensinamentos que deles derivam. Constitui um instrumento poderoso para a indagação da verdade, pois pode servir simultaneamente em todos os domínios do conhecimento.

As revelações dos espíritos, dizíamos, são confirmadas pela experiência. Eles nos ensinaram teoricamente e demonstraram praticamente, desde 1850,[28] a existência

[26] Consultar *No invisível*, 2ª parte. Falamos aqui somente dos fatos espíritas, e não dos fatos de animismo ou manifestações dos vivos a distância.
[27] Chamamos espírito à alma revestida de seu corpo sutil.
[28] Ver Allan Kardec, em *O Livro dos Espíritos* e *O Livro dos Médiuns*.

de forças imponderáveis, dando-lhes o nome de fluidos, que a ciência, então, rejeitava a priori. Depois, W. Crookes, entre os sábios que gozam de grande autoridade, foi o primeiro a verificar a realidade dessas forças, e a ciência atual, dia a dia, vai reconhecendo sua importância e variedade, graças às descobertas célebres de Roentgen, Hertz, Becquerel, Curie, G. Le Bon etc.

Os espíritos afirmavam e demonstravam a ação possível da alma sobre a alma, em todas as distâncias, sem o auxílio dos órgãos. Não obstante, essa ordem de fatos levantava oposição e incredulidade.

Ora, os fenômenos da telepatia, da sugestão mental e da transmissão do pensamento, observados e provocados hoje em todos os meios, vieram aos milhares confirmar essas revelações.

Os espíritos ensinavam a preexistência, a sobrevivência, as vidas sucessivas da alma. E eis que as experiências de F. Colavida, as de E. Marata, as do Coronel de Rochas, as minhas etc. estabeleceram que não somente a lembrança das menores particularidades da vida atual até a mais tenra infância, mas também a das vidas anteriores estão gravadas nos recônditos da consciência. Um passado inteiro, velado no estado de vigília, reaparece e revive no estado de transe.

Com efeito, essa rememoração pôde ser reconstituída em certo número de pacientes adormecidos, como mais tarde o estabeleceremos, quando mais especialmente tratarmos dessa questão.[29]

Vê-se, pois, que o espiritualismo moderno não pode, a exemplo das antigas doutrinas espiritualistas, ser conside-

---

Pode-se ler na *Revista Espírita* de 1860, p. 81, uma mensagem do espírito do doutor Vignal, declarando que os corpos irradiam luz obscura. Não está aí a radioatividade verificada pela ciência atual, mas que, então, a ciência ignorava?

Allan Kardec, em 1867, escreveu, em *A gênese* (os fluidos), capítulo XIV, o seguinte: "Quem conhece a constituição íntima da matéria tangível? Talvez ela só seja compacta em relação aos sentidos, e o que disso poderia ser prova é a facilidade com que é atravessada pelos fluidos espirituais e pelos espíritos, aos quais não opõe mais obstáculos do que os corpos transparentes aos raios da luz.

Tendo como elemento primitivo o fluido cósmico etéreo, a matéria tangível deve poder, *desagregando-se*, voltar ao estado de eterização, assim como o diamante, o mais duro dos corpos, pode volatilizar-se em gás impalpável. *A solidificação da matéria não é, na realidade, mais do que um estado transitório do fluido universal, que pode voltar ao estado primitivo, quando as condições de coesão deixam de existir".*

4 Consultar *Compte rendu du Congrès Spirite*, de 1900, p. 349 e 350, e *Revista Científica e Moral do Espiritismo*, julho e agosto de 1904. Consultar, ainda, A. de Rochas, em *As vidas sucessivas*, Chacornac, ed., 1911.

rado como pura concepção metafísica. Apresenta-se com caráter muito diverso e corresponde às exigências de uma geração educada na escola do criticismo e do racionalismo, a qual os exageros de um misticismo mórbido e agonizante tornaram desconfiada.

Hoje, já não basta crer; quer-se saber. Nenhuma concepção filosófica ou moral tem probabilidade de triunfar se não tiver por base uma demonstração que seja, ao mesmo tempo, lógica, matemática e positiva e se, além disso, não coroar uma sanção que satisfaça todos os nossos instintos de justiça.

Disse Leibniz: "Se alguém quisesse escrever como matemático sobre filosofia e moral, poderia, sem obstáculo, fazê-lo com rigor". Mas acrescenta Leibniz: "Raras vezes tem sido isso tentado e, ainda menos, com bom resultado".

Pode-se observar que essas condições foram perfeitamente preenchidas por Allan Kardec, na magistral exposição por ele feita em *O Livro dos Espíritos*. Essa obra é o resultado de um trabalho imenso de classificação, coordenação e eliminação, que teve por base milhões de comunicações e de mensagens, provenientes de origens diversas, desconhecidas umas das outras, obtidas em todos os pontos do mundo e que o eminente compilador reuniu depois de ter se certificado acerca de sua autenticidade. Tendo o cuidado de pôr à parte as opiniões isoladas, os testemunhos suspeitos, conservou somente os pontos em que as afirmações eram concordes.

Falta muito para que fique terminado esse trabalho, que, desde a morte do grande iniciador, não sofreu interrupção. Já possuímos uma síntese poderosa, cujas linhas principais Kardec traçou e que os herdeiros de seu pensamento se esforçam para desenvolver com o concurso do invisível. Cada um traz seu grão de areia para o edifício comum, para esse edifício cujos fundamentos a experimentação científica torna cada dia mais sólidos, mas cujo remate elevar-se-á cada vez mais.

Há trinta anos que, sem interrupção – eu mesmo posso dizê-lo –, tenho recebido ensinamentos de guias espirituais, que não têm cessado de me dispensar sua assistência e conselhos. Suas revelações assumiram caráter particularmente didático no decurso de sessões, que se sucederam no espaço de oito anos e das quais muitas vezes falei em uma obra precedente.[30]

---

[30] Consultar *No invisível*.

O Problema do Ser e do Destino

No livro de Allan Kardec, o ensino dos espíritos é acompanhado, para cada pergunta, de considerações, comentários e esclarecimentos que fazem sobressair com mais nitidez a beleza dos princípios e a harmonia do conjunto. Aí é que se mostram as qualidades do autor. Esmerou-se ele, antes de tudo, em dar sentido claro e preciso às expressões que habitualmente emprega em seu raciocínio filosófico; depois, em definir bem os termos que podiam ser interpretados em sentidos diferentes. Ele sabia que a confusão que reina na maioria dos sistemas provém da falta de clareza das expressões usadas por seus autores.

Outra regra, não menos essencial em toda a exposição metódica, e que Allan Kardec escrupulosamente observou, é a que consiste em circunscrever as ideias e apresentá-las em condições que as tornem bem compreensíveis para qualquer leitor. Enfim, depois de ter desenvolvido essas ideias em uma ordem e concatenação que as ligavam entre si, soube deduzir conclusões, que constituem já, na ordem racional e na medida das concepções humanas, uma realidade, uma certeza.

Por isso nos propomos a adotar aqui os termos, as vistas, os métodos de que se serviu Allan Kardec, como sendo os mais seguros, reservando-nos acrescentar ao nosso trabalho todos os desenvolvimentos que resultaram das investigações e experiências feitas nos cinquenta anos decorridos desde o aparecimento de suas obras.

Por tudo quanto acabamos de dizer, vê-se que a doutrina dos espíritos, da qual Kardec foi o intérprete e o compilador judicioso, reúne, do mesmo modo que os sistemas filosóficos mais apreciados, as qualidades essenciais de clareza, lógica e rigor. Contudo, o que nenhum outro sistema podia oferecer é o importante conjunto de manifestações por meio das quais essa doutrina se afirmou a princípio no mundo e pôde, depois, ser posta à prova, dia a dia, em todos os meios. Ela se dirige aos homens de todas as classes, de todas as condições; não somente aos seus sentidos e à sua inteligência, mas também ao que neles há de melhor: sua razão, sua consciência.

Pergunta-se: não constituem, em sua união, essas íntimas potências um critério do bem e do mal, do verdadeiro e do falso, mais ou menos claro ou velado, sem dúvida, segundo o adiantamento das almas, mas que em cada uma delas se encontra como um reflexo da razão eterna, da qual elas emanam?[31]

Há duas coisas na doutrina dos espíritos: uma revelação do mundo espiritual e uma descoberta humana; isto é, de uma parte, um ensinamento universal, extraterrestre, idêntico a si mesmo em suas partes essenciais e em seu sentido geral; da outra, uma confirmação pessoal e humana, que continua a ser feita segundo as regras da lógica, da experiência e da razão. A convicção que daí deriva se fortalece e cada vez se torna mais rigorosa, à proporção que as comunicações aumentam em número e que, por isso mesmo, os meios de verificação se multiplicam e se estendem.

Até agora, só tínhamos conhecido sistemas individuais, revelações particulares; hoje, são milhares de vozes, as dos defuntos que se fazem ouvir. O mundo invisível entra em ação, e, no número de seus agentes, espíritos eminentes se deixam reconhecer pela força e beleza de seus ensinamentos. Os grandes gênios do espaço, movidos por um impulso divino, vêm guiar o pensamento para cumes radiosos.[32]

Pergunta-se não está aí uma vasta e grandiosa manifestação da providência, sem igual no passado? A diferença dos meios só tem par na dos resultados. Comparemos.

A revelação pessoal é falível. Todos os sistemas filosóficos humanos, todas as teorias individuais, tanto as de Aristóteles, Tomás de Aquino, Kant, Descartes, Spinoza

---

[31] Os fatos não têm valor sem a razão que os analisa e deles deduz a lei. Os fenômenos são efêmeros; a certeza que nos conferem é apenas aparente e sem duração, pois só existe no espírito, visto que as verdades únicas são de ordem subjetiva, uma vez que a História o demonstra.
Durante séculos, acreditou-se – e muitos ainda creem – que o Sol nasce. Foi preciso descobrir, pela inteligência, o movimento da Terra, inapreciável para os sentidos, para compreender o regresso dos mesmos pontos à mesma posição em relação ao Sol. O que é feito da maior parte das teorias da Física e da Química? Certo, pouco mais há do que as leis da atração e da gravidade e, ainda assim, talvez só o sejam para uma parte do Universo.
Por conseguinte, o método que se impõe é: 1º - a observação dos fatos; 2º - sua generalização e a investigação da lei; 3º - a indução racional que, além dos fenômenos fugitivos e mutáveis, percebe a causa permanente que os produz.
[32] Consultar as comunicações publicadas por Allan Kardec em *O Livro dos Espíritos* e em *O céu e o inferno*; *Ensinos espiritualistas*, obtidos por Stainton Moses. Indica-se também *Le problème de l'Au-Delà (Conseils des Invisibles)*, coleção de mensagens publicadas pelo general Amade, Leymarie, Paris, 1902; as comunicações de um "Envoyé de Marie" e de um "Guide Spirituel", publicadas na revista *L'Aurore*, da duquesa de Pomar, de 1894 a 1898; as recolhidas por Mme. Krell, com o título *Révélations sur ma vie spirituelle*; *La Survie*, coleção de comunicações obtidas por Mme. Noeggerath; *Instructions du Pasteur B.*, editadas pelo jornal *Le Spiritualisme Moderne* etc.

como as de nossos contemporâneos, são necessariamente influenciados por opiniões, tendências, preconceitos e sentimentos do revelador. O mesmo ocorre com as condições de tempo e de lugar nas quais elas se produzem; outro tanto se pode dizer das doutrinas religiosas.

A revelação dos espíritos, impessoal e universal, escapa à maior parte dessas influências, ao passo que reúne a maior soma de probabilidades, senão de certezas. Não pode ser abafada nem desnaturada. Nenhum homem, nenhuma nação, nenhuma igreja tem o privilégio dela. Desafia todas as inquisições e produz-se onde menos se espera encontrá-la. Tem-se visto homens que, mais hostis, eram convertidos às novas ideias pelo poder das manifestações, comovidos até o fundo da alma pelos rogos e pelas exortações de seus parentes falecidos, e levados a fazerem-se espontaneamente instrumentos de ativa propaganda.

Não faltaram no espiritismo os que, como São Paulo, têm sido avisados: fenômenos semelhantes ao do caminho de Damasco lhes têm operado a conversão.

Os espíritos têm suscitado o aparecimento de numerosos médiuns em todos os meios, no seio das classes e dos partidos mais diversos e até no fundo dos santuários. Sacerdotes têm recebido suas instruções e as têm propagado abertamente ou, então, sob o véu do anonimato.[33] Seus parentes e seus amigos falecidos desempenhavam junto deles as funções de mestres e reveladores, ajuntando aos seus ensinamentos provas formais e irrecusáveis de sua identidade.

Foi por tais meios que, em cinquenta anos, conseguiu

[33] Consultar Rafael, Le doute; padre Marchai, O espírito consolador; reverendo Stainton Moses, Ensinos espiritualistas.
O padre Didon escrevia (em 4 de agosto de 1876), em suas Letres à Mile. Th. V. (Paris: Plon-Nourrit edit., 1902, p. 34): "Creio na influência que os mortos e os santos exercem misteriosamente sobre nós. Vivo em profunda comunhão com os invisíveis e sinto com delícia os benefícios de sua secreta convivência".
Em outra obra, citamos os sermões de certos pastores ligados ao espiritismo. (Consultar Cristianismo e espiritismo, nota complementar nº 6.)
Um pastor eminente da igreja reformada da França escrevia-nos, recentemente (fevereiro de 1905), acerca de fenômenos observados por ele mesmo: "Pressinto que o espiritismo pode realmente vir a ser uma religião positiva, não à maneira das reveladas, mas na qualidade de religião de acordo com o racionalismo e a ciência. Coisa estranha! Em nossa época de materialismo, em que as igrejas parecem estar a ponto de se desorganizar e dissolver, o pensamento religioso volta a nós por sábios, acompanhado pelo maravilhoso dos tempos antigos. Todavia, esse maravilhoso, que eu distingo do milagre, visto que não é mais do que um fato natural superior e raro, não continuará a estar a serviço de uma igreja particularmente honrada com os favores da divindade; será propriedade da humanidade, sem distinção de cultos. Quanto maior grandeza e moralidade não há nisso?".

o espiritismo se assenhorear do mundo e sobre ele derramar sua claridade. Existe um acordo majestoso em todas essas vozes que se tem elevado simultaneamente para fazer ouvir às nossas sociedades cépticas a boa-nova da sobrevivência e resolver os problemas da morte e da dor. A revelação tem penetrado por via mediúnica no coração das famílias, chegando até o fundo dos antros e dos infernos sociais. Pergunta-se: não dirigiram, como é sabido, os forçados da prisão de Tarragona ao Congresso Espírita Internacional de Barcelona, em 1888, uma tocante adesão em favor de uma doutrina que, diziam eles, os convertera ao bem e os reconciliara com o dever?[34]

No espiritismo, a multiplicidade das fontes de ensino e de difusão constitui, portanto, um contraste permanente, que frustra e torna estéreis todas as oposições, todas as intrigas. Por sua própria natureza, a revelação dos espíritos se furta a todas as tentativas de monopólio ou falsificação. Em relação a ela, é de todo impotente o espírito de domínio ou dissidência, porque, quando conseguissem extingui-la ou desnaturá-la em um ponto, imediatamente ela reviveria em cem pontos diversos, malogrando, assim, ambições nocivas e perfídias.

Nesse imenso movimento revelador, as almas obedecem a ordens que partem do Alto; são elas próprias que o declaram. Sua ação é regulada de acordo com um plano traçado de antemão e que se desenrola com majestosa amplitude. Um conselho invisível preside, do seio dos espaços, à sua execução. É composto por grandes espíritos, de todas as raças, de todas as religiões, da fina flor das almas que viveram neste mundo segundo a lei do amor e do sacrifício. Essas potências benfazejas pairam entre o Céu e a Terra, unindo-os em um traço de luz por onde, sem cessar, sobem as preces e por onde descem as inspirações.

Há, contudo, no que se refere à concordância dos ensinamentos espirituais, um fato, uma exceção que impressionou certos observadores, do qual eles se têm servido como um argumento capital contra o espiritismo. Eles objetam: por que os espíritos que, na totalidade dos países latinos, afirmam a lei das vidas sucessivas e as reencarnações da alma na Terra negam-na ou passam-na em claro nos países anglo-saxões? Como explicar uma contradição

---

[34] Consultar Compte rendu du Congrès Spirite de Barcelone, 1888. Paris: Livraria das Ciências Psíquicas, 42, rua Saint-Jacques.

tão flagrante? Não há aí cabedal suficiente para destruir a unidade de doutrina que caracteriza a revelação nova?

Notemos que não há contradição nenhuma, mas simplesmente uma graduação originada de preconceitos de casta, raça e religião, inveterados em certos países. O ensino dos espíritos, mais completo, mais extenso, desde o princípio, nos centros latinos, foi, em sua origem, restringido e graduado em outras regiões, por motivos de oportunidade. Pode-se verificar que todos os dias aumenta na Inglaterra e na América o número de comunicações espíritas que afirmam o princípio das reencarnações sucessivas. Muitas delas fornecem até argumentos preciosos à discussão travada entre espiritualistas de diferentes escolas.

Tem sido lavrada de tal modo além do Atlântico a ideia reencarnacionista que um dos principais órgãos espiritualistas americanos lhe é inteiramente favorável. O Light, de Londres, que ainda há pouco afastava essa questão, discute-a, hoje, com imparcialidade.

Parece, pois, que, se a princípio houve sombras e contradições, eram elas apenas aparentes, e quase nenhuma resistência oferecem a um exame sério.[35]

A revelação espírita levantou, como sucede com todas as doutrinas novas, muitas objeções e críticas. Ponderemos algumas. Acusam-nos, antes de tudo, de termos grande empenho em filosofar; de termos edificado, sobre a base de fenômenos, um sistema antecipado, uma doutrina prematura; e de havermos comprometido, assim, o caráter positivo do espiritualismo moderno.

Um escritor de valia, fazendo-se intérprete de certo número de psiquistas, resumia suas críticas nestes termos:

> Uma objeção séria contra a hipótese espírita é a que se refere à filosofia com que certos homens demasiadamente apressados dotaram o espiritismo. O espiritismo, que apenas devia ser uma ciência em seu início, é já uma filosofia imensa para a qual o Universo não tem segredos.

Poderíamos lembrar a esse autor que os homens de quem ele fala representaram em tudo isso simplesmente o papel de intermediários, limitando-se a coordenar e publi-

---

[35] Consultar, mais adiante, nos capítulos XIV, XV e XVI, os testemunhos obtidos na América e na Inglaterra, favoráveis à reencarnação.

car os ensinamentos que recebiam por via mediúnica.

Por outro lado – devemos notar –, haverá sempre indiferentes, cépticos, espíritos atrasados, prontos a achar que andamos com muita pressa. Não haveria progresso possível se fosse preciso esperar pelos retardatários. É deveras engraçado ver pessoas cujo interesse por essas questões apenas data de ontem darem regras a homens como Allan Kardec, por exemplo, que só se atreveu a publicar seus trabalhos ao cabo de anos de investigações laboriosas e de maduras reflexões, obedecendo, nisso, a ordens formais e bebendo em fontes de informação das quais nossos excelentes críticos nem sequer parecem ter ideia.

Todos aqueles que seguem com atenção o desenvolvimento dos estudos psíquicos podem verificar que os resultados adquiridos vieram confirmarem todos os pontos a obra de Kardec e fortalecê-la cada vez mais.

Friedrich Myers, eminente professor de Cambridge, que, como diz Charles Richet, foi, durante vinte anos, a alma da Society for Psychical Researches, de Londres, e que o Congresso Oficial Internacional de Psicologia de Paris elevou, em 1900, à dignidade de presidente honorário, declara, nas últimas páginas de sua obra magistral, La Personnalité Humaine, cuja publicação produziu no mundo sábio uma sensação profunda: "Para todo o investigador esclarecido e consciencioso, essas indagações vão dar lugar, de forma lógica e necessária, a uma vasta síntese filosófica e religiosa". Partindo desses dados, consagra o capítulo décimo a uma "generalização ou conclusão que estabelece um nexo mais claro entre as novas descobertas e os esquemas já existentes do pensamento e das crenças dos homens civilizados".[36]

Termina assim a exposição de seu trabalho:

> Bacon previra a vitória progressiva da observação e da experiência em todos os domínios dos estudos humanos; em todos, exceto um: o domínio das coisas divinas. Empenho-me em mostrar que essa grande exceção não é justificada. Pretendo que existe um método para chegar ao conhecimento das coisas divinas com a mesma certeza, a mesma segurança com que temos alcançado os progressos que possuímos no conhecimento das coisas terrestres. A autoridade das igrejas será substituída, as-

---

[36] F. Myers. La personnalite humaine. Félix Alcan, edição de 1905, p. 401/403.

sim, pela da observação e experiência. Os impulsos da fé transformar-se-ão em convicções racionais e firmes, que darão origem a um ideal superior a todos os que a humanidade houver conhecido até esse momento.

Assim, o que certos críticos de pouca sagacidade consideram como tentativa prematura aparece a F. Myers como "evolução necessária e inevitável". A síntese filosófica, que remata sua obra, recebeu, no meio científico, a mais alta aprovação. Para Oliver Lodge, acadêmico inglês, "constitui ela um dos mais vastos, compreensíveis e bem fundados esquemas que, acerca da existência, têm sido vistos".[37]

O professor Flournoy, de Genebra, tece-lhe o maior elogio em seus Archives de Psychologie de la Suisse Romande (de junho de 1903).

Na França, outros homens de ciência, sem serem espíritas, chegam a conclusões idênticas. O senhor Maxwell, doutor em medicina, substituto do procurador-geral na Corte de Apelação de Paris, exprimia-se assim:[38]

> O espiritismo vem a seu tempo e corresponde a uma necessidade geral... A extensão que essa doutrina está tomando é um dos fenômenos mais curiosos da época atual. Assistimos ao que me parece ser o nascimento de uma verdadeira religião sem cerimônias rituais e sem clero, mas com assembleias e práticas. Pelo que me diz respeito, acho extremo interesse nessas reuniões e sinto a impressão de assistir ao nascimento de um movimento religioso fadado para grandes destinos.

À vista de tais apreciações, as argúcias e as recriminações de nossos contraditores caem por si mesmas. E pergunta-se: a que devemos atribuir sua aversão à doutrina dos espíritos? Por se tornar o ensino espírita, com sua lei das responsabilidades, o encadeamento de causas e efeitos que se desenvolvem no domínio moral e a sanção dos exemplos que nos traz, haverá um terrível embaraço para grande número de pessoas que pouca importância conferem à filosofia?

---

[37] A síntese de F. Myers pode se resumir assim: evolução gradual e infinita, com estádios numerosos da alma humana, na sabedoria e no amor. A alma humana tira sua força e sua graça de um universo espiritual, o qual é animado e dirigido pelo espírito divino, o qual é acessível à alma e está em comunicação com ela.

[38] J. Maxwell. Les phenomenes psychiques. Alcan edit., 1903. p. 8 e 11.

❋ ❋ ❋

Falando dos fatos psíquicos, diz F. Myers:[39] "Essas observações, experiências e induções abrem a porta a uma revelação". É evidente que, no dia em que se estabeleceram relações com o mundo dos espíritos, pela própria força das coisas, levantou-se, imediatamente, com todas as suas consequências, com aspectos novos, o problema do ser e do destino.

Diga-se o que se disser, não era possível se comunicar com os parentes e amigos falecidos, abstraindo-se de tudo o que se refere ao seu modo de existência, sem se interesse por suas vistas forçosamente ampliadas e diferentes do que eram na Terra, pelo menos para as almas já desenvolvidas.

Em nenhuma época da História, o homem pôde se subtrair aos grandes problemas do ser, da vida, da morte e da dor. Apesar de sua impotência para resolvê-los, eles o têm preocupado incessantemente, voltando sempre com mais força, todas as vezes que ele tenta afastá-los, insinuando-se em todos os acontecimentos de sua vida, em todos os escaninhos de seu entendimento, batendo, por assim dizer, às portas de sua consciência. E, quando uma nova fonte de ensinamentos, de consolação, de forças morais, quando vastos horizontes se abrem ao pensamento, como poderia ele ficar indiferente? Não ocorrerá conosco a mesma coisa que se passa com nossos parentes? Não é, pois, nossa sorte futura, nossa sorte de amanhã que está em litígio?

Pois que o tormento e a angústia do desconhecido que afligem a alma através dos tempos, a intuição confusa de um mundo melhor, pressentido, desejado, e a procura ansiosa de Deus e de sua justiça podem ser, em nova e mais larga medida, acalmados, esclarecidos e satisfeitos. E havíamos de desprezar os meios de o fazer? Não há, nesse desejo, nessa necessidade que o pensamento tem de sondar o grande mistério, um dos mais belos privilégios do ser humano? Não é isso o que constitui a dignidade, a beleza, a razão de ser de sua vida?

Todas as vezes que temos desconhecido esse direito, esse privilégio, todas as vezes que temos renunciado por algum tempo a volver as vistas para o Além, a dirigir os pensamentos para uma vida mais elevada, não se tem visto havermos querido restringir o horizonte? Não se tem visto, concomitantemente, agravarem-se as misérias morais,

[39] F. Myers. La personnalité humaine. p. 417.

o fardo da existência cair com maior peso sobre os ombros dos desgraçados, o desespero e o suicídio aumentarem a área de sua devastação e as sociedades se encaminharem para a decadência e para a anarquia?

Há outro gênero de objeção: a filosofia espírita – dizem – não tem consistência; as comunicações em que se funda provêm, o mais das vezes, do médium, de seu próprio inconsciente, ou, então, dos assistentes. O médium em transe "lê no espírito dos consulentes as doutrinas que aí se acham acumuladas; doutrinas ecléticas, tomadas de todas as filosofias do mundo e, principalmente, do hinduísmo".

Pergunta-se: refletiu bem o autor dessas linhas nas dificuldades que tal exercício deve apresentar? Seria capaz de explicar os processos com cuja intervenção se pode ler, à primeira vista, no cérebro de outrem, as doutrinas que nele estão "acumuladas"? Se pode, faça-o; então, teremos fundamentado para ver, em suas alegações, tão somente palavras, nada mais do que palavras empregadas levianamente e ao serviço de uma crítica apaixonada. Aquele que não quer parecer se enganar com os sentimentos é muitas vezes logrado pelas palavras. A incredulidade sistemática em um ponto se torna, às vezes, credulidade ingênua em outro.[40]

Lembraremos, antes de tudo, que as opiniões da maior parte dos médiuns, no princípio das manifestações, eram opostas inteiramente às opiniões enunciadas nas comunicações. Quase todos haviam recebido educação religiosa e estavam imbuídos das ideias de paraíso e inferno. Suas ideias acerca da vida futura, quando as tinham, diferiam sensivelmente das que os espíritos expunham, o que, ainda hoje, é o caso mais frequente; era o que sucedia com três médiuns de nosso grupo, senhoras católicas e dadas às respectivas práticas, que, apesar dos ensinamentos filosóficos que recebiam e transmitiam, nunca renunciaram completamente aos seus hábitos cultuais.[41]

[40] É notório que a sugestão e a transmissão do pensamento só podem exercer ação em pacientes preparados para esse fim, desde muito tempo e por pessoas que, sobre eles, tomaram certo ascendente. Até agora, essas experiências não vão além de palavras ou de séries de palavras e nunca conseguiram constituir um conjunto de doutrinas. Um médium, ledor de pensamentos, inspirando-se, se fosse possível, nas opiniões dos assistentes, tiraria daí não noções precisas acerca de um princípio qualquer de filosofia, mas os dados mais confusos e contraditórios.
[41] Russell-Wallace, acadêmico inglês, em sua bela obra Os milagres e o espiritismo moderno, exprime-se assim: "Havendo, em geral, sido os

Quanto aos assistentes, aos ouvintes ou às pessoas designadas pelo nome de "consulentes", não olvidemos tampouco que, ao alvorecer do espiritismo na França, isto é, na época de Allan Kardec, os homens que possuíam noções de filosofia, quer oriental, quer druídica, comportando a teoria das transmigrações ou vidas sucessivas da alma, eram em pequeno número, e, com isso, tornava-se preciso procurá-los no seio das academias ou em alguns centros científicos muito retraídos.

Aos nossos contraditores perguntaremos: como teria sido possível a médiuns inumeráveis, espalhados em toda a superfície da Terra, desconhecidos uns dos outros, constituírem sozinhos as bases de uma doutrina, com solidez suficiente para resistir a todos os ataques, a todos os assaltos, assaz exata para que seus princípios tenham sido confirmados e recebam todos os dias a confirmação da experiência, como o mostramos no princípio deste capítulo?

Acerca da sinceridade das comunicações medianímicas e de seu alcance filosófico, vamos citar as palavras de um orador cujas opiniões não parecerão suspeitas a todos aqueles que conhecem a aversão que a maior parte dos eclesiásticos tem ao espiritismo.

Em um sermão pronunciado em 7 de abril de 1899, em Nova Yorque, o reverendo J. Savage, pregador de fama, dizia:

> Formam legião as supostas patacoadas que, dizem, vêm do outro mundo, ao mesmo tempo em que existe uma literatura moral completa das mais puras e de ensinamentos espiritualistas incomparáveis. Sei de um livro cujo autor, diplomado de Oxford, pastor da igreja inglesa, veio a ser espírita e médium.[42] Esse livro foi escrito automaticamente. Às vezes, para desviar o pensamento do trabalho que a mão executava, o autor lia Platão em grego, e seu livro, contrariamente ao que, em geral, se admite para

médiuns educados em qualquer uma das crenças ortodoxas usuais, como se explica que as noções sobre o paraíso não sejam nunca confirmadas por eles? Nos montões de volumes ou brochuras da literatura espiritualista, não se encontra nenhum vestígio de espírito descrevendo anjos com asas, harpas de ouro ou o trono de Deus, junto dos quais os mais modestos cristãos ortodoxos pensam que serão colocados, se forem para o Céu. Nada mais maravilhoso há na história do espírito humano do que o seguinte fato: quer seja no fundo dos bosques mais remotos da América, quer seja nas cidades menos importantes da Inglaterra, mulheres e homens ignorantes, quase todos educados nas crenças sectárias habituais do Céu e do inferno, desde que foram tomados pelo estranho poder da mediunidade, deram a esse respeito ensinamentos que são mais filosóficos do que religiosos e diferem totalmente do que tão profundamente lhes havia sido gravado no espírito".

[42] Trata-se do livro Ensinos espiritualistas, de Stainton Moses.

O Problema do Ser e do Destino   51

obras desse gênero, achava-se em oposição absoluta às próprias crenças religiosas do autor, se bem que ele se tivesse convertido antes de o haver concluído. Essa obra contém ensinamentos morais e espirituais dignos de qualquer das Bíblias que existem no mundo.

As primeiras idades do cristianismo eram (basta que leais São Paulo para vos recordardes) compostas de gente com quem as pessoas de consideração nada queriam ter em comum. O espiritualismo moderno estreou por uma forma semelhante; mas, à sombra de sua bandeira, enfileiram-se em nossos dias muitos nomes de fama e encontram-se os homens melhores e mais inteligentes. Lembrai-vos, pois, de que é, em geral, um grande movimento muito sincero.[43]

Em seu discurso, o reverendo Savage soube dar a cada coisa seu lugar. É certo que as comunicações medianímicas não oferecem todas o mesmo grau de interesse. Muitas há que são um conjunto de banalidades, repetições e lugares-comuns. Nem todos os espíritos têm capacidade para nos dar ensinamentos úteis e profundos. Como na Terra, a escala dos seres no espaço comporta graus infinitos. Ali se encontram as mais nobres inteligências, como as almas mais vulgares, mas, às vezes, os próprios espíritos inferiores descrevem sua situação moral, suas impressões à hora da morte e no Além. Iniciando-nos nas particularidades de sua nova existência, fornecem materiais preciosos para determinarmos as condições da sobrevivência segundo as diversas categorias de espíritos. Podemos, pois, em nossas relações com os invisíveis, granjear elementos de instrução; todavia, nem tudo se deve aproveitar. Ao experimentador prudente e sagaz incumbe saber separar o ouro da ganga. A verdade não nos chega sempre pura, e a ação do Alto deixa às faculdades e à razão do homem o campo necessário para se exercitarem e se desenvolverem.

Em tudo isso é preciso andar com todas as cautelas, a tudo aplicar contínuo e atento exame,[44] precavendo-se contra as fraudes, conscientes ou inconscientes, e vendo se não

[43] Reproduzido pela *Revue du Spiritualisme Moderne*, de 25 de outubro de 1901.
Cumpre que se faça notar que, em casos como o de Stainton Moses, além da escrita automática, as mensagens podem ser obtidas pela escrita direta, sem nenhuma intervenção de mãos humanas.
[44] Consultar, para as condições de experimentação, Allan Kardec, em *O livro dos médiuns*; G. Delanne, *Recherches sur la mediumnité*; Léon Denis, *No invisível*, capítulo IX.

há, nas mensagens escritas, um simples caso de automatismo. Para isso, convém averiguar se as comunicações são, pela forma e pelo fundo, superiores às capacidades do médium. É preciso exigir, da parte dos manifestantes, provas de identidade e não abrir mão de todo o rigor, senão nos casos em que os ensinamentos, em virtude de sua superioridade e majestosa amplitude, impõem-se por si mesmos e estão muito acima das faculdades do transmissor.

Uma vez reconhecida a autenticidade das comunicações, é preciso ainda comparar entre si e submeter a exame severo os princípios científicos e filosóficos que elas expõem e aceitar somente os pontos em que há quase unanimidade de vistas.

Além das fraudes de origem humana, há também as mistificações de origem oculta. Todos os experimentadores sérios sabem que existem duas espécies de espiritismo: um praticado a torto e a direito, sem método, sem elevação de pensamento, que atrai para nós os basbaques do espaço, os espíritos levianos e zombeteiros, que são numerosos na atmosfera terrestre; e outro de mais circunspeção, praticado com seriedade, com sentimento respeitoso, que nos põe em relação com os espíritos adiantados, desejosos de socorrer e esclarecer aqueles que os chamam com fervor de coração. É o que as religiões têm conhecido e designado pelo nome de "comunicação dos santos".

Pergunta-se também: como se pode distinguir, na vasta massa das comunicações cujos autores são invisíveis, o que provém das entidades superiores e deve ser conservado? Para essa pergunta há uma só resposta. Como distinguimos os bons e maus livros dos autores falecidos há muito tempo? Como distinguir uma linguagem nobre e elevada de uma linguagem banal e vulgar? Não temos nós um estalão, uma regra para aquilatar os pensamentos; provenham eles de nosso mundo ou do outro. Podemos julgar as mensagens medianímicas principalmente por seus efeitos moralizadores, que, inúmeras vezes, têm melhorado muitos caracteres e purificado muitas consciências. É esse o critério mais seguro de todo o ensino filosófico.

Em nossas relações com os invisíveis, há também meios de reconhecimento para distinguir os bons espíritos das almas atrasadas. Os sensitivos reconhecem facilmente a natureza dos fluidos, que nos espíritos bons são sutis, agradáveis e nos maus são violentos, glaciais, custosos de suportar.

O Problema do Ser e do Destino

Um de nossos médiuns anunciava sempre com antecipação a chegada do "espírito azul", cuja presença era revelada por vibrações harmoniosas e radiações brilhantes.[45] Outros há que certos médiuns distinguem pelo cheiro. Delicados e suaves em uns,[46] esses cheiros são repugnantes em outros. Avalia-se a elevação de um espírito pela pureza de seus fluidos, pela beleza de sua forma e de sua linguagem.

Nessa ordem de investigações, o que mais impressiona, persuade e convence são as conversas travadas com nossos parentes e amigos que nos precederam na vida do espaço. Quando provas incontestáveis de identidade nos têm dado a certeza de sua presença, quando a intimidade de outrora, a confiança e a familiaridade reinam de novo entre eles e nós, as revelações, que nessas condições se obtêm, tomam um caráter dos mais sugestivos. Diante delas, as últimas hesitações do cepticismo se dissipam forçosamente, cedendo lugar aos impulsos do coração.

Diz-se: é possível, na realidade, resistir às vozes, aos chamamentos daqueles que compartilharam nossa vida e cercaram nossos primeiros passos de terna solicitude, dos companheiros de nossa infância, de nossa juventude, de nossa virilidade, que, um por um, sumiram na morte, deixando, ao partir, mais solitário, mais desolado nosso caminho?

No transe, eles voltam com atitudes, inflexões de voz, evocações de lembranças, com milhares e milhares de provas de identidade, banais em suas particularidades para os estranhos, entretanto, tão comovedoras para os interessados. Dão-nos instruções relativas aos problemas do Além, exortam-nos e consolam-nos. Os homens mais fleumáticos, os mais doutos experimentadores, como o professor Hyslop, não puderam resistir às influências de além-túmulo.[47]

Demonstra isso que, no espiritismo, não há tão somente, como pretendem alguns, práticas frívolas e abusivas, mas que nele se encontra um móvel nobre e generoso, isto é, a afeição por nossos mortos, o interesse que temos por sua memória. E pergunta-se: não é esse um dos lados mais respeitáveis da natureza humana, um dos sentimentos,

[45] Durante as sessões de Stainton Moses, produziu-se o mesmo fenômeno: "As principais personalidades que se manifestavam com S. Moses – dizem os relatores – anunciavam geralmente sua presença por meio de um som musical invariável para cada uma delas, o que permitia identificá-las" (Anais das Ciências Psíquicas, fevereiro de 1905, p. 91).
[46] Consultar obra do doutor Maxwell, advogado geral, *Les phénomènes psychiques*, p. 164.
[47] Consultar *No invisível*, as conversações do professor Hyslop, da Universidade de Colúmbia, com o pai, irmãos e tios falecidos.

uma das forças que elevam o homem acima da matéria e estabelecem a diferença entre ele e os irracionais?

Depois, a par disso, acima das exortações comovidas de nossos parentes, devemos assinalar os surtos poderosos dos gênios do espaço, as páginas escritas febrilmente, na meia obscuridade, por médiuns de nosso conhecimento, incapazes de compreender-lhes o valor e a beleza. Trata-se de páginas em que o esplendor do estilo se alia à profundeza das ideias ou, então, os discursos impressionantes, como muitas vezes ouvimos em nosso grupo de estudos, pronunciados pelo órgão de um médium de saber e caráter modestos e em que um espírito discorria, fala-nos do eterno enigma do mundo e das leis que regem a vida espiritual.

Aqueles que tiveram a honra de assistir a essas reuniões sabem qual a influência penetrante que elas exerciam em todos nós. Apesar das tendências cépticas e do espírito zombador dos homens de nossa geração, há acentos, formas de linguagem, rasgos de eloquência aos quais eles não poderiam resistir. Os mais prevenidos seriam obrigados a reconhecer neles o característico, o sinal incontestável de uma grande superioridade moral, o cunho da verdade. Na presença desses espíritos, que, por momentos, desceram ao nosso mundo obscuro e atrasado, para nele fazerem brilhar uma fulguração de seu gênio, o criticismo mais exigente se turba, hesita-se e cala-se.

Durante oito anos, recebemos, em Tours, comunicações dessa ordem, que se referiam a todos os grandes problemas, todas as questões importantes de filosofia e de moral. Formavam muitos volumes manuscritos. O resumo desse trabalho, demasiadamente extenso, de texto copioso demais para ser publicado na íntegra, quisera-o eu apresentar aqui. Jerônimo de Praga, meu amigo, meu guia do presente e do passado, o espírito magnânimo que dirigiu os primeiros voos de minha inteligência infantil em idades remotas, é seu autor.

Quantos outros espíritos eminentes não espalharam assim seus ensinamentos pelo mundo, na intimidade de alguns grupos? Quase sempre anônimos, revelam-se apenas pelo alto valor de suas concepções. Foi-me dado soerguer alguns dos véus que encobriam sua verdadeira personalidade. Devo, porém, guardar segredo, porque a fina flor dos espíritos se distingue precisamente pela particularidade de se esconder sob designações emprestadas e querer

O Problema do Ser e do Destino

ficar ignorada. Os nomes célebres que subscrevem certas comunicações, chãs e vazias, não são, na maioria dos casos, mais do que um engodo.

Quis, com esses pormenores, demonstrar que esta obra não é exclusivamente minha; é, antes, o reflexo de um pensamento mais elevado que procuro interpretar. Está de acordo em todos os pontos essenciais com as vistas expressas pelos instrutores de Allan Kardec; todavia, pontos que eles deixaram obscuros nela começam a ser discutidos. Tive, também, em consideração, o movimento do pensamento e da ciência humana, de suas descobertas, e o cuidado de assinalá-los nesta obra. Em certos casos, acrescentei-lhe minhas impressões e meus comentários, porque, no espiritismo – e nunca é demais dizê-lo – não há dogmas, e cada um de seus princípios pode e deve ser discutido, julgado e submetido ao exame da razão.

Considerei como um dever conseguir que desses ensinamentos tirassem proveito meus irmãos da Terra. Uma obra vale pelo que é. Seja o que for que pensem e digam da revelação dos espíritos, não posso admitir que, quando em todas as universidades se ensinam sistemas metafísicos arquitetados pelo pensamento dos homens, se possa desatender e rejeitar os princípios divulgados pelas nobres inteligências do espaço.

Nossa estima aos mestres da razão e da sabedoria humana não é motivo para deixarmos de dar o devido apreço aos mestres da razão sobre-humana, aos representantes de uma sabedoria mais alta e mais grave. O espírito do homem, comprimido pela carne, privado da plenitude de seus recursos e de suas percepções, não pode chegar por si ao conhecimento do universo invisível e de suas leis. O círculo em que se agitam nossa vida e nosso pensamento é limitado, assim como é restrito nosso ponto de vista. A insuficiência dos dados que possuímos torna toda a nossa generalização impossível. Para penetrarmos no domínio desconhecido e infinito das leis, precisamos de guias. Com a colaboração dos pensadores eminentes dos dois mundos, das duas humanidades, é que alcançaremos as mais altas verdades ou, pelo menos, chegaremos a entrevê-las, e assim serão estabelecidos os mais nobres princípios.

Muito melhor e com muito mais segurança do que os nossos mestres da Terra, os do espaço sabem pôr-nos em presença do problema da vida e do mistério da alma e, igualmente, ajudar-nos a adquirir a consciência de nossa grandeza e de nosso futuro.

Às vezes, fazem-nos uma pergunta, opõem-nos uma nova objeção. Em vista da infinita variedade das comunicações e da liberdade que cada um tem de apreciá-las, de verificá-las à sua vontade, que há de ser – dizem-nos – da unidade de doutrina, essa unidade poderosa que tem feito a força, a grandeza das religiões sacerdotais e lhes tem assegurado a duração?

O espiritismo – já o dissemos –, não dogmatiza; não é uma seita nem uma ortodoxia, é uma filosofia viva, patente a todos os espíritos livres e que progride por evolução. Não faz imposições de ordem nenhuma, apenas propõe, e sua proposta se apoia em fatos de experiência e provas morais; não exclui nenhuma das outras crenças, mas se eleva acima delas e abraça-as em uma fórmula mais vasta, em uma expressão mais elevada e extensa da verdade.

As inteligências superiores nos abrem o caminho, revelam-nos os princípios eternos, que cada um de nós adota e assimila, na medida de sua compreensão, consoante o grau de desenvolvimento atingido pelas faculdades de cada um na sucessão de suas vidas.

Em geral, a unidade de doutrina é obtida unicamente à custa da submissão cega e passiva a um conjunto de princípios, de fórmulas fixadas em moldes inflexíveis. Trata-se da petrificação do pensamento, do divórcio da religião e da ciência, que não pode passar sem liberdade e movimento.

Essa imobilidade, essa inflexibilidade dos dogmas priva a religião de todos os benefícios do movimento social e da evolução do pensamento. Considerando-se como a única crença boa e verdadeira, chega ao ponto de proscrever tudo o que está fora dela e empareda-se, assim, em uma tumba para dentro da qual quisera arrastar consigo a vida intelectual e o gênio da raça humana.

O que o espiritismo mais considera é evitar as funestas consequências da ortodoxia. Sua revelação é uma exposição livre e sincera de doutrinas, que nada têm de imutáveis, mas que constituem um novo estágio no caminho da verdade eterna e infinita. Cada um tem o direito de analisar-lhe os princípios, que apenas são sancionados pela consciência e pela razão. Mas, adotando-os, deve cada um conformar com eles sua vida e cumprir as obrigações que deles derivam. Quem a eles se esquiva não pode ser considerado como adepto verdadeiro.

Allan Kardec nos colocou sempre de sobreaviso contra o dogmatismo e o espírito de seita; recomenda-nos sem cessar, em suas obras, que não deixemos cristalizar o espiritismo e evitemos os métodos nefastos, os quais arruinaram o espírito religioso das criaturas.

Em nossos tempos de discórdias e lutas políticas e religiosas, em que a ciência e a ortodoxia estão em guerra, quiseram demonstrar aos homens de boa vontade, de todas as opiniões, de todos os campos, de todas as crenças, assim como a todos os pensadores verdadeiramente livres e de largo descortino, que há um terreno neutro, o do espiritualismo experimental, onde podemos nos encontrar, dando-nos mutuamente as mãos. Não mais dogmas! Não mais mistérios! Abramos o entendimento a todos os sopros do espírito e bebamos em todas as fontes do passado e do presente. Digamos que em todas as doutrinas há parcelas de verdade; nenhuma, porém, a encerra completamente, porque a verdade, em sua plenitude, é mais vasta do que o espírito humano.

É somente no acordo das boas vontades, dos corações sinceros, dos espíritos livres e desinteressados que se realizarão a harmonia do pensamento e a conquista da maior soma de verdade assimilável para o homem da Terra, no atual período histórico.

Dia virá em que todos hão de compreender que não há antítese entre a ciência e a verdadeira religião; há apenas mal-entendidos. A antítese se concentra entre a ciência e a ortodoxia, o que nos é provado pelas recentes descobertas da ciência, que nos aproximam sensivelmente das doutrinas sagradas do Oriente e da Gália, no que se refere à unidade do mundo e à evolução da vida. Por isso é que podemos afirmar que, prosseguindo sua marcha paralela na grande estrada dos séculos, a ciência e a crença forçosamente encontrar-se-ão um dia, pois idênticos são ambos os seus alvos, que acabarão por se penetrarem reciprocamente. A ciência será a análise; e a religião será a síntese. Nelas unificar-se-ão o mundo dos fatos e o mundo das causas; os dois termos da inteligência humana vincular-se-ão; rasgar-se-á o véu do invisível; a obra divina aparecerá a todos os olhares em seu majestoso esplendor.

❀ ❀ ❀

As alusões que acabamos de fazer às doutrinas antigas poderiam levantar outra objeção: "Não são, pois – dir-nos-ão –, inteiramente novos os ensinamentos do espiritismo?". Não, sem dúvida. Em todos os tempos da humanidade, têm rebentado relâmpagos; o pensamento em marcha tem sido iluminado por lampejos; e as verdades necessárias têm aparecido aos sábios e aos investigadores. Os homens de gênio, do mesmo modo que os sensitivos e os videntes, têm recebido sempre do Além revelações apropriadas às necessidades da evolução humana.[48]

É pouco provável que os primeiros homens pudessem ter chegado, espontaneamente e só com o auxílio dos próprios recursos mentais, à noção de leis e mesmo às primeiras formas de civilização. Conscientemente ou não, a comunhão entre a Terra e o espaço tem existido sempre. Por isso, tornaríamos a encontrar nas doutrinas do passado a maior parte dos princípios que o ensino dos espíritos de novo trouxe à luz.

De resto, esses princípios, reservados à minoria, não haviam penetrado até a alma das multidões. Essas revelações se produziam, de preferência, sob a forma de comunicações insuladas, de manifestações que apresentavam caráter esporádico, as quais eram, o mais das vezes, consideradas como milagrosas. Contudo, volvidos vinte ou trinta séculos de trabalho lento e gestação silenciosa, o espírito crítico se desenvolveu, e a razão se elevou até o conceito de leis superiores. Esses fenômenos, com o ensino que lhes é conexo, reaparecem, generalizam-se, vêm guiar as sociedades hesitantes na árdua via do progresso.

É sempre nas horas turvas da História que as grandes concepções sintéticas se formam no seio da humanidade. Então, as religiões decrépitas, com as vozes enfraquecidas pela idade e as filosofias com sua linguagem demasiadamente abstrata, já não são suficientes para consolar os aflitos, levantar os ânimos abatidos, arrastar as almas para os altos cimos. Todavia, ainda há nelas muitas forças latentes e focos de calor que podem ser reavivados. Por isso não compartilhamos das concepções de certos teóricos que, nesse domínio, cogitam mais de demolir do que de restaurar. Seria um erro. Há distinções a fazer na herança do passado e mesmo nas religiões esotéricas, criadas para

[48] Consultar *No invisível*, capítulo XXVI, "A Mediunidade Gloriosa".

espíritos infantis, as quais correspondem todas às necessidades de certa categoria de almas. A sabedoria consistiria em recolher as parcelas de vida eterna, os elementos de direção moral que elas contêm, eliminando ao mesmo tempo as superfetações inúteis que a ação das idades e das paixões lhes foi adicionando.

Quem poderia executar essa obra de discriminação, seleção e renovação? Os homens estavam mal preparados para isso. Apesar dos avisos imperiosos da hora presente, apesar da decadência moral de nosso tempo, nem no santuário nem nas cátedras acadêmicas se tem elevado uma voz autorizada para dizer as palavras fortes e graves que o mundo esperava.

Só do Alto, pois, é que podia vir o impulso, e veio. Todos aqueles que têm estudado o passado, com atenção, sabem que há um plano no drama dos séculos. O pensamento divino se manifesta de maneiras diferentes, e a revelação é graduada de mil modos, conforme as exigências das sociedades. Foi por isso que, havendo soado a hora da nova dispensação, o mundo invisível saiu de seu silêncio. Por toda a Terra afluíram as comunicações dos defuntos, trazendo os elementos de uma doutrina em que se resumem e se fundem as filosofias e as religiões de duas humanidades.

O escopo do espiritismo não é destruir, mas unificar e completar, renovando. Vem separar, no domínio das crenças, o que tem vida do que está morto. Recolhe e ajunta, dos numerosos sistemas em que até o presente se tem encerrado a consciência da humanidade, as verdades relativas que eles contêm, para juntá-las às verdades de ordem geral que proclama. Em resumo, o espiritismo vincula à alma humana, ainda incerta e débil, as asas poderosas dos largos espaços e, por esse meio, eleva-a a alturas de onde pode abranger a vasta harmonia das leis e dos mundos e obter, ao mesmo tempo, visão clara de seu destino, o qual se acha incomparavelmente superior a tudo o que lhe haviam segredado as doutrinas da Idade Média e as teorias de outro tempo.

Abre-se um futuro de imensa evolução continuamente para a alma, de esferas em esferas, de claridades em claridades, para um fim cada vez mais belo, cada vez mais iluminado pelos raios da justiça e do amor.

CAPÍTULO III

O problema do ser

O primeiro problema que se apresenta ao pensamento é o do próprio pensamento, ou, antes, do ser pensante. É isso, para todos nós, assunto capital, que domina todos os outros e cuja solução nos reconduz às próprias origens da vida e do Universo.

Qual a natureza de nossa personalidade? Ela comporta um elemento suscetível de sobreviver à morte? A essa questão estão afetas todas as apreensões, todas as esperanças da humanidade.

O problema do ser e o problema da alma se fundem em um só. É a alma[49] que fornece ao homem seu princípio de vida e movimento. Ela é uma vontade livre e soberana, é a unidade consciente que domina todos os atributos, todas as funções, todos os elementos materiais do ser, assim como a alma divina domina, coordena e liga todas as partes do Universo para harmonizá-las.

A alma é imortal, porque o nada não existe, e coisa nenhuma pode ser aniquilada, vez que nenhuma individualidade pode deixar de ser. A dissolução das formas materiais prova simplesmente uma coisa: que a alma é separada do organismo, por meio do qual se comunicava com o meio terrestre. Não deixa, por esse fato, de prosseguir sua evolução em novas condições, sob formas mais perfeitas e sem nada a perder de sua identidade. Cada vez que ela abandona seu corpo terrestre, encontra-se novamente na

---
[49] Demonstra-lo-emos, mais adiante, com uma série completa de fatos de observação, de experiência e de provas objetivas.

vida do espaço, unida ao seu corpo espiritual, do qual é inseparável, com a forma imponderável que para si preparou com seus pensamentos e suas obras.

Esse corpo sutil, essa duplicação fluídica, existe em nós em estado permanente. Embora invisível, serve, entretanto, de molde ao nosso corpo material, o qual não representa, no destino do ser, o papel mais importante. O corpo visível ou corpo físico varia. Formado de acordo com as necessidades da vida terrestre, é temporário e perecível; desagrega-se e dissolve-se quando morre. O corpo sutil permanece. Preexistindo ao nascimento, sobrevive às decomposições da campa e acompanha a alma em suas transmigrações. É o modelo, o tipo original, a verdadeira forma humana, à qual vêm se incorporar temporariamente as moléculas da carne. Essa forma sutil, que se mantém no meio de todas as variações e de todas as correntes materiais, mesmo durante a vida, pode separar-se, em certas condições, do corpo carnal e também agir, aparecer, manifestar-se a distância, como mais adiante veremos, de modo a provar, de maneira irrecusável, sua existência independente.[50]

As provas da existência da alma são de duas espécies: morais e experimentais.

Vejamos primeiro as provas morais e as de ordem lógica; não obstante haverem servido muitas vezes, conser-

---

[50] A ciência fisiológica, à qual escapa ainda a maior parte das leis da vida, entreviu, no entanto, a existência do perispírito ou do corpo fluídico, que é, ao mesmo tempo, o molde do corpo material, o vestuário da alma e o intermediário obrigatório entre eles. Claude Bernard escreveu (Recherches sur les problèmes de la physiologie): "Há como um desenho preestabelecido de cada ser e de cada órgão, de modo que, se considerado insuladamente, cada fenômeno do organismo é tributário das forças gerais da natureza; em conjunto, parecem eles revelar um laço especial, parecem dirigidos por alguma condição invisível pelo caminho que seguem, na ordem que os concatena".
Sem a noção do corpo fluídico, a união da alma com o corpo material se torna incompreensível. Daí o enfraquecimento de certas teorias espiritualistas, que consideravam a alma como "espírito puro". Nem a razão nem a ciência podem admitir um ser sem forma. Leibniz, no prefácio de suas *Nouvelles recherches sur la raison humaine*, dizia: "Creio, com a maior parte dos antigos, que todos os espíritos, todas as almas, todas as substâncias simples, ativas, estão sempre unidas a um corpo e que nunca existem almas completamente desprovidas deles".
Enfim, existem numerosas provas, objetivas e subjetivas, da existência do perispírito. São, em primeiro lugar, as sensações chamadas "de integridade", que acompanham sempre a amputação de qualquer membro. Alguns magnetizadores afirmam que podem exercer influência em seus doentes, magnetizando o prolongamento fluídico dos membros amputados (Carl du Prel, em *La doctrine monistique de l'ame*, capítulo VI). Vêm depois as aparições dos fantasmas dos vivos. Em muitos casos, o corpo fluídico, concretizado, tem impressionado placas fotográficas, deixado impressões e moldagens em substâncias moles, traços no pó e na fuligem e provocado o deslocamento de objetos, entre outras coisas (Consultar *No invisível*, capítulos. XII e XX).

vam toda a sua força e seu valor.

Segundo as escolas materialista e monista, a alma não é mais do que a resultante das funções cerebrais. Disse Haeckel: "As células do cérebro são os verdadeiros órgãos da alma. Esta está ligada à integridade delas. Cresce, decai e desaparece com elas. O gérmen material contém o ser completo, físico e mental".

Responderemos em substância: a matéria não pode gerar qualidades que ela não tem. Átomos, sejam triangulares, sejam circulares, sejam aduncos, não podem representar a razão, o gênio, o amor puro, a caridade sublime. O cérebro, como dizem, cria funções. Pergunta-se: é caso compreensível que uma função possa ser se conhecer, possuir consciência e sensibilidade? Como explicar a consciência, a não ser pelo espírito? Vem da matéria? E quantas vezes não está a consciência em luta com a matéria? Vem do interesse e do instinto de conservação? Ela se revolta contra eles e leva-nos até o sacrifício!

O organismo material não é o princípio da vida e das faculdades; é, ao contrário, seu limite. O cérebro é um simples instrumento que serve ao espírito para registrar suas sensações. É comparável a uma harmonia, em que cada tecla representaria um gênero especial de sensações. Quando o instrumento está perfeitamente afinado, as teclas dão, sob a ação da vontade, o som peculiar a cada uma delas, e reina a harmonia em nossas ideias e em nossos atos; mas, se as teclas estiverem estragadas ou desfalcadas, o som produzido não será o que deve ser, e a harmonia será incompleta.

Resultará daí uma desafinação, por mais esforços que faça a inteligência do artista, ao qual será impossível tirar do instrumento defeituoso uma combinação de manifestações regulares. Assim se explicam as doenças mentais, as neuroses, a idiotia, a perda temporária da palavra ou da memória, a loucura etc., sem que, por isso, a existência da alma fique comprometida. Em todos esses casos, o espírito subsiste, mas suas manifestações são contrariadas e, às vezes, até aniquiladas por uma falta de correlação com seu organismo.

Sem dúvida, o desenvolvimento do cérebro denota, de maneira geral, altas faculdades. Uma alma delicada e poderosa precisa de um instrumento mais perfeito, que se preste a todas as manifestações de um pensamento ele-

O Problema do Ser e do Destino   63

vado e fecundo. As dimensões e circunvoluções do cérebro estão muitas vezes em relação direta com o grau de evolução do espírito.[51] Não se deve daqui deduzir que a memória é um simples jogo das células cerebrais. Estas se modificam e renovam-se sem cessar, conforme a ciência, a tal ponto que o cérebro e o corpo passam por uma completa mudança material em poucos anos.[52]

Nessas condições, como explicar que possamos nos recordar dos fatos que remontam há dez, vinte, trinta anos? Como rememoram os velhos com surpreendente facilidade todos os pormenores de sua infância? Como podem a memória, a personalidade, o "eu" persistirem e manterem-se no meio das contínuas destruições e reconstruções orgânicas? São outros tantos problemas insolúveis para o materialismo.

Os sentidos, como dizem os psicólogos contemporâneos, são o único veículo para a alma, e a suspensão deles implica o desaparecimento da alma. Notemos, entretanto, que o estado de anestesia, isto é, a supressão momentânea da sensibilidade, não elimina, de modo nenhum, a ação da inteligência. Esta se ativa, ao contrário, em casos nos quais, segundo as doutrinas materialistas, deveria estar aniquilada.

Buisson escrevia: "Se existe alguma coisa que possa demonstrar a independência do 'eu', é com certeza a prova que nos fornecem os pacientes submetidos à ação do éter. Nesse estado, suas faculdades intelectuais resistem aos agentes anestésicos".

Velpeau, tratando do mesmo assunto, dizia: "Que mina fecunda não são para a fisiologia e para a psicologia os fatos como esses, que separam o espírito da matéria e a inteligência do corpo!".

Havemos de ver também por que forma, no sono comum ou no provocado, no sonambulismo e na exteriorização, a alma pode viver, perceber e agir sem o auxílio dos sentidos.

Se a alma, como diz Haeckel, representasse unicamente a soma dos elementos corporais, haveria sempre no homem correlação entre o físico e o mental. A relação seria direta e constante, e perfeito seria o equilíbrio entre as fa-

---

[51] A regra não é absoluta. O cérebro de Gambetta, por exemplo, não pesava mais do que 1.246 gramas, ao passo que a média humana é de 1.500 a 1.800 gramas.

[52] Claude Bernard. *La science experimentale, phenomenes de la vie*.

culdades, as qualidades morais, de uma parte, e a constituição material, da outra. Os mais bem dotados no ponto de vista físico possuiriam também as almas mais inteligentes e mais dignas. Sabemos que assim não sucede, porque, muitas vezes, almas de escol têm habitado corpos débeis. A saúde e a força não implicam, nos que as possuem, um espírito sutil e brilhantes faculdades.

Mens sana in corpore sano, diz-se, e é verdade. Mas há tantas exceções a essa máxima que não é possível considerá-la como regra absoluta. A carne cede sempre à dor; não sucede o mesmo com a alma, que, muitas vezes, resiste, exalta-se no sofrimento e triunfa dos agentes externos.

Os exemplos de Antígono, Jesus, Sócrates, Joana d'Arc, mártires cristãos, hussitas e tantos outros que embelezam a História e enobrecem a raça humana aí estão para lembrar-nos de que as vozes do sacrifício e do dever podem elevar-se muito acima dos instintos da matéria. Nas horas decisivas, a vontade dos heróis sabe dominar as resistências do corpo.

Se o homem estivesse integralmente contido no gérmen físico, encontrar-se-iam nele unicamente as qualidades e os defeitos de seus progenitores, na mesma proporção; mas, ao contrário, veem-se por toda a parte crianças que diferem dos pais, são-lhes superiores ou ficam-lhes inferiores. Irmãos, irmãos gêmeos, de semelhança física flagrante, apresentam, mentalmente e moralmente, caracteres dessemelhantes entre si e com seus ascendentes.

As teorias do atavismo e da hereditariedade são impotentes para explicar os casos célebres de crianças artistas ou sábias – músicos como Mozart ou Paganini; calculistas como Mondeux e Inaudi; pintores de dez anos como Van der Kerkhove; e tantos outros meninos-prodígio, cujas aptidões não se encontram nos pais ou só se encontram em grau muito inferior, como, por exemplo, nos ascendentes de Mozart.

As propriedades da substância material, transmitidas pelos pais, manifestam-se na criança pela semelhança física e pelos males constitucionais, mas a semelhança só persiste, quando muito, durante o primeiro período da vida. Desde que o caráter se define, desde que a criança se faz homem, veem-se as feições se modificarem pouco a pouco, ao mesmo tempo em que as tendências hereditárias vão diminuindo e cedendo lugar a outros elementos, que

O Problema do Ser e do Destino

constituem uma personalidade diferente, um ser às vezes distinto, pelos gostos, pelas qualidades, pelas paixões, de tudo quanto se encontra nos ascendentes. Não é, pois, o organismo material o que constitui a personalidade, mas sim o homem interior, o ser psíquico. À medida que este se desenvolve e se afirma por sua própria ação na existência, vê-se as heranças física e mental dos pais irem, pouco a pouco, enfraquecendo-se e, muitas vezes, chegam a desaparecer.

A noção do bem, gravada no fundo das consciências, é, igualmente, prova evidente de nossa origem espiritual. Se o homem procedesse do pó ou fosse resultante das forças mecânicas do mundo, não poderíamos conhecer o bem e o mal, sentir remorso nem dor moral.

Dizem-nos: "Essas noções provêm dos vossos antepassados, da educação, das influências sociais". Mas, se essas noções são heranças exclusivas do passado, de onde foi que ele as recebeu? E por que se multiplicam em nós, não achando terreno favorável nem alimento?

Se a vista do mal vos tem causado sofrimento, se tendes chorado por vós e pelos outros, haveis de ter podido entrever, nessas horas de tristeza, de dor reveladora, as secretas profundezas da alma, suas ligações misteriosas com o Além, e deveis compreender o encanto amargo e o fim elevado da existência, de todas as existências. Esse fim é a educação dos seres pela dor; é a ascensão das coisas finitas para a vida infinita.

Não, o pensamento e a consciência não derivam de um universo químico e mecânico. Ao contrário, dominam-no, dirigem-no e subjugam-no do Alto. Com efeito, pergunta-se: não é o pensamento que pesa os mundos, mede a extensão e discrimina as harmonias do Cosmo? Só por um lado pertencemos ao mundo material. É por isso que tão vivamente padecemos com seus males. Se lhe pertencêssemos completamente, sentir-nos-íamos muito mais em nosso elemento e ser-nos-iam poupados muitos sofrimentos.

A verdade acerca da natureza humana, da vida e do destino, o bem e o mal, a liberdade e a responsabilidade não se descobrem no fundo das retortas nem na ponta os escalpelos. A ciência material não pode julgar coisas do espírito. Só o espírito pode julgar e compreender o espírito, e isso na razão do grau de sua evolução. É da consciência das almas superiores, de seus pensamentos, de seus trabalhos, de seus exemplos, de seus sacrifícios que brotam a luz mais intensa e o mais nobre ideal que podem guiar a humanidade em seu caminho.

O homem é, pois, ao mesmo tempo, espírito e matéria, alma e corpo. Contudo, talvez espírito e matéria não sejam mais do que simples palavras, exprimindo de maneira imperfeita as duas formas da vida eterna, a qual dormita na matéria bruta, acorda na matéria orgânica, adquire atividade, expande-se e se eleva no espírito.

Pergunta-se: não haverá, como admitem certos pensadores, mais do que uma essência única das coisas, forma e pensamento ao mesmo tempo, sendo a forma um pensamento materializado, e o pensamento, a forma do espírito?[53] É possível. O saber humano é limitado, e até os olhares do gênio não são mais do que relâmpagos no domínio infinito das ideias e das leis.

Todavia, o que caracteriza a alma e absolutamente a diferencia da matéria é sua unidade consciente. Sob a ação da análise, a matéria se dispersa e dissipa-se. O átomo físico se divide em subátomos, que, por sua vez, fragmentam-se indefinidamente. A matéria é inteiramente desprovida de unidade, como o estabeleceram as recentes descobertas de Becquerel, Curie e Le Bon.

No Universo só o espírito representa o elemento uno, simples, indivisível e, por conseguinte, logicamente indestrutível, imperecível e imortal.

---

[53] Entendemos, aqui, por espírito o princípio da inteligência.

CAPÍTULO IV

A personalidade integral

A consciência, ou seja, o "eu", é o centro do ser, a própria essência da personalidade.

Ser pessoa é ter uma consciência, um "eu" que reflete, examina-se, recorda-se. Assim, pergunta-se: poder-se-á, porém, conhecer, analisar e descrever o "eu", seus misteriosos recônditos, suas forças latentes, seus germens fecundos e suas atividades silenciosas? As psicologias e as filosofias do passado o tentaram debalde. Seus trabalhos não fizeram mais do que tocar de leve a superfície do ser consciente. As camadas internas e profundas continuaram obscuras, inacessíveis, até ao dia em que as experiências do hipnotismo, do espiritismo e da renovação da memória projetaram, afinal, alguma luz.

Então, pôde-se ver que em nós se reflete e repercute-se todo o Universo, em sua dupla imensidade, de espaço e tempo. Dizemos de espaço, porque a alma, em suas manifestações livres e plenas, não conhece as distâncias. Dizemos de tempo, porque um passado inteiro dorme nela, ao lado do futuro que jaz no estado de embrião.

As escolas antigas admitiam a unidade e a continuidade do "eu", a permanência, a identidade perfeita da personalidade humana e sua sobrevivência. Seus estudos se fundamentaram no sentir íntimo, o que, em nossos dias, se chama introspecção.

A nova psicologia experimental considera a personalidade como um agregado, um composto, uma "colônia". Para ela, é apenas aparente a unidade do ser, que pode se decompor. O "eu" é uma coordenação passageira, conforme disse Ribot.[54] E essas afirmações se fundamentam em fatos de experiência, que não podem ser deixados à parte, tais como a vida intelectual inconsciente, as alterações da personalidade, a correlação entre as doenças da memória e as lesões do cérebro etc.

Pergunta-se: como aproximar e conciliar teorias tão dessemelhantes, porém ambas com base na ciência de observação? De maneira simples: pela própria observação, mais atenta e mais rigorosa. Myers o disse por estes termos:[55]

> Uma investigação mais profunda, mais audaz, exatamente na direção que os psicólogos (materialistas) preconizam, mostra que eles se enganaram afirmando que a análise não provava a existência de nenhuma faculdade acima das que a vida terrestre, assim como eles a concebem, é capaz de produzir, e o meio terrestre, de utilizar. Porque, na realidade, a análise revela os vestígios de uma faculdade que a vida material ou planetária nunca poderia ter gerado e cujas manifestações implicam a existência de um mundo espiritual e fazem necessariamente supor essa existência. Por outro lado e em favor dos partidários da unidade do "eu", pode-se dizer que os dados novos fornecem às suas pretensões uma base muito mais sólidºªa e uma prova presuntiva que se avantaja em força a todas as que eles poderiam ter imaginado; uma prova, especialmente, de que o "eu" pode sobreviver, e sobrevive realmente, não só às desintegrações secundárias, que o afetam no curso de sua vida terrestre, mas também à desintegração derradeira que resulta da morte corporal.
>
> Muito falta ao "eu" consciente de cada um de nós para poder compreender a totalidade de nossa consciência e de nossas faculdades. Existem uma consciência mais vasta e faculdades mais profundas, em que a maior parte se conserva virtual em relação à vida terrestre, das quais se desprenderam, por via de seleção, a consciência e as faculdades dessa vida terrestre; tais, consciência mais alta

[54] Th. Ribot. *Les maladies de la personnalite*. p. 170 e 172.
[55] F. Myers. *La personnalite humaine*, p. 19. Essa obra representa o mais grandioso esforço tentado pelo pensamento para resolver os problemas do ser. O professor Flournoy, da Universidade de Genebra, escrevia sobre esse livro: "O nome de Myers será inscrito no livro de ouro dos grandes iniciadores, a par dos de Copérnico e Darwin, para completar a tríade dos gênios que mais profundamente revolucionaram as noções científicas na ordem da Cosmologia, da Biologia e da Psicologia".

O Problema do Ser e do Destino

e faculdades mais profundas, de novo se afirmam em toda a plenitude, depois da morte.

Tenho sido, há cerca de catorze anos, levado lentamente a essa conclusão, que revestiu para mim sua forma atual, em consequência de uma longa série de reflexões fundamentadas em provas, cujo número ia aumentando progressivamente.

Em certos casos, vê-se aparecer em nós um ser muito diferente do ser normal, possuindo não só conhecimentos e aptidões mais extensas que as da personalidade comum, mas dotado de modos de percepção mais poderosos e variados. Às vezes, até mesmo nos fenômenos de "segunda personalidade", o caráter se modifica e difere, por tal forma, do caráter habitual de alguns observadores que se julgaram na presença de outro indivíduo.

Cumpre fazer bem a distinção entre esses casos e os fenômenos de incorporações de espíritos. Os médiuns, no estado de desdobramento, de sonambulismo, emprestam às vezes seu organismo a entidades do Além, espíritos desencarnados que dele se servem para comunicar com os homens. Mas os nomes, as particularidades, as provas de identidade fornecidas pelos manifestantes não permitem confusão nenhuma.

A individualidade que se manifesta difere radicalmente da do paciente. Os casos de G. Pelham,[56] Robert Hyslop, Fourcade etc. nos demonstram que as substituições de espíritos não podem ser confundidas com os casos de dupla personalidade.

Sem embargo, o erro era possível. Com efeito, do mesmo modo que as incorporações de espíritos, a intervenção de personalidades secundárias é precedida de um sono curto. Essas personalidades surgem, na maioria das vezes, em um acesso de sonambulismo ou mesmo após uma comoção. O período de manifestação, a princípio de breve duração, prolonga-se pouco a pouco, repete-se e vai se destacando, cada vez com maior precisão, até adquirir e constituir uma cadeia de recordações particulares que se distinguem do conjunto das recordações registradas na consciência normal. Esse fenômeno pode ser facilitado ou provocado pela sugestão hipnótica. É mesmo provável que, nos casos espontâneos, em que nenhuma vontade humana intervém, o fenômeno seja decorrente da suges-

[56] Consultar *No invisível*, capítulo XIX (passim), e G. Delanne, *A alma é imortal*, **EDITORA DO CONHECIMENTO**.

tão de agentes invisíveis, guias e protetores do sujet. Eles exercem, nesses casos, como veremos, sua ação para um fim curativo e terapêutico.

No caso célebre de Félida, estudado pelo doutor Azam,[57] os dois estados de consciência ou variações da personalidade são nitidamente estabelecidos:

> Quase todos os dias, sem causa conhecida ou sob o domínio de uma comoção, ela é tomada pelo que denomina "sua crise". De fato, entra em seu segundo estado. Acha-se sentada, com um trabalho de costura na mão; de repente, sem que nada o possa fazer prever e depois de uma dor nas fontes, mais violenta que de costume, a cabeça cai-lhe sobre o peito, as mãos ficam inativas e descem inertes ao longo do corpo. Dorme ou parece dormir um sono especial, porque nenhum barulho, nenhuma excitação, beliscadura ou picada a podem acordar. Ademais, essa espécie de sono sobrevém subitamente e dura dois ou três minutos. Antes durava muito mais.
>
> Depois, Félida acorda: mas seu estado intelectual não é o mesmo que era antes de adormecer. Tudo parece diferente. Ergue a cabeça e, abrindo os olhos, cumprimenta sorrindo as pessoas que a cercam, como se tivesse chegado nessa ocasião; a fisionomia, triste e silenciosa antes, ilumina-se e respira alegria. Sua palavra é breve. Cantarolando, continua a obra de agulha que, no estado precedente, havia começado. Levanta-se. Seu andar é ágil, e quase não se queixa das mil dores que, momentos antes, a faziam sofrer. Cuida dos arranjos domésticos, anda pela rua etc. Seu gênio muda completamente; de triste se faz alegre. Sua imaginação está mais exaltada; o motivo mais insignificante a entristece ou alegra; de indiferente passa a uma sensibilidade excessiva.
>
> Nesse estado, lembra-se perfeitamente de tudo o que se passou nos outros estados semelhantes anteriores e também durante sua vida normal. Nessa vida, como na outra, suas faculdades intelectuais e morais, posto que diferentes, acham-se incontestavelmente em sua integridade: nenhuma ideia delirante, nenhuma falsa apreciação, nenhuma alucinação. Félida é outra, nada mais. Pode-se até mesmo dizer que, nesse segundo estado, nessa *segunda condição*, como lhe chama M. Azam, todas as suas faculdades parecem mais desenvolvidas e completas.

---

[57] Dr. Binet. *Altérations de la personnalite*. Paris: F. Alcan, p. 6 e 20.

Essa segunda vida, em que a dor física não se faz sentir, é muito superior à outra, principalmente pelo fato notável de, enquanto ela dura, Félida lembrar-se não só do que se passou durante os precedentes acessos, mas também de toda a sua vida normal; ao passo que, durante a vida normal, nenhuma lembrança ela tem do que se passou durante os acessos.

Vê-se que aí não estão em jogo várias personalidades, mas simplesmente vários estados da mesma consciência. A relação subsiste entre esses diversos aspectos do ser psíquico. Pelo menos, o segundo estado, o mais completo, nada ignora do que fez o primeiro; ao passo que este não conhece o outro, senão por ouvir dizer. O segundo modo de existência trata o primeiro com algum desdém. Félida, no segundo estado, fala da "rapariga estúpida", do mesmo modo que nós mesmos o faríamos falando do menino desajeitado, do bebê trapalhão que fomos em outro tempo.

No caso de Louis Vivé,[58] achamo-nos na presença de um fenômeno de "regressão da memória". O sujet, sob a influência da sugestão hipnótica, revive todas as cenas de sua vida, como diz Myers:

> [...] com a rapidez e a facilidade de imagens cinematográficas. Não só os estados mentais passados e esquecidos voltam à memória ao mesmo tempo que as impressões físicas dessas variações, mas também quando um estado mental passado e esquecido é sugerido ao paciente, como sendo seu estado atual, ele recebe imediatamente as impressões físicas correspondentes.

Veremos mais adiante que, graças a experiências da mesma ordem, tem sido possível reconstituir as excitações anteriores de certos pacientes com a mesma nitidez, o mesmo poder de impressões e sensações, o que nos levará a reconhecer que a ciência profunda do ser nos reserva muitas surpresas.

Em Mary Reynolds,[59] assistimos a uma transformação completa do caráter, que apresenta três fases distintas: uma caracterizada pelo desleixo e outra com disposições para a tristeza, tendendo a fundir-se em um terceiro estado, superior aos dois precedentes.

---

[58] F. Myers. *La personnalite humaine*, p. 60. Consultar também Camuset, em *Annales Médico-Psychologiques*, 1882, p. 15.
[59] W. James. *Principies of Psychology*.

Outro caso fornecer-nos-á indicações preciosas sobre a natureza do segundo estado, nas variações da personalidade. É o da senhorita R. L., observado pelo doutor Dufay e publicado na Revue Scientifique, de 5 de julho de 1876.

A senhorita R. L. – diz o doutor Dufay – apresenta dois estados de personalidade. Tem perfeita consciência, no segundo estado, o de sonambulismo, da acuidade surpreendente que adquirem seus sentidos. A alma é mais sensível; a inteligência e a memória recebem também um desenvolvimento considerável. Pode contar os fatos mais insignificantes dos quais teve conhecimento em qualquer época, embora deles não se recorde quando volta ao estado normal.

Não podemos deixar passar em silêncio as observações da mesma natureza, feitas pelo doutor Morton-Prince em relação à senhorita Beauchamp.[60] Esta apresenta muitos aspectos da mesma personalidade, que se revelaram sucessivamente e foram sendo denominados, à medida que apareciam, B1, B2, B4 e B5.

B1 é a senhorita Beauchamp em estado normal, pessoa séria, reservada e escrupulosa em excesso. B2 é a mesma em estado de hipnose, com mais desembaraço, simplicidade e memória mais extensa. B4, que se revela mais tarde, distingue-se das precedentes por um estado completo de unidade harmônica e de equilíbrio normal, mas a quem faz falta a memória dos seis últimos anos, em consequência de uma emoção violenta. Enfim, B5 reúne, como em síntese, a memória dos estados já descritos.

A originalidade desse caso consiste na intervenção, em meio desses diversos aspectos da personalidade da senhorita Beauchamp, de uma personalidade que lhe é completamente estranha, como nos parece. Trata-se de B3, que se diz chamar Sally, ser esperta e travessa; na verdade, faceira, pregando-lhe peças repetidas. Uma vida bem difícil! Sally se adapta, fisiologicamente, muito mal aos órgãos da médium.

Essa misteriosa Sally não poderia ser, segundo nós, senão uma entidade do espaço, conseguindo se substituir, no sono, à pessoa normal e dispor, por um lapso de tempo, de um organismo cujo estado de equilíbrio está momentaneamente perturbado. Esse fenômeno pertence à catego-

---

[60] Dr. Morton Prince. Consultar *The association of a personality*, bem como a obra do coronel A. de Rochas, *Les vies successives*, Paris: Chacornac ed., 1911, p. 398 e 402.

O Problema do Ser e do Destino

ria das incorporações de espíritos, de que tratamos especialmente em outra obra.[61]

Por seu turno, o doutor Herbert Mayo aponta um fenômeno de memória quíntuplo.[62] "O estado normal do sujet era interrompido por quatro variedades de estados mórbidos, dos quais ele não se recordava ao acordar, mas cada um desses estados conservava uma forma de memória que lhe era peculiar."

Finalmente, F. Myers, em sua obra magistral,[63] relata, segundo o doutor Mason, um caso de personalidade múltipla que se entende aqui ser necessário reproduzir:

> Alma Z... era uma donzela muito sã e inteligente, de gênio inalterável e insinuante, espírito de iniciativa em tudo o que empreendia: estudo, esporte, relações sociais. Em seguida a um cansaço intelectual e a uma indisposição da qual não fez caso, viu sua saúde seriamente comprometida e, decorridos dois anos de grandes sofrimentos, fez brusca aparição uma segunda personalidade. Em uma linguagem meio infantil, meio indiana, essa personalidade se anunciava como sendo a de número 2, que vinha para aliviar os sofrimentos da de número 1. Ora, o estado da de número 1, nesse momento, era dos mais deploráveis – dores, debilidade, síncopes frequentes, insônias, estomatite mercurial, de origem medicamentosa, impossibilitando a alimentação. A de número 2 era alegre e terna, de conversa sutil e espirituosa, inteligência clara, alimentando-se bem e abundantemente, com maior proveito, dizia ela, do que a de número 1. A conversa, por mais aprimorada e interessante que fosse, nada deixava suspeitar dos conhecimentos adquiridos pela primeira personalidade. Manifestava uma inteligência supranormal relativamente ao que se passava na vizinhança. Foi nessa época que o autor começou a observar esse caso, e eu não o perdi de vista durante seis anos consecutivos. Quatro anos depois de ter aparecido a segunda personalidade, manifestou-se inopinadamente uma terceira, que se fez conhecer pelo nome de "moleque". Era completamente distinta e diferente das outras duas e tomara o lugar da de número 2, que esta ocupara por quatro anos. Todas essas personalidades, posto que absolutamente distintas e características, eram, cada qual

---

[61] Consultar *No invisível*, capítulo XIX.
[62] *Revue Philosophique*, I, p. 449, 1887.
[63] F. Myers. *La personnalite humaine*, p. 61 e 62..

em seu gênero, interessantes, e a de número 2, em particular, tem feito e continua a fazer a alegria de seus amigos, todas as vezes que aparece e que lhes é dado se aproximarem dela. Aparece sempre nos momentos de fadiga excessiva, excitação mental e prostração. Sobrevém, então, e persiste, às vezes, durante alguns dias. O "eu" original afirma sempre sua superioridade, estando ali as outras apenas em atenção a ela e para seu proveito. A de número 1 nenhum conhecimento pessoal tem das outras duas personalidades; contudo, conhece-as bem, principalmente a de número 2, pelas narrativas das outras e pelas cartas que muitas vezes delas recebe. Admira as mensagens sutis, espirituosas e muitas vezes instrutivas que lhe trazem essas cartas ou as narrativas dos amigos.

Limitar-nos-emos à citação dos fatos que acabamos de transcrever para não nos alongarmos demais. Existem muitos outros da mesma natureza, cuja descrição o leitor poderá encontrar nas obras especiais.[64]

Em seu conjunto, esses fenômenos demonstram que, além do nível da consciência normal, fora da personalidade comum, existem em nós planos de consciência, camadas ou zonas dispostas de tal maneira que, em certas condições, se podem observar alternâncias nesses planos.

Veem-se, então, emergirem e manifestarem-se, durante certo tempo, atributos e faculdades que pertencem à consciência profunda, mas que não tardam a desaparecer para volverem ao seu lugar e tornarem a mergulhar na sombra e na inação.

Nosso "eu" ordinário, superficial, limitado pelo organismo, não parece ser mais do que um fragmento de nosso "eu" profundo. Neste está registrado um mundo inteiro de fatos, conhecimentos e recordações referentes ao longo passado da alma. Durante a vida normal, todas essas reservas permanecem latentes, como que sepultadas por baixo do invólucro material, e reaparecem no estado de sonambulismo. O apelo da vontade e a sugestão as mobilizam, e elas entram em ação e produzem os estranhos fe-

[64] Consultar outras, as dos doutores Bourru e Burot, *Les changements de la personnalite; De la suggestion mentale*. Paris: *Bibl. Científ. Contemporânea*, 1887; Binet. *Les alterations de la personnalite*; Berjon. *La grande hysterie chez l'homme*; doutor Osgood Mason. *Double personnalite, ses rapports avec l'hypnotisme et la lucidite.*
Consultar também Proceedings S.P.R., o caso da senhorita Beauchamp, estudado por Morton, o de Annel Bourne, descrito pelo doutor Hodgson, e o de Mollie Faucher, observado pelo juiz americano Cain Dailey.

nômenos que a psicologia oficial comprova, sem, contudo, poder explicá-los.

Todos os casos de desdobramento da personalidade, todos os fenômenos de clarividência, telepatia, premonição, asurgimento de sentidos novos e de faculdades desconhecidas, todo esse conjunto de fatos, cujo número aumenta e constitui já um grandessíssimo amálgama, deve ser atribuído à intervenção das forças e dos recursos da personalidade oculta.

O estado de sonambulismo, que permite sua manifestação, não é um estado "regressivo" ou mórbido, como o julgaram certos observadores; é, antes, um estado superior e, segundo a expressão de Myers, "evolutivo". É verdade que o estado de degenerescência e enfraquecimento orgânico facilita, em alguns pacientes, o afloramento das camadas profundas do "eu", o que é designado pelo nome de histeria. Tudo o que, de modo geral, deprime o corpo físico, favorece, como convém notar, o desprendimento, a saída do espírito. Sobre isso, muitos testemunhos nos seriam fornecidos pela lucidez dos moribundos; mas, para avaliar somente esses fatos, é mister considerá-los principalmente sob o ponto de vista psicológico. Aí está toda a sua importância.

A ciência materialista viu nesses fenômenos o que ela denomina como "desintegrações", isto é, alterações e dissociações da personalidade. Os diversos estados da consciência aparecem, algumas vezes, tão distintos, e os tipos que surgem são de tal modo diferentes do tipo normal que têm levado a crer que se está em presença de várias consciências autônomas, em alternação no mesmo paciente.

Acreditamos, como Myers, que nada disso sucede. Há aí simplesmente uma variedade de estados sucessivos, coincidindo com a permanência do "eu". A consciência é uma, mas se manifesta de diversos modos: de maneira restrita, na vida normal, enquanto está limitada ao campo do organismo; mais completa, mais extensa, em estados de desprendimento; e, finalmente, de maneira cabal, perfeita, na ocasião da morte, depois da separação definitiva, como o demonstram as manifestações e os ensinamentos dos espíritos.

A desagregação é, pois, apenas aparente. A única diferença entre os estados variados de consciência é uma diferença de graus, os quais podem ser numerosos. O espaço que, por exemplo, medeia entre o estado de incorporação e a exteriorização completa parece considerável. A personalidade não deixa, por isso, de permanecer idêntica, por meio da concatenação dos fatos da consciência, e um laço contínuo liga as personalidades entre si, desde as modificações mais simples do estado normal até os casos que comportam transformação da inteligência e do caráter; desde a simples ideia fixa e dos sonhos até a projeção da personalidade no mundo espiritual, nesse Além onde a alma recupera a plenitude de suas percepções e de seus poderes.

Já no decurso da existência terrestre, da infância à velhice, vemos o "eu" modificar-se incessantemente. A alma atravessa uma série de estados e anda em mudança contínua. Não obstante, no meio dessas diversas fases, é invariável a fiscalização que exerce sobre o organismo. A fisiologia salientou a sábia e harmoniosa coordenação de todas as partes do ser, as leis da vida orgânica e do mecanismo nervoso, que não podem ser explicadas sem a presença de uma unidade central. Essa unidade soberana é a origem e a causa conservadora da vida; relacionam-se a ela todos os elementos, todos os aspectos.

Foi por uma consequência não menos perniciosa das teorias materialistas que os "psicólogos" da escola oficial chegaram a considerar o gênio como uma neurose, quando ele pode ser a utilização, em maior escala, dos poderes psíquicos ocultos no homem.

Myers, falando da categoria dos histéricos que conduzem o mundo, emite a seguinte opinião:

> [...] a inspiração do gênio não seria mais do que a emergência, no domínio das ideias conscientes, de outras ideias em cuja elaboração a consciência não tomou parte, mas que se têm formado isoladamente, por assim dizer, independentemente da vontade, nas regiões profundas do ser.[65]

Em geral, aqueles que tão levianamente são qualificados como "degenerados" são, muitas vezes, "progenerados". Nesses sensitivos, histéricos ou neuróticos, as perturbações do organismo físico e as alterações nervosas, muito caracterizadas em certas inteligências geniais, como

---

[65] F. Myers. *La personnalite humaine*, p. 69. Acreditamos, todavia, que, no exame desse problema de gênio, Myers não atendeu bastante às aquisições anteriores, fruto das existências acumuladas, tampouco à inspiração medianímica.

O Problema do Ser e do Destino   77

em outro lugar vimos ("*No invisível*", último capítulo), podem realmente ser um processo de evolução pelo qual toda a humanidade terá de passar para chegar a um grau mais intenso da vida planetária.

O desenvolvimento do organismo humano até sua expansão completa é sempre acompanhado de perturbações, do mesmo modo que o aparecimento de cada novo ser na Terra é delas precedido. Em nossos esforços dolorosos para maior soma de vida, os valores mórbidos se transmutam em forças morais. Nossas necessidades são instintos em fusão, que se concretizam em novos sentidos para adquirir mais poder e conhecimento.

Mesmo no estado comum, no estado de vigília, emergências, impulsos do "eu" profundo podem remontar até às camadas exteriores da personalidade, trazendo intuições, percepções, lampejos bruscos sobre o passado e o futuro do ser, os quais denotam faculdades muito extensas, que não pertencem ao "eu" normal.

Cumpre relacionar com essa ordem de fenômenos a maior parte dos casos de escrita automática. Dizemos a maior parte, porque sabemos de outros que têm como causa agentes externos e invisíveis.

Há em nós uma espécie de reservatório de águas subterrâneas, de onde, em certas horas, rompe e sobe à superfície uma corrente rápida e em ebulição. Os profetas, os mártires de todas as religiões, os missionários, os inspirados, os entusiastas de todos os gêneros e de todas as escolas conheceram esses impulsos surdos e poderosos que nos têm brindado com as maiores obras que têm sido reveladas aos homens, segundo a existência de um mundo superior.

CAPÍTULO V

A alma e os diferentes estados de sono

O estudo do sono nos fornece indicações de grande importância sobre a natureza da personalidade. Em geral, não se aprofunda muito com relação ao mistério do sono. Contudo, o exame atento desse fenômeno, ou seja, o estudo da alma e de sua forma fluídica durante a parte da existência que consagramos ao descanso conduzir-nos-á a uma compreensão mais acurada das condições do ser na vida do Além.

O sono possui não só propriedades restauradoras a que a ciência não conferiu o devido relevo, mas também um poder de coordenação e centralização sobre o organismo material. Ele pode, além disso, como acabamos de ver, provocar uma ampliação considerável das percepções psíquicas, bem como maior intensidade do raciocínio e da memória.

O que é, então, o sono? É simplesmente o desprendimento da alma, que sai do corpo. Diz-se: o sono é irmão da morte. Essas palavras exprimem uma verdade profunda. Sequestrada na carne, no estado de vigília, a alma recupera, durante o sono, sua liberdade relativa, temporária e, ao mesmo tempo, o uso de seus poderes ocultos. A morte será sua libertação completa, definitiva.

Já nos sonhos, vemos os sentidos da alma – esses sentidos psíquicos, dos quais os do corpo são a manifestação externa e amortecida – entrarem em ação.[66] À medida

[66] A visão ocular não é mais do que a manifestação externa da faculdade visual, que tem sua expressão mais ampla na visão interna. A visão interior se exterioriza e traduz-se pela ação dos sentidos, tanto na vida física como na

que as percepções externas se enfraquecem e se apagam, quando os olhos estão fechados, e o ouvido, suspenso, outros meios mais poderosos despertam nas profundezas do ser. Vemos e ouvimos com os sentidos internos. Imagens, formas, cenas a distância se sucedem e se desenrolam; travam-se conversas com pessoas vivas ou falecidas. Esse movimento, muitas vezes incoerente e confuso no sono natural, adquire precisão e aumenta com o desprendimento da alma no sono provocado, no transe de sonambulismo e no estado de êxtase.

Às vezes, a alma se afasta durante o descanso do corpo, e são as impressões de suas viagens, os resultados de suas indagações, de suas observações que se traduzem no sonho. Nesse estado, um laço fluídico ainda a liga ao organismo material, e, por esse vínculo sutil, espécie de fio condutor, as impressões e as vontades da alma podem se transmitir ao cérebro. É pelo mesmo processo que, nas outras formas do sono, a alma governa seu invólucro terrestre, fiscaliza-o, dirige-o. Essa direção, no estado de vigília, durante a incorporação, exercita-se de dentro para fora; efetuar-se-á em sentido inverso, nos diferentes estados de desprendimento. A alma, emancipada, continuará a influenciar o corpo, mediante o laço fluídico que continuamente liga o corpo à alma. Desde esse momento, com seu poder psíquico reconstituído, a alma exercerá sobre o organismo carnal uma direção mais eficaz e segura. A marcha dos sonâmbulos à noite, em lugares perigosos e com inteira segurança, é uma demonstração evidente disso.

Sucede o mesmo com a ação terapêutica provocada pela sugestão. Ela é eficaz, principalmente no sentido de facilitar o desprendimento da alma e dar-lhe o poder absoluto de fiscalização, a liberdade necessária para dirigir a força vital acumulada no perispírito e, por esse meio, restaurar as perdas sofridas pelo corpo físico.[67]

Comprova-se esse fato nos casos de personalidade dupla. A segunda personalidade, mais completa, mais integral que a personalidade normal, substitui-a para um

---

psíquica. No primeiro caso, o órgão terminal pertence ao corpo material; no outro caso, são os órgãos do corpo fluídico.

A visão no sonho é acompanhada de uma luz especial, constante, diferente da luz do dia.

[67] O espírito exteriorizado pode tirar do organismo mais força vital do que o homem normal, o homem encarnado pode obter. Experiências demonstraram que um espírito pode, por intermédio do organismo, exercer maior pressão em um dinamômetro do que o espírito encarnado.

fim curativo, por meio de uma sugestão exterior, e é aceita e transformada em autossugestão pelo espírito do sujet. Com efeito, este nunca abandona seus direitos e poderes de fiscalização. Assim, como disse Myers, "não é a ordem do hipnotizador, mas, antes, a faculdade do paciente que forma o nó da questão".[68]

O sábio professor de Cambridge disse mais: "O fim único de todos os processos hipnogênicos é dar energia à vida; é alcançar de forma mais rápida e completa resultados que a vida abandonada a si mesma só realiza lentamente e de forma incompleta".[69]

Por outros termos, o hipnotismo é a aplicação, em um grau mais intenso, das energias reparadoras que entram em jogo no sono natural. A sugestão terapêutica é a arte de libertar o espírito do corpo, de abrir-lhe uma saída pelo sono e permitir-lhe que exerça com plenitude seus poderes sobre o corpo doente. As pessoas sugestionáveis são aquelas cujas almas indolentes ou que pouco têm evolvido não estão aptas a se desprenderem por si mesmas e a agirem utilmente no sono ordinário, a fim de restaurar as perdas do organismo.

A sugestão em si mesma não é, pois, mais do que um pensamento, um ato da vontade, diferindo somente da vontade ordinária por sua concentração e intensidade. Em geral, nossos pensamentos são múltiplos e hesitantes. Nascem e passam ou, então, quando coexistem em nós, chocam-se e confundem-se. Na sugestão, o pensamento e a vontade se fixam em um ponto único; ganham em poder o que perdem em extensão. Por sua ação, que se torna mais penetrante, mais incisiva, provocam no sujet o despertar de faculdades não utilizadas no estado normal. A sugestão se torna, então, uma espécie de impulso, de alavanca que mobiliza a força vital e dirige-a para o ponto onde ela tem de operar.

A sugestão pode se exercer tanto na ordem física, por uma influência direta sobre o sistema nervoso, quanto na ordem moral, sobre o "eu" central e a consciência do sujet. Bem empregada, ela se constitui como um meio muito apreciável de educação, destruindo as tendências ruins e os hábitos perniciosos. Sua influência sobre o caráter produz, então, os mais felizes resultados.[70]

[68] F. Myers. *La personnalite humaine*, p. 204.
[69] [69] Ibidem, p. 187.
[70] Em resumo, os frutos que a sugestão hipnótica pode e deve proporcionar

Voltemos ao sono ordinário e ao sonho. Enquanto o desprendimento da alma é incompleto, as sensações, as preocupações da vigília e as recordações do passado se misturam com as impressões da noite. As percepções registradas pelo cérebro se desenrolam automaticamente, em desordem aparente, quando a atenção da alma está desviada do corpo, e deixa de regular as vibrações cerebrais. Daí a incoerência da maior parte dos sonhos. Contudo, à medida que a alma se desprende e se eleva, a ação dos sentidos psíquicos se torna predominante, e os sonhos adquirem lucidez e nitidez notáveis. Clareiras cada vez mais largas e vastas perspectivas se abrem no mundo espiritual, verdadeiro domínio da alma e lugar de seu destino. Nesse estado, ela pode penetrar nas coisas ocultas e até nos pensamentos e sentimentos de outros espíritos.[71]

Há em nós uma dupla vista, pela qual pertencemos, ao mesmo tempo, a dois mundos, a dois planos de existência. Uma se relacionada com o tempo e o espaço, como nós os concebemos em nosso meio planetário, com os sentidos do corpo. Trata-se da vida material. A outra, mediante os sentidos profundos e as faculdades da alma, liga-nos ao universo espiritual e aos mundos infinitos. No decurso de

---

são estes: concentração do pensamento e da vontade; aumento de energia e vitalidade; atenção fixa em coisas essencialmente úteis; alargamento do campo da memória; e manifestação de sentidos novos por meio de impulsões internas ou externas.

[71] Segundo os antigos, existem duas espécies de sonhos: o sonho propriamente dito, em grego, "onar", de origem física, e o sonho "repar", de origem psíquica. Encontra-se essa distinção em Homero, que representa a tradição popular, assim como em Hipócrates, representante da tradição científica. Muitos ocultistas modernos adotaram definições análogas. Em tese geral, segundo eles, o sonho propriamente dito seria produzido mecanicamente pelo organismo, e o sonho psíquico, um produto da clarividência adivinhadora; ilusório um, verídico o outro. Porém, às vezes, é muito difícil estabelecer uma limitação nítida e distinta entre essas duas classes de fenômenos.

O sonho vulgar parece decorrente da vibração cerebral automática, que continua a se produzir no sono, quando a alma está ausente. Esses sonhos são muitas vezes absurdos, mas esse mesmo absurdo é uma prova de que a alma está fora do corpo físico e deixou de regular-lhe as funções. Com menos facilidade, lembramo-nos do sonho psíquico, porque não impressiona o cérebro físico, mas somente o corpo psíquico, veículo da alma, que está exteriorizada no sono.

Diz o doutor Pascal (*Mémoire présenté au Congrès de Psychologie de Paris*, em 1900): "Os sentidos, depois da atividade do dia, já não produzem sensações tão vivas e, como é a energia dessas sensações que tem a consciência 'concentrada' no cérebro, esta consciência, quando os sentidos adormecem, escapa-se para fora do corpo físico e fixa-se no corpo psíquico".

O sonho lúcido representa o conjunto das impressões recolhidas pela alma no estado de liberdade e transmitidas ao cérebro, quer no decurso de suas migrações, quer no momento de despertar. Poder-se-ia distingui-lo do sonho vulgar ou automático pelo fato de não causar nenhuma fadiga, contrariamente ao que sucede com a atividade cerebral da vigília.

nossa existência terrestre, é principalmente quando dormimos que essas faculdades podem se exercer e entrar em vibração com as potências da alma. Esta torna a se pôr em contato com o universo invisível, que é sua pátria e do qual estava separada pela carne. Retempera-se no seio das energias eternas para continuar, quando desperta, sua tarefa penosa e obscura.

Durante o sono, a alma pode, segundo as necessidades do momento, aplicar-se a reparar as perdas vitais causadas pelo trabalho cotidiano e regenerar o organismo adormecido, infundindo-lhe as forças tiradas do mundo cósmico, ou, quando está acabado esse movimento reparador, continuar o curso de sua vida superior, de forma a pairar sobre a natureza, exercer suas faculdades de visão a distância e penetração das coisas.

Nesse estado de atividade independente vive já antecipadamente a vida livre do espírito, porque essa vida, que é uma continuação natural da existência planetária, espera-a depois da morte, devendo a alma prepará-la não somente com suas obras terrestres, mas também com suas ocupações, quando desprendida durante o sono. É graças ao reflexo da luz do Alto que cintila em nossos sonhos e ilumina completamente o lado oculto do destino que podemos entrever as condições do ser no Além.

Se nos fosse possível abranger com o olhar toda a extensão de nossa existência, reconheceríamos que o estado de vigília está longe de constituir-lhe a fase essencial, o elemento mais importante. As almas que de nós cuidam se servem de nosso sono para exercitar-nos na vida fluídica e no desenvolvimento de nossos sentidos de intuição. Efetua-se, então, um trabalho completo de iniciação para os homens ávidos de se elevarem.

Os vestígios desse trabalho se encontram nos sonhos. Assim, quando voamos, quando deslizamos com rapidez pela superfície do solo, experimentamos a sensação do corpo fluídico, ensaiando para a vida superior.

Sonhar que subimos sem cansaço, com facilidade surpreendente, pelo espaço, sem embaraço nem medo, ou, então, que estamos pairando por cima das águas; atravessar paredes e outros obstáculos materiais sem ficarmos admirados de praticar atos que são impossíveis enquanto estamos acordados, isso não é a prova de que nos tornamos fluídicos pelo desprendimento? Tais sensações, tais

O Problema do Ser e do Destino   83

imagens, que comportam completa inversão das leis físicas que regem a vida comum, não poderiam vir ao nosso espírito, se não fossem o resultado de uma transformação de nosso modo de existência.

Na realidade, já não se trata aqui de sonhos, mas de ações reais praticadas em outro domínio da sensação e cuja lembrança se insinuou na memória cerebral. Essas lembranças e impressões demonstram isso bem. Possuímos dois corpos, e a alma, sede da consciência, fica ligada ao seu invólucro sutil, enquanto o corpo material está deitado e em completa inércia.

Apontemos, todavia, uma dificuldade. Quanto mais a alma se afasta do corpo e penetra nas regiões etéreas, tanto mais fraco é o laço que os une, tanto mais vaga a lembrança ao acordar. A alma paira muito longe, na imensidade, e o cérebro deixa de registrar suas sensações. Daí resulta não podermos analisar nossos mais belos sonhos. Algumas vezes, a última das impressões sentidas no decurso dessas peregrinações noturnas subsiste ao despertar.

E se, nesse momento, tivermos o cuidado de fixar a última impressão fortemente na memória, pode ficar lá gravada. Tive, uma noite, a sensação de vibrações percebidas no espaço, as últimas notas de uma melodia suave e penetrante, e a lembrança das derradeiras palavras de um cântico que findava assim: "Há céus inumeráveis!".

Às vezes, sentimos, ao acordar, a vaga impressão de poderosas coisas entrevistas, sem nenhuma lembrança determinada. Essa espécie de intuição, resultante de percepções registradas na consciência profunda, mas não na consciência cerebral, persiste em nós durante certo tempo e influencia nossos atos. Outras vezes, essas impressões se traduzem nitidamente no sonho. Eis o que Myers diz sobre isso:[72]

> O resultado permanente de um sonho é muitas vezes de tal ordem que nos mostra claramente que o sonho não é o efeito de uma simples confusão com lembranças avivadas da vida passada, mas que possui um poder inexplicável que lhe é próprio e que ele tira, semelhante nisso à sugestão hipnótica, *das profundezas da nossa existência*, a que a vida de vigília é incapaz de chegar. Desse gênero, dois grupos de casos há, os quais, pela clareza com que se patenteiam, facilmente podem ser reconhecidos: um

---

[72] F. Myers. *La personnalite humaine*, p. 117.

deles, principalmente, em que o sonho acabou por uma transformação religiosa decidida, e o outro em que o sonho foi o ponto de partida de uma ideia obsidente ou de um acesso de verdadeira loucura.

Esses fenômenos poderiam ser explicados pela comunicação, no sonho, da consciência superior com a consciência normal ou pela intervenção de alguma inteligência elevada que julga, reprova e condena o proceder do sonhador, ocasionando-lhe perturbação e um salutar receio. A obsessão pode também se exercer por meio do sonho até a ponto de causar perturbação mental ao despertar. Terá como autores espíritos malfazejos, a quem nosso procedimento no passado e os danos que lhes causamos geraram domínio sobre nós.

Insistimos também na propriedade misteriosa que tem o sono de fazer-nos senhores, em certos casos, de camadas mais extensas da memória.

A memória normal é precária e restrita; ela não vai além do círculo estreito da vida presente, do conjunto dos fatos, cujo conhecimento é indispensável por causa do papel que se tem de desempenhar na Terra e do fim que se deve alcançar. A memória profunda abrange toda a história do ser, desde sua origem, seus estádios sucessivos, seus modos de existência, planetários ou celestes.

Um passado inteiro, feito de recordações e sensações, esquecido, ignorado no estado de vigília, está gravado em nós. Esse passado só desperta quando o espírito se exterioriza durante o sono natural ou provocado. Uma regra conhecida de todos os experimentadores é que, nos diferentes estados do sono, à medida que se vai ficando à maior distância do estado de vigília e da memória normal, tanto mais a hipnose é profunda, tanto mais se acentuam a expansão e a dilatação da memória.

Myers confirma o fato nos seguintes termos:[73]

> A memória mais distanciada da vida de vigília é a que mais vasto alcance tem, é a que mais profundo poder exerce sobre as impressões acumuladas no organismo. Por mais inexplicável que esse fenômeno se tenha apresentado aos observadores, que com ele se depararam sem possuírem a decifração do enigma, é certo que as observações independentes de centenas de médicos e de hipnotizadores atestam sua realidade. O exemplo mais

[73] F. Myers. *La personnalite humaine*, p. 121 e 122.

comum é fornecido pelo sono hipnótico ordinário. O grau de inteligência que se manifesta no sono varia segundo os *sujets* e as épocas; mas todas as vezes que esse grau é suficiente para autorizar um juízo, achamos que existe durante o sono hipnótico a memória considerável, que não é necessariamente uma memória completa ou razoável do estado de vigília; ao passo que, na maior parte dos *sujets* acordados, salvo o caso de uma injunção especial dirigida ao "eu" hipnótico, nenhuma lembrança existe que se relacione com o estado de sono. O sono ordinário pode ser considerado como ocupante de uma posição que está entre a vida acordada e o sono hipnótico profundo; e parece provável que a memória pertencente ao sono ordinário se liga, por um lado, àquela que pertence à vida de vigília e, pelo outro, à que existe no sono hipnótico. Realmente assim é, estando os fragmentos da memória do sono ordinário intercalados nas duas cadeias.

Myers, em apoio às suas palavras, cita[74] vários casos em que fatos retrospectivos esquecidos e outros dos quais quem dorme nunca teve conhecimento se revelam no sonho.

As experiências a que Myers se refere (as quais veremos quando tratarmos da questão das reencarnações) foram levadas muito mais longe do que ele previa, e as consequências que daí provêm são imensas. Não só tem sido possível, pela sugestão hipnótica, reconstituir as menores recordações da vida atual, desaparecidas da memória normal dos sujets, como também reatar o encadeamento de suas vidas passadas, já interrompido.

Ao mesmo tempo em que se vê uma memória mais vasta e mais rica, aparecem no sono faculdades que são muito superiores a todas as que desfrutamos no estado de vigília. Problemas estudados em vão, abandonados como insolúveis, são resolvidos no sonho ou no sonambulismo; obras geniais, operações estéticas da ordem mais elevada, poemas, sinfonias e hinos fúnebres são concebidos e executados.

Pergunta-se: há em tudo isso uma obra exclusiva do "eu" superior ou a colaboração de entidades espirituais que vêm inspirar nossos trabalhos? É provável que esses dois fatores intervenham nos fenômenos dessa ordem.

Myers cita o caso de Agassiz, descobrindo, enquanto dormia, o arranjo esquelético de ossadas dispersas que ele

[74] F. Myers. *La personnalite humaine*, p. 123 e 124.

tentara, por várias vezes e sem resultado, acertar durante a vigília.

Lembraremos os casos de Voltaire, La Fontaine, Coleridge, S. Bach, Tartini e outros, executando obras importantes em condições análogas.[75]

Finalmente, importa mencionar uma forma de sonhos cuja explicação escapou até agora à ciência. São os sonhos premonitórios, complexo de imagens e visões que se referem a acontecimentos futuros e cuja exatidão é ulteriormente verificada. Parecem indicar que a alma tem o poder de penetrar no futuro ou que este lhe é revelado por inteligências superiores.

Assinalemos o sonho da Duquesa de Hamilton, que viu com antecipação de quinze dias a morte do Conde de L. com particularidades de natureza íntima que acompanharam esse acontecimento.[76]

Um fato da mesma natureza foi publicado pelo Progressive Thinker, de Chicago, em 1°. de novembro de 1913. Um magistrado de Hauser, M. Reed, morreu imediatamente, em consequência de uma guinada do automóvel em que viajava. Seu filho, de dez anos de idade, tivera, por duas vezes seguidas, a visão dessa catástrofe, com todos os seus pormenores. Apesar dos avisos e das súplicas de sua mulher, M. Reed achou que não devia renunciar ao projetado passeio, em que veio a encontrar a morte, nas circunstâncias idênticas às percebidas no sonho da criança.

M. Henri de Parville, em seu folhetim científico do Journal des Débats (maio de 1904), refere-se a um caso afiançado por testemunhos dignos de fé:

> Uma senhora, cujo marido desapareceu sem deixar vestígios e que ela não pôde descobrir, apesar de todas as pesquisas a que procedeu, teve um sonho. Um cãozinho, que por muito tempo havia vivido em sua companhia, mas que o marido levara, aparece-lhe, dá latidos de alegria e cobre-a de carícias. Instala-se ao seu pé, não tira os olhos dela; depois, passado um momento, levanta-se e começa a arranhar a porta. Está feita sua visita e precisa ir-se embora. Ela lhe abre a porta e, no sonho, segue o animal, que se afasta, correndo; corre também atrás dele e, passado algum tempo, o vê entrar em uma casa, cujo andar térreo é ocupado por um café. A rua, a casa e o bairro são gravados em sua memó-

[75] Consultar *No invisível*, capítulo XII.
[76] Proceedings, SPR, XI, p. 505.

ria, que conserva a recordação de tudo isso depois de acordada. Preocupada com esse sonho, conta-o a três pessoas da vizinhança, que depois deram testemunho da autenticidade dos fatos. Decide-se, finalmente, a seguir a pista do cão e encontra o marido na rua e na casa que vira em sonho.

Os Annales des Sciences Psychiques, de julho de 1905, citavam dois sonhos premonitórios acompanhados de circunstâncias que lhe conferem caráter muito comovente.

Finalmente, achamos na Revue de Psychologie de la Suisse Romande, de 1905, página 379, o caso de um mancebo que se via muitas vezes em uma alucinação autoscópica, precipitado do cimo de um rochedo e estendido, ensanguentado e contundido, no fundo de um barranco. Essa premonição fatal se realizou, ponto por ponto, em 10 de julho de 1904, no monte du Salève, perto de Genebra.

À proporção que vamos nos elevando na ordem dos fenômenos psíquicos, eles vão se apresentando com maior clareza, com maior rigor e trazem-nos provas mais decisivas da independência e da sobrevivência do espírito.

As percepções da alma no sono são de duas espécies. Verificamos, primeiramente, a visão a distância, a clarividência, a lucidez; depois vem um conjunto de fenômenos designados pelos nomes de telepatia e telestesia (sensações e simpatias a distância). Compreende a recepção e transmissão dos pensamentos, das sensações, dos impulsos motrizes. Com esses fatos relacionam-se os casos de desdobramentos e aparições designados pelos nomes de fantasmas dos vivos. A psicologia oficial teve de verificar esses casos em grande número, sem os explicar.[77] E todos esses fatos se ligam entre si e formam uma cadeia contínua. Em princípio, constituem, no fundo, um só e mesmo fenômeno, variável na forma e intensidade, isto é, o desprendimento gradual da alma. Seguir-se-á esse desprendimento em suas diversas fases, desde o despertar dos sentidos psíquicos e de suas manifestações em todos os graus até a projeção, a distância, de todo o espírito, a alma e o corpo fluídico.

Examinemos primeiramente os casos em que a visão psíquica se exerce com agudeza notável. Citam-se alguns

---

[77] Consultar Proceedings da Sociedade de Pesquisas Psíquicas de Londres.

em nossas obras precedentes. Aqui apresentamos um, mais recente, publicado por toda a imprensa londrina.

O desaparecimento da senhorita Holland, processo criminal que apaixonou a Inglaterra, foi explicado por um sonho. A polícia a procurava inutilmente. O acusado, Samuel Douglas, que estava para ser solto, afirmava que ela havia partido para um destino desconhecido. Os jornais de Londres publicaram desenhos que representavam a casa em que morava a senhorita Holland e o jardim da mesma casa. Uma criada viu a gravura e exclamou: "Aí está meu sonho!" e indicou um lugar, ao pé de uma árvore, dizendo: "Está ali um cadáver!". Soube-o a polícia, e, na presença dos agentes, ela confirmou suas declarações. Explicou que vira em sonho esse jardim e, no solo, no lugar indicado, um corpo enterrado. A polícia mandou escavar o terreno nesse lugar, e nele foi encontrado o cadáver da senhorita Holland. Ficou provado que a criada nunca conhecera essa pessoa nem pusera os pés em tal jardim.

C. Flammarion, em sua obra O Desconhecido e os Problemas Psíquicos, menciona uma série completa de visões diretas, a distância, durante o sono, resultante de um inquérito feito na França sobre os fenômenos dessa ordem.

Vamos nos referir a um caso mais complicado. Nos Annales des Sciences Psychiques, de Paris, de setembro de 1905 (página 551), contém a relação circunstanciada e autenticada pelas autoridades legais de Castel di Sangro (Itália), de um sonho macabro, coletivo e verídico:

> O guarda rural do Barão Raphaël Corrado viu em sonho, na noite de 3 de março último, seu pai, falecido havia dez anos. Exprobrou-lhe, a ele, aos irmãos e irmãs, terem-no esquecido e, coisa mais grave, deixarem seus pobres ossos desenterrados pelos coveiros, abandonados sobre a neve, por trás da torre do cemitério, à mercê dos lobos. A irmã do guarda sonhou exatamente a mesma coisa, e o irmão, muito impressionado, pegou na espingarda e, não obstante a tempestade de neve que atormentava a região, dirigiu-se para o cemitério, sito em um monte que dominava a cidade. Aí, por trás da torre, entre as silvas e por cima da neve, em que havia sinais de patas de lobo, viu ossos humanos.

Os Annales fazem depois a narrativa circunstanciada do inquérito e das pesquisas feitas pelo juiz de paz. Estabelecem que os ossos eram, na realidade, os do pai do guarda, que os coveiros, terminado o prazo legal, haviam exumado. Iam eles transportá-los para o ossuário, à noite, quando o frio e a neve os obrigaram a deixar o serviço para o dia seguinte. Os documentos relativos a esse caso, que foi objeto de um processo, estão assinados pelo tabelião, pelo juiz de paz e pelo síndico da localidade. Foram publicadas pelo Eco del Sangro, de 15 de março de 1905.

O professor Newbold, da Universidade da Pensilvânia, relata nos Proceedings of S. P. R., XII, página 11, vários exemplos de sonhos, que indicam uma grande atividade da alma durante o sono e dão ensinamentos que vêm do mundo invisível. Entre outros, citaremos o do doutor Hilprecht, professor de língua assíria na mesma Universidade, que, em um sonho, teve a revelação de uma inscrição antiga, que até então não havia descoberto. Em um sonho mais complexo, em que intervém um sacerdote dos antigos templos de Nippur, dele recebeu a explicação de um enigma de difícil decifração. Foram reconhecidas como exatas todas as particularidades desse sonho. As indicações do sacerdote versavam sobre pontos de Arqueologia completamente desconhecidos dos seres que vivem na Terra.

Convém notar que, em todos esses fatos, o corpo do percipiente está em repouso, e seus órgãos físicos estão adormecidos; mas nele o ser psíquico continua em vigília, em atividade; vê, ouve e comunica, sem o auxílio da palavra, com outros seres semelhantes, isto é, com outras almas.

Esse fenômeno tem caráter geral e ocorre em cada um de nós. Na transição da vigília para o sono, exatamente no momento em que nossos meios ordinários de comunicação com o mundo exterior estão suspensos, abrem-se em nós novas saídas para a natureza, e por elas escapa-se uma irradiação mais intensa de nossa visão. Já nisso vemos revelar-se uma nova forma de vida, a vida psíquica, que vai se amplificar nos outros fenômenos dos quais vamos nos ocupar, provando que existem para o ser humano modos de percepção e de manifestação muito diferentes dos dos sentidos materiais.

Depois dos fenômenos de visão no sono natural, vamos apresentar um caso de clarividência no sono provocado.

O doutor Maxwell, advogado geral no Supremo Tribunal de Bordéus, provocou na senhora Agullana, sujet muito sensível, o sono magnético. Ela desprendeu-se, exteriorizou-se e afastou-se em espírito de sua morada. O doutor Maxwell lhe mandou observar, a certa distância, o que estava fazendo um amigo seu, M. B. Eram vinte e duas horas e vinte minutos. Eis as palavras do experimentador:[78]

> A médium, com grande surpresa nossa, disse-nos que estava vendo M. B., meio despido, a passear descalço sobre pedra. Pareceu-me que isso não tinha sentido nenhum. No dia seguinte, ofereceu-me ensejo de ver meu amigo. Mostrou-se muito admirado com o que lhe contei e disse-me textualmente: "Ontem, à noite, não me senti bem. Um amigo meu, M. S., que mora comigo, aconselhou-me que experimentasse o sistema Kneip e instou tanto que, para satisfazê-lo, fiz pela primeira vez, ontem, à noite, a experiência de passear descalço na pedra fria. Estava efetivamente meio despido quando a fiz. Eram vinte e duas horas e vinte minutos e passeei durante algum tempo nos degraus da escada, que é de pedra".

Os casos de clarividência no estado de sonambulismo são numerosos. Vêm relatados em todas as obras e revistas que se ocupam especialmente desses assuntos.

A Médecine Française, de 16 de abril de 1906, faz referência a um fato de clarividência relativo às minas de Courrières. A senhora Berthe, a vidente consultada, descreveu com exatidão um desabamento na mina e as torturas impostas aos sobreviventes, cuja morte ou libertação ela anunciou.

Eis dois exemplos recentes:

> O senhor Louis Cadiou, diretor da Usina de la Grand-Palud, perto de Landerneau (Finistère), tendo desaparecido em fins de dezembro de 1913, não se lhe podiam descobrir os traços, apesar das buscas minuciosas. Das sondagens efetuadas na ribeira do rio Elorn, nenhum resultado adveio. Uma vidente, moradora em Nancy, a senhora Camille Hoffmann, tendo sido consultada, declarou, em estado de sono magnético, que o cadáver seria encontrado na orla de um bosque vizinho à usina, oculto sob ligeira camada de terra.
>
> Por essas indicações, o irmão da vítima descobriu, depois, o corpo em uma situação idêntica à que a vidente havia descrito.
>
> Todos os jornais, entre outros, o *Le Matin*, de 5 de fevereiro de 1914, relatam pormenorizadamente o

---

[78] J. Maxwell. *Les phenomenes psychiques*. Paris: F. Alcan, 1903. p. 173.

O Problema do Ser e do Destino

caso Cadiou, que toda a França acompanhou com apaixonado interesse.

Alguns dias depois, produziu-se fenômeno análogo. Havendo-se afogado no Saóne, perto de Màcon, um jovem chamado Charles Chapeland, seu irmão recorreu à senhora Camille Hoffmann para encontrar o cadáver. Ela assegurou que ele seria lançado pelas águas, sessenta dias depois do acidente, perto da portagem de Cormoranche, o que se realizou exatamente.[79]

---

[79] Consultar. Le Matin, de 23 de fevereiro de 1914.

CAPÍTULO VI

Desprendimento e exterior
– projeções telepáticas

Chegamos agora a uma ordem de manifestações que se produzem a distância, sem o concurso dos órgãos, tanto na vigília quanto no sono. Esses fenômenos, conhecidos por um termo um tanto genérico e vago, denominado telepatia, não são, como dissemos, atos doentios e mórbidos da personalidade, como certos observadores o têm acreditado, mas, pelo contrário, casos parciais, rebentos isolados da vida superior no seio da humanidade. Deve-se ver neles o primeiro aparecimento dos poderes futuros com que o homem terrestre será dotado. O exame desses fatos levar-nos-á a reconhecer que o "eu" exteriorizado durante a vida e o "eu" que sobrevive após a morte são idênticos e representam dois aspectos sucessivos da existência de um único e mesmo ser.

A telepatia ou projeção a distância do pensamento e mesmo da imagem do manifestante faz-nos subir mais um degrau na escala da vida psíquica. Aqui, achamo-nos na presença de um ato poderoso da vontade. A alma se comunica consigo própria, dividindo sua vibração, o que demonstra, à evidência, que a alma não é um composto, uma resultante nem um agregado de forças, mas sim, pelo contrário, o centro da vida e da vontade, centro dinâmico que governa o organismo e dirige-lhe as funções.

As manifestações telepáticas não comportam limites. O poder e a independência da alma nelas se revelam soberanamente, porque o corpo não representa nenhum papel no fenômeno; é mais um obstáculo do que um auxílio. As manifestações são produzidas, por esse motivo, ainda com maior intensidade, depois da morte, como veremos a seu tempo.

Como diz Myers:[80] "A autoprojeção é o único ato definido que o homem parece capaz de executar, tanto antes como depois da morte corporal".

A comunicação telepática a distância foi estabelecida por experiências que se tornaram clássicas. Podemos citar as do senhor Pierre Janet, hoje professor da Sorbonne, e do doutor Gilbert, do Havre, em seu sujet Léonie, que eles, durante a noite, à distância de um quilômetro, faziam ir ao seu encontro por meio de chamamentos sugestivos.[81]

Desde então, as experiências foram se multiplicando com êxito constante. Apontemos apenas vários casos de transmissão de pensamento à grande distância.

Os Annales des Sciences Psychiques, de Paris, publicados em 1891, na página 26, relatam uma experiência de transmissão mental de imagem, feita a 171 quilômetros de distância, de Paris a Ribemont (Aisne). Os operadores eram os senhores Debaux e Léon Hennique.

O Daily Express, de 17 de julho de 1903, refere-se a notáveis ensaios de permuta de pensamentos, efetuados nos escritórios da Review of Reviews, em Norfolk Street, Strand, Londres. Essas experiências eram fiscalizadas por uma comissão de seis membros, da qual faziam parte o doutor Wallace, de Harley Street, com trinta e nove anos, e o eminente publicista W. Stead. As mensagens telepáticas foram enviadas pelo senhor Richardson, de Londres, e recebidas pelo senhor Franck, de Nottingham, a uma distância de cento e dez milhas inglesas.

Finalmente, o Banner of Light, de Boston, em seu número de 12 de agosto de 1905, informa-nos que uma americana, a senhora Burton Johnson, de Des Moines, conquistou recentemente o recorde nesse gênero de transmissão. Sentada em seu quarto do Hotel Vitória, recebeu quatro vezes mensagens telepáticas de Palo Alto (Califórnia), que fica à distância de três mil milhas. Trata-se, diz o jornal, de fatos devidamente comprovados, rigorosamente fiscalizados e que não deixam subsistir dúvida nenhuma.

A transmissão dos pensamentos e das imagens se

---

[80] F. Myers. *La personnalite humaine*, p. 250.
[81] Consultar *Bulletin de la Société de Psychologie Physiologique*, I, p. 24.

opera indistintamente, tanto durante o sono como no estado de vigília. Já expusemos vários casos; serão encontrados outros, em grande número, nas obras especiais. Mencionemos, por exemplo, o de um médico chamado telepaticamente durante a noite e o de Agnés Paquet, citados por Myers.[82] Acrescentemos o caso da senhora Elgee, que, estando no Cairo, teve a visão de um amigo que, naquele mesmo momento, na Inglaterra, pensava nela ardentemente.[83] "Nos últimos dias de sua vida, minha mãe me via muitas vezes junto de si, em Tours, conquanto eu andasse então muito longe dali, em viagem pelo oriente da França."

Todos esses fenômenos podem ser explicados pela projeção da vontade do manifestante, que evoca no percipiente a própria imagem do agente.

Nos casos a seguir, veremos a personalidade psíquica, a alma, destacar-se completamente do invólucro corpóreo e aparecer em sua forma de fantasma. Sobre isso são inúmeros os testemunhos.

Relatamos em outra obra[84] os resultados dos inquéritos da Sociedade de Pesquisas Psíquicas, de Londres. Eles permitiram que se recolhessem cerca de mil casos de aparições, a distância, de pessoas vivas, apoiados por atestados de alto valor. Os testemunhos foram consignados em muitos volumes, sob a forma de autos. Foram assinados por homens de ciência pertencentes a academias ou diversos corpos científicos. Entre esses nomes figuram os de Gladstone e Balfour, entre outros.

Atribui-se, geralmente, a esses fenômenos caráter subjetivo. Contudo, essa opinião não resiste a um exame atento. Certas aparições foram vistas sucessivamente, por várias pessoas, nos diferentes andares de uma casa; outras impressionaram animais, como cães, cavalos etc. Em certos casos, os fantasmas atuam sobre a matéria, abrem portas, deslocam objetos, deixam indícios no pó que cobre os móveis; ouvem-se vozes, que dão informações sobre fatos ignorados, sendo mais tarde essas informações reconhecidas como exatas.

No número desses casos devemos incluir o da senhora Hawkins, cujo fantasma foi visto simultaneamente por quatro pessoas e do mesmo modo;[85] as visões de Mac-

---

[82] *Phantasms of the living*, I, 267. Proceedings, VII, p. 32 e 35.
[83] Idem, II, p. 239.
[84] Consultar *Depois da morte*, 3ª parte; e *No invisível*, capítulo XI.
[85] *Phantasms of the Living*, II, p. 18.

O Problema do Ser e do Destino   95

-Alpine, de Carrol, Stevenson;[86] a de um marinheiro que, estando a velar junto de um camarada moribundo, viu aparecer uma família inteira de fantasmas, trajando luto;[87] o caso de Clerk, em que o irmão moribundo apareceu a uma negra que nunca o conhecera.[88]

Na França, foram recolhidos numerosos fatos da mesma natureza e publicados pelos Annales des Sciences Psychiques, do doutor Dariex e do professor Charles Richet, e por Camille Flammarion, em sua obra O Desconhecido e os Problemas Psíquicos.

Vamos citar um caso recentíssimo. Os grandes jornais de Londres, o Daily Express, o Evening News, o Daily News, de 17 de maio de 1905, o Umpire, de 14 de maio etc., narram a aparição, em plena sessão do Parlamento, na Câmara dos Comuns, do fantasma de um deputado, o major sir Carne Raschse, retido em tal momento em casa por causa de uma indisposição. Três outros deputados atestam a realidade da manifestação. Sir Gilbert Parker exprime-se da seguinte maneira:[89]

> Eu queria tomar parte no debate, mas se esqueceram de chamar-me. Quando voltava para o meu lugar, dei com os olhos em sir Carne Raschse sentado perto de seu lugar de costume. Como sabia que ele tinha estado doente, fiz-lhe um gesto amigável, dizendo-lhe: "Estimo que esteja melhor"; mas ele não deu resposta nenhuma, o que me causou admiração. A fisionomia de meu amigo estava muito pálida. Ele estava sentado, quieto, com a fronte encostada à mão; a expressão de seu rosto era impassível e dura. Pensei um instante no que havia de fazer. Quando me voltei para sir Carne, ele havia desaparecido. Imediatamente, fui à sua procura, esperando encontrá-lo no vestíbulo; mas Raschse não estava lá; ninguém ali o vira...
>
> O próprio sir Carne não duvidava de ter realmente aparecido na Câmara sob a forma de seu duplo, por causa da preocupação que nutria de dar ao Governo o apoio de seu voto.

No Daily News de 17 de maio de 1905, sir Arthur Hayter junta seu testemunho ao de sir Gilbert Parker. Diz-se que ele também não só viu sir Carne Raschse como cha-

[86] Proceedings, X, p. 332, *Phantasms of the Living*, II, p. 96 e 100.
[87] *Phantasms of the Living*, II, p. 144.
[88] *Phantasms of the Living*, II, p. 61.
[89] The umpire, de 14 de maio de 1905, reprodução feita pelos *Annales des Sciences Psychiques*, em julho de 1905.

mou a atenção de sir Henry Campbell Bannerman para sua presença na Câmara.

A exteriorização ou o desdobramento do ser humano pode ser provocado por ação magnética. Fizeram-se experiências que tornam a dúvida impossível. O paciente, adormecido, desdobra-se e vai produzir, a distância, atos materiais.

Cita-se o caso do magnetizador Lewis.[90] Em outras circunstâncias semelhantes, foi a aparição fotografada. Aksakof, em sua obra Animismo e Espiritismo, cita três desses casos; outros fatos análogos foram observados pelo Capitão Volpi e por W. Stead, diretor do Borderland.

No caso Istrati e Hasdeu – este último senador da Rumânia –, a forma desdobrada do professor Istrati impressionou placas fotográficas, à noite, à distância de cinquenta quilômetros do lugar onde estava seu corpo adormecido. Assim, a objetividade da alma, com sua forma fluídica se manifestando em pontos afastados daquele onde o corpo se acha em descanso, está demonstrada de maneira positiva e não pode ser contestada seriamente.

Ademais, basta consultar a História para reconhecer-se que o passado está cheio de fatos desse gênero. Os fenômenos de bilocação dos vivos são frequentes nos anais religiosos. O passado não é menos rico em narrações e testemunhos sobre os espíritos dos mortos, e essa abundância de afirmações e essa persistência com o decorrer dos séculos são bem próprias para indicar que, no meio das superstições e dos erros, alguma coisa de realidade deve existir.

Com efeito, a comunicação e a manifestação a distância entre espíritos encarnados conduzem, de forma lógica e necessária, à comunicação possível entre espíritos encarnados e desencarnados. Sobre isso, assim se expressa Myers:[91]

> Nós podemos nos impressionar reciprocamente a distância e, se nossos espíritos encarnados podem assim atuar, de maneira independente do organismo carnal, há nisso uma presunção favorável à existência de outros espíritos independentes dos corpos e suscetíveis de nos impressionarem do mesmo modo.

---

[90] *Revue Scientifique du Spiritisme*, fevereiro de 1905, p. 457.
[91] F. Myers. *La personnalite humaine*, p. 25.

O Problema do Ser e do Destino

Os habitantes do espaço têm facultado muitas provas experimentais da lei da comunhão universal, na medida fraca e estreita em que na Terra ela pode ser verificada com rigor.

Devemos apontar, entre outros fatos, a experiência da Sociedade de Pesquisas de Londres, para a qual o mundo sábio é devedor de tantas descobertas no domínio psíquico. Ela estabeleceu um sistema de permutas de pensamentos entre os Estados Unidos e a Inglaterra, simplesmente com o auxílio de dois médiuns em transe, que serviram para transmitir uma mensagem de um espírito a outro. A mensagem consistia em quatro palavras latinas, e o latim era uma língua que os médiuns não conheciam.

Essa experiência foi feita sob a vigilância e a fiscalização do professor Hyslop, da Universidade de Colúmbia, em Nova Iorque, e foram tomadas todas as precauções necessárias para serem evitadas as fraudes.[92]

Quando se estuda, em seus diversos aspectos, o fenômeno da telepatia, as vistas gerais que daí resultam aumentam pouco a pouco, e somos levados a reconhecer nele um processo de comunicação de alcance incalculável. A princípio, esse fenômeno nos foi apresentado como uma simples transmissão, quase mecânica, de pensamentos e imagens entre dois cérebros. Contudo, o fenômeno revestirá as formas mais variadas e impressionantes. Depois dos pensamentos, vêm as projeções, a distância, dos fantasmas dos vivos, as dos moribundos e, finalmente, sem que nenhuma solução de continuidade interrompa o encadeamento dos fatos, as aparições dos mortos, quando o vidente, na maior parte dos casos, nenhum conhecimento tem do falecimento das pessoas que aparecem. Há aí uma série contínua de manifestações, que se vão graduando em seus efeitos e concorrem para demonstrar a indestrutibilidade da alma.

A ação telepática não conhece limites; suprime todos os obstáculos e liga os vivos da Terra aos vivos do espaço, o mundo visível aos mundos invisíveis, o homem a Deus; une-os da maneira mais estreita, mais íntima.

Os meios de transmissão que ela nos revela constituem a base das relações sociais entre os espíritos, seu modo usual de permutarem as ideias e as sensações. O

---

[92] Pode-se ler a narração desse fato na Daily Tribune, de Chicago, de 31 de outubro de 1904, e nos Proceedings da SPR.

fenômeno que na Terra se chama telepatia não é outra coisa senão o processo de comunicação entre todos os seres pensantes na vida superior, e a oração é uma de suas formas mais poderosas, uma de suas aplicações mais elevadas e mais puras. A telepatia é a manifestação de uma lei universal e eterna.

Todos os seres, todos os corpos permutam vibrações. Os astros exercem influência pelas imensidades siderais; do mesmo modo, as almas, que são sistemas de forças e focos de pensamentos, impressionam-se reciprocamente e podem se comunicar a todas as distâncias.[93] A atração se estende às almas como aos astros; atrai-os para um centro comum, eterno e divino. Uma dupla relação se estabelece. Suas aspirações sobem para ele na forma de apelos e orações, e, sob a forma de graças e inspirações, descem os socorros.

Os grandes poetas, escritores, artistas, os sábios e os puros conhecem esses impulsos, essas inspirações súbitas, esses clarões de gênio que iluminam o cérebro como relâmpago e parecem provir de um mundo superior, cuja grandeza e inebriante beleza refletem a alma ou são delas visões. Em um arrojo extático, ela vê entreabrir-se esse mundo inacessível, percebe suas radiações, essências e luzes.

Tudo isso nos demonstra que a alma é suscetível de ser impressionada por meios diferentes dos órgãos, que ela pode recolher conhecimentos que excedem as faculdades humanas e provêm de uma causa espiritual. Graças a esses clarões, a esses relâmpagos, ela entrevê, na vibração universal, o passado e o futuro; percebe a gênese das formas, que são de arte e pensamento, de beleza e santidade, da qual perenemente derivam formas novas, em uma variedade inesgotável, como o manancial de onde emanam.

Consideremos essas coisas sob um ponto de vista mais direto. Vejamos suas consequências no meio terrestre. Já pelos fatos telepáticos se acentua a evolução humana. O homem conquista novos poderes psíquicos que lhe permitirão, um dia, manifestar seu pensamento a todas as

---

[93] Senhor William Crookes, em um discurso na British Association, em 1898, sobre a lei das vibrações, declara que ela é a lei natural que rege "todas as comunicações psíquicas".
Parece que a telepatia até se estende aos animais.
Existem fatos que indicam uma comunicação telepática entre homens e animais. Consultar, nos *Annales des Sciences Psychiques*, agosto de 1905, p. 459 e seguintes, o estudo bem documentado de E. Bozzano, *Perceptions psychiques et les animaux*.

distâncias, sem intermediário material. Esse progresso se constitui como um dos mais magníficos estágios da humanidade para uma vida mais intensa e livre. Poderá ser o prelúdio da maior revolução moral que se tenha realizado em nosso Globo. Por esse modo, o mal seria realmente vencido ou consideravelmente atenuado.

Quando o homem já não possuir segredos, quando se lhe puderem ler no cérebro os pensamentos, ele não mais se atreverá a pensar no mal e, por conseguinte, a fazer o mal. Assim, a alma humana elevar-se-á sempre, subindo pela escala dos desenvolvimentos infinitos. Tempos virão em que a inteligência há de predominar cada vez mais, desembaraçando-se da crisálida carnal, estendendo, afirmando seu domínio sobre a matéria, criando com seus esforços meios novos e mais amplos de percepção e manifestação. Apurando, por sua vez, os sentidos, verão ampliar-se o círculo de ação. O cérebro humano tornar-se-á um templo misterioso, de vastas e profundas naves, cheias de harmonias, vozes e perfumes, instrumento admirável ao serviço de um espírito que se tornou mais sutil e poderoso.

Ao mesmo tempo em que a personalidade humana, alma e organismo, a pátria terrestre também transformar-se-á. Para que se opere a evolução do meio, é preciso que primeiramente se efetue a evolução do indivíduo. É o homem que faz a humanidade, e esta, por sua ação constante, transforma a morada daquele. Há equilíbrio absoluto e relação íntima entre o moral e o físico. O pensamento e a vontade são a ferramenta, por excelência, com a qual tudo podemos transformar em nós e à nossa volta.

Tenhamos somente pensamentos elevados e puros; aspiremos a tudo o que é grande, nobre e belo. Pouco a pouco, sentiremos regenerar-se nosso próprio ser e, com ele, do mesmo modo, todas as camadas sociais, o Globo e a humanidade.

Assim, em nossa ascensão, chegaremos a compreender e a praticar melhor a comunhão universal que une todos os seres. Inconsciente nos estados inferiores da existência, essa comunhão se torna cada vez mais consciente, à medida que o ser se eleva e percorre os graus inumeráveis da evolução, para chegar, um dia, ao estado de espiritualidade em que cada alma, irradiando o brilho das potências adquiridas nos impulsos de seu amor, vive da vida de todos e a todos se sente unida na obra eterna e infinita.

CAPÍTULO VII

Manifestações depois da morte

Acabamos de seguir o espírito do homem por meio das diferentes fases do desprendimento: sono ordinário, sono magnético, sonambulismo, transmissão do pensamento e telepatia, em todas as suas formas. Vimos sua sensibilidade e seus meios de percepção aumentarem na razão do afrouxamento dos laços que prendem o espírito ao corpo. Vamos agora vê-lo no estado de liberdade absoluta, isto é, depois da morte, manifestando-se, ao mesmo tempo, fisicamente e intelectualmente aos seus amigos da Terra.

Não há solução de continuidade entre esses diferentes estados psíquicos. Quer esses fenômenos ocorram durante a vida material, quer depois, são idênticos em suas causas, em suas leis e em seus efeitos, pois se produzem segundo modos constantes.

Há continuidade absoluta e graduação entre todos esses fatos, desvanecendo-se, assim, a noção de sobrenatural, que, por muito tempo, os tornou suspeitos à Ciência. O antigo adágio: "A natureza não dá saltos" se verifica mais uma vez. A morte não é um salto, é a separação, e não a dissolução dos elementos que constituem o homem terrestre; é a passagem do mundo visível ao mundo invisível, cuja delimitação é puramente arbitrária e decorrente simplesmente da imperfeição de nossos sentidos. A vida de cada um de nós no Além é o prolongamento natural e lógico da vida atual, o desenvolvimento da parte invisível de nosso ser. Há concatenação no domínio psíquico, como no domínio físico.

Nas duas ordens de aparições, quer dos vivos exteriorizados, quer dos defuntos, é sempre, como visto, a forma fluídica, o veículo da alma, reprodução ou, antes, esboço do corpo físico que se concretiza e se torna perceptível para os sensitivos. A Ciência, depois dos trabalhos de Becquerel, Curie, Le Bon etc., familiariza-se, de dia para dia, com os estados sutis e invisíveis da matéria, em uma palavra, com os fluidos utilizados pelos espíritos em suas manifestações – que os espíritas bem conhecem.

Graças às descobertas recentes, a Ciência se pôs em contato com um mundo de elementos, forças, potências, cuja existência nem sequer imaginava, e mostrou-se, afinal, a possibilidade de formas de existência ignoradas durante muito tempo.

Os sábios que estudaram o fenômeno espírita, W. Crookes, R. Wallace, R. Dale Owen, Aksakof, O. Lodge, Paul Gibier, Myers etc., verificaram numerosos casos de aparições de pessoas mortas. O espírito Katie King, que, durante três anos, se materializou na casa do senhor W. Crookes, membro da Academia Real de Londres, foi fotografado em 26 de março de 1874, na presença de um grupo de experimentadores.[94]

Sucedeu o mesmo com os espíritos Abdullah e John King, fotografados por Aksakof. O acadêmico R. Wallace e o doutor Thompson obtiveram a fotografia espírita de suas respectivas mães, falecidas havia muitos anos.[95]

Myers fala de duzentos e trinta e um casos de aparições de pessoas mortas. Cita alguns tirados dos Phantasms.[96] Assinalemos nesse número uma aparição com o anúncio de uma morte iminente:[97]

> Um caixeiro viajante, homem muito positivo, teve certa manhã a visão de uma sua irmã que falecera havia nove anos. Quando contou o fato à família, foi ouvido com incredulidade e ceticismo; mas, ao descrever a visão, mencionou a existência de uma arranhadura na face da irmã. Essa particularidade de tal maneira impressionou sua mãe, que ela caiu desmaiada. Depois que voltou a si, contou que fora ela que, sem querer, fizera essa arranhadura na filha, no momento em que a depunha no caixão; que, em seguida, para disfarçá-la, cobrira-a com pós, de

---

[94] Consultar: W. Crookes. *Recherches sur les phenomenes du spiritisme.*
[95] Aksakof. *Animismo e espiritismo,* p. 620 e 621.
[96] F. Myers. *La personnalite humaine,* p. 268.
[97] Ibidem, p. 280.

modo que ninguém no mundo estava a par dessa particularidade. O sinal que seu filho vira, pois, prova a veracidade da visão e ela viu nele ao mesmo tempo o anúncio da sua morte que, efetivamente, sobreveio algumas semanas depois.[98]

Devem ser citados, igualmente, os casos seguintes. O de um mancebo que se comprometera, se morresse primeiro, a aparecer a uma donzela, sem lhe causar grande susto. Apareceu efetivamente, um ano depois, à irmã dela, no momento em que ia subir para uma carruagem.[99] Trata-se do caso do senhor Town, cuja imagem foi vista por seis pessoas.[100] O caso da senhora de Fréville, que gostava de frequentar o cemitério e passear em volta da campa do marido, tendo sido lá vista, sete ou oito horas depois de falecer, por um jardineiro que por ali passava.[101] O de um pai de família, falecido em viagem e que apareceu à filha com um vestuário desconhecido, com o qual, depois de morto, uns estranhos o haviam vestido. Falou-lhe de uma quantia que ela ignorava estar em seu poder. A exatidão desses dois fatos foi reconhecida ulteriormente.[102] O caso de Edwin Russell, que se fez visível ao seu mestre de capela, com a preocupação acerca das obrigações e dos compromissos contraídos durante a vida.[103] Finalmente, o caso de Robert Mackenzie. Quando ainda o patrão ignorava a morte do empregado, este lhe apareceu para desculpar-se de uma acusação de suicídio que pesava sobre sua memória. Foi reconhecida a falsidade dessa acusação, por sua morte ter sido acidental.[104]

Na memória apresentada ao Congrès International de Psychologie, de Paris, em 1900, o doutor Paul Gibier, diretor do Instituto Pasteur de Nova Iorque, fala das "materializações de fantasmas"[105] obtidas por ele em seu próprio laboratório, na presença de muitas senhoras de sua família

---

[98] Há necessidade de se fazer notar que o espírito quis aparecer com esse "arranhão" somente para oferecer, por esse meio, uma prova de sua identidade. O mesmo ocorre em muitos dos casos que se vão seguir, em que espíritos se mostraram com trajes ou atributos que constituíam outros tantos elementos de convicção para os percipientes.
[99] Proceedings, **X**, p. 284.
[100] Idem, **X**, p. 292.
[101] *Phantasms of the living*, I, p. 212.
[102] Proceedings, **X**, p. 283.
[103] Proceedings, **VIII**, p. 214.
[104] Proceedings, **II**, p. 95.
[105] Consultar: *Compte rendu officiel du IV Congrès de Psychologle.* Paris: F. Alcan, fevereiro de 1901, reproduzido in extenso pelos *Annales des Sciences Psychiques.*

O Problema do Ser e do Destino

e dos preparadores que habitualmente o auxiliavam em seus trabalhos de biologia. As ditas senhoras tinham especialmente o encargo de vigiar a médium, senhora Salmon, despi-la antes da sessão, para lhe examinarem os vestidos, sempre pretos, ao passo que os fantasmas apareciam de branco. Por excesso de precaução, colocavam a médium dentro de uma gaiola metálica fechada com cadeado, e, durante as sessões, o doutor Gibier não largava a chave.

Foi nessas condições que se produziram, à meia-luz, formas numerosas, talhes diferentes, desde aparições de crianças até fantasmas de alta estatura. A formação é gradual; opera-se à vista dos assistentes. As formas falam, passam de um lugar para outro, apertam as mãos dos experimentadores. Diz Paul Gibier: "Interrogadas, declaram todas ser entidades, pessoas que viveram na Terra, espíritos desencarnados, cuja missão é nos mostrar a existência da outra vida".

A identidade de um desses espíritos foi estabelecida com precisão: a de uma entidade chamada Blanche, parente falecida de duas senhoras que assistiam às sessões, e as senhoras puderam abraçá-la repetidas vezes e conversar com ela em francês, língua ignorada pela médium.

No congresso espiritualista realizado no mesmo ano, em Paris, na sessão de 23 de setembro, o doutor Bayol, senador das Bocas do Ródano, ex-governador de Dahomey, expunha verbalmente os fenômenos de aparição, dos quais fora testemunha em Arles e Eyguières. O fantasma de Acella, donzela romana, cujo túmulo está em Arles, no antigo cemitério de Aliscamps, materializou-se, a ponto de deixar uma impressão de seu rosto em parafina fervente, não em entalhe, como se produzem habitualmente as moldagens, mas em relevo, o que seria impossível a qualquer ser vivo. Essas experiências, cercadas de todas as precauções necessárias, efetuaram-se na presença de personagens tais como o prefeito das Bocas do Ródano, o poeta Mistral, um general de Divisão, médicos, advogados etc.[106]

Em uma ata, com a data de 11 de fevereiro de 1904, publicada pela Revue des Études Psychiques, de Paris,[107] o professor Milèsi, da Universidade de Roma, "um dos campeões mais estimados da nova escola psicológica italiana", conhecido na França por suas conferências na Sorbonne

[106] Consultar *Compte rendu du Congrès Spiritualiste International*. Paris: Leymarie editor, 1900. p. 241 e seguintes.
[107] Número de março de 1904.

sobre a obra de Auguste Comte, deu público testemunho da realidade das materializações de espíritos; entre outras, a de sua própria irmã falecida em Cremona, havia três anos.

Eis um extrato dessa ata, em que assinaram J. B. Milèsi, P. Cartoni, F. Simmons, J. Squanquarillo etc.:

> O que de mais maravilhoso houve nessa sessão foram as aparições, que eram de natureza luminosa, posto que se produzissem na meia claridade. Foram em número de nove; todos os assistentes as viram... As três primeiras foram as que reproduziram as feições da irmã do professor Milèsi, falecida havia três anos em Cremona, no convento das Filhas do Sacré-Coeur, com a idade de trinta e dois anos. Apareceu sorrindo, com o esquisito sorriso que lhe era habitual. Do mesmo modo o senhor Squanquarillo viu uma aparição, na qual reconheceu sua mãe. Foi a quarta. As cinco restantes reproduziam as feições dos dois filhos do senhor Castoni. Este afirma ter sido abraçado pelos filhos, ter conversado com eles várias vezes, ter recebido respostas suas e apertos de mãos; sentiu-os, mesmo, sentarem-se nos seus joelhos.

Em seu artigo, em Figaro, de 09 de outubro de 1905, intitulado Par delà la Science, Ch. Richet, da Academia de Medicina de Paris, dizia, a propósito de outros fenômenos da mesma ordem: "O mundo oculto existe. Correndo embora o risco de ser tido pelos meus contemporâneos como insensato, creio que há fantasmas".

O célebre professor Lombroso, da Universidade de Turim, no número de junho de 1907 da revista italiana Arena, expõe o resultado de suas experiências com Eusápia Paladino: fenômenos de levitação, transportes de flores etc.. Ainda acrescenta:

> O leitor vai interpelar-me com ar de compaixão e perguntar-me: "Não se deixou simplesmente ludibriar por farsantes vulgares?". O fato indiscutível é que com Eusápia tomaram-se as medidas de precaução mais absolutamente rigorosas contra a possibilidade de qualquer fraude, porque se lhe ligavam as mãos e os pés, ficando uns e outros cercados por um fio elétrico que, ao menor movimento, punha em ação uma campainha. O médium Politi foi, na Sociedade de Psicologia de Milão, metido nu em pêlo, em um saco, e a senhora d'Espérance fi-

cou imobilizada em uma rede como um peixe e, não obstante, os fenômenos se produziram.

Depois de tudo isso, assisti ainda a sessões em que Eusápia Paladino em transe dava respostas exatas e muito sensatas em línguas que ela não conhecia, como, por exemplo, o inglês. Juntando a esses fatos pessoais tudo o que soube das experiências de Crookes com Home e Katie King, das do médium alemão que fazia às escuras as mais curiosas pinturas, adquiri a convicção de que os fenômenos espíritas se explicam, pela maior parte, por forças inerentes ao médium e também, por um lado, pela intervenção de seres supraterrestres, que dispõem de forças das quais as propriedades do radium podem dar ideia, por analogia.

[...] Um dia, depois do transporte, sem contato, de um objeto muito pesado, Eusápia, em estado de transe, disse-me: "Por que estás a perder o tempo com bagatelas? Sou capaz de fazer com que vejas tua mãe; mas é necessário que penses nisso com veemência". Impulsionado por essa promessa, no fim de meia hora de sessão, tomou-me o desejo intenso de vê-la cumprir-se, e a mesa, levantando-se com os seus movimentos habituais e sucessivos, parecia dar a sua anuência ao meu pensamento íntimo. De repente, em meia obscuridade, à luz vermelha, vi sair dentre as cortinas uma forma um tanto curvada, como era a da minha mãe, coberta com um véu. Contornou a mesa para chegar até a mim, murmurando palavras que muitos ouviram, mas que a minha meia-surdez não me permitiu escutar. Como, sob a influência de uma viva emoção, eu lhe suplicava que as repetisse, ela me disse: *"Cœsar, fiol mio!"*, o que, confesso, não era costume seu, visto que, sendo de Veneza, dizia *mio fiol*; depois, afastando o véu, deu-me um beijo.

Lombroso fala, depois, das casas mal-assombradas:

Convém acrescentar que os casos de casas em que, durante anos, se reproduzem aparições ou barulhos, concordando com a narrativa de mortes trágicas e observadas sem a presença de médiuns, pleiteiam contra a ação exclusiva destes em favor da ação dos finados.

No grupo de estudos que por muito tempo dirigi em Tours, os médiuns descreviam aparições de defuntos visíveis apenas a eles, é verdade, mas que nunca conheceram, de quem nunca viram nenhum retrato, nem ouviram fazer nenhuma descrição, e que os assistentes reconheciam por suas indicações.

Às vezes, os espíritos se materializam a ponto de poder escrever, na presença de pessoas humanas e à sua vista, mensagens numerosas, que ficam como outras tantas provas de sua passagem. Foi o que aconteceu com a mulher do banqueiro Livermore, cuja letra foi reconhecida como idêntica à que possuía durante sua existência terrestre.[108] Contudo, muito mais frequentemente, os espíritos se incorporam no invólucro de médiuns adormecidos, falam, escrevem, gesticulam, conversam com os assistentes e fornecem-lhes provas certas de sua identidade.

Nesses fenômenos, o médium abandona momentaneamente o corpo, e a substituição é completa. A linguagem, a atitude, a letra e o jogo de fisionomia são os de um espírito estranho ao organismo de que dispõe por algum tempo.

Os fatos de incorporação da senhora Piper, minuciosamente observados e comprovados pelo doutor Hodgson e pelos professores Hyslop, W. James, Newbold, O. Lodge e Myers, constituem o complexo de provas mais poderoso em favor da sobrevivência.[109] A personalidade de G. Pelham se revelou, post mortem, aos seus próprios parentes, a seu pai, à sua mãe, aos seus amigos de infância, cerca de trinta vezes, a tal ponto que não deixou dúvida nenhuma no espírito deles acerca da causa dessas manifestações.

Sucedeu o mesmo com o professor Hyslop, que, tendo feito ao espírito de seu pai duzentas e cinco perguntas sobre assuntos que ele mesmo ignorava, obteve cento e cinquenta e duas respostas absolutamente exatas, dezesseis inexatas e trinta e sete duvidosas, por não poderem ser verificadas. Essas constatações foram feitas no decurso de numerosas viagens efetuadas aos Estados Unidos, para se chegar a conhecer minuciosamente a história da família Hyslop, antes do nascimento do professor; história a que essas perguntas se referiam.

Os Annales des Sciences Psychiques, de Paris, publicados em julho de 1907, lembraram o seguinte fato, que igualmente se produziu na América, por volta de 1860:

> O grande juiz Edmonds, presidente do Supremo Tribunal de Justiça do Estado de Nova Iorque,

[108] Consultar: Aksakof. *Animismo e espiritismo*, p. 620 e 631.
[109] Consultar o caso de Piper. Proceedings, XIII, p. 284 e 285; XIV, p. 6 e 49, resumidos na obra *No invisível*, capítulo XIX.

presidente do Senado dos Estados Unidos, tinha uma filha, Laura, em quem surgiu uma mediunidade com fenômenos espontâneos, que se produziram em volta dela e não tardaram a despertar sua curiosidade, de tal modo que começou a frequentar sessões espíritas. Foi então que ela se tornou *médium-falante*. Quando nela se manifestava outra personalidade, Laura falava por vezes diferentes línguas que ignorava.

Em uma noite, em que uma dúzia de pessoas estavam reunidas na casa do senhor Edmonds, em Nova Iorque, o senhor Green, artista nova-iorquino, veio acompanhado por um homem que ele apresentou com o nome do senhor Evangelides, da Grécia. Não tardou a manifestar-se na senhorita Laura uma personalidade, que dirigiu a palavra, em inglês, ao visitante e lhe comunicou grande número de fatos tendentes a provar que a personalidade era a de um amigo falecido na casa dele, havia muitos anos, mas de cuja existência nenhuma das pessoas presentes tinha conhecimento. De tempos a tempos a donzela pronunciava palavras e frases inteiras em grego, o que deu ensejo a que o senhor Evangelides lhe perguntasse se podia falar grego. Ele falava efetivamente com dificuldade o inglês. A conversação continuou em grego da parte de Evangelides e alternativamente em grego e inglês da parte da senhorita Laura. Momentos houve em que Evangelides parecia muito comovido. No dia seguinte renovou sua conversação com a senhorita Laura, depois explicou aos assistentes que a personalidade invisível, que parecia se manifestar com a intervenção da médium, era a de um de seus amigos íntimos, falecido na Grécia, irmão do patriota grego Marc Bótzaris. Esse amigo informava-o da morte de um filho seu, também de nome Evangelides, que ficara na Grécia e passava bem no momento em que seu pai partira para a América.

Evangelides voltou a ter com o senhor Edmonds várias vezes ainda e, dez dias depois de sua primeira visita, informou-o de que acabava de receber uma carta participando-lhe a morte de seu filho. Essa carta devia vir em caminho quando se realizou a primeira conversa do senhor Evangelides com a senhorita Laura.

"Estimaria – disse o juiz Edmonds a esse respeito – que me dissessem como devo encarar esse fato. Negá-lo é impossível; é demasiado flagrante. Tam-

bém então podia negar que o Sol nos alumia."
Isso se passou na presença de oito a dez pessoas,
todas instruídas, inteligentes, discretas e também
capazes todas de fazerem a distinção entre uma ilu-
são e um fato real.[110]

O senhor Edmonds nos informa que sua filha não ouvi-
ra, até então, uma palavra em grego moderno. Acrescenta
que, em outras ocasiões, ela chegou a falar mais de treze línguas diferentes, entre as quais, o polonês e o india-
no, quando, em seu estado normal, apenas sabia inglês e
francês, e este último como se pode aprender na escola.
É preciso notar que o senhor J. W. Edmonds não é uma
personalidade qualquer. Nunca puseram em dúvida a perfeita integridade de seu caráter, e suas obras provam sua
luminosa inteligência.

Fenômenos da mesma ordem foram muitas vezes obtidos na Inglaterra. Cita-se, nesse número, uma manifestação do célebre professor Sidgwick, pelo organismo da senhora Thompson, adormecida. Figura nos Proceedings que
o senhor Piddington, secretário da Sociedade, testemunha
do fato, redigiu um relatório que foi lido em sessão de 07 de
dezembro de 1903. Fez circular de mão em mão, entre os
assistentes, diferentes escritos automáticos, nos quais os
amigos e parentes de Sidgwick, o eminente psicólogo que
foi o primeiro presidente da Sociedade, reconheceram sua
letra. Ao menos uma vez, Sidgwick teria se esforçado por
falar pela boca da senhora Thompson. O senhor Piddington descreveu essa cena como a experiência mais realista
e impressionante que se encontra em todo o curso de suas
investigações. Ele disse: "Não era como se tivesse sido
Sidgwick; era ele realmente, ao que se podia julgar". A
personalidade de Sidgwick fez alusão, entre outras coisas,
a um incidente que se dera em uma das reuniões do Conselho de direção da Society, "e do qual, pode-se dizer com
certeza quase absoluta, a senhora Thompson não podia ter
conhecimento". Uma das pessoas que assistiam à sessão,
membro do Conselho de direção, o senhor Arthur Smith,
levantou-se para declarar que se lembrava muito bem daquela circunstância.[111]

Relataremos ainda um fenômeno de comunicação du-

---

[110] Havia, entre outras pessoas, o senhor Green, artista; o senhor Allen,
presidente do Banco de Boston; dois empreiteiros de caminhos de ferro nos
estados do Oeste; a senhora Jennie Keyer, sobrinha do juiz Edmonds etc.
[111] *Revue des Etudes Psychiques*, Paris, janeiro de 1904.

O Problema do Ser e do Destino

rante o sono, obtido pelo senhor Chedo Mijatovitch, ministro plenipotenciário da Sérvia, em Londres, e reproduzido pelos Annales des Sciences Psychiques, de 1º e 16 de janeiro de 1910:

> A pedido de espíritas húngaros, para que se pusesse em relação com um médium, a fim de elucidar um ponto de História a respeito de um antigo soberano sérvio, morto em 1350, dirigiu-se à casa do senhor Vango, de quem muito se falava por essa época e a quem nunca tinha visto até então. Adormecido, o médium anunciou a presença do espírito de um jovem, ansioso por se fazer ouvir, mas de quem não compreendia a linguagem. No entanto, acabou conseguindo reproduzir algumas palavras. Elas eram em sérvio, sendo esta a tradução: "Peço-te escrever à minha mãe Nathalie, dizendo-lhe que imploro o seu perdão".
> O espírito era o do rei Alexandre.
> Chedo Mijatovitch não duvidou, ainda mais quando novas provas de identidade logo se ajuntaram à primeira: o médium fez a descrição do defunto e este mostrou seu pesar por não ter seguido um conselho confidencial que lhe havia dado, dois anos antes de ser assassinado, o diplomata consultante.

Na França, entre certo número de casos, assinalaremos o do abade Grimaud, diretor do asilo dos surdos-mudos de Vaucluse. Por meio dos órgãos da senhora Gallas, adormecida, recebeu, do espírito Forcade, falecido havia oito anos, uma mensagem pelo movimento silencioso dos lábios, de acordo com um método especial para surdos-mudos, que esse espírito inventara, comunicando ao abade Grimaud, venerável eclesiástico, que era o único dos assistentes que o podia conhecer. Pouco tempo há que publicamos a ata dessa notável sessão, com as assinaturas de doze testemunhas e o atestado do abade Grimaud.[112]

O senhor Maxwell, advogado geral no Tribunal de Apelação de Bordéus e doutor em Medicina, em sua obra Phénomènes Psychiques,[113] estuda o fenômeno das incorporações que observou na casa da senhora Agullana, esposa de um estucador. Assim se exprimiu:

> A personalidade mais curiosa é a de um médico falecido há cem anos. A sua linguagem médica é arcaica. Dá às plantas os nomes medicinais anti-

[112] Consultar *No invisível*, capítulo XIX.
[113] *Phénomènes psychiques*, p. 26.

gos. O seu diagnóstico é geralmente exato; mas a descrição dos sintomas internos que ele vê é bem própria a causar admiração a um médico do século **XX** [...]. Há dez anos que observo o meu colega de além-túmulo. Não tem variado e apresenta uma continuidade lógica surpreendente.

Eu mesmo observei frequentes vezes esse fenômeno. Pude, como em outra parte expus,[114] conversar, por intermédio de diversos médiuns, com muitos parentes e amigos falecidos, obter indicações que esses médiuns não conheciam e que, para mim, constituíam outras tantas provas de identidade. Se forem consideradas as dificuldades que comporta a comunicação de um espírito a ouvintes humanos, por meio de um organismo e, particularmente, de um cérebro que ele não apropriou, a que não conferiu flexibilidade, mediante uma longa experiência, e se considerarmos que, em razão da diferença dos planos de existência, não se pode exigir de um desencarnado todas as provas que a um homem material pedir-se-ia, é preciso reconhecer que o fenômeno das incorporações é um dos que mais concorrem para demonstrar a espiritualidade e o princípio da sobrevivência.

Não se trata, nesses fatos, de uma simples influência a distância. Há um impulso a que o sujet não pode resistir e que, na maior parte das vezes, se transforma em tomada de posse do organismo inteiro. Esse fenômeno é análogo ao que se verifica nos casos de segunda personalidade, em que o "eu" profundo substitui o "eu" normal e toma a direção do corpo físico, com um fim de fiscalização e regeneração. Mas aqui é um espírito estranho que desempenha esse papel e substitui a personalidade do médium adormecido.

As palavras possessão ou posse, de que acabamos de nos servir, foram muitas vezes tomadas em sentido lamentável.

Atribuía-se, no passado, aos fatos que elas designam um caráter diabólico e terrificante, como muito bem disse Myers: "O diabo não é criatura desconhecida pela Ciência. Nesses fenômenos, achamo-nos somente na presença de espíritos que foram outrora homens semelhantes a nós e que estão sempre animados dos mesmos motivos que nos

---

[114] *No invisível*, capítulos VIII, XIX e XX; *Cristianismo e espiritismo*, capítulo XI.

O Problema do Ser e do Destino   111

inspiram".[115]

A esse propósito, Myers faz uma pergunta: "É a possessão algumas vezes absoluta?". E responde nestes termos:

> A teoria que diz que nenhuma das correntes conhecidas da personalidade humana esgota toda a sua consciência e que nenhuma das suas manifestações conhecidas exprime toda a potencialidade do seu ser pode igualmente se aplicar aos homens desencarnados.[116]

Com isso, abordaríamos o ponto central do problema da vida humana, a mola secreta, a ação íntima e misteriosa do espírito sobre um cérebro, quer sobre o seu, quer, nos casos de que nos ocupamos, sobre um cérebro estranho.

Considerada sob esse aspecto, a questão toma importância capital na Psicologia. Myers acrescenta:[117]

> Com o auxílio desses estudos, as comunicações cada vez se tornarão mais fáceis, completas, coerentes e atingirão nível mais elevado de consciência unitária. Grandes e numerosas devem ter sido as dificuldades; mas nem de outro modo pode ser quando se trata de reconciliar o espírito com a matéria e de abrir ao homem, do Planeta onde está encarcerado, uma fresta para o mundo espiritual...
>
> Assim como, pela clarividência migratória [Myers chama assim à clarividência dos sonâmbulos], o espírito muda de centro de percepção, no meio das cenas do mundo material, assim também há transmissões espontâneas do centro de percepção para as regiões do mundo espiritual. A concepção do êxtase, em seu sentido mais literal e sublime, resulta assim, sem esforço, quase insensivelmente, de uma série de provas modernas.
>
> Em todas as épocas tem-se concebido o espírito como suscetível de deixar o corpo ou, se não o deixa, de estender consideravelmente seu campo de percepção, fazendo nascer um estado que se parece com o êxtase. Todas as formas conhecidas de êxtase concordam neste ponto e se baseiam em um fato real.

Vê-se que, graças a experiências, observações, testemunhos mil vezes repetidos, a existência e a sobrevi-

---

[115] F. Myers. *La personnalite humaine*, p. 369.
[116] F. Myers. *La personnalite humaine*, p. 297.
[117] Ibidem.

vência da alma saem doravante do domínio da hipótese ou da simples concepção metafísica para se converterem em realidade viva, em fato rigorosamente averiguado. O sobrenatural tocou o termo de seus dias; o milagre já não passa de uma palavra. Todos os terrores, todas as superstições que a ideia da morte sugeria aos homens se desfazem em fumo. Dilata-se nossa concepção da vida universal e da obra divina e, ao mesmo tempo, nossa confiança no futuro se fortifica. Vemos, nas formas alternadas da existência carnal e fluídica, o progresso do ser, o desenvolvimento da personalidade prosseguindo e uma Lei Suprema presidindo a evolução das almas por meio do tempo e do espaço.

CAPÍTULO VIII

Estados vibratórios da alma
– a memória

A vida é uma vibração imensa que enche o Universo e cujo foco está em Deus. Cada alma, centelha destacada do foco divino, torna-se, por sua vez, um foco de vibrações que hão de variar, aumentar de amplitude e intensidade, consoante o grau de elevação do ser. Esse fato pode ser verificado experimentalmente.[118]

Toda a alma tem, pois, sua vibração particular e diferente, e seu movimento próprio, seu ritmo, é a representação exata de seu poder dinâmico, de seu valor intelectual, de sua elevação moral.

Toda a beleza, toda a grandeza do Universo vivo se resume na lei das vibrações harmônicas. As almas que vibram uníssonas se reconhecem e chamam-se no espaço. Daí as atrações, as simpatias, a amizade, o amor. Os artistas, os sensitivos, os seres delicadamente harmonizados conhecem essa lei e sentem seus efeitos. A alma superior é uma vibração na posse de todas as suas harmonias.

A entidade psíquica penetra, com suas vibrações, todo o seu organismo fluídico, o perispírito, que é sua forma e imagem, a reprodução exata de sua harmonia pessoal e de sua luz; mas chega a encarnação, e essas vibrações reduzir-se-ão e amortecer-se-ão sob o invólucro carnal. O foco interior já não poderá projetar para o exterior, senão uma

---

[118] Os doutores Baraduc e Joire construíram aparelhos registradores que permitem medir a força radiante que escapa de cada pessoa humana e varia segundo o estado psíquico do sujet.

radiação enfraquecida, intermitente. Entretanto, no sono, no sonambulismo, no êxtase, desde que à alma se abre uma saída pelo invólucro de matéria que a oprime e agrilhoa, restabelece-se imediatamente a corrente vibratória, e o foco torna a adquirir toda a sua atividade. O espírito se encontra novamente em seus estados anteriores de poder e liberdade. Tudo o que nele dormia desperta. Suas numerosas vidas se reconstituem, não só com os tesouros de seu pensamento, com as reminiscências e aquisições, mas também com todas as sensações, alegrias e dores registradas em seu organismo fluídico.

É essa a razão pela qual, no transe, a alma, vibrando as recordações do passado, afirma suas existências anteriores e reata a cadeia misteriosa de suas transmigrações.

As menores particularidades de nossa vida se registram em nós e deixam traços indeléveis. Pensamentos, desejos, paixões, atos bons ou maus, tudo se fixa, tudo se grava em nós. Durante o curso normal da vida, essas recordações se acumulam em camadas sucessivas, e as mais recentes acabam por apagar, pelo menos aparentemente, as mais antigas. Parece que nos esquecemos daqueles mil pormenores de nossa existência dissipada. Basta, porém, evocar, nas experiências hipnóticas, os tempos passados e tornar, pela vontade, a colocar o sujet em uma época anterior de sua vida, na mocidade ou no estado de infância, para que essas recordações reapareçam em massa. O sujet revive seu passado, não só com o estado da alma e a associação de ideias que lhe eram peculiares nessa época, mas ideias às vezes bem diversas das que ele professa atualmente, com seus gostos, hábitos, linguagem, também reconstituindo automaticamente toda a série dos fenômenos físicos contemporâneos daquela época.

Isso nos leva a reconhecer que há íntima correlação entre a individualidade psíquica e o estado orgânico. Cada estado mental está associado a um estado fisiológico. E a evocação de um na memória dos sujets traz imediatamente a reaparição do outro.[119]

[119] Essa lei é reconhecida em psicologia com o nome de paralelismo psicofísico. Wundt, em suas Léçons sur l'Ame (2. ed. Leipzig, 1892), já dizia: "A cada fato psíquico corresponde um fato físico qualquer".
As experiências dos próprios materialistas fazem sobressair a evidência dessa lei. É assim, por exemplo, que M. Pierre Janet, quando faz voltar seu sujet Rosa dois anos antes, no curso de sua vida atual, vê reproduzir-se nela todos os sintomas do estado de gravidez em que se achava naquela época (P. Janet, professor de psicologia na Sorbonne. L'automatisme psychologique, p. 160). Consultar, também, os casos assinalados pelos doutores Bourru e

Dadas as flutuações constantes e a renovação integral do corpo físico, em alguns anos, esse fenômeno seria incompreensível, sem a intervenção do perispírito, que guarda em si, gravadas em sua substância, todas as impressões de outrora. É ele que fornece à alma a soma total de seus estados conscientes, mesmo depois da destruição da memória cerebral. Assim o demonstram os espíritos, em suas comunicações, visto que conservam no espaço até as menores recordações de sua existência terrestre.

Esse registro automático parece se efetuar em forma de agrupamento ou zonas, dentro de nós, que correspondem a outros tantos períodos de nossa vida, de maneira que, se a vontade, por meio da autossugestão ou da sugestão estranha – o que é a mesma coisa, pois que, como visto, a sugestão, para ser eficaz, deve ser aceita pelo paciente e transformar-se em autossugestão –, faz reviver uma lembrança pertencente a um período qualquer de nosso passado, e todos os fatos de consciência que têm conexão com esse mesmo período se desenrolam imediatamente em uma concatenação metódica.

G. Delanne comparou esses estados vibratórios com as camadas concêntricas observadas na secção de uma árvore e que permitem que se calcule o número de anos de existência.

Isso tornaria compreensíveis as variações da personalidade de que falamos. Para observadores superficiais, esses fenômenos se explicam pela dissociação da consciência. Estudados de perto e analisados, representam, pelo contrário, aspectos de uma consciência única, correspondentes a outras tantas fases de uma mesma existência. Esses aspectos se revelam desde que o sono seja bastante profundo e o desprendimento perispiritual, suficiente. Se tem sido possível acreditar em mudanças de personalidade, é porque os estados transitórios, intermediários, faltam ou apagam-se.

O desprendimento, dissemos precedentemente, é facilitado pela ação magnética. Os passes feitos em um sensitivo relaxam pouco a pouco e desatam os laços que unem o espírito ao corpo. A alma e sua forma etérea saem da ganga material, e essa saída constitui o fenômeno do sono.

Burot, Changements de la personnalite, p. 152; pelo doutor Sollier, Des hallucinations autoscopiques (Bulletin de 1'Institut Psychique, 1902, p. 30 e seguintes); e os relatados pelo doutor Pitre, decano da Faculdade de Medicina de Bordéus, em seu livro *Le somnambulisme et 1'hystérie*.

Quanto mais profunda for a hipnose, tanto mais a alma se separa e se afasta, recobrando a plenitude de suas vibrações. A vida ativa se concentra no perispírito, ao passo que a vida física está suspensa.

A sugestão aumenta também o ritmo vibratório da alma. Cada ideia contém o que os psicólogos chamam de tendência para a ação, a qual se transforma em ato pela sugestão. Esta, com efeito, não é mais do que um modo da vontade. Levada à mais alta intensidade, torna-se força motriz, alavanca que levanta e põe em movimento as potências vitais adormecidas, os sentidos psíquicos e as faculdades transcendentais.

Vê-se, então, produzirem-se os fenômenos da clarividência, da lucidez, do despertar da memória. Para essas manifestações se tornarem possíveis, o perispírito deve ser previamente impressionado por um abalo vibratório determinado pela sugestão. Esse abalo, acelerando o movimento rítmico, tem por efeito restabelecer a relação entre a consciência cerebral e a consciência profunda, relação que está interrompida no estado normal, durante a vida física. Então, as imagens e as reminiscências armazenadas no perispírito podem se reanimar e tornar-se novamente conscientes; mas, ao despertar, a relação cessa logo, o véu torna a cair, as recordações longínquas se apagam pouco a pouco e tornam a entrar na penumbra.

A sugestão é, pois, o processo que se deve empregar, de preferência, nessas experiências. Para reconduzir os sujets a uma época determinada de seu passado, são eles adormecidos por meio de passes longitudinais, depois, sugere-se a eles que têm tal ou qual idade. Assim, faz-se que remontem a todos os períodos de sua existência; podem ser obtidos fac-similes de sua letra, que variam segundo as épocas e são sempre concordes, quando se trata das mesmas épocas evocadas no curso de diferentes sessões. Por meio de passes transversais, faz-se com que voltem depois ao ponto atual, tornando a passar pelas mesmas fases.

Pode-se também – e nós assim o temos feito – designar ao sujet uma data determinada de seu passado, ainda o mais remoto, e fazê-lo renascer naquele tempo. Se o sujet for muito sensível, vê-se, então, desenrolarem-se cenas de cativante interesse, com pormenores sobre o meio evocado e as personagens que nele vivem; pormenores que são, às vezes, suscetíveis à verificação. Diz o Coronel de Rochas:

O Problema do Ser e do Destino

"Tem-se podido reconhecer que as recordações assim avivadas eram exatas e que os sujets tomavam sucessivamente as personalidades correspondentes à sua idade".[120]

Continuamos a tratar desses fenômenos, cuja análise projeta uma luz viva sobre o mistério do ser. Todos os aspectos variados da memória, sua extinção na vida normal, seu despertar no transe e na exteriorização, tudo se explica pela diferença dos movimentos vibratórios que ligam a alma e seu corpo psíquico ao cérebro material. A cada mudança de estado, as vibrações variam de intensidade, fazendo-se mais rápidas, à medida que a alma se desprende do corpo. As sensações são registradas no estado normal, com um mínimo de força e duração; mas a memória total subsiste no fundo do ser. Por pouco que os laços materiais se afrouxem e a alma seja restituída a si mesma, ela torna a encontrar, com seu estado vibratório superior, a consciência de todos os aspectos de sua vida, de todas as formas físicas ou psíquicas de sua existência integral. É, como visto, o que se pode verificar e reproduzir artificialmente no estado hipnótico.

Para bem nos orientarmos no labirinto desses fenômenos, é preciso não esquecer que esse estado comporta muitos graus. A cada um deles vincula-se uma das formas da consciência e da personalidade; a cada fase do sono corresponde um estado particular da memória; o sono mais profundo faz surgir a memória mais extensa, a qual se restringe cada vez mais, à medida que a alma reintegra seu invólucro. Ao estado de vigília ou acordado corresponde a memória mais restrita, mais pobre.

O fenômeno da reconstituição artificial do passado nos faz compreender o que se passa depois da morte, quando a alma, livre do corpo terrestre, torna a achar-se em presença de sua memória aumentada, memória-consciência, memória implacável, que conserva a impressão de todas as suas faltas, tornando-se seu juiz e, às vezes, seu algoz. Contudo, ao mesmo tempo, o "eu" fragmentado em camadas distintas, durante a vida deste mundo, reconstitui-se em sua síntese superior e em sua magnífica unidade. Toda a experiência adquirida no decorrer dos séculos, todas as riquezas espirituais, frutos da evolução, muitas vezes latentes ou, pelo menos, amortecidas, apoucadas nesta existência, reaparecem em seu brilho e frescura para servir de

---

[120] *Annales des Sciences Psychiques*, julho de 1905, p. 350.

base a novas aquisições.

Nada se perde. As camadas profundas do ser, contados os desfalecimentos e as quedas, proclamam também os lentos e penosos esforços acumulados no decorrer das idades para constituírem essa personalidade, que sempre crescerá, sempre mais rica e mais bela, na feliz expansão de suas faculdades adquiridas, suas qualidades e suas virtudes.

CAPÍTULO IX

Evolução e finalidade da alma

A alma, como dissemos, vem de Deus; ela é, em nós, o princípio da inteligência e da vida, essência misteriosa que escapa à análise, como tudo quanto dimana do Absoluto. Criada por amor, para amar, tão mesquinha que pode ser encerrada em uma forma acanhada e frágil, tão grande que, com um impulso de seu pensamento, abrange o infinito, a alma é uma partícula da essência divina projetada no mundo material.

Desde a hora em que caiu na matéria, qual foi o caminho que seguiu para remontar até o ponto atual de sua carreira? Precisou passar por vias escuras, revestir formas, animar organismos que deixava ao sair de cada existência, como se faz com um vestuário inútil. Todos esses corpos de carne pereceram, e o sopro dos destinos dispersou-lhes as cinzas, mas a alma persiste e permanece em sua perpetuidade, prossegue sua marcha ascendente, de forma a percorrer as inumeráveis estações de sua viagem e dirigir-se para um fim grande e apetecível, um fim que é a perfeição.

A alma contém, no estado virtual, todos os germens de seus desenvolvimentos futuros. É destinada a conhecer, adquirir e possuir tudo. Como, pois, poderia ela conseguir tudo isso em uma única existência? A vida é curta, e longe está a perfeição. Poderia a alma, em uma vida única, desenvolver seu entendimento, esclarecer a razão, fortificar a consciência, assimilar todos os elementos da sabedoria, da santidade, do gênio? Para realizar seus fins, tem de percorrer, no tempo e no espaço, um campo sem limites. É passando por inúmeras transformações, no fim de milhares de séculos, que o mineral grosseiro se converte em diamante puro, refratando mil cintilações. Sucede o mesmo com a alma humana.

O objetivo da evolução, a razão de ser da vida não é a felicidade terrestre, como muitos erradamente creem, mas o aperfeiçoamento de cada um de nós, e esse aperfeiçoamento deve ser realizado por meio do trabalho, do esforço, de todas as alternativas de alegria e dor, até que tenhamos nos desenvolvido completamente e nos elevado ao estado celeste. Se há, na Terra, menos alegria do que sofrimento, é que este é o instrumento por excelência da educação e do progresso, um estimulante para o ser, que, sem ele, ficaria retardado nas vias da sensualidade. A dor, física e moral, forma nossa experiência, e a sabedoria é o prêmio.

Pouco a pouco, a alma se eleva, e, conforme vai subindo, nela se vai acumulando uma soma sempre crescente de saber e virtude; sente-se mais estreitamente ligada aos seus semelhantes; comunica-se mais intimamente com seu meio social e planetário. Elevando-se cada vez mais, não tarda a se ligar por laços pujantes às sociedades do espaço e, depois, ao Ser universal.

Assim, o ser consciente, na vida repleta de solidariedade e liberdade, livre dentro dos limites que lhe assinalam as leis eternas, faz-se o arquiteto de seu destino. Seu adiantamento é obra sua. Nenhuma fatalidade o oprime, salvo a dos próprios atos, cujas consequências nele recaem; mas não pode se desenvolver e medrar, senão na vida coletiva, com o recurso de cada um e em proveito de todos. Quanto mais sobe, tanto mais se sente viver e sofrer em todos e por todos. Na necessidade de elevar-se, atrai para si, a fim de fazê-los chegar ao estado espiritual, todos os seres humanos que povoam os mundos onde viveu. Quer fazer por eles o que por ele fizeram seus irmãos mais velhos, os grandes espíritos que o guiaram em sua marcha.

A lei de justiça requer que, por sua vez, todas as almas sejam emancipadas, libertadas da vida inferior. Todo o ser que chega à plenitude da consciência deve trabalhar para preparar aos seus irmãos uma vida suportável, um estado social que só comporte a soma de males inevitáveis. Esses males, necessários ao funcionamento da lei de educação geral, nunca deixarão de existir em nosso mundo, pois representam uma das condições da vida terrestre. A matéria

O Problema do Ser e do Destino   121

é o obstáculo útil; provoca o esforço e desenvolve a vontade, contribui para a ascensão dos seres, impondo-lhes necessidades que os obrigam a trabalhar.

Como, sem a dor, havíamos de conhecer a alegria; sem a sombra, apreciar a luz; sem a privação, saborear o bem adquirido, a satisfação alcançada? Eis aqui a razão por que encontramos dificuldades de toda a sorte em nós e em nossa volta.

Grandioso é o espetáculo da luta do espírito contra a matéria; luta esta para a conquista do Globo, contra os elementos, os flagelos, a miséria, a dor e a morte. Por toda a parte, a matéria se opõe à manifestação do pensamento. No domínio da arte, é a pedra que resiste ao cinzel do escultor; na ciência, é o inapreciável, o infinitamente pequeno, que se furta à observação; na ordem social, como na ordem privada, são os obstáculos sem número, as necessidades, as epidemias e as catástrofes.

Não obstante, diante das potências cegas que o oprimem e o ameaçam de todos os lados, o homem, ser frágil, ergueu-se. Por único recurso tem apenas a vontade e, com esse único recurso, tem continuado, sem tréguas nem piedade, através dos tempos, a áspera luta; depois, um dia, pela vontade humana, foi vencida e subjugada a formidável potência. O homem quis, e a matéria se submeteu. Ao seu gesto, os elementos inimigos, a água e o fogo, uniram-se, rugindo, e para o homem têm trabalhado.

É a lei do esforço, lei suprema, pela qual o ser se afirma, triunfa e desenvolve-se; é a magnífica epopeia da História, a luta exterior que enche o mundo. E a luta interior não é menos comovente. De cada vez que renasce, terá o espírito de ajeitar, de apropriar o novo invólucro material que lhe vai servir de morada e fazer dele um instrumento capaz de traduzir, de exprimir as concepções de seu gênio. Demasiadas vezes, porém, o instrumento resiste, e o pensamento, desanimado, retrai-se, impotente para adelgaçar, para levantar o pesado fardo que o sufoca e aniquila. Entretanto, pelo esforço acumulado, pela persistência dos pensamentos e dos desejos, apesar das decepções, das derrotas, por meio das existências renovadas, a alma consegue desenvolver suas altas faculdades.

Há em nós uma surda aspiração, uma íntima energia

misteriosa que nos encaminha para as alturas, que nos faz tender para destinos cada vez mais elevados, os quais nos impelem para o belo e para o bem. É a lei do progresso, a evolução eterna, que guia a humanidade através das idades e aguilhoa cada um de nós, porque a humanidade são as próprias almas, que, de século em século, voltam para prosseguir, com o auxílio de novos corpos, preparando-se para mundos melhores, em sua obra de aperfeiçoamento. A história de uma alma não difere da história da humanidade; só a escala difere: a escala das proporções.

O espírito molda a matéria, comunica-lhe a vida e a beleza. É por isso que a evolução é, por excelência, uma lei de estética. As formas adquiridas são o ponto de partida de formas mais belas. Tudo se liga. A véspera prepara o dia seguinte; o passado gera o futuro. A obra humana, reflexo da obra divina, expande-se em formas cada vez mais perfeitas.

A lei do progresso não se aplica somente ao homem; é universal. Há, em todos os reinos da natureza, uma evolução que foi reconhecida pelos pensadores de todos os tempos. Desde a célula verde, o embrião errante, boiando na flor das águas, a cadeia das espécies tem se desenrolado por meio de séries variadas até nós.[121]

Cada elo dessa cadeia representa uma forma da existência que conduz a uma forma superior, a um organismo mais rico, mais bem adaptado às necessidades, às manifestações crescentes da vida; mas, na escala da evolução, o pensamento, a consciência e a liberdade só aparecem passados muitos graus. Na planta, a inteligência dormita; no animal, ela sonha; só no homem acorda, conhece-se, possui-se e torna-se consciente. A partir daí, o progresso, de alguma sorte, fatal nas formas inferiores da natureza, só se pode realizar pelo acordo da vontade humana com as leis eternas.

É pelo acordo, pela união da razão humana com a razão divina que se edificam as obras preparatórias do reino de Deus, isto é, do reino da sabedoria, da justiça, da bon-

---
[121] Os seres monocelulares se encontram ainda hoje aos bilhões, em cada organismo humano.
Não foi de uma única célula que proveio a série das espécies; foi, antes, a multidão das células que se agrupou para formar seres mais perfeitos e, de degrau em degrau, convergir para a unidade.

dade, de que todo o ser racional e consciente tem em si a intuição.

Assim, o estudo das leis da evolução, em vez de anular a espiritualidade do homem, confere-lhe, pelo contrário, uma nova sanção; ensina-nos como o corpo do homem pode derivar de uma forma inferior, pela seleção natural, mas nos mostra também que possuímos faculdades intelectuais e morais de origem diferente e que achamos essa origem no Universo invisível, no mundo sublime do espírito.

A teoria da evolução deve ser completada pela da percussão, isto é, pela ação das potências invisíveis, que ativa e dirige essa lenta e prodigiosa marcha ascensional da vida do Globo. O mundo oculto intervém, em certas épocas, no desenvolvimento físico da humanidade, como intervém no domínio intelectual e moral, pela revelação medianímica. Quando uma raça que chegou ao apogeu é seguida de uma nova raça, é racional acreditar que uma família superior de almas encarna entre os representantes da raça exausta, para fazê-la subir um grau, renovando-a e moldando-a à sua imagem. Trata-se do eterno himeneu entre o Céu e a Terra, a infinita penetração da matéria pelo espírito, a efusão crescente da vida psíquica na forma em evolução.

O aparecimento dos homens na escala dos seres pode se explicar dessa forma. O homem, como demonstra-nos a embriogenia, é a síntese de todas as formas vivas que o precederam, o último elo da longa cadeia de vidas inferiores que se desenrola através dos tempos. Mas isso é apenas o aspecto exterior do problema das origens, ao passo que amplo e imponente é o aspecto interior. Assim como cada nascimento se explica pela descida à carne de uma alma que vem do Espaço, assim também o primeiro aparecimento do homem no Planeta deve ser atribuído a uma intervenção das potências invisíveis que geram a vida. A essência psíquica vem comunicar às formas animais evoluídas o sopro de uma nova vida; vai ser criado, para a manifestação da inteligência, um órgão até então desconhecido: a palavra. Elemento poderoso de toda a vida social, o verbo aparecerá, e, ao mesmo tempo, a alma encarnada conservará, mediante seu invólucro fluídico, a possibilidade de entrar em relações com o meio de onde saiu.[122]

---

[122] Qualquer que seja a teoria de preferência nessas matérias, adotem-se as vistas de Darwin, Spencer ou Haeckel, pois não é possível crer que a natureza e Deus tenham um só e único meio de produzir e desenvolver a vida. O cérebro humano é limitado, mas as possibilidades da vida são infinitas.

A evolução dos mundos e das almas é regida pela vontade divina, que penetra e dirige toda a natureza, mas a evolução física é uma simples preparação para a evolução psíquica, e a ascensão das almas prossegue muito além da cadeia dos mundos materiais.

O que impera nas baixas regiões da vida é a luta ardente, o combate sem tréguas de todos contra todos, a guerra perpétua em que cada ser faz esforço para conquistar um lugar ao Sol, quase sempre em detrimento dos outros. Essa peleja furiosa arrasta e dizima todos os seres inferiores em seus turbilhões.

Nosso Globo é como uma arena, onde se travam batalhas incessantes.[123] A natureza renova continuamente esses exércitos de combatentes. Em sua prodigiosa fecundidade, gera novos seres; mas logo a morte ceifa em suas fileiras cerradas. Essa luta, horrenda à primeira vista, é necessária para o desenvolvimento do princípio de vida e dura até o dia em que um raio de inteligência vem iluminar as consciências adormecidas. É na luta que a vontade se apura e afirma; é da dor que nasce a sensibilidade.

A evolução material e a destruição dos organismos são temporárias; representam a fase primária da epopeia da vida. As realidades imperecíveis estão no espírito; só ele sobrevive a esses conflitos. Todos esses invólucros efêmeros não são mais do que vestuários que vêm se ajustar à sua forma fluídica permanente. Cobre-os com vestuários para representar os numerosos atos do drama da evolução no vasto palco do Universo.

Emergir grau a grau do abismo da vida para tornar-se espírito, gênio superior – e isso por seus próprios méritos e esforços –, conquistar o futuro hora a hora, ir se libertando, dia a dia, um pouco mais da ganga das paixões, libertar-se das sugestões do egoísmo, da preguiça, do desânimo, resgatar-se pouco a pouco de suas fraquezas, de sua ignorân-

---

Os pobres teoristas, que querem enclausurar toda a ciência biológica dentro dos estreitos limites de um sistema, fazem-nos sempre lembrar o menino da lenda que queria colocar toda a água do Oceano em um buraco feito na areia da praia.

O próprio professor Ch. Richet declarou, em sua resposta a Sully-Prudhomme: "As teorias da seleção são insuficientes". E nós acrescentaremos: "Se há unidade de plano, deve haver diversidade nos meios de execução. Deus é o grande artista, que, dos contrastes, sabe fazer resultar a harmonia. Parece que há, no Universo, duas imensas correntes de vida. Uma sobe do abismo pela animalidade; a outra desce das alturas divinas. Vão ambas ao encontro uma da outra para se unirem e se confundirem e mutuamente se atraírem. Não é essa a significação que tem a escada do sonho de Jacob?".

[123] Consultar: *Le Dantec. La lutte universelle*, I, 1906.

O Problema do Ser e do Destino   125

cia, ajudando seus semelhantes a se resgatarem, por sua vez, arrastando todo o meio humano para um estado superior, este é o papel distribuído a cada alma. Para desempenhá-lo, tem ela à sua disposição toda a série de existências inumeráveis, na escala magnífica dos mundos.

Tudo o que vem da matéria é instável; tudo passa; tudo foge. Os montes vão, pouco a pouco, abatendo-se, sob a ação dos elementos; as maiores cidades se convertem em ruínas; os astros se acendem, resplandecem, depois apagam-se e morrem; só a alma imperecível paira na duração eterna.

O círculo das coisas terrestres nos aperta e limita nossas percepções; mas, quando o pensamento se separa das formas mutáveis e abarca a extensão dos tempos, vê o passado e o futuro se juntarem, fremirem e viverem o presente. O canto de glória, o hino da vida infinita, enche os espaços, sobe do âmago das ruínas e dos túmulos. Sobre os destroços das civilizações extintas, rebentam florescências novas. Efetua-se a união entre as duas humanidades, visível e invisível, entre aqueles que povoam a Terra e os que percorrem o espaço. Suas vozes chamam, respondem umas às outras, e esses rumores, esses murmúrios, vagos e confusos ainda para muitos, tornam-se para nós a mensagem, a palavra vibrante que afirma a comunhão de amor universal.

Tal é o caráter complexo do ser humano – espírito, força e matéria –, em que se resumem todos os elementos constitutivos, todas as potências do Universo. Tudo o que está em nós está no Universo, e tudo o que está no Universo se encontra em nós. Pelo corpo fluídico e pelo corpo material, o homem se acha conectado à imensa teia da vida universal; pela alma, a todos os mundos invisíveis e divinos. Somos feitos de sombra e luz; somos a carne, com todas as suas fraquezas, e o espírito com suas riquezas latentes, suas esperanças radiosas, seus surtos grandiosos, e o que está em nós se encontra em todos os seres.

Cada alma humana é uma projeção do grande foco eterno, e é isso o que consagra e assegura a fraternidade dos homens. Temos em nós os instintos animais, mais ou menos comprimidos pelo trabalho longo e pelas provas das existências passadas, e temos também a crisálida do anjo, do ser radioso e puro, que podemos vir a ser pela impulsão moral, pelas aspirações do coração e pelo sacrifício constante do "eu". Tocamos com os pés as profundezas sombrias do abismo e com a fronte as alturas fulgurantes do Céu, o império glorioso dos espíritos.

Quando aplicamos o ouvido ao que se passa no fundo de nosso ser, ouvimos o ruído de águas ocultas e tumultuosas, o fluxo e refluxo do mar agitado da personalidade que os vendavais da cólera, do egoísmo e do orgulho encapelam. São as vozes da matéria, os chamamentos das baixas regiões, que nos atraem e ainda influenciam nossas ações; mas podemos dominar essas influências com a vontade, podemos impor silêncio a essas vozes. Quando em nós se faz a bonança, quando o murmúrio das paixões se aplaca, eleva-se, então, a voz potente do Espírito Infinito, o cântico da vida eterna, cuja harmonia enche a imensidade. E, quanto mais o espírito se eleva, purifica e ilustra, tanto mais seu organismo fluídico se torna acessível às vibrações, às vozes, ao influxo do Alto.

O Espírito Divino, que anima o Universo, atua sobre todas as almas, busca penetrá-las, esclarecê-las, fecundá-las, mas a maior parte se deixa ficar na escuridão e no insulamento. Demasiado grosseiras, ainda não podem sentir sua influência nem ouvir seus chamados. Muitas vezes, ele as cerca, as envolve, procura chegar às camadas profundas de suas consciências, acordá-las para a vida espiritual. Muitas resistem a essa ação, porque a alma é livre; outras somente a sentem nos momentos solenes da vida, nas grandes provas, nas horas desoladas em que experimentam a necessidade de um socorro do Alto e o pedem. Para viver da vida superior a que essas influências se adaptam, é necessário ter conhecido o sofrimento, praticado a abnegação, ter renunciado às alegrias materiais, acendido e alimentado em si a chama, a luz interior que não se apaga nunca e cujos reflexos iluminam, desde este mundo, as perspectivas do Além. Só múltiplas e penosas existências planetárias nos preparam para essa vida.

Assim se desvenda o mistério da psique, a alma humana, filha do Céu, presa temporariamente na carne e que volta para sua pátria de origem ao longo das milhares de mortes e dos diversos renascimentos.

A tarefa é árdua, e as subidas a escalar são difíceis; a espiral assustadora a ser percorrida se desenrola, sem um término aparente, mas nossas forças não possuem limites, pois podemos renová-las incessantemente, pela vontade e pela comunhão universal.

E não estamos sozinhos para efetuar essa grande viagem. Não apenas nos reuniremos, cedo ou tarde, com os seres amados, os companheiros de nossas vidas passadas, aqueles que compartilharam nossas alegrias e nossos tormentos, mas também com outros grandes seres, que também foram homens e que agora são espíritos celestes e permanecem ao nosso lado nas passagens difíceis. Aqueles que nos ultrapassaram no caminho sagrado não se desinteressam de nossa sorte, e, quando a tormenta maltrata nossa estrada, suas mãos caridosas sustentam nossa caminhada.

De forma lenta e dolorosa, amadurecemos para as tarefas cada vez mais elevadas; participamos mais da execução de um plano cuja majestade enche de uma admiração comovente aquele que nele entrevê as linhas imponentes. À medida que nossa ascensão se acentua, maiores revelações nos são feitas, e novas formas de atividade, novos sentidos psíquicos nascem em nós, além de coisas mais sublimes que nos aparecem. O Universo fluídico sempre se mostra mais vasto para nosso desenvolvimento; ele se torna uma fonte inesgotável de alegrias espirituais.

Posteriormente, chega a hora em que, após suas peregrinações pelos mundos, a alma, das regiões da vida superior, contempla o conjunto de suas existências, o longo cortejo dos sofrimentos por que passou. Esses sofrimentos são o preço de sua felicidade, e essas provas redundaram todas em seu proveito, afinal, ela o compreende. Então, mudam-se os papéis: de protegida passa a protetora; envolve, com sua influência, os que lutam ainda nas terras do espaço, insuflando-lhes os conselhos da própria experiência; sustenta-os na via árdua, nas sendas ásperas que ela própria percorreu.

Conseguirá a alma chegar um dia ao termo de sua viagem? Ao avançar pelo caminho traçado, ela vê sempre se abrirem novos campos de estudos e descobertas. Semelhantes à corrente de um rio, as águas da Ciência suprema descem para ela, em torrente cada vez mais caudalosa. Chega a penetrar a santa harmonia das coisas, a compreender que não existe nenhuma discordância, nenhuma contradição no Universo; entendendo que por toda a parte reinam a ordem, a sabedoria, a providência, e sua confiança e seu entusiasmo aumentam, assim, cada vez mais. Com amor maior ao Poder Supremo, ela saboreia de maneira mais intensa as felicidades da vida bem-aventurada.

Daí em diante, está intimamente associada à obra divina; está preparada para desempenhar as missões que cabem às almas superiores, à hierarquia dos espíritos que, por diversos títulos, governam e animam o Cosmo, porque essas almas são os agentes de Deus na obra eterna da Criação, são os livros maravilhosos em que Ele escreveu seus mais belos mistérios; são como as correntes que vão levar às terras do espaço as forças e as radiações da Alma Infinita.

Deus conhece todas as almas, pois as formou com seu pensamento e seu amor. Sabe o grande partido que delas há de tirar mais tarde, para a realização de suas vistas. A princípio, deixa-as percorrer vagarosamente as vias sinuosas, subir os sombrios desfiladeiros das vidas terrestres, acumular pouco a pouco em si os tesouros da paciência, da virtude, do saber, que se adquirem na escola do sofrimento. Mais tarde, enternecidas pelas chuvas e pelas rajadas da adversidade, amadurecidas pelos raios do Sol divino, saem da sombra dos tempos, da obscuridade das vidas inumeráveis, e eis que suas faculdades desabrocham em feixes deslumbrantes; sua inteligência se revela em obras que são como que o reflexo do Gênio Divino.

CAPÍTULO X

A morte

A morte é uma simples mudança de estado, a destruição de uma forma frágil que já não proporciona à vida as condições necessárias ao seu funcionamento e à sua evolução. Para além da campa, abre-se uma nova fase de existência. O espírito, debaixo de sua forma fluídica, imponderável, prepara-se para novas reencarnações; ele acha em seu estado mental os frutos da existência que findou.

Por toda a parte se encontra a vida. A natureza inteira nos mostra, em seu maravilhoso panorama, a renovação perpétua de todas as coisas. Em parte alguma há a morte, como, em geral, é considerada entre nós; em parte alguma há o aniquilamento; nenhum ente pode perecer em seu princípio de vida, em sua unidade consciente. O Universo transborda de vida física e psíquica. Por toda a parte, o imenso formigar dos seres e a elaboração de almas, quando escapam às demoradas e obscuras preparações da matéria, são para prosseguirem, nas etapas da luz, em sua ascensão magnífica.

A vida do homem é como o Sol das regiões polares durante o estio. Desce devagar, baixa, vai enfraquecendo, parece desaparecer um instante por baixo do horizonte. É o fim, na aparência, mas, logo depois, torna a elevar-se, para novamente descrever sua órbita imensa no céu.

A morte é apenas um eclipse momentâneo na grande revolução de nossas existências; mas basta esse instante para revelar-nos o sentido grave e profundo da vida. A própria morte pode ter também sua nobreza, sua grandeza. Não devemos temê-la, mas, antes, esforçarmo-nos por embelezá-la, cada um se preparando constantemente para ela, pela pesquisa e conquista da beleza moral, a beleza do espírito que molda o corpo e o orna com um reflexo augusto na hora das separações supremas. A maneira como cada um sabe morrer é já, por si mesma, uma indicação do que para cada um de nós será a vida do espaço.

Há como uma luz fria e pura ao redor da almofada de certos leitos de morte. Rostos, até aí insignificantes, parecem aureolados por claridades do Além. Um silêncio imponente paira em volta daqueles que deixaram a Terra. Os vivos, testemunhas da morte, sentem grandes e austeros pensamentos se desprenderem do fundo banal de suas impressões habituais, conferindo alguma beleza à sua vida interior. O ódio e as más paixões não resistem a esse espetáculo. Ante o corpo de um inimigo, abranda toda a animosidade, esvai-se todo o desejo de vingança. Junto de um esquife, o perdão parece mais fácil e mais imperioso o dever.

Toda a morte é um parto, um renascimento; é a manifestação de uma vida até aí latente em nós; vida invisível da Terra, que vai se reunir à vida invisível do espaço. Depois de certo tempo de perturbação, tornamos a encontrar-nos, além do túmulo, na plenitude de nossas faculdades e de nossa consciência, junto dos seres amados que compartilharam as horas tristes ou alegres de nossa existência terrestre. A tumba apenas encerra pó. Elevemos mais alto nossos pensamentos e nossas recordações, se quisermos achar de novo o rastro das almas que nos foram caras.

Não peçais às pedras do sepulcro o segredo da vida. Os ossos e as cinzas que lá jazem nada são; ficai sabendo. As almas que os animaram deixaram nesses lugares revivem em formas mais sutis, mais apuradas. Do seio do invisível, aonde lhes chegam as vossas orações e as comovem, elas vos seguem com a vista, respondem-vos e vos sorriem. A revelação espírita ensinar-vos-á a comunicar-vos com elas, a unir vossos sentimentos em um mesmo amor, em uma esperança inefável.

Muitas vezes, os seres que chorais e que ides procurar no cemitério estão ao vosso lado. Vêm velar por vós aqueles que foram o amparo de vossa juventude, que vos embalaram nos braços, bem como os amigos, companheiros de vossas alegrias e dores, e também todas as formas, todos os meigos fantasmas dos seres que encontrastes em vosso caminho, os quais participaram de vossa existência e levaram consigo alguma coisa de vós mesmos, de vossa alma e de vosso coração. Ao redor de vós, flutua a multidão dos homens que se sumiram na morte; multidão confusa, a qual revive, chama-vos e mostra o caminho que tendes de percorrer.

Ó, morte, ó, serena majestade, tu, de quem fazem um espantalho, és para o pensador simplesmente um momento de descanso, a transição entre dois atos do destino, dos quais um acaba, e o outro se prepara. Quando minha pobre alma, errante há tantos séculos através dos mundos, depois de muitas lutas, vicissitudes e decepções, depois de muitas ilusões desfeitas e esperanças adiadas, for repousar de novo em teu seio, será com alegria que saudará a aurora da vida fluídica; será com ebriedade que se elevará do pó terrestre, pelos espaços insondáveis, em direção àqueles a quem amou neste mundo e que a esperam.

Para a maior parte dos homens, a morte continua a ser o grande mistério, o sombrio problema que ninguém ousa encarar. Para nós, ela é a hora bendita em que o corpo cansado volve à grande natureza para deixar à psique, sua prisioneira, livre passagem para a pátria eterna. Essa pátria é a imensidade radiosa, cheia de sóis e de esferas. Junto deles, como há de parecer raquítica nossa pobre Terra! O infinito a envolve por todos os lados; o infinito na extensão e o infinito na duração, eis com o que se depara, quer se trate da alma, quer se trate do Universo.

Assim como cada uma de nossas existências tem seu termo e há de desaparecer para ceder lugar a outra vida, assim também cada um dos mundos semeados no espaço terá de morrer para conferir lugar a outros mundos mais perfeitos.

Dia virá em que a vida humana extinguir-se-á no Globo esfriado. A Terra, vasta necrópole, rolará, soturna, na amplidão silenciosa. Hão de elevarem-se ruínas imponentes nos lugares onde existiram Roma, Paris, Constantinopla; cadáveres de capitais, últimos vestígios das raças extintas, livros gigantescos de pedra que nenhum olhar carnal voltará a ler. Mas a humanidade terá desaparecido da Terra somente para prosseguir, em esferas mais bem dotadas, a carreira de sua ascensão. A vaga do progresso terá impelido todas as almas terrestres para planetas mais bem preparados para a vida. É provável que civilizações prodigiosas floresçam, nesse tempo, em Saturno e Júpiter; ali hão de se expandir humanidades renascidas em uma glória incomparável. Lá é o lugar futuro dos seres humanos, seu novo campo de ação, o sítio abençoado onde lhes será dado continuar a amar e trabalhar para seu aperfeiçoamento.

No meio de seus trabalhos, a triste lembrança da Terra virá talvez perseguir ainda esses espíritos, mas, das alturas atingidas, a memória das dores sofridas, das provas suportadas será apenas um estimulante para se elevarem a maiores alturas.

Em vão a evocação do passado far-lhes-á surgir à vista os espectros de carne, os tristes despojos que jazem nas sepulturas terrestres, e a voz da sabedoria dir-lhes-á: "Que importa as sombras que se foram? Nada perece. Todo o ser se transforma e esclarece sobre os degraus que conduzem de esfera em esfera, de Sol em Sol, até Deus. Espírito imorredouro, lembra-te disto: 'A morte não existe!'".

Ao representar a morte com formas lúgubres, o ensino e o cerimonial das igrejas muito têm contribuído para fazer nascer um sentimento de terror nos espíritos. As doutrinas materialistas, por sua vez, não eram próprias para reagir contra essa impressão.

À hora do crepúsculo, quando a noite desce sobre a Terra, apodera-se de nós uma espécie de tristeza. Facilmente a afugentamos, dizendo em nosso íntimo: "Depois das trevas, virá a luz. A noite é apenas a véspera da aurora!".

Quando acaba o verão, e o inverno taciturno sucede ao deslumbramento da natureza, consolamo-nos com o pensamento das florescências futuras. Por que existe, então, o medo da morte, a ansiedade pungente, com relação a um ato que não é o fim de coisa nenhuma? É quase sempre porque a morte nos parece a perda, a privação súbita de tudo o que fazia nossa alegria. O espiritualista sabe que não é assim. A morte é para ele a entrada em um modo de vida mais rico de impressões e sensações. Com a morte, não somente não ficamos privados das riquezas espirituais, como também elas aumentam, com recursos tanto mais extensos e variados quanto a alma tiver se preparado para gozar deles.

A morte nem sequer nos priva das coisas deste mundo. Continuaremos a ver aqueles que amamos e deixamos atrás de nós. Do seio dos Espaços, seguiremos os progressos deste Planeta; veremos as mudanças ocorrerem em sua superfície; assistiremos às novas descobertas, ao desenvolvimento social, político e religioso das nações e, até a hora de nosso regresso à carne, em tudo isso havemos de cooperar fluidicamente, auxiliando e influenciando, na medida de nosso poder e de nosso adiantamento, aqueles que trabalham em proveito de todos.

Bem longe de afugentar a ideia da morte, como em geral o fazemos, saibamos, pois, encará-la face a face, pelo que ela é na realidade. Esforcemo-nos por desembaraçá-la das sombras e das quimeras com que a envolvem e averiguemos como convém nos prepararmos para esse incidente natural e necessário no curso da vida.

Com efeito, o que aconteceria se a morte fosse suprimida? O Globo tornar-se-ia estreito demais para conter a multidão humana. Com a idade e a velhice, a vida parecer-nos-ia, em dado momento, de tal modo insuportável que preferiríamos tudo à sua prolongação indefinida. Viria um dia em que, tendo esgotado todos os meios de estudo, de trabalho, de cooperação útil à ação comum, a existência revestir-se-ia para nós de um caráter de insuportável monotonia.

Nosso progresso e nossa elevação exigem-no: mais dia menos dia, temos de ficar livres do invólucro carnal, que, depois de haver prestado os serviços esperados, se torna impróprio para seguir-nos em outros planos de nosso destino. Como é possível que aqueles que creem na existência de uma sabedoria previdente, de um poder ordenador, qualquer que seja, aliás, a forma que emprestem a esse poder, considerem a morte um mal? Se ela representa um papel importante na evolução dos seres, não será, portanto, uma das fases reclamadas por essa evolução, o correspondente natural do nascimento, um dos elementos essenciais do plano da vida?

O Universo não pode falhar. Seu fim é a beleza; seus meios, a justiça e o amor. Fortaleçamo-nos com o pensamento no futuro sem limites. A confiança na outra vida estimulará nossos esforços, torná-los-á mais fecundos. Nenhuma obra de vulto e que exija paciência pode ser levada a cabo sem a certeza do dia seguinte. A morte, cada vez que distribui seus golpes à nossa volta, em seu esplendor austero, torna-se um ensinamento, uma lição soberana, um incentivo para trabalharmos melhor, para procedermos melhor, para aumentarmos constantemente o valor de nossa alma.

Os sepultamentos são feitos com um aparato que deixa outra impressão não menos penosa na memória dos assistentes. O pensamento de que nosso invólucro será também, por sua vez, depositado na terra provoca uma sensação de angústia e asfixia. No entanto, todos os corpos que por nós foram animados, no passado, jazem igualmente no solo ou vão sendo paulatinamente transformados em plantas e flores. Esses corpos eram simples vestuários usados; nossa personalidade não foi enterrada com eles; pouco nos importa hoje o que deles foi feito. Por que havemos, então, de nos preocupar mais com a sorte do último do que com a dos outros? Sócrates respondia com propriedade aos seus amigos que lhe perguntavam sobre como queria ser enterrado: "Enterrai-me como quiserdes, se puderdes apoderar-vos de mim".[124]

Inúmeras vezes, a imaginação do homem povoa as regiões do Além com criações assustadoras, que se tornam horripilantes para ele. Certas igrejas ensinam, ainda, que as condições boas ou más da vida futura são definitivas e irrevogavelmente determinadas por ocasião da morte, e essa afirmação perturba a existência de muitos crentes. Outros temem o insulamento, o abandono no seio dos Espaços.

A revelação dos espíritos vem pôr termo a todas essas apreensões; traz-nos, sobre a vida de além-túmulo, indicações exatas;[125] dissipa a incerteza cruel e o temor do desconhecido que nos atribulam. A morte, diz-nos ela, em nada muda nossa natureza espiritual, nossos caracteres, o que constitui nosso verdadeiro "eu"; apenas nos torna

---

[124] Pergunta-se, muitas vezes, se a cremação é preferível ao sepultamento, sob o ponto de vista da separação do espírito. Os invisíveis, consultados, respondem que, em tese, a cremação provoca desprendimento mais rápido, mais brusco e violento, doloroso mesmo para a alma apegada à Terra por seus hábitos, gostos e paixões. É necessário certo arrebatamento psíquico, certo desapego antecipado dos laços materiais, para sofrer sem dilaceração a operação crematória. É o que ocorre com a maior parte dos orientais, entre os quais está em uso a cremação. Em nossos países do Ocidente, em que o homem psíquico está pouco desenvolvido, pouco preparado para a morte, o sepultamento deve ser preferido, embora dê origem, por vezes, a erros deploráveis, por exemplo, o enterramento de pessoas em estado de letargia. Deve ser preferido porque permite ao espírito ainda apegado à matéria desprender-se de forma lenta e gradual do corpo físico, contudo, precisa ser rodeado de grandes precauções. Os sepultamentos são, entre nós, feitos com muita precipitação.

[125] Consultar Allan Kardec, *O céu e o inferno*.

mais livres, dota-nos de uma liberdade cuja extensão se mede por nosso grau de adiantamento. Tanto de um lado quanto de outro, temos a possibilidade de fazer o bem ou o mal, a facilidade de adiantar-nos, de progredir, de reformar-nos. Por toda a parte, reinam as mesmas leis, as mesmas harmonias, as mesmas potências divinas. Nada é irrevogável. O amor que nos chama a este mundo atrai-nos, mais tarde, para o outro, mas em todos os lugares os amigos protetores, os arrimos, esperam-nos. Enquanto neste mundo choramos a partida de um dos nossos, como se ele fosse se perder no nada, acima de nós, seres etéreos glorificam sua chegada à luz, da mesma forma como nós nos regozijamos com a chegada de uma criancinha, cuja alma vem, de novo, desabrochar para a vida terrestre. Os mortos são os vivos do Céu!

Muitas pessoas temem a morte por causa dos sofrimentos físicos que a acompanham. Sofremos, é verdade, na doença que acaba em morte, mas sofremos também nas doenças das quais nos curamos. No instante da morte, dizem-nos os espíritos, quase nunca há dor; morre-se como se adormece. Essa opinião é confirmada por todos aqueles a quem a profissão e o dever chamam, frequentes vezes, para a cabeceira dos moribundos.

No entanto, se considerarmos o sossego, a serenidade de certos doentes, nas horas derradeiras, e a agitação convulsiva, a agonia de outros, devemos reconhecer que as sensações que precedem a morte são muito diversas, em relação aos indivíduos. Os sofrimentos são tanto mais vivos quanto mais numerosos e fortes são os laços que unem a alma ao corpo. Tudo o que os pode diminuir, enfraquecer, tornará a separação mais rápida e a transição menos dolorosa.

Se a morte é quase sempre isenta de sofrimento para aquele cuja vida foi nobre e bela, não sucede o mesmo com os sensuais, os violentos, os criminosos, os suicidas.

Uma vez transposta a passagem, uma espécie de perturbação, de entorpecimento, invade a maior parte das almas que não souberam se preparar para a partida. Nesse estado, suas faculdades ficam veladas, suas percepções mal se exercem, em um nevoeiro mais ou menos denso. A duração da perturbação varia segundo a natureza e o valor moral da alma: pode ser muito prolongada para as mais atrasadas e chegar a anos até, mas, depois, pouco a pouco, vai se dissipando o nevoeiro, e as percepções ganham maior nitidez. O espírito readquire a lucidez, desperta para a nova vida, a vida do espaço. Solene é esse instante para ele, mais decisivo, mais formidável do que a hora da morte, porque, segundo seu valor e seu grau de pureza, será tranquilo e delicioso ou cheio de ansiedade e de sofrimento esse despertar.

No estado de perturbação, a alma tem consciência dos pensamentos que se lhe dirigem. Os pensamentos de amor e caridade, as vibrações dos corações afetuosos brilham para ela como raios na névoa que a envolve e ajudam-na a soltar-se dos últimos laços que a acorrentam à Terra, a sair da sombra em que está imersa. É por isso que as preces inspiradas pelo coração, pronunciadas com calor e convicção, principalmente as preces improvisadas, são salutares, benfazejas para o espírito que deixou a vida corporal; pelo contrário, as orações vagas e pueris das igrejas são, muitas vezes, ineficazes. Pronunciadas maquinalmente, não adquirem o poder vibratório que faz do pensamento uma força penetrante e, ao mesmo tempo, uma luz.

O cerimonial religioso em uso oferece, em geral, pouco auxílio e conforto aos defuntos. Os assistentes dessas manifestações, na ignorância sobre as condições de sobrevivência, ficam indiferentes e distraídos. É quase um escândalo ver a desatenção com que se assiste, em nossa época, a uma cerimônia fúnebre. A atitude dos assistentes, a falta de recolhimento, as conversas banais trocadas durante o funeral, tudo causa penosa impressão. Bem poucos dos que formam o acompanhamento pensam no defunto e consideram como dever projetar para ele um pensamento afetuoso.

As preces fervorosas dos amigos e dos parentes são muito mais eficazes para o espírito do morto do que as manifestações do culto mais pomposo; não é, contudo, conveniente nos entregarmos desmedidamente à dor da separação. As saudades da partida são, decerto, legítimas, e as lágrimas sinceras são sagradas, mas, quando demasiado violentas, essas manifestações de pesar entristecem e desanimam aquele a quem se dirigem, que são, muitas vezes, testemunha delas. Em vez de lhe facilitarem o voo para o Espaço, retêm-no nos lugares onde sofreu e onde ainda estão sofrendo aqueles que lhe são caros.

O Problema do Ser e do Destino

Pergunta-se, às vezes, o que se deve pensar das mortes prematuras, das mortes acidentais, das catástrofes que, de um golpe, destroem numerosas existências humanas. Como conciliar esses fatos com a ideia de plano, providência e harmonia universal? E se a vida é deixada voluntariamente, por um ato de desespero, o que sucede? Qual é a sorte dos suicidas?

As existências interrompidas prematuramente por causa de acidentes chegaram ao seu termo previsto. São, em geral, complementares de existências anteriores, truncadas por causa de abusos ou excessos. Quando, em consequência de hábitos desregrados, gastaram-se os recursos vitais antes da hora marcada pela natureza, tem-se de voltar a perfazer, em uma existência mais curta, o lapso de tempo que a existência precedente deveria ter normalmente preenchido.

Sucede que os seres humanos passíveis dessa reparação se reúnem em um ponto pela força do destino, para sofrerem, em uma morte trágica, as consequências de atos que têm relação com o passado anterior ao nascimento. Daí as mortes coletivas, as catástrofes que lançam ao mundo um aviso. Aqueles que assim partem acabaram o tempo que tinham de viver e vão preparar-se para existências melhores.

Quanto aos suicidas, a perturbação em que a morte os imerge é profunda, penosa, dolorosa. A angústia os agrilhoa e segue até sua reencarnação ulterior. Seu gesto criminoso causa ao corpo fluídico um abalo violento e prolongado que se transmitirá ao organismo carnal pelo renascimento. A maior parte deles volta enferma à Terra. Estando no suicida a vida, em toda a sua força, o ato brutal que a despedaça produzirá longas repercussões em seu estado vibratório e determinará afecções nervosas em suas futuras vidas terrestres.

O suicida procura o nada e o esquecimento de todas as coisas, mas vai, ao contrário, encontrar-se diante de sua consciência, na qual fica gravada, para todo o sempre, a recordação lamentável de sua deserção do combate da vida. A prova mais dura, o sofrimento mais cruel que há na Terra é preferível à recriminação perpétua da alma, à vergonha de já não se poder prezar.

A destruição violenta de recursos físicos que poderiam lhe ser úteis ainda, e até fecundos, não livra o suicida das provações a que quis fugir, porque lhe será necessário reatar a cadeia quebrada de suas existências e com ela tornar a achar a série inevitável das provas, agravadas por atos e consequências que ele mesmo causou.

Os motivos de suicídio são de ordem passageira e humana; as razões de viver são de ordem eterna e sobre-humana. A vida, resultado de um passado completo, instrumento de futuro, é, para cada um de nós, o que deve ser na balança infalível do destino. Aceitemos com coragem suas vicissitudes, que são outros tantos remédios para nossas imperfeições, e saibamos esperar com paciência a hora fixada pela lei equitativa para termo de nossa permanência na Terra.

O conhecimento que nos tiver sido possível adquirir acerca das condições de vida futura exerce grande influência em nossos últimos momentos; confere-nos mais segurança; abrevia a separação da alma. Para nos prepararmos com proveito para a vida do Além, é preciso não somente estarmos convencidos de sua realidade, mas também compreender suas leis, ver as vantagens e as consequências de nossos esforços para o ideal moral. Nossos estudos psíquicos, as relações estabelecidas durante a vida com o mundo invisível, nossas aspirações às formas de existência mais elevadas desenvolvem nossas faculdades latentes e, quando chega a hora definitiva, como se encontra já em parte efetuada a separação do corpo, a perturbação pouco dura. O espírito se reconhece logo: tudo o que vê lhe é familiar; adapta-se sem esforço e sem emoção às condições do novo meio.

Quando se aproxima a hora derradeira, os moribundos entram, muitas vezes, na posse de seus sentidos psíquicos e percebem os seres e as coisas do invisível. Numerosos são os exemplos. Apresentamos alguns, extraídos das investigações feitas pelo senhor Ernesto Bozzano, cujos resultados foram publicados pelos Annales des Sciences Psychiques, de março de 1906.

1º caso – Em um livro que conta a vida do reverendo Dwight L. Moody (fervoroso propagandista evangélico nos Estados Unidos), escrito por seu filho (p. 485), encontra-se a seguinte narrativa de seus últimos momentos:

Ouviram-no, de repente, murmurar: "A Terra afasta-se, o céu abre-se diante de mim; passei os seus últimos limites. Não me chameis outra vez; tudo isto é belo; dir-se-ia uma visão de êxtase. Se isto é a morte, como é suave...". Seu rosto reanimou-se e, com uma expressão de alegre enlevo: "Dwight! Irene! Vejo as crianças!" (fazia alusão a dois dos seus netos que tinham morrido). Depois, voltando-se para sua mulher, disse-lhe: "Tu foste sempre uma boa companheira para mim". Depois dessas palavras, perdeu os sentidos.

2º caso – O senhor Alfred Smedley, nas páginas 50 e 51 de sua obra Some Reminiscences, conta do seguinte modo os últimos momentos de sua mulher:

Alguns momentos antes de sua morte, os olhos se lhe fixaram em alguma coisa que pareceu enchê-los de viva e agradável surpresa. Então disse:
– Como! Estão aqui minha irmã Carlota, minha mãe, meu pai, meu irmão João, minha irmã Maria! Agora, trazem-me também Bessy Heap! Estão todos aqui. Oh! Como isto é belo, como isto é belo! Não os estás vendo?
– Não, minha querida – respondi – e muito sinto.
– Então, não os podes ver – repetiu a doente com surpresa. Não obstante, todos estão aqui, vieram para me levar com eles. Uma parte de nossa família já atravessou o grande mar, e não tardaremos a achar-nos todos reunidos na nova mansão celeste.
Acrescentarei aqui que Bessy Heap tinha sido uma criada muito fiel, muito afeiçoada à nossa família, e que sempre tivera por minha mulher particular estima.
Depois dessa visão extática, a doente ficou algum tempo como exausta; finalmente, voltando fixamente a vista para o céu e erguendo os braços, expirou.

3º caso – O doutor Paul Edwards escrevia, em abril de 1903, ao diretor de Light, de Londres:

Aí por volta do ano de 1887, quando eu habitava uma cidade da Califórnia, fui chamado para junto da cabeceira de uma amiga a quem dedicava grande estima e que se achava na hora extrema, em consequência de uma doença do peito. Toda gente sabia que essa mulher pura e nobre, mãe exemplar, estava votada a morte iminente. Ela acabou também por assim o compreender e quis então preparar-se para o grande momento. Tendo mandado vir os filhos para junto do leito, beijava ora um, ora outro, mandando-os depois retirar. O marido aproximou-se por último para dar-lhe e receber o adeus supremo. Achou-a na plena posse das suas faculdades intelectuais. Ela começou por dizer:

– Newton [era o nome do marido], não chores, porque eu não sofro e tenho a alma pronta e serena. Amei-te na Terra; continuarei a amar-te depois de partir. É meu intento vir até ti, se me for possível; se não puder, velarei do Céu por ti, por meus filhos, esperando a tua vinda. Agora, o meu mais vivo desejo é ir-me embora... Avisto algumas sombras que se agitam em volta de nós... todas vestidas de branco... Ouço uma melodia deliciosa... Oh! Aí está a minha Sadie! Está perto de mim e sabe perfeitamente quem eu sou. [Sadie era uma filhinha que ela perdera havia dez anos.]

– Sissy – disse-lhe o marido –, minha Sissy, não vês que estás sonhando?!

– Ah! Meu caro – respondeu a doente –, por que me chamaste? Agora, custar-me-á mais a ir-me embora. Sentia-me tão feliz no Além, era tão delicioso, tão belo!

Três minutos depois, aproximadamente, acrescentou a agonizante:

– Vou-me novamente embora e, desta vez, não voltarei, ainda que me chames.

Durou esta cena oito minutos. Via-se bem que a agonizante gozava da visão completa dos dois mundos ao mesmo tempo, porque falava das figuras que se moviam ao seu derredor no Além e, simultaneamente, dirigia a palavra aos mortais deste mundo... Nunca me sucedeu assistir a morte mais impressionante, mais solene.

Os Annales relatam, igualmente, grande número de casos em que o doente percebe aparições de defuntos, cujo falecimento ignorava. Cinco casos sensacionais se encontram nos Proceedings of the S. P. R., de Londres. Esses casos se apoiam em testemunhos de alto valor.

O senhor Ernesto Bozzano, ao terminar sua exposição, pergunta se esses fenômenos poderiam ser explicados pela subconsciência ou pela leitura do pensamento. Conclui pela negativa e assim se exprime:[126]

Essas hipóteses pouco se recomendam pela simpli-

---

[126] Annales des Sciences Psychiques, março de 1906, p. 171.

cidade e não têm o dom de convencer facilmente um investigador imparcial. É claro que, com semelhantes teorias, tão embrulhadas e muito mais engenhosas do que sérias, se ultrapassam as fronteiras da indução científica para mergulhar-se no domínio ilimitado do fantástico.[127]

Enfim, eis dois outros fatos publicados pelos *Annales des Sciences Psychiques*, de maio de 1911. Eles apresentam certos traços de analogia com os precedentes e, além disso, enriquecem-se de pormenores que nos ensinam como se opera, na morte, a separação entre o corpo fluídico e o corpo material.

A senhora Morence Marryat escreve o seguinte, no The spirit's world (*O mundo dos espíritos*, p. 128):

> Conto entre meus mais caros amigos uma jovem, pertencente às altas classes da aristocracia, dotada de maravilhosas faculdades mediúnicas.
>
> Teve ela, há alguns anos, a infelicidade de perder sua irmã mais velha, então com vinte anos, em consequência de uma forte pleurisia.
>
> Edith (designarei por esse nome a jovem médium) não quis afastar-se um só instante da cabeceira de sua irmã e aí, em estado de clarividência, pôde assistir ao processo de separação do espírito da parte material. Contava-me ela que a pobre doente, em seus últimos dias de vida terrestre, se tinha tornado inquieta, sobreexcitada, delirante, voltando-se incessantemente no leito e pronunciando palavras sem sentido.
>
> Foi então que Edith começou a perceber uma espécie de ligeira nebulosidade semelhante a fumaça, que, condensando-se gradualmente acima da cabeça, acabou por assumir as proporções, as formas e os traços da irmã moribunda, de modo a se lhe assemelhar por completo. Essa forma flutuava no ar, a pouca distância da doente.
>
> À medida que o dia declinava, a agitação da enferma minorava, sendo substituída à tarde por prostração profunda, precursora da agonia.
>
> Edith contemplava avidamente a irmã: o rosto tor-

---

[127] Notemos mais estes testemunhos: "Outro fato que se deve assinalar e de que fui testemunha, disse o doutor Haas, presidente da Sociedade dos Estudos Psíquicos de Nancy, é que, muitas vezes, poucos instantes antes de morrer, alguns alienados recobram lucidez completa" (*Bulletin de la Société des Etudes Psychiques de Nancy*, 1906, p. 56). O doutor Teste (*Manuel Pratique du Magnétisme Animal*) declara, igualmente, ter encontrado loucos que, na agonia, isto é, quando a consciência passa ao corpo fluídico, recuperaram a razão.

nara-se lívido, o olhar obscurecia-se, mas, ao alto, a forma fluídica purpureava-se e parecia animar-se gradualmente com a vida que abandonava o corpo. Um momento depois, a criança jazia inerte e sem conhecimento sobre os travesseiros, mas a forma se transformara em espírito vivo. Cordões de luz, no entanto, semelhantes a florescências elétricas, ligavam-se ainda ao coração, ao cérebro e aos outros órgãos vitais.

Chegando o momento supremo, o espírito oscilou algum tempo de um lado a outro, para vir em seguida colocar-se ao lado do corpo inanimado. Ele era, em aparência, muito fraco e mal podia suster-se.

E, enquanto Edith contemplava esta cena, eis que se apresentaram duas formas luminosas, nas quais reconheceu seu pai e sua avó, mortos ambos nessa mesma casa. Aproximaram-se do espírito recém-nascido, sustentaram-no afetuosamente e o abraçaram. Depois, arrancaram-lhe os cordões de luz que o ligavam ainda ao corpo e, apertando-o sempre nos braços, dirigiram-se à janela e desapareceram.

W. Stainton Moses, pastor da Igreja Anglicana e um dos mais célebres médiuns de nossa época, publicou, em *Light*:

Tive recentemente e pela primeira vez na vida ocasião de estudar os processos de transição do espírito. Aprendi tantas coisas dessa experiência, que me louvo por ser útil a outros contando o que vi... Tratava-se de um próximo parente meu, de quase oitenta anos. Eu tinha percebido, por certos sintomas, que seu fim estava próximo e corri a preencher meu triste e último dever...

Graças a meus sentidos espirituais, podia verificar que em torno e acima de seu corpo se formava a aura nebulosa com a qual o espírito devia preparar seu corpo espiritual; e percebia que ela ia aumentando de volume e densidade, posto que submetida a maiores ou menores variações, segundo as oscilações experimentadas na vitalidade do moribundo.

Pude assim notar que, por vezes, um alimento leve tomado pelo doente ou uma influência magnética desprendida por pessoa que dele se aproximasse tinha como resultado avivar momentaneamente o corpo. A aura parecia, pois, continuamente em fluxo e refluxo.

Assisti a esse espetáculo durante doze dias e doze

noites e, embora ao sétimo dia já o corpo tivesse dado sinais de sua iminente dissolução, a flutuação da vitalidade espiritual em via de exteriorização persistia. Pelo contrário, a cor da aura tinha mudado; esta última tomava, além disso, formas cada vez mais definidas, à medida que a hora da libertação se aproximava para o espírito.

Vinte e quatro horas, somente, antes da morte, quando o corpo jazia inerte, foi que o processo de libertação progrediu. No momento supremo vi aparecer formas de "espíritos guardiães", que se chegaram ao moribundo e sem nenhum esforço separaram o espírito do corpo consumido. Quando, enfim, se quebraram os cordões magnéticos, os traços do defunto, nos quais se liam os sofrimentos experimentados, serenaram completamente e se impregnaram de inefável expressão de paz e de repouso.

Em resumo, o melhor meio de conseguirmos uma morte suave e tranquila é viver dignamente, com simplicidade e sobriedade; viver uma vida sem vícios nem fraquezas, desapegando-nos antecipadamente de tudo o que nos liga à matéria, idealizando nossa existência, povoando-a de pensamentos elevados e ações nobres.

Sucede o mesmo com as condições boas ou ruins da vida de além-túmulo. Dependem também unicamente da maneira como desenvolvemos nossas tendências, nossos apetites e desejos. É na atualidade que precisamos preparar-nos, agir, reformar-nos, e não no momento em que se aproxima o fim terrestre. Seria pueril acreditarmos que nossa situação futura depende de certas formalidades mais ou menos bem cumpridas à hora da partida. É nossa vida inteira que responde pela vida futura; uma e outra se ligam estreitamente; formam uma série de causas e efeitos que a morte não interrompe.

Não é menos importante dissipar as quimeras que preocupam certos cérebros acerca dos lugares reservados às almas depois da morte, para atormentá-las. Aquele que cuidou de nosso nascimento, colocando-nos, ao virmos ao mundo, em braços amantes, estendidos para nos receberem, reserva-nos também afeições para nossa chegada ao Além. Expulsemos para longe de nós os terrores vãos, as visões infernais, as beatitudes ilusórias. O futuro, como o presente, é atividade, trabalho; trata-se da conquista de novos postos. Tenhamos confiança na bondade de Deus, no amor que Ele tem por suas criaturas, e avancemos com firmeza no coração para o alvo que Ele marcou para todos.

Além da campa, o único juiz, o único algoz que temos é nossa própria consciência. Livre dos estorvos terrestres, ela adquire um grau de acuidade para nós difícil de compreender. Adormecida, muitas vezes, durante a vida, acorda com a morte, e sua voz se eleva; evoca as recordações do passado, as quais, despidas inteiramente de ilusões, lhe aparecem sob sua verdadeira luz, e nossas menores faltas se tornam causa de incessantes pesares.

Como disse Myers: "Não há necessidade de purificação pelo fogo. O conhecimento de si mesmo é o único castigo e a única recompensa do homem".[128]

Existe, em toda a parte, harmonia, tanto na marcha solene dos mundos como na dos destinos. Na ordem universal, cada um é classificado segundo suas aptidões. Aos grandes espíritos incumbem as altas tarefas, as criações do gênio; às almas fracas, as obras medíocres, as missões inferiores. Em qualquer campo que se exerça a atividade de nossas vidas, tendemos para o lugar que nos convém e legitimamente nos pertence.

Façamo-nos, pois, almas poderosas, ricas de ciência e virtude, aptas para as obras grandiosas, e elas por si mesmas hão de se colocar em nobre posição, na ordem eterna.

Pela alta cultura moral, pela conquista da energia, da dignidade, da bondade, esforcemo-nos por alcançar o nível dos grandes espíritos que trabalham pela causa das humanidades, para apreciarmos com eles as alegrias reservadas ao verdadeiro mérito. Então, a morte, em vez de ser um espantalho, converter-se-á, para nós, em um benefício, e poderemos repetir as célebres palavras de Sócrates: "Ah! Se assim é, deixai que eu morra uma e muitas vezes!".

---

[128] F. Myers. *La personnalite humaine*, p. 418.

CAPÍTULO XI

A vida no Além

O ser humano pertence, desde esta vida, a dois mundos. Pelo corpo físico, está ligado ao mundo visível; pelo corpo fluídico, ao invisível. O sono é a separação temporária dos dois invólucros; e a morte é a separação definitiva. A alma, nos dois casos, separa-se do corpo físico, e, com ela, a vida concentra-se no corpo fluídico. A vida de além-túmulo é simplesmente a permanência e a libertação da parte invisível de nosso ser.

A antiguidade conheceu esse mistério,[129] mas, desde muito tempo, sobre as condições da vida futura, os homens apenas possuíam noções de caráter vago e hipotético.

As religiões e as filosofias nos transmitem, acerca desses problemas, dados muito incertos, absolutamente desprovidos de observação e sanção e, sobre quase todos os pontos, mostram-se em desacordo completo com as ideias modernas de evolução e continuidade.

A ciência, por seu lado, não estudou nem conheceu, até aqui, sobre o homem terrestre, mais do que a superfície, a parte física. Ora, esta é para o ser inteiro quase o que a casca é para a árvore. Quanto ao homem fluídico, etéreo, de que nosso cérebro físico não pode ter consciência, a ciência o tem ignorado inteiramente até nossos dias. Daí sua impotência para resolver o problema da sobrevivência, pois só o ser fluídico sobrevive. A ciência nada tem compreendido das manifestações psíquicas que se produzem no sono, no desprendimento, na exteriorização, no êxtase,

---

[129] Consultar *Depois da morte*, 1ª parte (passim).

em todas as fugas da alma para a vida superior. Ora, é unicamente pela observação desses fatos que chegaremos a adquirir, já nesta vida, um conhecimento positivo da natureza do "eu" e de suas condições de existência no Além.

Só a experiência poderia resolver a questão. Tratava-se de estudar no homem atual o que pode esclarecer sobre o homem futuro. Não há outra saída para o pensamento humano, que a religião, a filosofia e a ciência, em sua insuficiência, encurralaram no materialismo. É esse o preço da salvação social, porque o materialismo conduzir-nos-ia fatalmente à anarquia.

Foi somente depois do aparecimento do espiritualismo experimental que o problema da sobrevivência entrou no domínio da observação científica e rigorosa. O mundo invisível pôde ser estudado por meio de processos e métodos idênticos aos adotados pela ciência contemporânea, nos outros campos de investigação. Esses métodos foram por nós descritos em outra parte.[130] E começamos por verificar que, em vez de cavar um fosso, de estabelecer uma solução de continuidade entre os dois modos de vida, terrestre e celeste, visível e invisível, como faziam as diferentes doutrinas religiosas, esses estudos nos mostraram na vida do Além o prolongamento natural, a continuidade do que observamos em nós.

A persistência da vida consciente, com todos os atributos que comporta – memória, inteligência e faculdades afetivas –, foi estabelecida pelas numerosas provas de identidade pessoal recolhidas no decurso de experiências e investigações dirigidas por sociedades de estudos psíquicos em todos os países. Os espíritos dos defuntos têm se manifestado, aos milhares, não somente com o cunho de caráter e a totalidade das recordações que constituem sua personalidade moral, mas também com as feições físicas e as particularidades de sua forma terrestre, conservadas pelo perispírito ou corpo etéreo. Este, como se sabe, não é mais do que o molde do corpo terrestre, e é por isso que as feições e as formas humanas reaparecem nos fenômenos de materialização.

Ademais, o conhecimento das variadas condições de vida do Além foi exposto pelos próprios espíritos, com o auxílio dos meios de comunicação de que dispõem. Suas indicações, recolhidas e consignadas em volumes inteiros

---

[130] Consultar *No invisível*, 1ª parte.

O Problema do Ser e do Destino 147

de autos, servem de base precisa à concepção que atualmente podemos fazer das leis da vida futura.

Na falta das manifestações dos defuntos, entretanto, as experiências sobre o desdobramento dos vivos fornecer-nos-iam já preciosos indícios acerca do modo de existência da alma no domínio do invisível.

Na anestesia e no sonambulismo, como experimentalmente o demonstrou o coronel de Rochas, a sensibilidade e as percepções não são suprimidas, mas simplesmente exteriorizadas, transportadas para fora.[131] Daqui, já podemos deduzir logicamente que a morte é o estado de exteriorização total e de libertação do "eu" sensível e consciente.

O nascimento é como uma morte para a alma; morte pela alma encerrada com seu corpo etéreo, no túmulo da carne. O que denominamos morte é simplesmente o retorno da alma à liberdade, enriquecida com as aquisições que pôde fazer durante a vida terrestre; e vimos que os diferentes estados do sono são outros tantos regressos momentâneos à vida do espaço. Quanto mais profunda for a hipnose, tanto mais a alma se emancipa e se afasta. O sono mais intenso confina com a primeira fase da vida invisível.

Na realidade, as palavras sono e morte são impróprias. Quando adormecemos para a vida terrestre, acordamos para a vida do espírito. Produz-se o mesmo fenômeno na morte; a diferença está só na duração.

Carl du Prel cita dois exemplos significativos:

> Uma sonâmbula fez um dia a descrição do seu estado e sentia pesar por não poder lembrar-se dele depois de acordada; mas, acrescentava, "tornarei a ver isso tudo depois da morte". Considerava, pois, o seu estado de sonambulismo como idêntico ao estado depois da morte (KERNER, *Magikon*, p. 41).
> Dois espíritos visitam um dia a vidente de Prévorst, que não tinha em grande apreço essas visitas.
> – Por que vindes a minha casa? – perguntou ela.
> – Quê? – responderam com muito acerto os espíritos – tu é que estás em nossa casa! (PERTY, I, p. 280.)

Nosso mundo e o Além não estão separados um do outro; provam-no esses fatos aos quais se podiam juntar muitos outros da mesma ordem. Estão um no outro e, de alguma sorte, enlaçam-se e estreitamente se confundem.

---

[131] Consultar: A. de Rochas. *Les etats profonds de l'hypnose*; *L'Extériorisation de la sensibilite*; *Les frontieres de la science*.

Os homens e os espíritos se misturam. Testemunhas invisíveis se associam à nossa vida, compartilhando de nossas alegrias e provações.

A situação do espírito depois da morte é a consequência direta de suas inclinações, seja para a matéria, seja para os bens da inteligência e do sentimento. Se as propensões sensuais dominam, o ser forçosamente se imobiliza nos planos inferiores, que são os mais densos e grosseiros; se, contudo, alimenta pensamentos belos e puros, eleva-se a esferas em relação com a própria natureza de seus pensamentos.

Swedenborg disse, com razão: "O Céu está onde o homem pôs seu coração". Todavia, não é imediata a classificação, nem súbita a transição.

Se o olhar humano não pode passar bruscamente da escuridão à luz viva, sucede o mesmo com a alma. A morte nos faz entrar em um estado transitório, espécie de prolongamento da vida física e prelúdio da vida espiritual. É o estado de perturbação de que falamos; estado mais ou menos prolongado, segundo a natureza espessa ou etérea do perispírito do defunto.

Livre do fardo material que a oprimia, a alma se acha ainda envolvida na rede dos pensamentos e das imagens – sensações, paixões e emoções – por ela geradas no decurso de suas vidas terrestres; terá de familiarizar-se com sua nova situação, entrar no conhecimento de seu estado, antes de ser levada para o meio cósmico adequado ao seu grau de luz e densidade.

A princípio, para o maior número, tudo é motivo de admiração nesse outro mundo onde as coisas diferem essencialmente do meio terrestre. As leis da gravidade são mais brandas; as paredes não são obstáculos; a alma pode atravessá-las e elevar-se aos ares. Não obstante, continua retida por certos estorvos que ela não pode definir. Tudo a intimida e enche de hesitação, mas seus amigos de lá vigiam-na e guiam seus primeiros voos.

Os espíritos adiantados se libertam depressa de todas as influências terrestres e recuperam a consciência de si mesmos. O véu material se rasga ao impulso de seus pensamentos, e abrem-se perspectivas imensas. Eles compreendem logo sua situação e com facilidade a ela se adaptam. Seu corpo espiritual – instrumento volitivo, organismo da alma, do qual ela nunca se separa, obra de todo o seu passado, porque pessoalmente o construiu e teceu com sua atividade – flutua algum tempo na atmosfera; depois, segundo seu estado de sutileza, de poder, correspondente às atrações longínquas, sente-se naturalmente elevado para associações similares, para agrupamentos de espíritos da mesma ordem; espíritos luminosos ou velados que rodeiam o recém-chegado com solicitude para iniciarem-no nas condições de seu novo modo de existência.

Os espíritos inferiores conservam por muito tempo as impressões da vida material. Julgam que ainda vivem fisicamente e continuam, às vezes durante anos, o simulacro de suas ocupações habituais. Para os materialistas, o fenômeno da morte continua a ser incompreensível. Por falta de conhecimentos prévios, confundem o corpo fluídico com o corpo físico e conservam as ilusões da vida terrestre. Seus gostos e até suas necessidades imaginárias parecem amarrá-los à Terra; depois, devagar, com o auxílio de espíritos benfazejos, sua consciência desperta, sua inteligência se abre à compreensão de seu novo estado; mas, assim que procuram se elevar, sua densidade os faz recair imediatamente na Terra. As atrações planetárias e as correntes fluídicas do espaço os reconduzem violentamente para nossas regiões, como folhas secas varridas pelo vendaval.

Os crentes ortodoxos vagueiam na incerteza e procuram a realização das promessas do sacerdote, o gozo das beatitudes prometidas. Por vezes, é grande sua surpresa; eles precisam de longo aprendizado para se iniciarem nas verdadeiras leis do espaço. Em vez de anjos ou demônios, encontram os espíritos dos homens que, como eles, viveram na Terra e os precederam. Viva é sua decepção ao verem suas esperanças malogradas, suas convicções transformadas por fatos para os quais a educação que haviam recebido de nenhum modo os preparara; mas, se sua vida foi boa, submissa ao dever, não podem essas almas ser infelizes, por terem mais influência sobre o destino seus atos do que as crenças.

Os espíritos céticos e, com eles, todos aqueles que se recusaram a crer na possibilidade de uma vida independente do corpo, julgam-se mergulhados em um sonho que só se dissipa quando acaba o erro em que esses espíritos laboram.

As impressões variam infinitamente, com o valor das almas. Aquelas que, desde a vida terrestre, conheceram a verdade e serviram à sua causa recolhem, logo que desencarnam, o benefício de suas investigações e de seus trabalhos.

A comunicação transcrita a seguir, entre muitas outras, oferece um testemunho disso. Provém do espírito de um espírita militante, homem de bom coração e convicção esclarecida, Charles Fritz, fundador do jornal *La Vie d'Outre-Tombe*, em Charleroi. Todos aqueles que conheceram esse homem reto e generoso reconhecê-lo-ão pela linguagem. Ele descreve as impressões que sentiu logo depois de morrer e acrescenta:

> Senti que os laços pouco a pouco se desfaziam e que minha pessoa espiritual, meu "eu" se ia soltando. Vi em redor de mim espíritos bons que me estavam esperando e foi com eles que, por fim, me elevei da superfície da Terra.
>
> Não sofri com essa desencarnação. Os meus primeiros passos foram os da criança que começa a andar.
>
> A luz espiritual, cheia de força e de vida, nascia em mim, porque a luz não vem dos outros, mas de nós. É um raio que dimana do invólucro fluídico e que nos penetra todo o ser.
>
> Quanto mais tiverdes trabalhado em favor da verdade, do amor e da caridade, tanto mais intensa se fará a luz, até se tornar deslumbrante para aqueles que vos são inferiores.
>
> Pois bem! Os meus primeiros passos foram vacilantes. Entretanto, a força me foi sendo restaurada, e eu pedi a Deus auxílio e misericórdia. Depois de haver verificado a completa separação da minha individualidade, enfrentei afinal o trabalho que tinha de fazer. Vi o passado de minha última vida e me esforcei por levantá-la com clareza das profundezas da memória.
>
> O passado acha-se no corpo fluídico do homem e, por conseguinte, do espírito. O perispírito é como o espelho de todas as suas ações, e sua alma, se foi má sua vida, contempla com tristeza suas faltas, inscritas, ao que parece, nas dobras do corpo perispiritual.
>
> Não tive dificuldade alguma em reconhecer minha vida, tal qual ela fora. Verifiquei com evidência que eu não havia sido infalível. Quem pode gabar-se

O Problema do Ser e do Destino

disso na Terra? Devo, porém, dizer-vos que, depois de feito o exame, senti grande satisfação e felicidade com o que havia feito na Terra. Lutei, trabalhei e sofri pela causa do espiritismo. A luz que dele dimana ofereci, juntamente com a esperança, a muitos irmãos da Terra por meio da palavra, dos meus estudos e obras; por isso, torno a encontrar essa luz.

Sou feliz por ter trabalhado em reerguer a fé, os corações e a coragem. A todos, pois, recomendo a fé inabalável que eu tinha e que se vai haurir no espiritismo.

Tenho de continuar a desenvolver-me para rever o passado das minhas encarnações anteriores. É um estudo, um trabalho completo que tenho de fazer. Vejo bem uma parte desse passado, mas não a posso definir muito bem, conquanto esteja completamente desperto.

Dentro de pouco tempo, espero, essas vidas passadas hão de aparecer-me com clareza. Possuo luz bastante para poder caminhar com segurança, vendo o que está na minha frente, o meu futuro, e presto já o meu auxílio a espíritos infelizes.

A lei dos agrupamentos no espaço é a das afinidades. A ela estão sujeitos todos os espíritos. A orientação de seus pensamentos os leva naturalmente para o meio que lhes é próprio, porque o pensamento é a própria essência do mundo espiritual, sendo a forma fluídica apenas o vestuário. Onde quer que seja, reúnem-se os que se amam e se compreendem. Herbert Spencer, em um momento de intuição, formulou um axioma igualmente aplicável ao mundo visível e ao invisível. Ele disse: "A vida é uma simples adaptação às condições exteriores".

Se é propenso às coisas da matéria, o espírito fica preso à Terra e mistura-se com os homens que têm os mesmos gostos, os mesmos apetites; quando é levado para o ideal, para os bens superiores, eleva-se sem esforço para o objeto de seus desejos, une-se às sociedades do espaço, toma parte em seus trabalhos e goza dos espetáculos, das harmonias do infinito.

O pensamento cria; a vontade edifica. A causa de todas as alegrias e dores está na consciência e na razão; por isso é que, cedo ou tarde, encontramos no Além as criações de nossos sonhos e a realização de nossas esperanças. Mas o sentimento da tarefa incompleta, da mesma forma que os afetos e as lembranças, trazem novamente a maior parte dos espíritos à Terra. Todas as almas encontram o meio que seus desejos reclamam e hão de viver nos mundos sonhados, unidos aos seres que estimam. Encontrarão também os prazeres ou os sofrimentos que seu passado gerou. Nossas concepções e nossos sonhos nos seguem por toda a parte. No surto de seus pensamentos e no ardor de sua fé, os adeptos de cada religião criam imagens, nas quais supõem reconhecer os paraísos entrevistos. Depois, pouco a pouco, percebem que essas criações são fictícias, de pura aparência e comparáveis a vastos panoramas pintados na tela ou a afrescos imensos. Aprendem, então, a desprenderem-se deles e a aspirar a realidades mais elevadas, mais sensíveis.

Sob nossa forma atual e no estreito limite de nossas faculdades, não poderíamos compreender as alegrias e os arroubos reservados aos espíritos superiores, nem as angústias profundas experimentadas pelas almas delicadas que chegaram aos limites da perfeição. A beleza está por toda a parte; só seus aspectos variam ao infinito, segundo o grau de evolução ou depuração dos seres.

O espírito adiantado possui fontes de sensações e percepções infinitamente mais extensas e mais intensas do que as do homem terrestre. Nele, a clarividência, a clariaudiência, a ação a distância, o conhecimento do passado e do futuro coexistem em uma síntese indefinível, que constitui, segundo a expressão de F. Myers, "o mistério central da vida".

Falando das faculdades dos invisíveis de situação média, esse autor assim se exprime:[132]

> O espírito, sem ser limitado pelo espaço e pelo tempo, tem do espaço e do tempo conhecimento parcial. Pode orientar-se, achar uma pessoa viva e segui-la. É capaz de ver no presente coisas que aparecem para nós como situadas no passado e outras que estão no futuro.
>
> O espírito tem conhecimento dos pensamentos e emoções que, da parte dos seus amigos, se referem a ele.

Quanto à diferença de acuidade nas impressões, já podemos fazer uma ideia pelos sonhos denominados "emotivos". A alma, quando desprendida, embora incom-

---

[132] F. Myers. *La personnalite humaine*, p. 395.

pletamente, não só percebe, mas também se sente, com intensidade, muito mais viva do que no estado de vigília. Cenas, imagens, quadros, que, quando estamos acordados, nos impressionam fracamente tornam-se, no sonho, causa de grande satisfação ou de vivo sofrimento. Isso nos confere uma ideia do que podem ser a vida dos espíritos e suas sensações, quando, estando separados do invólucro carnal, a memória e a consciência recuperam a plenitude de suas vibrações. Compreendemos, desde logo, como pode a reconstituição das recordações do passado se converter em fonte de tormentos. A alma traz em si mesma seu próprio juiz, a sanção infalível de suas obras, boas ou más.

Tem-se reconhecido isso em acidentes que poderiam ter causado a morte. Em certas quedas, durante a trajetória percorrida pelo corpo humano, a partir de um ponto elevado acima do solo, ou então na asfixia por submersão, a consciência superior da vítima passa em revista toda a vida gasta, com uma rapidez espantosa. Revê-a completamente, em seus mínimos pormenores, em poucos minutos.

Carl du Prel[133] oferece, desses fatos, muitos exemplos. Haddock cita, entre outros, o caso do Almirante Beaufort.[134]

> O almirante Beaufort, jovem ainda, caiu de cima de um navio às águas do porto de Portsmouth. Antes que fosse possível ir ao seu socorro, desapareceu; ia morrer afogado.
>
> À angústia do primeiro momento sucedera um sentimento de tranquilidade e, posto que se tivesse como perdido, nem sequer se debateu, o que, sem dúvida, provinha de apatia e não de resignação; porque morrer afogado não lhe parecia má sorte, e nenhum desejo tinha de ser socorrido.
>
> Quanto ao mais, ausência completa de sofrimento; e até, pelo contrário, as sensações eram de natureza agradável, participando do vago bem-estar que precede o sono causado pelo cansaço.
>
> Com esse enfraquecimento dos sentidos coincidia uma superexcitação extraordinária da atividade intelectual; as ideias sucediam-se com rapidez prodigiosa. O acidente que acabava de dar-se, o descuido que o motivara, o tumulto que se lhe deveria ter seguido, a dor que ia alancear o pai da vítima, outras circunstâncias intimamente ligadas ao lar

[133] Carl du Prel. *Philos der mystik*.
[134] Haddock. Somnolisme et psychisme, p. 213, extrato do *Journal de Médecine*, de Paris.

doméstico, foram o objeto de suas primeiras reflexões; depois, veio-lhe à memória o último cruzeiro, viagem acidentada por um naufrágio; a seguir, a escola, os progressos que nela fizera e também o tempo perdido; finalmente, as suas ocupações e aventuras de criança. Em suma, a subida de todo o rio da vida, e quão pormenorizada e precisa! É ele próprio que o diz: "Cada incidente da minha vida atravessava-me sucessivamente a memória, não como simples esboço, mas com as particularidades e acessórios de um quadro completo! Por outras palavras; toda a minha existência desfilava diante de mim numa espécie de vista panorâmica, cada fato com sua apreciação moral ou reflexões sobre sua causa e seus efeitos. Pequenos acontecimentos sem consequência, havia muito tempo esquecidos, se acumulavam em minha imaginação como se tivessem se passado na véspera. E tudo isto sucedeu em dois minutos.

Pode-se citar também o atestado de Perty[135] sobre Catherine Emmerich, que, ao morrer, reviu, do mesmo modo, toda a sua vida passada. Por essa forma, estabelecemos que tal fenômeno não se restringe aos casos de acidentes; antes parece acompanhar regularmente o falecimento.

Tudo o que o espírito fez e quis e no que pensou, em si, reverbera. Semelhante a um espelho, a alma reflete todo o bem e todo o mal feito. Essas imagens nem sempre são subjetivas. Pela intensidade da vontade, podem revestir-se de uma natureza substancial; vivem e manifestam-se para nossa felicidade ou nosso castigo.

Tendo se tornado transparente, depois de desencarnada, a alma julga-se a si mesma, assim como é julgada por todos aqueles que a contemplam. Sozinha, na presença de seu passado, vê reaparecerem todos os seus atos e as suas consequências, todas as suas faltas, até as mais ocultas.

Para um criminoso não há descanso, não existe esquecimento. Sua consciência, justiceira inflexível, persegue-o sem cessar. Debalde, ele procura escapar às obsessões; o suplício só poderá acabar se, convertendo o remorso em arrependimento, ele aceitar novas provações terrestres, único meio de reparação e regeneração.

---

[135] Perty. Myst. Ercheinungen (Aparições Místicas), II, p. 433.
Os três autores são citados pelo doutor Pascal, em sua memória apresentada ao Congresso de Psicologia de Paris, em 1900.

O Problema do Ser e do Destino   155

CAPÍTULO **XII**

As missões, a vida superior

Todo o espírito que deseja progredir, trabalhando na obra de solidariedade universal, recebe dos espíritos mais elevados uma missão particular apropriada às suas aptidões e ao seu grau de adiantamento.

Uns têm por tarefa receber os homens em seu regresso à vida espiritual, guiá-los, ajudá-los a se desembaraçarem dos fluidos espessos que os envolvem; outros são encarregados de consolar e instruir as almas sofredoras e atrasadas. Espíritos químicos, físicos, naturalistas, astrônomos prosseguem suas investigações, estudam os mundos, suas superfícies, suas profundezas ocultas, atuam em todos os lugares sobre a matéria sutil, que fazem passar por preparações, modificações destinadas a obras que a imaginação humana teria dificuldades em conceber; outros se aplicam às artes, ao estudo do belo, sob todas as suas formas; e os espíritos menos adiantados auxiliam os primeiros em suas tarefas variadas e servem-lhes de auxiliares.

Grande número de espíritos se consagra aos habitantes da Terra e dos outros planetas, estimulando-os em seus trabalhos, fortalecendo os ânimos abatidos, guiando os hesitantes pelo caminho do dever. Aqueles que exerceram a medicina e possuem o segredo dos fluidos curativos, reparadores, ocupam-se mais especialmente dos doentes.[136]

[136] Os casos de curas feitas por espíritos são numerosos; achar-se-ão descrições deles em toda a literatura espírita (consultar, por exemplo, o caso citado por Myers, em *Human personality*, II, p. 124). A mulher de um grande médico, de reputação europeia, sofria de um mal a que seu marido não pudera dar alívio. Ela foi curada radicalmente pelo espírito de outro grande médico. Veja-se também o caso de Claire Galichon, curada por magnetizações do

Mais bela entre todas é a missão dos espíritos de luz. Descem dos espaços celestes para levar às humanidades os tesouros de sua ciência, de sua sabedoria e de seu amor. Sua tarefa é um sacrifício constante, porque o contato dos mundos materiais é penoso para eles, mas afrontam todos os sofrimentos por dedicação aos seus protegidos, a fim de os assistirem em suas provações e de infiltrarem em seus corações grandes e generosas intuições.

É justo atribuir-lhes os lampejos de inspiração que iluminam o pensamento, as expansões da alma, a força moral que nos sustenta nas dificuldades da vida. Se soubéssemos a quantos constrangimentos se impõem esses nobres espíritos para chegarem até nós, corresponderíamos melhor suas solicitações, empregaríamos esforços enérgicos para nos desapegarmos de tudo o que é vil e impuro, unindo-nos a eles na comunhão divina.

Nas horas de atribulações, é para esses espíritos, para meus guias bem-amados que voam meus pensamentos e meus apelos; é deles que sempre me têm vindo o amparo moral e as consolações supremas.

Subi a custo os atalhos da vida; dura foi minha infância. Cedo conheci o trabalho manual e os pesados encargos de família. Mais tarde, em minha carreira de propagandista, muitas vezes me feri nas pedras do caminho; fui mordido pelas serpentes do ódio e da inveja. E agora chegou para mim a hora crepuscular; vão subindo e rodeando-me as sombras; sinto que minhas forças declinam, e os órgãos se enfraquecem. Nunca, porém, me faltou o auxílio de meus amigos invisíveis; nunca minha voz os evocou em vão. Desde meus primeiros passos neste mundo, sua influência me envolveu. É às suas inspirações que devo minhas melhores páginas e minhas expressões mais vibrantes. Compartilharam minhas alegrias e tristezas, e, quando rugia a tempestade, eu sabia que eles estavam firmes ao meu lado, no meu caminho. Sem eles, sem seu socorro, há muito tempo que eu teria sido obrigado a interromper minha marcha, a suspender meu labor, mas suas mãos estendidas têm me amparado e dirigido na áspera via. Às vezes, no recolhimento do entardecer ou no silêncio da noite, suas vozes me falam, embalam, confortam; ressoam na minha solidão como vaga melodia ou, então, são sopros que passam, semelhantes a carícias, sábios conselhos ciciados, in-

espírito de cura d'Ars. O fato é contado por ela própria, em sua obra Souvenirs et problèmes spirites, p. 174 e seguintes.

O Problema do Ser e do Destino

dicações preciosas sobre as imperfeições de meu caráter e os meios de remediá-las.

Então, esqueço as misérias humanas para comprazer-me na esperança de tornar a ver um dia meus amigos invisíveis, de reunir-me a eles na luz, se Deus me julgar digno disso, com todos aqueles que tenho amado e que, do seio dos espaços, me ajudam a percorrer a via terrestre.

Ascenda para todos vós, espíritos tutelares, entidades protetoras, meu pensamento agradecido, a melhor parte de mim mesmo, o tributo de minha admiração e de meu amor.

A alma vem de Deus e volve a Ele, percorrendo o ciclo imenso de seus destinos; mas, por mais baixo que tenha descido, cedo ou tarde, pela atração, sobe de novo para o infinito. O que ela procura ali? O conhecimento cada vez mais perfeito do Universo, a assimilação cada vez mais completa de seus atributos – beleza, verdade e amor – e, ao mesmo tempo, uma libertação gradual das escravidões da matéria, uma colaboração crescente com a obra de Deus.

Cada espírito tem, no espaço, sua vocação e segue-a com facilidades desconhecidas na Terra; cada um encontra seu lugar nesse soberbo campo de ação, nesse vasto laboratório universal. Por toda a parte, tanto na amplidão como nos mundos, objetos de estudo e de trabalho, meios de elevação, de participação na obra eterna se oferecem à alma laboriosa.

Já não é o Céu frio e vazio dos materialistas, nem mesmo o Céu contemplativo e beato de certos crentes; é um Universo vivo, animado, luminoso, cheio de seres inteligentes, em via constante de evolução. Quanto mais os seres espirituais se elevam, tanto mais se acentua sua tarefa, tanto mais aumentam de importância suas missões. Um dia, tomam lugar entre as almas mensageiras que levarão aos confins do tempo e do espaço as forças e as vontades da Alma Infinita.

Para o espírito ínfimo, assim como para o mais eminente, o domínio da vida não encontra limites. Qualquer que seja a altura a que tenhamos chegado, há sempre um plano superior a alcançar, uma nova perfeição a realizar.

Para toda a alma, mesmo a mais inferior, um futuro grandioso se prepara. Cada pensamento generoso que começa a despontar, cada efusão de amor, cada esforço que tende para uma vida melhor é como a vibração, o pressentimento, o apelo de um mundo mais elevado que a atrai e que, cedo ou tarde, irá recebê-la. Todo o ímpeto de entusiasmo, toda a palavra de justiça e todo o ato de abnegação repercutem em progressão crescente na escala de seus destinos.

À medida que ela se vai distanciando das esferas inferiores, onde reinam as influências pesadas, onde se agitam as vidas grosseiras, banais ou culpadas, as existências de lenta e penosa educação, a alma vai percebendo as altas manifestações da inteligência, da justiça e da bondade, e sua vida se torna cada vez mais bela e divina. Os murmúrios confusos, os rumores discordes dos centros humanos pouco a pouco vão se enfraquecendo para ela, até se extinguirem de todo; ao mesmo tempo, começa a perceber os ecos harmoniosos das sociedades celestes. É o limiar das regiões felizes, onde reina uma eterna claridade e paira uma atmosfera de benevolência, serenidade e paz, onde todas as coisas saem frescas e puras das mãos de Deus.

A diferença profunda que existe entre a vida terrestre e a vida do Espaço adquire o sentido de libertação, de alívio, de liberdade absoluta de que os espíritos bons e purificados desfrutam.

Desde que se rompem os laços materiais, a alma pura desfere voo para as altas regiões. Lá, goza de uma vida livre, pacífica, intensa, ao pé da qual o passado terrestre lhe parece um sonho doloroso.

Na efusão das ternuras recíprocas, em uma vida livre de males e necessidades físicas, a alma sente multiplicarem-se suas faculdades, adquirindo penetração e extensão, das quais os fenômenos de êxtase nos fazem entrever os velados esplendores.

A linguagem do mundo espiritual é a das imagens e dos símbolos, rápida como o pensamento; é por isso que nossos guias invisíveis se servem de preferência de representações simbólicas para nos prevenir, no sonho, de um perigo ou de uma desgraça. O éter, fluido brando e luminoso, toma com extrema facilidade as formas que a vontade lhe imprime. Os espíritos se comunicam entre si e compreendem-se por processos diante dos quais a arte oratória mais consumada e toda a magia da eloquência humana pareceriam apenas um grosseiro balbuciar.

As inteligências elevadas percebem e realizam sem

O Problema do Ser e do Destino   159

esforço as mais maravilhosas concepções da arte e do gênio. Contudo, essas concepções não podem ser transmitidas integralmente aos homens. Mesmo nas manifestações medianímicas mais perfeitas, o espírito superior tem de se submeter às leis físicas de nosso mundo; e só vagos reflexos ou ecos enfraquecidos das esferas celestes, algumas notas perdidas da grande sinfonia eterna, é que ele pode fazer chegar até nós.

Tudo é graduado na vida espiritual. A cada grau de evolução do ser para a sabedoria, a luz, a santidade, corresponde um estado mais perfeito de seus sentidos receptivos, de seus meios de percepção. O corpo fluídico, cada vez mais diáfano, mais transparente, deixa passagem livre às radiações da alma. Daí uma aptidão maior para apreciar e compreender os esplendores infinitos; daí uma recordação mais extensa do passado, uma familiarização cada vez maior com os seres e as coisas dos planos superiores, até que a alma, em sua marcha progressiva, tenha atingido as máximas altitudes.

Chegado a essas alturas, o espírito tem vencido toda a paixão, toda a tendência para o mal, tem se libertado para sempre do jugo material e da lei dos renascimentos. Trata-se da entrada definitiva nos reinos divinos, de onde só voluntariamente descerá ao círculo das gerações para desempenhar missões sublimes.

Nessas eminências, a existência é uma festa perene da inteligência e do coração; é a comunhão íntima no amor com todos aqueles que nos foram caros e conosco percorreram o ciclo das transmigrações e das provas. Ajuntai a isso a visão constante da eterna beleza, uma profunda compreensão dos mistérios e das leis do Universo e tereis uma fraca ideia das alegrias reservadas a todos aqueles que, por seus méritos e esforços, alcançaram os Céus superiores.

Segunda Parte
O problema do destino

CAPÍTULO I

As vidas sucessivas
– a reencarnação e suas leis

A alma, depois de residir temporariamente no espaço, renasce na condição humana, trazendo consigo a herança, boa ou má, de seu passado. Ela renasce criancinha, reaparece na cena terrestre para representar um novo ato no drama de sua vida, resgatar as dívidas que contraiu e conquistar novas capacidades que hão de lhe facilitar a ascensão e acelerar a marcha para frente.

A lei dos renascimentos explica e completa o princípio da imortalidade. A evolução do ser indica um plano e um fim. Esse fim, que é a perfeição, não pode se realizar em uma única existência, por mais longa que seja. Devemos ver, na pluralidade das vidas da alma, a condição necessária de sua educação e de seus progressos. É à custa dos próprios esforços, de suas lutas, de seus sofrimentos que ela se redime de seu estado de ignorância e de inferioridade e se eleva, de degrau a degrau, primeiramente na Terra e, em seguida, por meio das inumeráveis estâncias do céu estrelado.

A reencarnação, afirmada pelas vozes de além-túmulo, é a única forma racional pela qual se pode admitir a reparação das faltas cometidas e a evolução gradual dos seres. Sem ela, não se vê sanção moral satisfatória e completa, não há possibilidade de conceber a existência de um Ser que governe o Universo com justiça.

Se admitirmos que o homem atualmente vive pela primeira e última vez neste mundo, que uma única existência terrestre é o quinhão de cada um de nós, forçoso seria reconhecê-lo, mas a incoerência e a parcialidade presidiriam a repartição dos bens e dos males, das aptidões e das faculdades, das qualidades nativas e dos vícios originais.

Pergunta-se: Por que, para uns, reservam-se a fortuna e a felicidade constante e, para outros, a miséria e a desgraça inevitável? Para uns, a força, a saúde e a beleza, para outros, a fraqueza, a doença e a fealdade? Por que aqui a inteligência e o gênio, e, acolá, a imbecilidade? Como se encontram tantas qualidades morais admiráveis, a par de tantos vícios e defeitos? Por que há raças tão diversas, umas inferiores a tal ponto que parecem confinar com a animalidade, e outras favorecidas com todos os dons que lhes asseguram a supremacia? E as enfermidades inatas, a cegueira, a idiotia, as deformidades, todos os infortúnios que enchem os hospitais, os albergues noturnos, as casas de correção? A hereditariedade não explica tudo. Na maior parte dos casos, essas aflições não podem ser consideradas como o resultado de causas atuais. Sucede o mesmo com os favores da sorte. Muitíssimas vezes, os justos parecem esmagados pelo peso da prova, ao passo que os egoístas e os maus prosperam.

Por que, ainda, crianças mortas antes de nascer e as que são condenadas a sofrer desde o berço? Certas existências acabam em poucos anos, em poucos dias; outras duram quase um século. De onde vêm também os jovens-prodígios – músicos, pintores e poetas –, todos aqueles que, desde a meninice, mostram disposições extraordinárias para as artes ou para as ciências, ao passo que tantos outros ficam na mediocridade toda a vida, apesar de um labor insano? E, igualmente, de onde vêm os instintos precoces, os sentimentos inatos de dignidade ou baixeza, contrastando, às vezes, tão estranhamente com o meio em que se manifestam?

Se a vida começa somente com o nascimento terrestre, se, antes dele, nada existe para cada um de nós, debalde, procurar-se-á explicar essas diversidades pungentes, essas tremendas anomalias, e ainda menos poderemos conciliá-las com a existência de um poder sábio, previdente, equitativo. Todas as religiões, todos os sistemas filosóficos contemporâneos vieram esbarrar nesse problema; nenhum o pôde resolver. Considerado sob seu ponto de vista, que é a unidade de existência para cada ser humano, o destino continua incompreensível; ensombra-se o plano do Universo; a evolução para; o sofrimento se torna inexplicável. O homem, levado a crer na ação de forças cegas e fatais, na ausência de toda a justiça distributiva, resvala, insensivelmente, no ateísmo e no pessimismo.

Com a doutrina das vidas sucessivas, pelo contrário, tudo se explica, torna-se claro. A lei de justiça se revela nas menores particularidades da existência. As desigualdades que nos chocam resultam das diferentes situações ocupadas pelas almas, em seus graus infinitos de evolução. O destino do ser não é mais do que o desenvolvimento, com o passar das idades, da longa série de causas e efeitos gerados por seus atos. Nada se perde; os efeitos do bem e do mal se acumulam e germinam em nós até o momento favorável de desabrocharem. Às vezes, expandem-se com rapidez; outras, depois de longo lapso de tempo, transmitem-se, repercutem, de uma para a outra existência, segundo sua maturação, sendo ativada ou retardada pelas influências dos ambientes. Contudo, nenhum desses efeitos pode desaparecer por si mesmo; só a reparação tem esse poder.

Cada um leva para a outra vida e traz, ao nascer, a semente do passado. Essa semente há de espalhar seus frutos, conforme sua natureza, ou para nossa felicidade ou desgraça, na nova vida que começa e até sobre as seguintes, se uma só existência não bastar para desfazer as más consequências de nossas vidas passadas. Ao mesmo tempo, nossos atos cotidianos, fontes de novos efeitos, vêm se juntar às causas antigas, atenuando-as ou agravando-as, e formam com elas um encadeamento de bens ou de males que, em seu conjunto, urdirão a teia de nosso destino.

Assim, a sanção moral, tão insuficiente, às vezes tão sem valor, quando é estudada sob o ponto de vista de uma vida única, reconhece-se absoluta e perfeita na sucessão de nossas existências. Há uma íntima correlação entre nossos atos e nosso destino. Sofremos em nós mesmos, em nosso ser interior e nos acontecimentos de nossa vida a repercussão de nosso proceder. Nossa atividade, sob todas as suas formas, cria elementos bons ou maus, efeitos próximos ou remotos, que recaem sobre nós em chuvas, tempestades ou alegres claridades. O homem constrói seu próprio futuro. Até agora, em sua incerteza e ignorância, ele o construiu às apalpadelas e sofreu sua sorte sem poder explicá-la. Não tardará o momento em que, mais bem instruído, penetrado pela majestade das leis superiores, compreenderá a beleza da vida, que reside no esforço corajoso, e dará à sua obra um impulso mais nobre e elevado.

A variedade infinita das aptidões, das faculdades e dos caracteres se explica facilmente. Nem todas as almas têm a mesma idade, nem todas subiram com o mesmo passo seus estágios evolutivos. Umas percorreram uma carreira imensa e aproximaram-se já do apogeu dos progressos terrestres; outras mal começam seu ciclo de evolução no seio das humanidades. Estas são as almas jovens, emanadas a menos tempo do Foco Eterno, o qual é inextinguível e despede, sem cessar, feixes de inteligências que descem aos mundos da matéria para animarem as formas rudimentares da vida. Chegadas à humanidade, tomarão lugar entre os povos selvagens ou entre as raças bárbaras que povoam os continentes atrasados, as regiões deserdadas do Globo. E, quando, afinal, penetram em nossas civilizações, ainda facilmente se deixam reconhecer pela falta de desembaraço, de jeito, por sua incapacidade para todas as coisas e, principalmente, por suas paixões violentas, seus gostos sanguinários e, às vezes, até por sua ferocidade. Contudo, essas almas ainda não desenvolvidas subirão, por sua vez, a escala das graduações infinitas, por meio de inúmeras reencarnações.

Outro elemento do problema é a liberdade de ação do espírito. A uns ela permite que se demorem na via da ascensão, que percam, sem cuidado com o verdadeiro fim da existência, tantas horas preciosas à cata das riquezas e do prazer; a outros, deixa-os se apressarem a trilhar os carreiros escabrosos e alcançar os cimos do pensamento, se, às seduções da matéria, preferem a posse dos bens do espírito e do coração. São desse número os sábios, os gênios e os santos de todos os tempos e de todos os países, os nobres mártires das causas generosas e aqueles que consagraram vidas inteiras a acumular, no silêncio dos claustros, das bibliotecas, dos laboratórios, os tesouros da ciência e da sabedoria humana.

Todas as correntes do passado se encontram, juntam-se e confundem-se em cada vida. Contribuem para fazer a alma generosa ou mesquinha, luminosa ou escura, poderosa ou miserável. Essas correntes, entre a maior parte de nossos contemporâneos, apenas conseguem fazer as almas indiferentes, incessantemente balouçadas pelos sopros do bem e do mal, da verdade e do erro, da paixão e do dever.

Assim, no encadeamento de nossas estações terrestres, continua e completa-se a obra grandiosa de nossa educação, o moroso edificar de nossa individualidade, de nossa personalidade moral. É por essa razão que a alma tem de encarnar sucessivamente, nos meios mais diversos, em todas as condições sociais; tem de passar alternadamente pelas provações da pobreza e da riqueza, aprendendo a obedecer, para depois mandar. Precisam das vidas obscuras, de trabalho, de privações, para acostumar-se a renunciar às vaidades materiais, a desapegar-se das coisas frívolas, a ter paciência, a adquirir a disciplina do espírito.

São necessárias as existências de estudo, as missões de dedicação e caridade, por via das quais se ilustra a inteligência, e o coração se enriquece com a aquisição de novas qualidades. Virão depois as vidas de sacrifício pela família, pela pátria e pela humanidade. São necessárias, também, a prova cruel, cadinho onde se fundem o orgulho e o egoísmo, e as situações dolorosas, que são o resgate do passado, a reparação de nossas faltas, a norma pela qual se cumpre a lei de justiça.

O espírito se retempera, aperfeiçoa-se, purifica-se na luta e no sofrimento. Volta a expiar no próprio meio onde se tornou culpado. Acontece, às vezes, que as provações fazem de nossa existência um calvário, mas esse calvário é um monte que nos aproxima dos mundos felizes.

Logo, não há fatalidade. É o homem, por sua própria vontade, quem forja as próprias cadeias; é ele quem tece, fio por fio, dia a dia, do nascimento à morte, a rede de seu destino. A lei de justiça não é, em essência, senão a lei de harmonia; determina as consequências dos atos que livremente praticamos. Não pune nem recompensa, mas preside simplesmente à ordem, ao equilíbrio tanto do mundo moral quanto do mundo físico. Todo o dano causado à ordem universal acarreta causas de sofrimento e uma reparação necessária, até que, mediante os cuidados do culpado, a harmonia violada seja restabelecida.

O bem e o mal praticado constituem a única regra do destino. Sobre todas as coisas uma lei grande e poderosa exerce influência, em virtude da qual cada ser vivo do Universo só pode gozar da situação correspondente a seus

O Problema do Ser e do Destino   167

méritos. Nossa felicidade, apesar das aparências enganadoras, está sempre em relação direta com nossa capacidade para o bem; e essa lei acha completa aplicação nas reencarnações da alma. É ela que fixa as condições de cada renascimento e traça as linhas principais de nossos destinos. Por isso há maus que parecem felizes, ao passo que justos sofrem excessivamente. A hora da reparação soou para estes e, em breve, soará para aqueles.

Associarmos nossos atos ao plano divino, agirmos de acordo com a natureza, no sentido da harmonia e para o bem de todos, é preparar nossa elevação, nossa felicidade; agir no sentido contrário, fomentar a discórdia, incitar os apetites malsãos, trabalhar para si mesmo em menoscabo dos outros é semear para o futuro fermentos de dor; é nos colocarmos sob o domínio de influências que retardam nosso adiantamento e por muito tempo nos acorrentam aos mundos inferiores.

É isso o que é necessário dizer, repetir e fazer penetrar no pensamento, na consciência de todos, a fim de que o homem tenha um único alvo em mira: conquistar as forças morais, sem as quais ficará sempre na impotência de melhorar sua condição e a da humanidade. Fazendo conhecer os efeitos da lei de responsabilidade, demonstrando que as consequências de nossos atos recaem sobre nós, através dos tempos, como a pedra atirada ao ar torna a cair ao solo, pouco a pouco, os homens serão levados a conformar seu proceder com essa lei, a realizar a ordem, a justiça, a solidariedade no meio social.

Certas escolas espiritualistas combatem o princípio das vidas sucessivas e ensinam que a evolução da alma depois da morte continua a se efetuar somente no mundo invisível; outras, conquanto admitam a reencarnação, creem que ela se realiza em esferas mais elevadas; o regresso à Terra não lhes parece ser uma necessidade.

Aos partidários dessas teorias lembraremos que a encarnação na Terra tem um objetivo, que é o aperfeiçoamento do ser humano. Ora, dada a infinita variedade das condições da existência terrestre, quer quanto à duração, quer quanto aos resultados, é impossível admitir que todos os homens possam chegar ao mesmo grau de perfeição em uma única vida. Daí a necessidade de regressos sucessivos que permitam adquirir as qualidades requeridas para ter entrada em mundos mais adiantados.

O presente tem sua explicação no passado. Foi preciso uma série de renascimentos terrestres para que o homem conquistasse a posição que atualmente ocupa, e não parece admissível que esse ponto de evolução seja definitivo para nossa esfera. Seus habitantes não estão todos em estado de transmigrar depois da morte para sociedades mais perfeitas; pelo contrário, tudo indica a imperfeição de sua natureza e a necessidade de novos trabalhos, de outras provas que lhes completem a educação e lhes deem acesso a um grau superior na escala dos seres.

Em toda a parte, a natureza procede com sabedoria, método e morosidade. Numerosos séculos lhe foram indispensáveis para fabricar a forma humana; só depois de volvidos longos períodos de barbaria é que nasceu a civilização. A evolução física e mental e o progresso moral são regidos por leis idênticas; não basta uma única existência para dar-lhes cumprimento. E por que havemos de ir buscar muito longe, em outros mundos, os elementos de novos progressos, quando os encontramos por toda a parte, em volta de nós? Desde a selvageria até a mais requintada civilização, não nos oferece nosso Planeta vasto campo ao desenvolvimento do espírito?

Os contrastes, as oposições que aí apresentam, em todas as suas formas, o bem e o mal, o saber e a ignorância são outros tantos exemplos e ensinamentos, outras tantas causas de estímulo.

Renascer não é mais extraordinário do que nascer; a alma volta à carne para nela se submeter às leis da necessidade; as carências e as lutas da vida material são outros tantos incentivos que a obrigam a trabalhar, aumentam sua energia, avigoram-lhe o caráter. Tais resultados não poderiam ser obtidos na vida livre do espaço por espíritos juvenis, cuja vontade é vacilante. Para avançarem, tornam-se precisos o látego da necessidade e as numerosas encarnações, durante as quais a alma vai se concentrar, recolher-se em si mesma, adquirir a elasticidade e a impulsão indispensável para descrever mais tarde sua imensa trajetória no Céu.

O fim dessas encarnações é, pois, de alguma sorte, a revelação da alma a si mesma ou, antes, sua própria valorização pelo desenvolvimento constante de suas forças, de seus conhecimentos, de sua consciência e de sua vontade. A alma inferior e nova não pode adquirir a consciência de si mesma, senão com a condição de estar separada das outras almas, encerrada em um corpo material. Ela constituirá, assim, um ser distinto, que vai afirmar sua personalidade, aumentar sua experiência, acentuar sua marcha progressiva na razão direta dos esforços que fizer para triunfar nas dificuldades e nos obstáculos que a vida terrestre lhe semeia debaixo dos pés.

As existências planetárias nos põem em relação com uma ordem completa de coisas que constituem o plano inicial, a base de nossa evolução infinita, e se acham em perfeita harmonia com nosso grau de evolução; mas essa ordem de coisas e a série das vidas que com ela se relacionam, por mais numerosas que sejam, representam uma fração ínfima da existência sideral, um instante na duração ilimitada de nossos destinos.

A passagem das almas terrestres para outros mundos só pode ser efetuada sob o regime de certas leis. Os globos que povoam a extensão diferem entre si por sua natureza e densidade. A adaptação dos invólucros fluídicos das almas a esses meios novos somente é realizável em condições especiais de purificação. É impossível aos espíritos inferiores, na vida errática, penetrarem nos mundos elevados e descreverem suas belezas aos nossos médiuns. Encontra-se a mesma dificuldade, maior ainda, quando se trata da reencarnação nesses mundos. As sociedades que os habitam, por seu estado de superioridade, são inacessíveis à imensa maioria dos espíritos terrestres, ainda demasiadamente grosseiros, em insuficiente grau de elevação. Os sentimentos psíquicos dos últimos, muito pouco apurados, não lhes permitiriam viver a vida sutil que reina nessas esferas longínquas. Achar-se-iam lá como cegos na claridade ou surdos em um concerto. A atração que lhes encadeia os corpos fluídicos ao Planeta prende-lhes, do mesmo modo, o pensamento e a consciência às coisas inferiores. Seus desejos, seus apetites, seus ódios e até mesmo seu amor fazem-nos voltar a este mundo e ligam-nos ao objeto de sua paixão.

É necessário aprendermos primeiramente a desatar os laços que nos amarram à Terra, para depois levantarmos voo em direção a mundos mais elevados. Arrancar as almas terrestres ao seu meio, antes do termo da evolução especial a esse meio, fazê-las transmigrar para esferas superiores, antes de terem realizado os progressos necessários, seria desarrazoado e imprudente. A natureza não procede assim; sua obra se desenrola majestosa, harmônica em todas as suas fases. Os seres, cuja ascensão suas leis dirigem, não deixam o campo de ação, senão depois de terem adquirido virtudes e potências capazes de lhes darem entrada em um domínio mais elevado da vida universal.

A que regras o regresso da alma à carne está sujeito? As da atração e da afinidade. Quando um espírito encarna, é atraído para um meio, conforme suas tendências, seu caráter e grau de evolução. As almas seguem umas às outras e encarnam por grupos; constituem famílias espirituais, cujos membros são unidos por laços ternos e fortes, contraídos durante existências percorridas em comum.

Às vezes, esses espíritos são temporariamente afastados uns dos outros e mudam de meio para adquirirem novas aptidões. Assim se explicam, segundo os casos, as analogias ou dessemelhanças que caracterizam os membros de uma mesma família, filhos e pais. Contudo, sempre aqueles que se amam tornam, cedo ou tarde, a se encontrar na Terra, bem como no espaço.

Acusa-se a doutrina das reencarnações de amesquinhar a ideia de família, de inverter e confundir as situações que ocupam, uns em relação aos outros, os espíritos unidos por laços de parentesco. Por exemplo, as relações de mãe para filho, de marido para mulher etc.; o contrário é que é a verdade. Na hipótese de uma vida única, os espíritos se dispersam, depois de breve coabitação, e, muitas vezes, tornam-se estranhos uns aos outros.

Segundo a doutrina católica, as almas permanecem, depois da morte, em lugares diversos, segundo seus méritos, e os eleitos são para sempre separados dos réprobos. Assim, os laços de família e de amizade, formados por uma vida transitória, afrouxam-se, na maior parte dos casos, e até se quebram de vez; ao passo que, pelos renascimentos, os espíritos se reúnem de novo e prosseguem em comum suas peregrinações pelos mundos, tornando, assim, sua união cada vez mais íntima e profunda.

Nossa ternura espontânea por certos seres deste mundo se explica facilmente. Já os havíamos conhecido; em outros tempos, já os encontráramos. Quantos esposos, quantos amantes não têm sido unidos por inúmeras existências, percorridas dois a dois. Seu amor é indestrutível, porque o amor é a força das forças, o vínculo supremo que nada pode destruir.

As condições da reencarnação não permitem que nossas situações recíprocas se invertam; quase sempre, conservam-se os graus respectivos de parentesco. Algumas vezes, em caso de impossibilidade, um filho poderá vir a ser o irmão mais novo de seu pai de outros tempos; a mãe poderá renascer irmã mais velha do filho. Em casos excepcionais, e somente a pedido dos interessados, as situações podem se inverter. Os sentimentos de delicadeza, dignidade e mútuo respeito que sentimos na Terra não podem ser desconhecidos no mundo espiritual. Para supô-lo, é preciso ignorar a natureza das leis que regem a evolução das almas.

O espírito adiantado, cuja liberdade aumenta na razão direta de sua elevação, escolhe o meio onde quer renascer, ao passo que o espírito inferior é impelido por uma força misteriosa, à qual obedece instintivamente; mas todos são protegidos, aconselhados, amparados na passagem da vida do espaço para a existência terrestre, mais penosa, mais temível que a morte.

A união da alma com o corpo se efetua por meio do invólucro fluídico, o perispírito, de que muitas vezes temos falado. Sutil por sua natureza, ele servirá de laço entre o espírito e a matéria. A alma está presa ao gérmen por esse "mediador plástico", que vai se retrair, condensar-se cada vez mais, por meio das fases progressivas da gestação, e formar o corpo físico.

Desde a concepção até o nascimento, a fusão se opera lentamente, fibra por fibra, molécula por molécula. Pelo afluxo crescente dos elementos materiais e da força vital, ambos fornecidos pelos genitores, os movimentos vibratórios do perispírito da criança diminuirão e restringir-se-ão, ao mesmo tempo em que as faculdades da alma, a memória, a consciência se esvaem e aniquilam-se. É a essa redução das vibrações fluídicas do perispírito, à sua oclusão na carne, que se deve atribuir a perda da memória das vidas passadas.

Um véu cada vez mais espesso envolve a alma e apaga-lhe as radiações interiores. Todas as impressões de sua vida celeste e de seu longo passado volvem às profundezas do inconsciente, e a emersão só se realiza nas horas de exteriorização ou por ocasião da morte, quando o espírito, recuperando a plenitude de seus movimentos vibratórios, evoca o mundo adormecido de suas recordações.

O papel do duplo fluídico é considerável; explica, desde o nascimento até a morte, todos os fenômenos vitais. Como possui em si os vestígios indeléveis de todos os estados do ser, desde sua origem, comunica-lhe a impressão, as linhas essenciais ao gérmen material. Eis aí a chave dos fenômenos embriogênicos.

O perispírito, durante o período de gestação, impregna-se de fluido vital e materializa-se o bastante para tornar-se o regulador da energia e o suporte dos elementos fornecidos pelos genitores; constitui, assim, uma espécie de esboço, de rede fluídica permanente, por meio da qual passará a corrente de matéria que destrói e reconstitui sem cessar, durante a vida, o organismo terrestre; será a armação invisível que sustenta interiormente a estátua humana. Graças a ele, a individualidade e a memória conservar-se-ão no plano físico, apesar das vicissitudes da parte mutável e móvel do ser, e assegurarão, do mesmo modo, a lembrança dos fatos da existência presente, recordações cujo encadeamento, do berço à cova, fornece-nos a certeza íntima de nossa identidade.

A incorporação da alma não é, pois, subitânea, como o afirmam certas doutrinas; é gradual e só se completa e se torna definitiva à saída da vida uterina. Nesse momento, a matéria encerra completamente o espírito, que deverá vivificá-la pela ação das faculdades adquiridas. Longo será o período de desenvolvimento, durante o qual a alma ocupar-se-á em pôr à sua feição o novo invólucro, em acomodá-lo às suas necessidades, em fazer dele um instrumento capaz de manifestar suas potências íntimas. Contudo, nessa obra, ela será coadjuvada por um espírito preposto à sua guarda, que cuida dela, inspira-a e guia em todo o percurso de sua peregrinação terrestre. Todas as noites, durante o sono, muitas vezes até durante o dia, o espírito, no período infantil, desprende-se da forma carnal, volve ao espaço, a haurir forças e alentos para, em seguida, tornar a descer ao invólucro e prosseguir no penoso curso da existência.

Antes de novamente entrar em contato com a matéria e começar nova carreira, o espírito tem de escolher o meio onde vai renascer para a vida terrestre. Essa escolha é, contudo, limitada, circunscrita e determinada por causas múltiplas. Os antecedentes do ser, suas dívidas morais, suas afeições, seus méritos e deméritos, o papel que está apto a desempenhar, todos esses elementos intervêm na orientação da vida em preparo. Daí a preferência por uma raça, tal nação e tal família.

As almas terrestres que amamos nos atraem; os laços do passado se reatam em filiações, alianças e amizades novas. Os próprios lugares exercem sobre nós sua misteriosa sedução, e é raro que o destino não nos reconduza, muitas vezes, às regiões onde já vivêramos, amáramos e sofrêramos.

Os ódios são forças também que nos aproximam de nossos inimigos de outrora para apagarmos, com melhores relações, inimizades antigas. Assim, tornamos a encontrar em nosso caminho a maior parte daqueles que constituíram nossa alegria ou fizeram nossos tormentos.

Sucede o mesmo com a adoção de uma classe social, com as condições de ambiente e educação, com os privilégios da fortuna ou da saúde, com as misérias da pobreza. Todas essas causas tão variadas, tão complexas, vão se combinar para assegurar ao novo encarnado as satisfações, as vantagens ou as provações que convêm ao seu grau de evolução, aos seus méritos ou às suas faltas e às dívidas contraídas.

Dito isso, compreender-se-á quão difícil é a escolha. Por isso, na maioria das vezes, ela nos é inspirada pelas inteligências diretoras ou, então, em proveito nosso, hão de elas próprias fazê-lo, se não possuirmos o discernimento necessário para adotar, com toda a sabedoria e previdência, os meios mais eficazes para ativarmos nossa evolução e expurgarmos nosso passado.

Todavia, o interessado tem sempre a liberdade de aceitar ou procrastinar a hora das reparações inelutáveis. No momento de se ligar a um gérmen humano, quando a alma possui ainda toda a sua lucidez, seu guia desenrola diante dela o panorama da existência que a espera; mostra-lhe os obstáculos e os males de que será eriçada; faz-lhe compreender a utilidade desses obstáculos e desses males, para desenvolver suas virtudes ou libertá-la de seus vícios. Se a prova lhe parecer demasiado rude, se não se sentir suficientemente armado para afrontá-la, é lícito ao espírito diferir-lhe a data e procurar uma vida transitória que lhe aumente as forças morais e a vontade.

Na hora das resoluções supremas, antes de tornar a descer à carne, o espírito percebe, atinge o sentido geral da vida que começará. Ela lhe aparece, em suas linhas principais, em seus fatos culminantes, modificáveis sempre, entretanto, por sua ação pessoal e pelo uso de seu livre-arbítrio, porque a alma é senhora de seus atos, mas, desde que ela se decidiu, desde que o laço se efetive, e a incorporação se debuxe, tudo se apaga; esvai-se tudo.

A existência vai se desenrolar com todas as suas consequências previstas, aceitas, desejadas, sem que nenhuma intuição do futuro subsista na consciência normal do ser encarnado. O esquecimento é necessário, durante a vida material. O conhecimento antecipado dos males ou das catástrofes que nos esperam paralisaria nossos esforços e sustaria nossa marcha para frente.

Quanto à escolha do sexo, é também a alma que, de antemão, resolve. Pode até variá-lo de uma encarnação para outra, por um ato de sua vontade criadora, modificando as condições orgânicas do perispírito. Certos pensadores admitem que a alternação dos sexos é necessária para adquirir virtudes mais especiais, como dizem, a cada uma das metades do gênero humano. Por exemplo, no homem, a vontade, a firmeza e a coragem; na mulher, a ternura, a paciência e a pureza.

Cremos, de acordo com nossos guias, que a mudança de sexo, sempre possível para o espírito, é, em princípio, inútil e perigosa. Os espíritos elevados reprovam-na. É fácil reconhecer, à primeira vista, em volta de nós, as pessoas que, em uma existência precedente, adotaram sexo diferente; são sempre, sob algum ponto de vista, anormais. As viragos, de caráter e gostos varonis, algumas das quais apresentam ainda vestígio dos atributos do outro sexo – por exemplo, barba no mento –, são, evidentemente, homens reencarnados. Elas nada têm de estético e sedutor. Sucede o mesmo com os homens efeminados, que têm todas as características das filhas de Eva e acham-se transviados na vida. Quando um espírito se afez a um sexo, é mau para ele sair do que se tornou sua natureza.

Muitas almas, criadas aos pares, são destinadas a evoluírem juntas, unidas para sempre, na alegria e na dor. Deram-lhes o nome de almas irmãs. Seu número é mais considerável do que geralmente se crê. Realizam a forma mais completa, mais perfeita da vida e do sentimento e dão às outras almas o exemplo de um amor fiel, inalterável e profundo. Podem ser reconhecidas por essa característica. E o que seria de sua afeição, de suas relações, de seu destino se a mudança de sexo fosse uma necessidade, uma lei? Entendemos, antes, que, pelo próprio fato da ascensão geral, os caracteres nobres e as altas virtudes multiplicar-se-ão nos dois sexos ao mesmo tempo. Finalmente, nenhuma qualidade ficará sendo apanágio de um só dos sexos, mas atributo dos dois.

A mudança de sexo poderia ser considerada como um ato imposto pela lei de justiça e reparação, em um único caso: quando maus-tratos ou graves danos, infligidos a pessoas de um sexo, atraem para este mesmo sexo os espíritos responsáveis, para assim sofrerem, por sua vez, os efeitos das causas a que deram origem. Contudo, a pena de talião não rege, como mais adiante veremos, de maneira absoluta, o mundo das almas. Existem mil formas de se fazer a reparação e de eliminar as causas do mal. A cadeia onipotente das causas e dos efeitos se desenrola em mil anéis diversos.

Objetar-nos-ão, talvez, que seria iníquo coagir metade dos espíritos a evoluírem em um sexo mais fraco e bastas vezes oprimido, humilhado, sacrificado por uma organização social ainda bárbara. Podemos responder que esse estado de coisas tende a desaparecer, de dia para dia, para ceder lugar a maior soma de equidade. É pelo aperfeiçoamento moral e social e pela sólida educação da mulher que a humanidade há de se levantar.

Quanto às dores do passado, sabemos que não ficam perdidas. O espírito que sofreu iniquidades sociais colhe, por força da lei de equilíbrio e compensação, o resultado das provações por que passou. O espírito feminino, dizem-nos os guias, ascende com voo mais rápido para a perfeição.

O papel da mulher é imenso na vida dos povos. Irmã, esposa ou mãe, é a grande consoladora e a carinhosa conselheira. Pelo filho, é seu o porvir e prepara o homem futuro. Por isso, as sociedades que a deprimem se deprimem. A mulher respeitada, honrada e de entendimento esclarecido é que faz a família forte e a sociedade grande, moral e unida.

Temíveis são certas atrações para as almas que procuram as condições de um renascimento. Há, por exemplo, as famílias de alcoólicos, de devassos e de dementes. Pergunta-se: como conciliar a noção de justiça com a encarnação dos seres em tais meios? Não há aí, em jogo, razões psíquicas profundas e latentes, e não são as causa físicas apenas uma aparência?

Vimos que a lei de afinidade aproxima os seres similares. Um passado de culpas arrasta a alma atrasada para grupos que apresentam analogias com seu próprio estado fluídico e mental, o qual ela criou com seus pensamentos e suas ações.

Não há, nesses problemas, nenhum lugar para a arbitrariedade ou para o acaso. É o mau uso prolongado de seu livre-arbítrio e a procura constante por resultados egoístas ou maléficos que atraem a alma para genitores semelhantes a si. Eles fornecer-lhe-ão materiais em harmonia com seu organismo fluídico, impregnados das mesmas tendências grosseiras, próprios para a manifestação dos mesmos apetites e dos mesmos desejos. Abrir-se-á nova existência, novo degrau de queda para o vício e para a criminalidade, e a descida tende ao abismo.

Senhora de seu destino, a alma tem de se sujeitar ao estado de coisas que preparou e escolheu. Todavia, depois de haver feito de sua consciência um antro tenebroso, um covil do mal, terá de transformá-lo em templo de luz. As faltas acumuladas farão nascer sofrimentos mais vivos; suceder-se-ão de forma mais penosa e mais dolorosa as encarnações; o círculo de ferro apertar-se-á até que a alma, triturada pela engrenagem das causas e dos efeitos que houver criado, compreenderá a necessidade de reagir contra suas tendências, de vencer suas ruins paixões e de mudar de caminho.

Desde esse momento, por pouco que o arrependimento a sensibilize, sentirá nascer em si forças, impulsões novas que a levarão para meios mais adequados à sua obra de reparação e renovação. Passo a passo, fará progressos. Raios e eflúvios penetrarão na alma arrependida e enternecida, e aspirações desconhecidas e necessidades de ação útil e de dedicação hão de despertar nela. A lei de atração, que a impelia para as últimas camadas sociais, reverterá em seu benefício e tornar-se-á o instrumento de sua regeneração.

Entretanto, não será sem custo que ela se levantará; a ascensão não prosseguirá sem dificuldades. As faltas e os

O Problema do Ser e do Destino   177

erros cometidos repercutem como causas de obstrução nas vias futuras, e o esforço terá de ser tanto mais enérgico e prolongado quanto mais pesadas forem as responsabilidades, quanto mais extenso tiver sido o período de resistência e obstinação no mal.

Na escabrosa e íngreme subida, o passado dominará por muito tempo o presente, e seu peso fará vergar mais de uma vez os ombros do caminhante. Contudo, do Alto, mãos piedosas estender-se-ão para ele e ajudá-lo-ão a transpor as passagens mais escarpadas. "Há mais alegria no Céu por um pecador que se arrepende do que por cem justos que perseveram."

Nosso futuro está em nossas mãos, e nossas facilidades para o bem aumentam na razão direta de nossos esforços para o praticarmos. Toda a vida nobre e pura, toda a missão superior é o resultado de um passado imenso de lutas, de derrotas sofridas, de vitórias ganhadas contra nós mesmos; é o remate de trabalhos longos e pacientes, a acumulação de frutos de ciência e caridade colhidos, um por um, no decurso das idades.

Cada faculdade brilhante, cada virtude sólida reclamou existências multíplices de trabalho obscuro, de combates violentos entre o espírito e a carne, entre a paixão e o dever. Para chegar ao talento e ao gênio, o pensamento teve de amadurecer lentamente através dos séculos. O campo da inteligência, penosamente desbravado, a princípio, apenas deu escassas colheitas; depois, pouco a pouco, vieram as searas cada vez mais ricas e abundantes.

Em cada regresso ao espaço, procede-se ao balanço dos lucros e das perdas; avaliam-se e firmam-se os progressos. O ser se examina e julga-se; perscruta minuciosamente sua história recente, em si mesmo escrita; passa em revista os frutos de experiência e sabedoria que sua última vida lhe proporcionou, para mais profundamente assinalar-lhes a substância.

A vida do Espaço é, para o espírito que evoluiu, o período de exame, de recolhimento, em que as faculdades, depois de terem se gastado no exterior, refletem-se, aplicam-se ao estudo íntimo, ao interrogatório da consciência, ao inventário rigoroso da beleza ou fealdade que há na alma.

A vida do Espaço é a forma necessária e simétrica da vida terrestre; vida de equilíbrio, em que as forças se reconstituem, as energias se retemperam, os entusiasmos se reanimam e o ser se prepara para as futuras tarefas; é o descanso depois do trabalho, a bonança depois da tormenta, a concentração tranquila e serena depois da expansão ativa ou do conflito ardente.

Segundo a opinião dos teósofos, o regresso da alma à carne se efetua a cada mil e quinhentos anos.[137] Essa teoria não é confirmada nem pelos fatos nem pelo testemunho dos espíritos. Estes, interrogados em grande número, em meios muito diversos, responderam que a reencarnação é muito mais rápida; as almas ávidas de progresso se demoram pouco no Espaço. Elas pedem o regresso à vida deste mundo para conquistar novos títulos e novos méritos.

Possuímos, sobre as existências anteriores de certa pessoa, indicações recolhidas, em pontos muito afastados uns dos outros, da boca de médiuns que nunca se conheceram. Essas indicações são perfeitamente concordes entre si e com as intuições do interessado. Demonstram que apenas vinte ou trinta anos, quando muito, separaram suas vidas terrestres. Contudo, não há, quanto a isso, regra exata. As encarnações se aproximam ou se distanciam segundo o estado das almas, seu desejo de trabalho e adiantamento e as ocasiões favoráveis que se lhes oferecem. Nos casos de morte precoce, são quase imediatas.

Sabemos que o corpo fluídico se materializa ou purifica-se conforme a natureza dos pensamentos e das ações do espírito. As almas viciosas atraem para si, por suas tendências, fluidos impuros, que tornam mais espesso seu invólucro e diminuem suas radiações. Com a morte, não podem se elevar acima de nossas regiões e ficam confinadas na atmosfera ou misturadas com os humanos. Se persistem no mal, a atração planetária se torna tão poderosa que lhes precipita a reencarnação.

Quanto mais material e grosseiro é o espírito, tanto mais influência tem sobre ele a lei de gravidade. Com os espíritos puros, cujo perispírito radioso vibra a todas as sensações do infinito e que acham nas regiões etéreas meios apropriados à sua natureza e ao seu estado de progressão, produz-se o fenômeno inverso. Chegados a um

---
[137] Os livros teosóficos, diz Annie Besant, são concordes em reconhecer que "as encarnações são separadas umas das outras por um período médio de quinze séculos" (*La reincarnation*, p. 97).

grau superior, esses espíritos prolongam cada vez mais sua estada no Espaço; as vidas planetárias se tornam para eles a exceção, e a vida livre se torna a regra, até que a soma das perfeições realizadas os liberte para sempre da servidão dos renascimentos.

CAPÍTULO II

As vidas sucessivas – provas experimentais e renovação da memória

Nas páginas precedentes, expusemos as razões lógicas que militam em prol da doutrina das vidas sucessivas. Consagraremos o presente capítulo e os seguintes a refutar as objeções de seus contraditores e entraremos no campo das provas científicas, que, todos os dias, vêm consolidá-la.

A objeção mais trivial é esta: "Se o homem já viveu, pergunta-se: por que não se lembra de suas existências passadas?".

Já, sumariamente, indicamos a causa fisiológica desse esquecimento, que é o próprio renascimento, isto é, o revestimento de um novo organismo, de um invólucro material que, sobrepondo-se ao invólucro fluídico, faz, a seu respeito, o papel de um apagador. Em consequência da diminuição de seu estado vibratório, o espírito, cada vez que toma posse de um corpo novo, de um cérebro virgem de toda a imagem, acha-se na impossibilidade de exprimir as recordações acumuladas de suas vidas precedentes. Continuarão, é verdade, revelando seus antecedentes em suas aptidões, na facilidade de assimilação, nas qualidades e nos defeitos, mas todas as particularidades dos fatos, dos sucessos que constituem seu passado, reintegrado nas profundezas da consciência, ficarão veladas durante a vida terrestre. O espírito, no estado de vigília, apenas poderá exprimir pelas formas da linguagem as impressões registradas por seu cérebro material.

A memória é a concatenação, a associação das ideias, dos fatos e dos conhecimentos. Desde que essa associação desaparece, desde que se rompe o fio das recordações, parece que para nós se apaga o passado, mas só na aparência.

Em um discurso pronunciado em 6 de fevereiro de 1905, o professor Charles Richet, da Academia de Medicina, disse:

> A memória é uma faculdade implacável de nossa inteligência, porque nenhuma de nossas percepções jamais é esquecida. Logo que um fato nos impressionou os sentidos, fixa-se irrevogavelmente na memória. Pouco importa que tenhamos conservado a consciência dessa recordação: ela existe, é indelével.

Acrescentamos que ela pode ressurgir. O despertar da memória não é mais do que um efeito de vibração produzido pela ação da vontade nas células do cérebro. Para fazermos reviver as lembranças anteriores ao nascimento, é necessário nos colocarmos novamente em harmonia de vibrações com o estado dinâmico em que nos achávamos na época em que houve a percepção.

Não existindo já os cérebros que registraram essas percepções, é preciso procurá-las na consciência profunda. Contudo, esta se conserva calada, enquanto o espírito está encerrado na carne. Para recuperar a plenitude de suas vibrações e reaver o fio das lembranças em si ocultas, é necessário que ele saia e se separe do corpo. Percebe, então, o passado e pode reconstituí-lo nos menores fatos. É isso o que ocorre nos fenômenos do sonambulismo e transe.

Sabemos que há em nós profundezas misteriosas, em que lentamente se foram depositando, através das idades, os sedimentos de nossas vidas de lutas, de estudo e de trabalho. Ali se gravam todos os incidentes e todas as vicissitudes do passado obscuro. É como um oceano de coisas adormecidas, balouçadas pelas vagas do destino. Um apelo poderoso da vontade pode fazê-lo reviver. A vista do espírito, nas horas de clarividência, desce para elas como as radiações das estrelas passam das profundezas galácticas até debaixo das abóbadas e das arcadas dos recessos sombrios do mar.

Recordemos aqui os pontos essenciais da teoria do "eu", com a qual têm conexão todos os problemas da memória e da consciência.

Os dois fatores que constituem a permanência e mantêm a identidade, a personalidade do "eu", são a memória e a consciência. As reminiscências, as intuições e as aptidões determinam a sensação de haver vivido. Existe, na inteligência, uma continuidade, uma sucessão de causas e efeitos que é preciso reconstituir em sua totalidade para possuir o conhecimento integral do "eu". É isso, como visto, impossível na vida material, pois a incorporação produz uma extinção temporária dos estados de consciência que formam esse todo contínuo.

Assim como a vida física está sujeita às alternativas da noite e do dia, assim também se produz um fenômeno análogo na vida do espírito. Nossa memória e consciência atravessam alternadamente períodos de eclipse ou de esplendor, de sombra ou de luz, no estado celeste ou terrestre, e até, neste último plano, durante a vigília ou nos diferentes estados do sono. Dessa forma, assim como há gradações no eclipse, há também graus de luz.

Muitos sonhos, à semelhança das impressões recebidas durante o sono do sonambulismo, não deixam vestígios ao despertar. O esquecimento, como todos os magnetizadores o sabem, é um fenômeno constante nos sonâmbulos, mas, desde que o espírito do sujet, imerso em novo sono, torne a encontrar-se nas condições dinâmicas que permitem a renovação das recordações, estas se reavivam logo. O sujet se recorda do que fez, disse, viu, exprimiu em todas as épocas da existência.

Por isso compreenderemos facilmente o esquecimento momentâneo das vidas anteriores. O movimento vibratório do invólucro perispiritual, amortecido pela matéria no decurso da vida atual, é excessivamente fraco para que o grau de intensidade e a duração necessária à renovação dessas recordações possam ser obtidos durante a vigília.

Na realidade, a memória não é mais do que uma modalidade da consciência. A recordação está, muitas vezes, no estado subconsciente. Já no círculo restrito da vida atual, não conservamos a recordação de nossos primeiros anos, a qual está, contudo, gravada em nós, como todos os estados atravessados no decurso de nossa história. Sucede o mesmo com grande número de atos e fatos pertencentes aos outros períodos da vida. Gassendi, conforme dizem, lembrava-se da idade de dezoito meses, o que é uma exceção. É necessário o esforço mental para reavivar essas recorda-

O Problema do Ser e do Destino 183

ções da vida normal, que nos é mais familiar; é necessário, repetimo-lo, para novamente colhermos mil coisas estudadas, aprendidas e, depois, esquecidas, porque baixaram às camadas profundas da memória.

A cada passo, a inteligência precisa procurar na subconsciência os conhecimentos, as recordações que quer reavivar; esforça-se para fazê-los passar para a consciência física, para o cérebro concreto, depois de tê-los provido dos elementos vitais fornecidos pelos neurônios ou células nervosas. Segundo a riqueza ou a pobreza desses elementos, a recordação surgirá clara ou difusa; às vezes, esquiva-se; a comunicação não pode se estabelecer ou, então, a projeção se produz mais tarde somente, no momento em que menos se espera.

Portanto, para recordar, a primeira das condições é querer. Eis a razão pela qual muitos espíritos, mesmo na vida do espaço, sob o domínio de certos preconceitos dogmáticos, desprezam toda a investigação e se conservam ignorantes do passado que neles dorme. Nesse meio, como entre nós, no decurso da experimentação, é necessária uma sugestão. Vemos essa lei da sugestão se manifestar em toda a parte, debaixo de mil formas. Nós mesmos, a cada instante do dia, estamos sujeitos à sua ação. Eleva-se, por exemplo, perto de nós um canto, ressoa uma palavra, um nome, fere-nos a vista uma imagem e, de repente, graças à associação de ideias, desenrola-se em nosso espírito um encadeamento completo de recordações confusas, quase esquecidas, dissimuladas nas camadas profundas de nossa consciência.

Períodos inteiros de nossa vida atual podem se apagar da memória. Em seu livro Lés Phénomènes Psychiques, página 170, o doutor J. Maxwell fala, nos seguintes termos, do que denominou casos de amnésia:

> Algumas vezes, até desaparece a noção da personalidade; doentes há que, subitamente, esquecem o próprio nome. Apaga-se-lhes toda a vida e parecem voltar ao estado em que estavam quando nasceram; têm de aprender outra vez a falar, a vestir-se e a comer. Às vezes, não é tão completa a amnésia. Pude observar um doente que havia esquecido tudo o que tinha qualquer ligação com a sua personalidade; ignorava absolutamente tudo quanto fizera, não sabia onde nascera nem quem eram seus pais. Tinha cerca de trinta anos. A me-

mória orgânica e as memórias organizadas fora da personalidade subsistiam; podia ler, escrever, desenhar alguma coisa, tocar mal um instrumento de música. Nele a amnésia limitava-se a todos os fatos conexos com sua personalidade anterior.

A guerra multiplicou esses casos, e isso pôde ser constatado nos jornais. O doutor. Pitre, deão da Faculdade de Medicina de Bordéus, em seu livro L'Hystérie et 1'Hypnotisme, cita um caso que demonstra que todos os fatos e conhecimentos registrados em nós desde a infância podem renascer; é o que ele denomina o fenômeno de ecmnésia.

Uma donzela de dezessete anos falava só francês e havia esquecido o dialeto gascão, idioma de sua juventude. Adormecida e transportada pela sugestão à idade de cinco anos, deixava de entender o francês e só falava seu dialeto. Contava as menores particularidades de sua vida infantil, que se lhe apresentavam perfeitamente nítidas, mas não respondia às perguntas feitas, por já não compreender a língua que lhe falavam. Esquecera todos os fatos de sua vida que se haviam desenrolado entre as idades de cinco e dezessete anos.

O doutor Burot fez experiências idênticas. O sujet Joana é transportado por ele, mentalmente, a diferentes épocas de sua juventude, e, em cada período, os incidentes da existência se desenham com precisão em sua memória, mas todo o fato ulterior se apaga. Era possível seguir, em escala descendente, os progressos de sua inteligência. Chegada à idade de cinco anos, verificou-se que mal sabia ler; escrevia como naquela idade, de maneira atrapalhada e com erros de ortografia que, em tal época, costumava cometer.[138]

Foi comprovada a exatidão de todas essas narrativas. Os sábios que citamos se entregaram a minuciosas pesquisas e puderam verificar a veracidade dos fatos relatados pelos pacientes. Esses fatos, quando os sábios estavam em estado normal, eram-lhes varridos da memória.

Veremos que, por um encadeamento lógico e rigoroso, esses fenômenos nos levam à possibilidade de despertarmos experimentalmente, na parte permanente do ser, as recordações anteriores ao nascimento, o que verificaremos nas experiências de F. Colavida, E. Marata, Coronel de Rochas etc.

[138] Doutores Bourru e Burot. *Lés changements de la personnalite*. Bibliothèque Scientifique Contemporaine, 1887.

O estado de febre, o delírio, o sono anestésico, provocando a separação parcial, podem também abalar, dilatar as camadas profundas da memória e despertar conhecimentos e lembranças antigas. Todos, sem dúvida, lembram-se do célebre caso de Ninfa Filiberto, de Palermo. Com febre, falava várias línguas estrangeiras que há muito tempo esquecera. Eis outros fatos relatados por médicos práticos.

O doutor Henri Frieborn[139] cita o caso de uma mulher de setenta anos de idade que, gravemente doente de uma bronquite, foi acometida de delírio, de 13 a 16 de março de 1902. Depois, pouco a pouco, foi-lhe voltando a razão:

> Na noite de 13 para 14, percebeu-se que ela falava uma língua desconhecida das pessoas que a rodeavam. Parecia, às vezes, que recitava versos e, outras, que conversava. Por várias vezes repetiu a mesma composição em verso; acabou-se por descobrir que a língua era a indostânica.
>
> Na manhã de 14, começou a misturar-se com o indostânico algum inglês; conversava dessa maneira com parentes e amigos de infância ou então falava deles.
>
> No dia 15, havia, por sua vez, desaparecido o indostânico, e a doente dirigiu-se a amigos, que mais tarde conhecera, servindo-se do inglês, do francês e do alemão. A senhora de que se trata nascera na Índia, de onde saiu aos três anos de idade, a fim de ir para a Inglaterra, aonde chegou depois de quatro meses de viagem. Até o dia do desembarque na Inglaterra, fora confiada a serviçais hindus e não falava absolutamente nada do inglês.
>
> No dia 13, revivia, no delírio, seus primeiros dias e falava a primeira linguagem que ouvira. Reconheceu-se que a poesia era uma espécie de cantiga com que os *ayahs* costumavam adormecer as crianças. Quando conversava, dirigia-se, sem dúvida, aos fâmulos hindus; assim, entre outras coisas, compreendeu-se que ela pedia que a levassem ao bazar para comprar doces.
>
> Podia-se reconhecer que havia uma ligação seguida em toda a marcha do delírio. A princípio, foram conhecimentos com que a doente estivera em relação durante a primeira infância; depois, passou em revista toda a sua existência, até chegar, em 16 de março, à época em que se casou e teve filhos que cresceram.
>
> É curioso verificar que, depois de um período de

---

[139] Consultar *Lancet*, de Londres, número de 12 de junho de 1902.

sessenta e seis anos, durante o qual ela nunca falara o indostânico, o delírio lhe relembrasse a linguagem de sua primeira infância. Atualmente, a doente fala com facilidade o francês, o alemão e o inglês; mas, posto que conheça ainda algumas palavras do indostânico, é absolutamente incapaz de falar essa língua ou mesmo de compor nela uma única frase.

O doutor Sollier, em sua obra Phénomènes d'autoscopie (p. 105), menciona as experiências seguintes, do doutor Bain. Trata-se de uma doente de vinte e nove anos de idade, morfinômana e submetida ao "método de ressensibilização sucessiva pela hipnose":

> Depois de terminarmos o que tínhamos a fazer com o corpo, procedemos ao despertar da cabeça Assistimos a uma regressão da personalidade, não em uma única sessão, mas em muitas, há dezessete anos. A doente tornava a encontrar-se na idade de doze anos; revivia todos os períodos de sua vida movimentada, com desdobramento completo da personalidade. Levar-nos-ia muito longe darmos, mesmo em escorço, a história da doente, história à qual assistíamos como se tivéssemos na mão o auscultador de um telefone e escutássemos a um só interlocutor. Eram as cenas de uma pobre operária que se prostituiu para viver e que, doente, se entrega à morfina; implicada em roubos, é julgada duas vezes e cumpre em Saint-Lazare, depois em Nanterre, a pena de um ano de prisão; cenas de família, cenas de oficina, cenas com amantes, horas de prosperidade passageiras, horas de miséria consecutivas, a vida em Saint-Lazare e Nanterre. Em janeiro de 1902, deixava a doente o asilo, a seu pedido; muito melhor, tinha engordado muito, dormia espontaneamente de noite, era ativa e trabalhava. Redigiu, a pedido nosso, uma nota expondo todos os incidentes de sua vida. Essa nota concordava com todas as informações que nos dera na hipnose, ao encontrar outra vez a sensibilidade cerebral.

Os Annales des Sciences Psychiques, de março de 1906, registraram um caso interessante de amnésia em vigília, referido pelo doutor Gilbert-Ballet, do hospital de Paris.

> Trata-se de um doente que, em consequência de um choque violento, esquecera completamente um trecho considerável de sua vida passada. Lem-

brava-se muito bem da infância e dos fatos muito remotos, mas se produzira uma lacuna para uma parte de sua existência mais próxima, e não podia lembrar-se dos acontecimentos passados durante esse período da vida. É a isto que se chama *amnésia retrógrada*. O doente chama-se Dada e tem cinquenta anos de idade. Desde o dia 4 até ao dia 7 de outubro precedente, operara-se em sua memória um vácuo absoluto. Empregado como jardineiro em uma propriedade perto de Nevers, deixara seus amos no dia 4, e no dia 7 achou-se, sem saber como, em Liège, junto às portas da exposição. De que maneira fez essa longa viagem? Ignora-o e, apesar de todos os esforços, não pôde conseguir a mínima recordação.

Mas eis que esse doente é mergulhado na hipnose e, para logo, reconstituem-se todos os incidentes dessa viagem em suas menores particularidades, com a recordação das pessoas encontradas. O senhor Dada está na quarta crise de amnésia nervosa. Recorda-se, adormecido, daquilo que esquecera no estado de vigília, simplesmente porque se encontra de novo na condição anterior, isto é, no estado em que se achava no momento do ataque de amnésia. Esse caso nos põe também no rastro das leis e condições que regem os fenômenos de renovação da memória das vidas anteriores.

Em resumo, todo o estudo do homem terrestre nos fornece a prova de que existem estados distintos da consciência e da personalidade. Vimos, na primeira parte desta obra, que a coexistência, em nós, de um "mental duplo", cujas duas partes se juntam e fazem fusão na morte, é atestada não só pelo hipnotismo experimental, mas também por toda a evolução psíquica.

O simples fato dessa dualidade intelectual, considerada em suas relações com o problema das reencarnações, explica-nos como toda uma parte do "eu", com seu imenso cortejo de impressões e recordações antigas, pode ficar imersa na sombra durante a vida atual.

Sabemos que a telepatia, a clarividência e a previsão dos acontecimentos são poderes atinentes ao "eu" profundo e oculto. A sugestão facilita seu exercício; é um apelo da vontade, um convite às almas fracas e incapazes para que saiam do cárcere e tornem temporariamente a entrar na posse das riquezas, das potências que nelas dormitam. Os passes magnéticos desfazem os laços que prendem a alma ao corpo físico e provocam o desprendimento. A partir daí começa a sugestão, pessoal ou estranha, a pôr-se em ação, a exercer-se com mais intensidade. Esse movimento não é somente aplicável ao despertar dos sentidos psíquicos; acabamos de ver que pode também reconstituir o encadeamento das recordações gravadas nas profundezas do ser.

Parece que, em certos casos excepcionais, essa ação pode se exercer mesmo no estado de vigília. F. Myers[140] fala da faculdade do "subliminal" de evocar estados emocionais desaparecidos da consciência normal e de reviver no passado. Esse fato, como ele diz, encontra-se frequentes vezes nos artistas, cujas emoções revivescidas podem exceder em intensidade as emoções originais.

O mesmo autor emite a opinião de que a teoria mais verossímil para explicar o gênio é a das reminiscências de Platão, com a condição de fundamentá-las nos dados científicos estabelecidos em nossos dias.[141]

Esses mesmos fenômenos reaparecem com outra forma, em uma ordem de fatos já assinalados. São as impressões de pessoas que, depois de acidentadas, puderam escapar à morte. Por exemplo, citam-se os afogados salvos antes da asfixia completa e outros que sofreram quedas graves. Muitos contam que, entre o momento em que caíram e aquele em que perderam os sentidos, todo o espetáculo de sua vida se lhes desenrolou no cérebro de maneira automática, em quadros sucessivos e retrógrados, com rapidez vertiginosa, acompanhados do sentimento moral do bem e do mal, assim como da consciência das responsabilidades em que incorreram.

Th. Ribot, líder do positivismo francês, em sua obra *Les maladies de la mémoire*, cita numerosos fatos que estabelecem a possibilidade do despertar espontâneo, automático, de todas as cenas ou imagens que povoam a memória, particularmente em caso de acidente.

Lembremos, sobre isso, o caso do almirante Beaufort, extraído do Journal de Médecine, de Paris.[142] Ele caiu ao mar e perdeu, durante dois minutos, o sentido da consciência física. Bastou esse tempo à sua consciência transcendental para resumir toda a sua vida terrestre em quadros reduzidos, donos de uma nitidez prodigiosa. Todos os seus

[140] F. Myers. *La personnalite humaine*, p. 333.
[141] Ibidem, p. 103.
[142] Ibidem, capítulo XI.

O Problema do Ser e do Destino

atos, inclusive as causas, as circunstâncias contingentes e os efeitos, desfilaram em seu pensamento. Lembrava-se das próprias reflexões do momento sobre o bem e o mal que deles haviam resultado.

Apresenta-se aqui um caso da mesma natureza, relatado pelo senhor Cottin, aeronauta:

> Em sua última ascensão, o balão *Le Montgolfier* levava o senhor Perron, presidente da Academia de Aerostação, como chefe, e F. Cottin, agente administrativo da Associação Científica Francesa.
>
> Tendo subido de um salto, às 4h24, o balão elevou-se a setecentos metros. Foi então que rebentou e começou a descer com velocidade maior do que aquela com que subira e, às 4h27, afundou-se pela casa número 20 do beco do Cavaleiro, em Saint-Ouen. "Depois de ter atirado fora tudo quanto podia complicar a situação – diz-nos o senhor Cottin –[143] apossou-se de mim uma espécie de quietação, de inércia talvez; mil recordações remotas afluem, comprimem-se, chocam-se diante da minha imaginação; depois as coisas acentuam-se, e o panorama de minha vida vem desenrolar-se diante de meu espírito atento. É tudo exato: os castelos no ar, as decepções, a luta pela existência; e tudo isso dentro do caixilho inexorável imposto pelo destino [...]. Quem acreditará, por exemplo, que eu me tornei a ver, aos vinte anos, sargento no 22° de Linha? [...] Tornei a ver-me de mochila às costas na estrada de Vendôme. Em menos de três minutos vi desfilar toda a minha vida diante da memória."

Esses fenômenos podem ser explicados por um princípio de exteriorização. Nesse estado, como na vida do Espaço, a subconsciência se une à consciência normal e reconstitui a consciência total, a plenitude do "eu". Por um instante, restabelece-se a associação das ideias e dos fatos e reata-se a cadeia das recordações. Pode-se obter o mesmo resultado pela experimentação, mas, então, o *sujet* precisa ser auxiliado em suas pesquisas por uma vontade superior à dele em poder, que se associa a ele e lhe estimula os esforços. Nos fenômenos do transe, esse papel é desempenhado ou pelo espírito-guia ou pelo magnetizador, cujo pensamento atua sobre o *sujet* como uma alavanca.

As duas vontades, combinadas, sobrepostas, adquirem, então, uma intensidade de vibrações que põe em aba-

---

[143] Extraído de *Le spiritisme et l'anarchie*, por J. Bouvery, p. 405.

lo as camadas mais profundas e mais ocultas do subconsciente.

Outro ponto essencial deve prender nossa atenção. É o fato, estabelecido por toda a ciência fisiológica, de existir íntima correlação entre o físico e o mental do homem. A cada ação física corresponde um ato psíquico, e vice-versa. Ambos são registrados ao mesmo tempo na memória subconsciente, de tal maneira que um não pode ser evocado sem que surja imediatamente o outro. Essa concordância se aplica aos menores fatos de nossa existência integral, tanto no que se refere ao presente como no que concerne aos episódios do passado mais remoto.

A compreensão desse fenômeno, pouco inteligível para os materialistas, é-nos facilitada pelo conhecimento do perispírito ou invólucro fluídico da alma. É nele que se gravam todas as nossas impressões, e não no organismo físico composto de matéria inconsistente, incessantemente variável em suas células constitutivas.

O perispírito é o instrumento de precisão que aponta com fidelidade absoluta as menores variações da personalidade. Todas as volições do pensamento e todos os atos da inteligência têm nele sua repercussão. Seus movimentos e estados vibratórios distintos deixam nele traços sucessivos e sobrepostos. Certos experimentadores compararam esse modo de registro a um cinematógrafo vivo sobre o qual se fixam, sucessivamente, nossas aquisições e recordações. Desenrolar-se-ia por uma espécie de empuxo ou abalo causado quer pela ação de uma sugestão, quer por uma autossugestão, ou, então, em consequência de um acidente, como vimos.

A influência do pensamento sobre o corpo já nos é revelada por fenômenos observáveis em nós mesmos e em nossa volta. O medo paralisa os movimentos; a admiração, a vergonha e o susto provocam a palidez ou o rubor; a angústia nos aperta o coração; a dor profunda nos faz correr as lágrimas e pode causar, com o tempo, uma depressão vital. Aí estão outras tantas provas manifestas da ação poderosa da força mental sobre o invólucro material.

O hipnotismo, desenvolvendo a sensibilidade do ser, demonstra-nos, ainda com maior nitidez, a ação reflexa do pensamento.

Vimos que a sugestão de uma queimadura pode produzir em um sujet tantas desordens como a própria queimadura. Provoca-se, à vontade, a aparição de chagas, estigmas etc.[144]

Se o pensamento e a vontade podem exercer tal influência sobre a matéria corporal, compreender-se-á que essa influência seja ainda maior e produza efeitos mais intensos quando for aplicada à matéria fluídica, imponderável, de que o perispírito é formado. Menos densa, menos compacta que a matéria física, obedecerá com muito mais flexibilidade, mais docilidade, às menores volições do pensamento. É em virtude dessa lei que os espíritos podem aparecer com qualquer das formas que revestiram no passado e com todos os atributos da individualidade extinta. Basta-lhes pensar com vigor em uma fase qualquer de suas existências para se mostrarem aos videntes, tais quais eram na época evocada em sua memória; e, embora a força psíquica necessária lhes seja fornecida em pequena quantidade por um ou mais médiuns, as materializações se tornam possíveis.

O Coronel de Rochas, conseguindo, em suas experiências, insular o corpo fluídico, demonstrou ser ele a sede da sensibilidade e das recordações.[145] O hipnotismo e a fisiologia combinados nos permitem, de ora em diante, estudar a ação da alma despida de seu invólucro grosseiro e unida ao corpo sutil; não tardarão em nos ministrar os meios de elucidarmos os mais delicados problemas do ser. A experimentação psíquica encerra a chave de todos os fenômenos da vida; está destinada a renovar inteiramente a ciência moderna, lançando luz viva sobre grande número de questões obscuras até o presente.

Veremos agora, nos fenômenos hipnóticos e, particularmente, no transe, que as impressões registradas pelo corpo fluídico de maneira indelével formam íntimas associações. As impressões físicas estão ligadas às impressões morais e intelectuais, de tal modo que não é possível chamar umas sem aparecerem as outras. Sua reaparição é sempre simultânea.

Essa íntima correlação do físico com o moral, em sua aplicação às lembranças gravadas em nós, é demonstrada por experiências numerosas. Citemos primeiro as de sá-

---

[144] Consultar *No invisível*, capítulo **XX**.
[145] Consultar A. de Rochas. *L'exteriorisation de la sensibilite*.

bios positivistas, que, apesar de suas prevenções sobre toda a teoria nova, confirmam-na sem notarem-se disso.

Pierre Janet, professor de fisiologia na Sorbonne, expõe os fatos a seguir.[146] As experiências são feitas em seu sujet Rosa, adormecido:

> Sugiro a Rosa que não estamos em 1888, mas em 1886, no mês de abril, para verificar simplesmente modificações de sensibilidade que poderiam produzir-se; mas, nisso, produz-se um acidente muito singular. Ela geme, queixa-se de estar cansada e de não poder andar.
> – Então, que é que tem? – pergunto-lhe.
> – Oh! Não é nada... Em que estado me acho!
> – Que estado?
> Responde-me com um gesto. O ventre crescera-lhe de repente e distendera-se por um acesso súbito de timpanite histérica. Sem saber, eu a transportara a um período de sua vida, em que ela estava grávida. Estudos mais interessantes foram feitos em Maria por esse meio. Pude, fazendo-a voltar sucessivamente a diferentes períodos de sua existência, verificar todos os diversos estados da sensibilidade pelos quais ela passou e as causas de todas as modificações. Assim, está agora completamente cega do olho esquerdo e pretende que assim se encontra desde que nasceu. Fazendo-a voltar à idade de sete anos, verifica-se que padece ainda anestesia no olho esquerdo; mas, se lhe sugerir que tem seis anos, nota-se que vê bem com ambos os olhos e pode-se determinar a época e as circunstâncias bem curiosas em que perdeu a sensibilidade do olho esquerdo. *A memória realizou automaticamente um estado de saúde do qual o* sujet *julgava não haver conservado nenhuma recordação.*

A possibilidade de despertar as recordações esquecidas de sua infância na consciência de um sujet em estado de transe conduz-nos, logicamente, à renovação das recordações anteriores ao nascimento. Essa ordem de fatos foi, pela primeira vez, assinalada no Congresso Espírita de Paris, em 1900, por experimentadores espanhóis. A seguir, apresenta-se um extrato do relatório lido na sessão de 25 de setembro:[147]

[146] P. Janet. *L'automatisme psychologique*, p. 160.
[147] Consultar *Compte rendu du Congrès Spirite et Spiritualiste*. Paris:

Entrando o médium em sono profundo por meio de passes magnéticos, Fernandez Colavida, presidente do Grupo de Estudos Psíquicos de Barcelona, ordenou-lhe que dissesse o que tinha feito na véspera, na antevéspera, uma semana, um mês, um ano antes e, sucessivamente, fê-lo remontar até à infância e descrevê-la com todos os pormenores.

Sempre impulsionado pela mesma vontade, o médium contou sua vida no espaço, sua morte na última encarnação e, continuamente estimulado, chegou até quatro encarnações, a mais antiga das quais era uma existência inteiramente selvagem. Em cada existência, as feições do médium mudavam de expressão. Para trazê-lo ao estado habitual, fez-se com que voltasse gradualmente até sua existência atual; depois foi despertado.

Algum tempo depois, de improviso, com o intento de contraprova, o experimentador fez magnetizar o mesmo paciente por outra pessoa, sugerindo-lhe que suas precedentes descrições eram histórias. Sem embargo da sugestão, o médium reproduziu a série das quatro existências como o fizera antes. O despertar das recordações e seu encadeamento foram idênticos aos resultados obtidos na primeira experiência.

Na mesma sessão desse Congresso, Esteve Marata, presidente da União Espírita de Catalunha, declara ter obtido fatos análogos pelos mesmos processos, tendo como paciente, em estado de sono magnético, sua própria esposa. A propósito de uma mensagem expressa por um espírito e que tinha relação com uma das vidas passadas do sujet, ele pôde despertar, na consciência dela, os vestígios de suas existências anteriores.

Desde então, essas experiências têm sido tentadas em muitos centros de estudo. Têm-se obtido, assim, numerosas indicações acerca das vidas sucessivas da alma. Essas experiências hão de provavelmente se multiplicar a cada dia. Notemos, entretanto, que elas reclamam grande prudência. Os erros e as fraudes são fáceis; são de recear perigos. O experimentador deve escolher pacientes muito sensíveis e bem desenvolvidos e necessita ser assistido por um espírito bastante poderoso para afastar todas as influências estranhas, todas as causas de perturbação e preservar o médium de acidentes possíveis, em que o mais

---

Leymarie editor, 1900. p. 349 e 350.

grave seria a separação completa, irremediável, a impossibilidade de compelir o espírito a retomar o corpo, o que ocasionaria a separação definitiva, a morte.

É necessário, principalmente, precatar-se contra os excessos da autossugestão e aceitar somente as descrições dentro dos limites em que é possível examiná-las e verificá-las; exigir nomes, datas, pontos de referência, em resumo, um conjunto de provas que apresentem caráter realmente positivo e científico. Seria bom imitar nesse ponto o exemplo dado pela Sociedade de Investigações Psíquicas de Londres e adotar métodos precisos e rigorosos; por exemplo, os que granjearam uma grande autoridade para seus trabalhos sobre telepatia.

A falta de precaução e a inobservância das regras mais elementares da experimentação fizeram das incorporações de Hélène Smith um caso obscuro e cheio de dificuldades.

Não obstante, no meio da confusão dos fatos apontados pelo senhor Th. Flournoy, professor na Universidade de Genebra, entendemos que se deve reter o fenômeno da princesa hindu Simandini. Essa médium, no estado de transe, reproduz as cenas de uma de suas existências ocorridas na Índia, no século XII. Nesse estado, serve-se, frequentes vezes, de palavras sânscritas, língua que ela ignora no estado normal; oferece, sobre personagens históricas hindus, indicações que não se encontram em nenhuma obra usual. A confirmação dessas indicações é descoberta pelo senhor Th. Flournoy, depois de muitas investigações, na obra de Marlès, historiador pouco conhecido e inteiramente fora do alcance do sujet. Hélène Smith, no sono sonambúlico, toma uma atitude impressionante. Eis o extrato do que diz Flournoy em um livro que alcançou grande voga:[148]

> Há em todo o ser, na expressão de sua fisionomia, em seus movimentos, no timbre da voz, quando fala ou canta em indostânico, uma graça indolente, um abandono, uma doçura melancólica, um quê de langoroso e sedutor que corresponde ao caráter do Oriente.
>
> Toda a mímica de Hélène, tão vária, e o falar exótico, ambos têm tal cunho de originalidade, de facilidade, de naturalidade, que se pergunta com estupefação de onde vem a essa filha das margens do Lemano, sem educação artística nem conhecimentos especiais do Oriente, uma perfeição de jogo cê-

---

[148] Th. Flournoy. *Des indes a la planete mars*, p. 271 e 272.

nico à qual, sem dúvida, a melhor atriz só chegaria à custa de estudos prolongados ou de uma estada nas margens do Ganges.

Quanto à escrita e à linguagem indostânica empregadas por Hélène, o senhor Flournoy acrescenta que, nas investigações que fez para averiguar de onde provinha tal conhecimento, "todas as tentativas falharam".

Nós mesmos pudemos observar, durante muitos anos, casos semelhantes ao de Hélène Smith. Um dos médiuns do grupo, cujos trabalhos dirigíamos, reproduzia no transe, sob a influência do espírito-guia, cenas de suas diferentes existências. A princípio, foram as da vida atual no período infantil, com expressões características e emoções juvenis; depois, vieram episódios de vidas remotas, com jogos de fisionomia, atitudes, movimentos, reminiscências de expressões da meia-idade, um conjunto completo de detalhes psicológicos e automáticos muito diferentes dos costumes atuais da dama, senhora muito honesta e incapaz de fingimento, pela qual obtínhamos esses estranhos fenômenos.

O coronel A. de Rochas, antigo administrador da Escola Politécnica, ocupou-se muito desse gênero de experiências. Apesar das objeções que elas podem suscitar, cremos dever relatar algumas de suas experiências. Vamos dizer por que motivo.

A princípio, tornamos a encontrar em todos os fatos da mesma ordem, provocados pelo senhor de Rochas, a correlação do físico e do mental que já assinalamos e que parece ser a expressão de uma lei. As reminiscências anteriores ao nascimento produzem, no organismo dos pacientes adormecidos, efeitos materiais verificados por todos os assistentes, muitos dos quais eram médicos. Ora, ainda que se considere o papel que nessas experiências pode representar a imaginação dos sujets, ainda que se considerem os arabescos que ela borda em torno do fato principal, é tanto mais difícil se atribuírem esses efeitos a simples fantasias dos sujets, quando, segundo as próprias expressões do coronel, "se tem plena certeza de sua boa-fé e de que suas revelações são acompanhadas de característicos somáticos que parecem provar, de maneira absoluta, sua realidade".[149]

---

[149] *Revue Spirite*, de janeiro de 1907, p. 41. Artigo do coronel de Rochas sobre As vidas sucessivas, Chacornac ed., 1911.

Nas palavras do Coronel de Rochas:[150]

Há muito tempo se sabia que, em certas circunstâncias, notadamente quando se está para morrer, recordações, desde muito tempo em olvido, sucedem-se com extrema rapidez no espírito de algumas pessoas, como se diante da sua vista se desenrolassem os quadros de toda a sua vida.
Determinei experimentalmente um fenômeno análogo em *sujets* magnetizados, com a diferença de que, em vez de revocar simples recordações, faço tomar aos pacientes os estados de alma correspondentes às idades a que os reconduzo, com esquecimento de tudo o que é posterior a essas épocas. Essas transformações se operam por meio de passes longitudinais, que têm, de ordinário, por efeito tornar mais profundo o sono magnético. As mudanças de personalidade, se assim se podem chamar os diferentes estados de um mesmo indivíduo, sucedem-se, invariavelmente, segundo a ordem dos tempos, fazendo-o voltar ao passado quando se empregam passes longitudinais, para tornar na mesma ordem, ao presente, quando se recorre aos passes transversais ou despertadores. Enquanto o paciente não volta ao estado normal, apresenta insensibilidade cutânea. Podem precipitar-se as transformações com o auxílio da sugestão, mas é preciso percorrer sempre as mesmas fases e não proceder com muita pressa. Não se observando esta condição, provocam-se os gemidos do *sujet*, que se queixa de que o torturam e de que não pode vos seguir.
Quando fiz os primeiros ensaios, parava logo que o paciente, transportado à primeira infância, já não me sabia responder; pensava não ser possível ir mais longe. Entretanto, tentei um dia tornar mais profundo o sono, continuando os passes, e grande foi minha admiração quando, interrogando o dormente, me achei na presença de outra personalidade, que dizia ser a alma de um morto que usara tal nome e vivera em tal país. Parecia assim abrir-se novo caminho. Continuando os passes no mesmo sentido, fiz reviver o morto, e esse ressuscitado percorreu toda a sua vida precedente, remontando o curso do tempo. Aqui não eram, tampouco, simples recordações que eu despertava, mas sucessivos estados de alma que fazia reaparecer.
À medida que repetia as experiências, essa viagem

[150] A. de Rochas. *As vidas sucessivas.*

O Problema do Ser e do Destino

pelo passado efetuava-se cada vez com mais rapidez, passando sempre exatamente pelas mesmas fases, de maneira que pude assim remontar a muitas existências anteriores sem haver demasiada fadiga para o paciente e para mim. Todos os *sujets*, quaisquer que fossem as suas opiniões no estado de vigília, apresentavam o espetáculo de uma série de individualidades cada vez menos adiantadas moralmente, à medida que se remontava o curso das idades. Em cada existência expiava-se, por uma espécie de pena de talião, as faltas da existência precedente e o tempo que separava duas encarnações passava-se em um meio mais ou menos luminoso, segundo o estado de adiantamento do indivíduo.

Passes despertadores faziam o *sujet* voltar ao estado normal, percorrendo as mesmas etapas, exatamente na ordem inversa.

Quando verifiquei por mim mesmo e por outros experimentadores, operando em outras cidades com outros *sujets*, que não se tratava de simples sonhos que pudessem provir de causas fortuitas, mas de uma série de fenômenos, apresentados de maneira regular com todos os característicos aparentes de uma visão no passado ou no futuro, pus todos os meus cuidados em investigar se essa visão correspondia à realidade.

O resultado das inquirições a que procedeu o Coronel de Rochas não o satisfez inteiramente, o que não o impediu de concluir nestes termos:[151]

É certo que por meio de operações magnéticas se pode, progressivamente, trazer a maior parte dos sensitivos a épocas anteriores à sua vida atual, com as particularidades intelectuais e fisiológicas características dessas épocas, e isso até o momento de seu nascimento. Não são lembranças que se acordam; são estados sucessivos da personalidade que são evocados; essas evocações se produzem sempre na mesma ordem e através de uma sucessão de letargias e estados sonambúlicos.

Também é certo que, continuando essas operações magnéticas, além do nascimento, e sem haver necessidade de recorrer-se às sugestões, faz-se passar o *sujet* por estados análogos, correspondentes às encarnações precedentes e aos intervalos que separam essas encarnações. O processo é o mes-

[151] A. de Rochas. *Les vies successives*, p. 497.

mo, através das sucessões de letargias e estados sonambúlicos.

As concordâncias – convém repetir – que existem entre os fatos verificados por sábios materialistas hostis ao princípio das vidas sucessivas, tais como Pierre Janet, o doutor Pitre, o doutor Burot etc., e os relatados pelo Coronel de Rochas demonstram que há nesses fatos mais do que sonhos ou romances "subliminais"; há uma lei de correlação que merece estudo atento e continuado. Por isso pareceu-nos conveniente insistir sobre esses fatos.

Em primeiro lugar, convém mencionar uma série de experiências feitas em Paris com Laurent V., rapaz de vinte anos que cursava o grau de licenciando em filosofia. Os resultados foram publicados em 1895, nos Annales des Sciences Psychiques. O senhor de Rochas os resumiu assim:[152]

> Tendo verificado que era sensitivo, quisera, por sua própria vontade, compreender a razão dos efeitos fisiológicos e psicológicos que poderiam ser obtidos por meio do magnetismo.
>
> Descobri casualmente que, adormecendo-o por meio de passes longitudinais, trazia-o a estados de consciência e de desenvolvimento intelectual correspondentes a idades cada vez menos adiantadas; passava, assim, sucessivamente a aluno de Retórica, de segunda, de terceira classe etc., já nada sabendo do que se ensinava nas classes superiores. Acabei por levá-lo ao tempo em que aprendia a ler e deu-me, acerca de sua mestra e de seus companheirozinhos de escola, particularidades que esquecera completamente na vigília, mas cuja exatidão me foi confirmada por sua mãe.
>
> Alternando os passes adormecedores e os passes despertadores, fazia-o subir ou descer, à minha vontade, pelo curso de sua vida.

Com os fatos que a seguir, vai dilatar-se o círculo dos fenômenos. E acrescenta o coronel:

> Há muito pouco tempo encontrei em Grenoble e Voiron três *sujets* que possuíam faculdades semelhantes, cuja realidade pude igualmente verificar. Vindo-me a ideia de continuar os passes adormecedores depois de tê-los levado à mais tenra infância e os passes despertadores depois de tê-los reconduzido à sua idade atual, fiquei muito admirado de

---

[152] Memória lida à Academia Delfinal, em 19 de novembro de 1904, por Albert de Rochas.

O Problema do Ser e do Destino   199

ouvi-los narrar sucessivamente todos os acontecimentos de suas existências pretéritas, passando pela descrição de seu estado entre duas existências. As indicações, que não variavam nunca, eram de tal modo categóricas que pude fazer indagações. De fato verifiquei, assim, a existência real dos nomes, dos lugares e de famílias que entravam em suas narrativas, posto que, no estado de vigília, de nada se recordassem; mas não pude achar nos documentos do estado civil vestígio algum das personagens obscuras que eles teriam vivido.

Extraímos outras minúcias complementares de um estudo do senhor de Rochas, mais extenso que o precedente:[153]

Esses *sujets* não se conheciam. Uma, chamada Josefina, conta dezoito anos, habita em Voiron e não é casada; a outra, Eugênia, tem trinta e cinco anos e vive em Grenoble; é viúva, tem dois filhos e é de natureza apática, muito franca e pouco curiosa; ambas têm boa saúde e procedimento regular. Pude, em virtude de conhecer suas famílias, *verificar a exatidão de suas revelações retrospectivas* em um sem-número de circunstâncias que nenhum interesse teriam para o leitor. Citarei somente algumas relativas à Eugênia, para dar-lhes uma ideia a tal respeito; são extratos das atas de nossas sessões com o doutor Bordier, diretor da Escola de Medicina de Grenoble.

Adormecida, transporto-a a alguns anos antes, vejo uma lágrima sobre os olhos; diz-me que tem vinte anos e que acaba de perder um filho.

... Continuação dos passes. Sobressalto brusco com grito de pavor; viu aparecerem ao seu lado os fantasmas da avó e de uma tia, falecidas havia pouco tempo. (Essa aparição, que se deu na idade a que a levei, causara-lhe impressão muito profunda.)

... Ei-la agora com onze anos. Vai à primeira comunhão; seus pecados mais graves são ter desobedecido algumas vezes à vovó e, principalmente, ter tirado um soldo do bolso do papai; teve muita vergonha e pediu perdão.

... *Aos nove anos* – Sua mãe morreu há oito dias; é grande sua dor. Seu pai, tintureiro em Vinay, acaba de mandá-la para a casa do avô, em Grenoble, para aprender a coser.

... *Aos seis anos* – Anda na escola em Vinay e já sabe escrever bem.

---

[153] Consultar A. de Rochas. *Les vies successives*. Chacornac, p. 68 e 75.

... Aos quatro anos – Quando não está na escola, cuida da irmãzinha; começa a fazer riscos e a escrever algumas letras.

Passes transversais, despertando-a, fazem-na passar exatamente pelas mesmas fases e pelos mesmos estados de alma.

O coronel faz experiências sobre o que ele chama de "instinto do pudor", em diferentes fases do sono. Levanta um pouco o vestido de Eugênia, que, de cada vez, o abaixa com vivacidade ou dá-lhe sopapos. "Quando pequena, não reage contra esse procedimento; o pudor não acordou ainda."

Josefina, em Voiron, apresentou os mesmos fenômenos relativamente ao instinto do pudor e à escrita em diferentes idades. (Seguem-se cinco espécimes mostrando o progresso de sua instrução, dos quatro aos dezesseis anos.)

Até agora temos caminhado em terreno firme; observamos um fenômeno fisiológico de difícil explicação, mas que numerosas experiências e observações permitem considerar como certo. Vamos agora entrever horizontes novos.

Deixamos Eugênia como criancinha amamentada por sua mãe. Tornando-lhe mais profundo o sono, determinei uma mudança de personalidade. Já não estava viva; flutuava em uma semi-obscuridade, não tendo pensamento, nem necessidade, nem comunicação com ninguém. Depois, recordações ainda mais remotas.

Fora antes uma menina, falecida muito novinha, de febre causada pela dentição; vê os pais chorando em volta de seu corpo, do qual ela separou-se muito depressa.

Procedi depois ao despertar, fazendo os passes transversais. Enquanto desperta, percorre em sentido inverso todas as fases assinaladas precedentemente e dá-me novos pormenores provocados pelas minhas perguntas. Algum tempo antes da última encarnação, *sentiu* que devia reviver em certa família; aproximou-se da que devia ser sua mãe e que acabava de conceber...

Entrou pouco a pouco, "por baforadas", no pequenino corpo. Até aos sete anos viveu, em parte, fora desse corpo carnal, que ela via, nos primeiros meses de sua vida, como se estivesse colocada fora dele. Não distinguia bem, então, os objetos mate-

O Problema do Ser e do Destino

riais que a cercavam, mas, em compensação, percebia espíritos flutuando em derredor. Uns, muito brilhantes, protegiam-na contra outros, escuros e malfazejos, que procuravam influenciar-lhe o corpo físico. Quando o conseguiam, provocavam aqueles acessos de raiva, a que as mães chamam *manhas*.

Seguem-se longos pormenores, muito interessantes, sobre outras existências da personalidade, que fora, em último lugar, Josefina. O senhor de Rochas termina assim:

> Em Voiron tenho por espectadora habitual de minhas experiências uma menina de espírito muito circunspeto, muito refletido, e de modo nenhum sugestionável, a senhorita Luisa, que possui em muito alto grau a propriedade (relativamente comum em grau menor) de perceber os eflúvios humanos e, por conseguinte, o corpo fluídico. Quando Josefina aviva a memória do passado, observa-se-lhe em volta uma aura luminosa percebida por Luisa; ora, essa aura torna-se, aos olhos de Luisa, escura, quando Josefina se acha na fase que separa duas existências. Em todos os casos Josefina reage vivamente quando toco em pontos do espaço onde Luisa diz perceber a aura, quer seja luminosa ou sombria.
>
> É muito difícil conceber como ações mecânicas, quais as dos passes, determinam o fenômeno da regressão da memória de maneira absolutamente certa até um momento determinado, e como essas ações, continuadas exatamente da mesma forma, mudam bruscamente, nesse momento, seu efeito, para somente originarem alucinações.

Nada acrescentaremos a tais comentários, com receio de enfraquecê-los. Preferimos passar sem transição a outra série de experiências do senhor de Rochas, feitas em Aix-en-Provence, relatadas, sessão por sessão, nos Annales des Sciences Psychiques, de julho de 1905.[154]

É sujet uma jovem de dezoito anos, que goza de saúde perfeita e que nunca ouviu falar de magnetismo nem de espiritismo. A senhorita Marie Mayo é filha de um engenheiro francês falecido no Oriente; foi educada em Beirute, onde fora confiada aos cuidados de criados indígenas; estava aprendendo a ler e escrever em árabe. Foi, depois, reconduzida à França e habita em Aix, com uma tia.

As sessões tinham como testemunhas o doutor Ber-

---

[154] Consultar também seu livro *Les vies successives*, p. 123-162.

trand, antigo presidente da Câmara Municipal de Aix, médico da família, e o senhor Lacoste, engenheiro, a quem se deve a redação da maior parte das atas. Essas sessões foram em grande número. A enumeração dos fatos ocupa cinquenta páginas dos Annales. As primeiras experiências, empreendidas durante o mês de dezembro de 1904, têm por objeto a renovação das recordações da vida atual. A paciente, imersa na hipnose pela vontade do coronel, retrocede gradualmente ao passado e revive as cenas de sua infância; ela oferece, em diferentes idades, espécimes de sua letra, que se podem examinar. Aos oitos anos, escreve em árabe e traça caracteres que depois veio a esquecer.

Obtém-se, a seguir, a renovação das vidas anteriores. Alternadamente, subindo o curso de suas existências à época atual, o sujet, sob o império dos processos magnéticos indicados, passa e torna a passar pelas mesmas fases, na mesma ordem, direta ou retrógrada, com uma morosidade, conforme diz o coronel, "que torna as explorações difíceis para além de certo número de vidas e de personalidades".

Não é possível o fingimento. Mayo atravessa os diferentes estados hipnóticos e em cada um manifesta os sintomas que o caracterizam. O doutor Bertrand verifica repetidas vezes a catalepsia, a contratura e a insensibilidade completa. Mayo passa a mão por cima da chama de uma vela sem a sentir. "Não tem nenhuma sensibilidade para o amoníaco; os olhos não reagem à luz; a pupila não é impressionada por um candeeiro ou vela que se lhe apresente de súbito muito perto da vista ou que rapidamente se retire."[155] Em compensação, acentua-se a sensibilidade a distância, o que demonstra, com toda a evidência, o fenômeno da exteriorização. Citem-se as atas:

> Faço subir Mayo o curso dos anos; ela, desse modo, vai até a época de seu nascimento. Fazendo-a chegar mais longe ainda, lembra-se de que já viveu, de que se chamava Line, de que morreu afogada, de que se elevou depois ao ar, de que viu seres luminosos; mas que não lhe fora permitido falar-lhes. Além da vida de Line, torna a encontrar-se outra vez na erraticidade, mas em um estado muito penoso; porque antes havia sido um homem "que não fora bom".
>
> Nessa encarnação chamava-se Charles Mauville. Es-

[155] *Annales des Sciences Psychiques*, julho de 1905, p. 391.

treou-se na vida pública como empregado em um escritório em Paris. Havia, então, contínuos combates na rua. Ele mesmo matou gente e nisso tinha prazer, era mau. Cortavam-se as cabeças nas praças.

Aos cinquenta anos deixou o escritório, está doente (tosse) e não tarda a morrer. Pode seguir seu enterro e ouvir gente dizer: "Aquele foi um estróina a valer". Sofre, é infeliz. Afinal, passa para o corpo de Line.

Outras sessões reconstituem a existência de Line, a bretã. "Retardo os passes quando chego à época de sua morte; a respiração torna-se então entrecortada; o corpo balouça-se como levado pelas vagas, e ela apresenta sufocações".

Sessão de 29 de dezembro de 1904 – O senhor de Rochas ordena: "Torna a ser Line..., no momento em que se afoga". Imediatamente, Mayo faz um movimento brusco na poltrona; vira-se para o lado direito com o rosto nas mãos e fica assim alguns segundos. Dir-se-ia ser uma primeira fase do ato que é executado *voluntariamente*, porque, se Line morreu afogada, é um afogamento voluntário, um suicídio, o que dá à cena aspecto inteiramente particular, bem diferente de um afogamento involuntário.

Depois, Mayo vira-se bruscamente para o lado esquerdo. Os movimentos respiratórios precipitam-se e tornam-se difíceis; o peito levanta-se com esforço e irregularidade; o rosto exprime ansiedade, angústia; os olhos estão espantados; faz verdadeiros movimentos de deglutição, como se engolisse água, mas contra sua vontade, porque se vê que resiste; nesse momento dá alguns gritos inarticulados; torce-se mais do que se debate, e o rosto exprime sofrimento tão real que o senhor de Rochas ordena-lhe que envelheça algumas horas. Depois, pergunta-lhe:

– Debateste-te por muito tempo?

– Debati-me.

– E uma morte má?

– É.

– Onde estás?

– No escuro.

30 de dezembro de 1904 – Existência de Ch. Mauville. Mayo descreve uma das fases da doença que o mata; parece passar pelos sintomas característicos das moléstias do peito; opressão, acessos de tosse penosos; morre e assiste ao seu funeral.

– Havia muita gente no acompanhamento?

– Não.

– Que diziam de ti? Não diziam bem, não é verdade? Recordavam que tinhas sido um homem mau? (Depois de hesitar, e baixinho:) – Sim.

Em seguida está no "escuro"; o coronel faz com que o atravesse rapidamente, e ela reencarna na Bretanha. Vê-se menina, depois donzela, tem dezesseis anos e não conhece ainda seu futuro marido; aos dezoito anos encontra aquele que o há de ser, casa-se pouco depois e vem a ser mãe. Assistimos então a uma cena de parto de realismo surpreendente.[156] A paciente revolve-se na cadeira, os membros inteiriçam-se, o rosto contrai-se, e seus sofrimentos parecem tão intensos que o coronel lhe ordena que os passe com rapidez.

Tem agora vinte e dois anos, perdeu o marido em um naufrágio, e seu filhinho morreu. Desesperada, afoga-se. Esse episódio, que ela já reproduziu em outra sessão, é tão doloroso que o coronel prescreve-lhe que passe além, o que ela faz, mas não sem experimentar violento abalo. No "escuro" em que se vê depois, não sofre, como dissemos, quanto sofrera no "escuro" depois da morte de Ch. Mauville; reencarna em sua família atual e volta à idade que tem. A mudança é operada por meio dos passes magnéticos transversais.

31 de dezembro de 1904 – Proponho-me, nessa sessão, a obter alguns novos pormenores a respeito da personalidade de Charles Mauville e tratar de fazer chegar Mayo até uma vida precedente. Torno, portanto, rapidamente, mais profundo o sono, empregando passes longitudinais, até a infância de Mauville. No momento em que o interrogo, tem cinco anos. O pai é contramestre em uma manufatura, a mãe traja preto e tem na cabeça uma touca. Continuo a tornar o sono mais profundo.

Antes de nascer está na "escuridão". Sofre. Anteriormente fora uma dama casada com um gentil-homem da Corte de Luis XIV; chamava-se Madeleine de Saint-Marc.

Informações da vida dessa senhora: conheceu a senhorita de La Vallière, que lhe era simpática; mal conhece a senhora de Montespan, e a senhora de Maintenon desagrada-lhe.

– Diz-se que o rei desposou-a secretamente?

– Qual! É simplesmente amante dele.

---

[156] Não lhe será naturalmente revelado esse incidente, ao despertar.

– E qual é sua opinião a respeito do rei?

– E um orgulhoso.

– Conhece Scarron?

– Santo Deus! Que feio ele é!

– Viu representar Molière?

– Vi, mas não gosto muito dele.

– Conhece Corneille?

– É um selvagem.

– E Racine?

– Conheço principalmente suas obras e tenho-as em grande conta.[157]

Proponho-lhe fazê-la envelhecer para que veja o que lhe sucederá mais tarde. Recusa formal. Debalde ordeno imperiosamente; não consigo vencer sua resistência senão com emprego de passes transversais enérgicos, aos quais procura por todos os meios esquivar-se.

No momento em que eu paro, ela tem quarenta; deixou a Corte; tosse e sente-se doente do peito. Faço-a falar a respeito de seu caráter; confessa que é egoísta e ciumenta, que tem ciúmes principalmente das mulheres bonitas.

Continuando os passes transversais, faço-a chegar aos quarenta e cinco anos, idade em que morre de tuberculose pulmonar. Assisto a uma agonia curta, e ela entra na escuridão. Desperta sem demora pela continuação rápida dos passes transversais.

19 de janeiro de 1905 – Três existências sucessivas. Primeiramente, Madeleine de Saint-Marc. Mayo reproduz os últimos momentos de sua vida.

Ao cabo de alguns momentos, tosse, um verdadeiro acesso... Depois morre... E compreende-se por seus movimentos e atitude que está sofrendo; depois volta a ser Charles Mauville; passado um instante, tosse outra vez. (O senhor de Rochas lembra-se de que Charles Mauville morreu com doença do peito, próximo aos cinquenta anos, como morrera Madeleine.) Charles Mauville morre...

Passados alguns instantes, ela, sob a influência dos passes transversais, é outra vez Line na época de sua gravidez; depois chora, torce-se, agarra-se à sobrecasaca do senhor de Rochas; *os seios apresentam na realidade volume maior que de ordinário* (todos o verificamos). Line tem verdadeiras dores; de repente sossega. – Está pronto; a criancinha nasceu. – Line teve seu bom sucesso... Depois

---

[157] Atualmente, Racine é seu autor predileto. Quando está acordada, não tem nenhuma lembrança de alguma vez ter ouvido falar de Mlle. de la Vallière.

chora; o marido está a morrer...; chora mais... E, de repente, com muita rapidez, debate-se, suspira, afoga-se... E entra no escuro.

Passa, finalmente, para o corpo de Mayo e chega progressivamente até os dezoito anos. O senhor de Rochas desperta-a completamente.

Paremos um instante para considerar o conjunto desses fatos, procurar as garantias de autenticidade que apresentam e deduzir os ensinamentos que deles derivam.

Há, logo de princípio, uma coisa que nos causa forte impressão. Trata-se, em cada vida renovada, da repetição constante, no decurso de sessões múltiplas, dos mesmos acontecimentos, na mesma ordem, quer sejam ascendentes, quer descendentes, de modo espontâneo, sem hesitação, erro ou confusão.[158] Vem, depois, a comprovação unânime dos experimentadores na Espanha, em Genebra, Grenoble, Aix etc., com a verificação que pessoalmente pude fazer sempre que observei fenômenos desse gênero.

Em cada nova existência que se desenrola, a atitude, o gesto, a linguagem do sujet mudam; a expressão do olhar difere, tornando-se mais dura, mais selvagem, à medida que se recua na ordem dos tempos.

Assiste-se à exumação de um complexo de vistas, de preconceitos, de crenças, em relação com a época e o meio em que essa existência se passou. Quando o sujet, sempre uma mulher nos casos retro indicados,[159] passa por uma encarnação masculina, a fisionomia é inteiramente outra, a voz é mais forte, o tom é mais elevado, os modos afetam tal ou qual rudeza. Não são menos distintas as diferenças, quando é um período infantil que se atravessa.

Os estados físicos e mentais se encadeiam e ligam-se sempre em uma conexidade íntima, completando-se uns pelos outros e sendo sempre inseparáveis. Cada recordação evocada, cada cena revivida mobiliza um cortejo de sensações e impressões, risonhas ou penosas, cômicas ou pungentes, segundo os casos, mas perfeitamente adequadas à situação.

[158] Outro experimentador, A. Bouvier, diz (Paix Universelle de Lião, 15 de setembro de 1906): "De cada vez que o paciente torna a passar por uma mesma vida, sejam quais forem as precauções que se tomem para enganá-lo ou fazê-lo enganar-se, permanece sempre a mesma individualidade, com seu caráter pessoal, corrigindo, quando é preciso, os erros daqueles que o interrogam".

[159] Devo dizer que vi experiências igualmente em moços.

A lei de correlação verificada por Pierre Janet, Th. Ribot etc. se encontra novamente aqui em todo o seu rigor, com precisão mecânica, tanto no que se refere às cenas da vida presente quanto às que se relacionam com as anteriores. Essa correlação constante bastaria, por si só, para assegurar às duas ordens de recordações o mesmo caráter de probabilidade. Verificada, como foi, a exatidão das recordações, da existência atual em suas fases primárias, apagadas na memória normal do sujet, o que para umas é uma prova de autenticidade constitui, igualmente, forte presunção em prol das outras.

Por outro lado, os sujets reproduziram com fidelidade absoluta e vivacidade de impressões e de sensações, por forma alguma fictícias, cenas tão comoventes como complicadas; asfixia por submersão, agonias causadas pela tuberculose no último grau, caso de gravidez seguido de parto, com toda a série dos fenômenos físicos correlatos: sufocações, dores, tumefação dos seios etc.

Ora, esses sujets, quase todos moças de dezesseis a dezoito anos, são, por natureza, muito tímidos e pouco versados em matéria científica. Por declaração dos próprios experimentadores, dos quais um é médico da família de Mayo, é notória a incapacidade deles para simularem cenas como essas, pois não possuem nenhum conhecimento de fisiologia ou de patologia e, em sua existência atual, não foram testemunhas de nenhum incidente que lhes pudesse ministrar indicações sobre fatos dessa ordem.[160]

Todas essas considerações nos levam a afastar desconfianças de qualquer fraude, artifício ou hipótese de mera fantasia.

Pergunta-se: que talento, que arte, que perfeição de atitude, de gesto, de acentuação seriam necessários, despendendo de maneira contínua, durante tantas sessões, para imaginar e simular cenas tão realistas, às vezes dramáticas, na presença de experimentadores hábeis em desmascarar a impostura, de práticos sempre precavidos contra o erro ou o embuste? Tal papel não pode ser atribuído a jovens sem nenhuma experiência de vida, com instrução elementar muito limitada.

Outra coisa: no encadeamento dessas descrições, no destino dos seres que estão na tela da discussão, nas pe-

---

[160] Essa opinião foi emitida em minha presença, quando passei em Aix, pelos senhores Lacoste e doutor Bertrand.

ripécias de suas existências, encontramos sempre confirmação da alta lei de causalidade ou de consequência dos atos, que rege o mundo moral. Decerto, não é possível ver nisso um reflexo das opiniões dos sujets, visto que, sobre isso, eles não possuem nenhuma noção, por não terem sido preparados de modo nenhum pelo meio em que viveram, nem pela educação que receberam, para o conhecimento das vidas sucessivas, como atestam os observadores.[161]

Evidentemente, muitos cépticos pensarão que esses fatos são ainda em número muito pequeno para que deles possa inferir uma teoria segura e conclusões decisivas. Dir-se-á que convém esperar para isso acumulação mais considerável de provas e de testemunhos; apresentar-nos-ão como objeção muitas experiências com aspecto suspeito, abundando em anacronismos, contradições e fatos apócrifos. Essas narrativas fantasistas produzem a viva impressão de que observadores benévolos tenham sido vítimas de ludíbrio e de mistificação.

Então, qual é, porém, o dano que daí pode advir para as experiências sérias? Diz-se: os abusos e os erros que aqui e ali se praticam não podem atingir os estudos feitos com precisão metódica e rigoroso espírito de exame.

Em resumo, temos que os fatos relatados, junto a muitos outros da mesma natureza, que seria supérfluo enumerar aqui, bastam para estabelecer a existência, na base do edifício do "eu", de uma espécie de cripta em que se amontoa uma imensa reserva de conhecimentos e de recordações. O longo passado do ser deixou aí seu rastro indelével que poderá, ele só, dizer-nos o segredo das origens e da evolução, o mistério profundo da natureza humana.

Herbert Spencer diz: "Há dois processos de construção da consciência: a assimilação e a lembrança"; mas não se pode deixar de reconhecer que a consciência normal de que ele fala não é mais do que uma consciência precária e restrita, que vacila à borda dos abismos da alma, iluminando, como chama intermitente, um mundo oculto onde dormitam forças e imagens, em que se acumulam as impressões recolhidas desde o ponto inicial do ser. E tudo isso, oculto durante a vida pelo véu da carne, manifesta-se no transe, sai da sombra com tanto mais nitidez quanto mais livre da matéria está a alma e quanto maior é o grau de sua evolução.

---

[161] Consultar sobre o assunto A. de Rochas, em *Les vies successives*, p. 501.

❀ ❀ ❀

Acerca das reservas feitas pelo coronel de Rochas a propósito das inexatidões notadas por ele nas narrações dos hipnotizados, no curso de suas investigações, devemos acrescentar que nada há para se admirar quanto à possibilidade de ter havido erros, atendendo ao estado mental dos sujets e à quantidade – na hora atual – de elementos conhecidos e desconhecidos que entram em jogo nesses fenômenos tão novos para a ciência. Eles poderiam ser atribuídos a três causas diferentes – reminiscências diretas dos pacientes, visões ou também sugestões provenientes do exterior. Quanto ao primeiro caso, notemos que, em todas as experiências que tenham por objetivo pôr em vibração as forças anímicas, o ser se assemelha a um foco que se acende e aviva e que, em sua atividade, projeta vapores e fumo, os quais, de quando em quando, encobrem a chama interior.

Às vezes, em pacientes pouco desenvolvidos, pouco excitados, as recordações normais e as impressões recentes misturar-se-ão, por isso, com reminiscências afastadas. A habilidade dos experimentadores consistirá em saber separar esses elementos perturbadores, em dissipar as brumas e as sombras para restituírem ao foco central sua importância e seu brilho.

Poder-se-ia também ver nisso o resultado de sugestões exercidas pelos magnetizadores ou por personalidades estranhas. Eis o que o coronel de Rochas diz sobre isso:[162]

> Essas sugestões não vêm certamente de mim, que não somente evitei tudo o que podia pôr o *sujet* em caminho determinado, mas que procurei muitas vezes, debalde, transviá-lo com sugestões diferentes; o mesmo sucedeu com outros experimentadores que se entregaram a esse estudo.
>
> Provirão elas de ideias que, segundo a expressão popular, "andam no ar" e que atuam com mais força no espírito do paciente solto dos laços do corpo? Poderia bem ser isso, até certo ponto, porquanto se tem observado que todas as revelações dos extáticos se ressentem mais ou menos do meio em que viveram.
>
> Serão devidas a entidades invisíveis que, querendo espalhar entre os homens a crença nas encarnações sucessivas, procedem como a *Morale en*

---

[162] *Annales des Sciences Psychiques*, janeiro de 1906, p. 22.

action, com o auxílio de historiazinhas assinadas por pseudônimos para evitar as reivindicações entre vivos?

Consultados os invisíveis a tal respeito, por via medianímica, responderam:[163] "Quando o *sujet* não está suficientemente livre para ler em si mesmo a história de seu passado, podemos então proceder por quadros sucessivos que lhe reproduzem à vista suas próprias existências. São, nesse caso, realmente visões e é por isso que nem sempre podem ser exatas. Em certos casos, pois, os pacientes não revivem suas vidas. Comunicamos-lhes do Alto as informações que eles dão aos experimentadores e lhes sugerimos que sofram os efeitos das circunstâncias que descrevem.

Podemos iniciar-vos no vosso passado sem, contudo, precisarmos as datas e os lugares. Não esqueçais que, livres das convenções terrestres, deixa para nós de haver tempo e espaço. Vivendo fora desses limites, cometemos facilmente erros em tudo o que lhes diz respeito. Consideramos tudo isso como coisas mínimas e preferimos falar-vos dos vossos atos bons ou maus e de suas consequências. Se algumas datas, se alguns nomes não se encontrarem nos vossos arquivos, a conclusão para vós é de que é tudo falso. Erro profundo de vosso julgamento. Grandes são as dificuldades para dar-vos conhecimentos tão exatos como o exigis; mas, crede-nos, não vos fatigueis em vossas investigações. Não há estudo mais nobre do que esse. Não sentis que é belo difundir a luz? No entanto, infelizmente, em vosso Planeta ainda há de passar muito tempo antes que as massas compreendam para que aurora se devem dirigir!".

Seria fácil acrescentarmos um grande número de fatos ligados com a mesma ordem de averiguações.

O príncipe Adam-Wisznievski, na rua do Débarcadère 7, em Paris, comunica-nos a experiência narrada a seguir, feita pelas próprias testemunhas, algumas das quais ainda vivem e só consentiram serem designadas por iniciais:

O príncipe Galitzin, o marquês de B..., o conde de R... estavam reunidos, no verão de 1862, nas praias de Hamburgo.

Uma noite, depois de terem jantado muito tarde, passeavam no parque do Cassino e ali avistaram

---

[163] Comunicação obtida em um grupo, em junho de 1907, no Havre.

uma pobre deitada em um banco. Depois de se chegarem a ela e a interrogarem, convidaram-na a vir cear no hotel. O príncipe Galitzin, que era magnetizador, depois que ela ceou, o que fez com grande apetite, teve a ideia de magnetizá-la. Conseguiu-o à custa de grande número de passes. Qual não foi a admiração das pessoas presentes quando, profundamente adormecida, aquela que, em vigília, exprimia-se em um arrevesado dialeto alemão pôs-se a falar corretamente em francês, contando que reencarnara na pobreza por castigo, em consequência de haver cometido um crime em sua vida precedente, no século XVIII. Habitava, então, um castelo na Bretanha, à beira-mar. Por causa de um amante, quis livrar-se do marido e despenhou-o no mar, do alto de um rochedo; indicou o lugar do crime com grande exatidão.

Graças às suas indicações, o príncipe Galitzin e o marquês de B... puderam, mais tarde, dirigir-se à Bretanha, às costas do Norte, separadamente, e entregar-se a dois inquéritos, cujos resultados foram idênticos.

Havendo interrogado grande número de pessoas, não puderam, a princípio, colher informação alguma. Afinal encontraram uns camponeses já velhos que se lembravam de ter ouvido os pais contarem a história de uma jovem e bela castelã que assassinara o marido, mandando atirá-lo ao mar. Tudo o que a pobre de Hamburgo havia dito, no estado de sonambulismo, foi reconhecido exato.

O príncipe Galitzin, regressando da França e passando por Hamburgo, interrogou o comissário de polícia a respeito dessa mulher. Esse funcionário declarou-lhe que ela era inteiramente falha de instrução, falava um dialeto vulgar alemão e vivia apenas de mesquinhos recursos, como mulher de soldados.

A doutrina das vidas sucessivas, ensinada pelas grandes escolas filosóficas do passado e, em nossos dias, pelo espiritualismo kardequiano, recebe, como é manifesto, por via dos trabalhos dos sábios e dos investigadores, umas vezes diretamente, outras indiretamente, novos e numerosos subsídios. Graças à experimentação, as profundezas mais recônditas da alma humana se entreabrem, e nossa própria história parece se reconstituir, da mesma forma que a Geologia pôde reconstituir a história do Globo, escavando-lhe os possantes suportes.

A questão está pendente ainda, é verdade; é preciso observar extrema reserva quanto às conclusões. Não obstante, apesar das obscuridades que subsistem, havemos considerado como um dever publicar esses fatos e experiências, a fim de chamar para eles a atenção dos pensadores e provocar novas investigações. Só por esse modo é que a luz pouco a pouco se fará completa quanto a esse problema, como se fez acerca de tantos outros.

O esquecimento das existências anteriores é, em princípio, como dissemos, uma das consequências da reencarnação; entretanto, esse esquecimento não é absoluto. Em muitas pessoas, o passado se renova em forma de impressões, senão de lembranças definidas. Essas impressões, às vezes, influenciam nossos atos; são as que não vêm da educação, nem do meio, nem da hereditariedade. Nesse número podem classificar-se as simpatias e as antipatias repentinas, as intuições rápidas, as ideias inatas. Basta descermos a nós mesmos, estudarmo-nos com atenção, para tornarmos a encontrar em nossos gostos, em nossas tendências, em traços de nosso caráter numerosos vestígios desse passado. Infelizmente, poucos de nós se entregam a esse exame com método e atenção.

Pode-se citar, ainda, em todas as épocas da História, certo número de homens que, graças a disposições excepcionais de seu organismo psíquico, conservam recordações de suas vidas passadas. Para eles não era uma teoria a pluralidade das existências; era um fato de percepção direta. O testemunho desses homens assume importância considerável por terem ocupado na sociedade de seu tempo altas posições; quase todos, espíritos elevados, exerceram, em sua época, grande influência. A faculdade, muito rara, de que gozavam era, sem dúvida, o fruto de uma evolução imensa. Estando o valor de um testemunho na razão direta da inteligência e inteireza da testemunha, não se pode deixar passar em claro as afirmações desses homens, alguns dos quais trouxeram na cabeça a coroa do gênio.

É um fato bem conhecido que Pitágoras se recordava pelo menos de três de suas existências e dos nomes que em cada uma delas usava.[164] Declarava ter sido Her-

---

[164] Herodoto, Hist., T. II, capítulo CXXIII; Diogenes Laerce, *Vida de*

mótimo, Eufórbio e um dos argonautas. Também Juliano, cognominado o apóstata, tão caluniado pelos cristãos, mas que foi, na realidade, uma das grandes figuras da História romana, recordava-se de ter sido Alexandre da Macedônia. Empédocles afirmava que, pelo que se referia a ele, "recordava-se de ter sido rapaz e rapariga".[165]

Na opinião de Herder, em *Dialogues sur la Métempsycose*, devem ajuntar-se a esses nomes os de Yarcas e de Apolônio de Tiana.

Na Idade Média, tornamos a encontrar a mesma faculdade em Gerolamo Cardano.

Entre os modernos, Lamartine declara, em seu livro *Voyage en Orient*, ter reminiscências muito claras de um passado longínquo. Transcrevamos seu testemunho:

> Na Judéia eu não tinha Bíblia nem livro de viagem; ninguém que me desse o nome dos lugares e o nome antigo dos vales e dos montes. Não obstante, reconheci, sem demora, o vale de Terebinto e o campo de batalha de Saul. Quando estivemos no convento, os padres confirmaram-me a exatidão das minhas descobertas. Meus companheiros recusavam a acreditá-lo. Do mesmo modo, em Séfora, apontara com o dedo e designara pelo nome uma colina que tinha no alto um castelo arruinado, como o lugar provável do nascimento da Virgem. No dia seguinte, no sopé de um monte árido, reconheci o túmulo dos Macabeus e falava verdade sem o saber. Excetuando os vales do Líbano, quase não encontrei na Judéia um lugar ou uma coisa *que não fosse para mim como uma recordação*. Temos então vivido duas ou mil vezes? É, pois, nossa memória uma simples imagem embaciada que o sopro de Deus aviva?

Era em Lamartine tão viva a concepção das múltiplas vidas do ser que tinha o desígnio de fazer disso uma ideia dominante, a inspiradora por excelência de suas obras. La Chute d'un Ange era, em seu pensamento, o primeiro elo, e Jocelyn o último de uma série de obras que deviam se encadear umas às outras e traçar a história de duas almas prosseguindo com o passar dos tempos em sua evolução dolorosa. As agitações da vida política não lhe deixavam vagar para prender umas às outras as contas esparsas des-

---

Pitágoras, § 4 e 23.
[165] *Fragmento*, v. 11-12; Diógenes Laerce, *Vida de Empédocles*.

se rosário de obras-primas.[166]

Joseph Méry era pródigo nas mesmas ideias. Ainda em sua vida, dizia sobre ele o *Journal Littéraire*, de 25 de novembro de 1864:

> Há teorias singulares que, para ele, são convicções. Assim, crê firmemente que viveu muitas vezes; lembra-se das menores circunstâncias de suas existências anteriores e descreve-as com tanta minúcia e com um tom de certeza tão entusiástico que se impõe como autoridade. Assim, foi um dos amigos de Vergílio e Horácio; conheceu Augusto e Germânico; fez a guerra nas Gálias e na Germânia. Era general e comandava as tropas romanas quando atravessaram o Reno. Reconhece-se nos montes e sítios onde acampou, nos vales e campos de batalha onde outrora combateu. Chamava-se Mínias.
>
> Cabe aqui um episódio que parece estabelecer um bom fundamento de que tais recordações não são simples miragens de sua imaginação. Um dia, em sua vida atual, estava em Roma e de visita à biblioteca do Vaticano. Foi recebido por jovens noviços, trajando longos hábitos escuros, que se puseram a falar-lhe o latim mais puro. Méry era bom latinista em tudo quanto dizia respeito à teoria e às coisas escritas, mas nunca experimentara conversar familiarmente na língua de Juvenal. Ouvindo esses romanos de hoje, admirando esse magnífico idioma, tão bem harmonizado com os costumes da época em que era utilizado com os monumentos, pareceu-lhe que dos olhos lhe caía um véu; pareceu-lhe que ele mesmo já em outros tempos havia conversado com amigos que se serviam dessa linguagem divina. Frases inteiras e irrepreensíveis saíam-lhe dos lábios; achou imediatamente a elegância e a correção; falou, finalmente, latim como fala francês. Não era possível fazer-se tudo isso sem uma aprendizagem e, se ele não tivesse sido vassalo de Augusto, se não houvesse atravessado esse século de todos os esplendores, não teria improvisado um conhecimento impossível de adquirir-se em algumas horas.

O *Journal Littéraire*, sempre sobre Méry, continua:

> Sua outra passagem pela Terra deu-se nas Índias; por isso conhece-as tão bem que, quando publi-

---

[166] Consultar: Petit de Julleville. *Histoire de la littérature française*. Tomo VII.

O Problema do Ser e do Destino

cou *La Guerre do Nizam*, nenhum de seus leitores duvidou de que ele houvesse por muito tempo habitado a Ásia. Suas descrições são tão vivas, seus quadros tão originais, faz de tal modo tocar com o dedo as menores minudências, que é impossível que não tenha visto o que conta; a verdade marcou tudo isso com sua chancela.

Pretende ter entrado nesse país com a expedição muçulmana, em 1035. Lá viveu cinquenta anos, passou belos dias e fixou residência definitiva; lá continuou a ser poeta, mas menos dedicado às letras que em Roma e Paris. Guerreiro nos primeiros tempos, cismador mais tarde, conservou impressas em sua alma as imagens surpreendentes das margens do rio sagrado e dos sítios hindus. Tinha muitas moradas na cidade e no campo, orou no templo dos elefantes, conheceu a civilização adiantada de Java, viu as esplêndidas ruínas que ele assinala e que são ainda tão pouco conhecidas.

É preciso ouvi-lo cantar seus poemas, porque são verdadeiros poemas essas lembranças a Swedenborg. Não suspeiteis de sua seriedade, que é muito grande. Não há mistificação feita à custa de seus ouvintes; há uma realidade da qual ele consegue convencer-vos.

Paul Stapfer, em seu livro recentemente publicado, Victor Hugo à Guernesey, conta suas palestras com o grande poeta. Este lhe expunha sua crença nas vidas sucessivas; julgava ter sido Ésquilo, Juvenal etc. Forçoso é reconhecer que tais colóquios não primam por excesso de modéstia e carecem um tanto de provas demonstrativas.

O filósofo sutil e profundo que foi Amiel escrevia:

> Quando penso nas intuições de toda a espécie que tive desde minha adolescência, parece-me que vivi muitas dúzias e até centenas de vidas. Toda a individualidade caracteriza esse mundo idealmente em mim ou, antes, forma-me momentaneamente à sua imagem. Assim é que fui matemático, músico, frade, filho, mãe etc. Nesses estados de simpatia universal, fui mesmo animal e planta.

Théophile Gautier, Alexandre Dumas, Ponson do Terrail e muitos outros escritores modernos comungavam dessas convicções. Sucedia o mesmo com Walter Scott, segundo o testemunho de Lockart, seu biógrafo.[167]

[167] Consultar: Lockart. *Vie de W. Scott*. VII, p. 114.

O conde de Résie, em *Histoire des sciences occultes*,[168] disse:

> Podemos citar nosso próprio testemunho, assim como as numerosas surpresas que frequentes vezes nos causou o aspecto de muitos lugares em diferentes partes do mundo, cuja vista nos trazia logo à memória uma *antiga recordação*, uma coisa que não nos era desconhecida e que, entretanto, estávamos vendo pela primeira vez.

Gustave Flaubert, em sua *Correspondance*, escreve: "Tenho certeza de ter sido no Império Romano diretor de alguma trupe de comediantes ambulantes [...] e, ao reler as comédias de Plauto, surgem para mim como que recordações".

Às reminiscências de homens ilustres, em sua maioria, devem-se juntar as de grande número de crianças. Aqui o fenômeno se explica facilmente. A adaptação dos sentidos psíquicos ao organismo material, a começar pelo nascimento, opera-se de forma morosa e gradual; só é completa por volta dos sete anos e mais tarde ainda em certos indivíduos.

Até essa época, o espírito da criança, flutuando em torno de seu invólucro, vive até certo ponto da vida do espaço; goza de percepções e visões que, às vezes, impressionam com fugitivos vislumbres o cérebro físico. Assim é que foi possível recolher de certas bocas juvenis alusões a vidas anteriores, descrições de cenas e personagens sem relação nenhuma com a vida atual desses jovens.

Essas visões, essas reminiscências, esvaem-se, geralmente, próximo da idade adulta, quando a alma da criança entra na plena posse de seus órgãos terrestres. Então, debalde é interrogada acerca dessas lembranças fugazes; cessou de todo a transmissão das vibrações perispirituais, e a consciência profunda emudeceu.

Até agora não tem sido prestada a essas revelações toda a atenção que elas merecem. Os pais, a quem manifestações consideradas estranhas e anormais lançam em desassossego, em vez de provocá-las, procuram, pelo contrário, impedi-las. A ciência perde, assim, indicações úteis. Se a criança, quando tenta traduzir em sua linguagem afanosa e confusa as vibrações fugitivas de seu cérebro

[168] T. II, p. 292.

psíquico, fosse animada, interrogada, em vez de ser repelida, ridicularizada, seria possível obter sobre o passado elucidações de certo interesse, ao passo que atualmente se perdem, na maioria dos casos.

No Oriente, onde a doutrina das vidas sucessivas está espalhada por toda a parte, confere-se mais importância a essas reminiscências; recolhem-nas, constatam-nas na medida do possível, e, muitas vezes, é reconhecida sua exatidão. Dentre mil, vamos apresentar uma prova.

Trata-se de uma correspondência de Simla (Índias Orientais) ao *Daily Mail*[169] e refere-se a um menino, nascido no distrito, considerado a reencarnação do falecido senhor Tucker, superintendente da comarca, assassinado, em 1894, por "discoitos". O menino se recorda dos menores incidentes de sua vida precedente; quis transportar-se a vários lugares familiares ao senhor Tucker. No local do homicídio, pôs-se a tremer e deu todas as demonstrações de terror. "Esses fatos são muito comuns em Burma – acrescenta o jornal –, onde os reencarnados que se lembram de seu passado têm o nome de winsas."

C. de Lagrange, cônsul de França, escrevia de Vera Cruz, México, à *Revue Spirite*, em 14 de julho de 1880:[170]

> Há dois anos tínhamos, em Vera Cruz, um menino de sete anos que possuía a faculdade de médium curador. Muitas pessoas foram curadas, quer por imposição de suas mãozinhas, quer por meio de remédios vegetais que ele receitava e afirmava conhecer. Quando lhe perguntavam onde aprendera essas coisas, respondia que, no tempo em que era grande, tinha sido médico. Esse menino recorda-se, portanto, de uma existência anterior.

> Falava com dificuldade. Chamava-se Jules Alphonse e nascera em Vera Cruz. Essa faculdade surpreendente desenvolveu-se nele aos quatro anos de idade e causou impressão em muitas pessoas que, incrédulas a princípio, estão hoje convencidas. Quando estava só com o pai, repetia-lhe muitas vezes: "Pai, não creias que eu fique muito tempo contigo; estou aqui só por alguns anos, porque é preciso que vá para outra parte". E, se lhe perguntavam: "Mas, para onde queres tu ir?", respondia: "Para longe daqui, para onde se está melhor do que aqui".

---

[169] Reproduzida por Le Matin e Paris-Nouvelles, de 8 de julho de 1903, com o título Uma reencarnação, correspondência de Londres, em 7 de julho.
[170] *Revue Spirite*, 1880, p. 361.

Esse menino era muito sóbrio, grande em todas as ações, perspicaz e muito obediente. Pouco tempo depois, morreu.

O *Banner of Light*, de Boston, em 15 de outubro de 1892, publica a narrativa, abaixo transcrita, do honrado Isaac G. Forster, inserida igualmente no *Globe Democrat*, de S. Luís, em 20 de setembro de 1892, e no *Brooklyn Eagle* e no *Milwaukee Sentinel*, em 25 de setembro de 1892:

> Há doze anos habitava eu o Condado de Effingham (Illinois) e lá perdi uma filha, Maria, quando para ela principiava a puberdade. No ano seguinte fui fixar residência no Dakota. Aí, nasceu-me, há nove anos, outra filhinha, a quem demos o nome de Nellie. Assim que chegou à idade de falar, pretendia não se chamar Nellie, mas sim Maria, que seu nome verdadeiro era o que em tempo lhe dávamos.

> Ultimamente voltei para o Condado de Effingham, para pôr em dia alguns negócios, e levei Nellie comigo. Ela reconheceu nossa antiga habitação e muitas pessoas que nunca vira, mas que minha primeira filha, Maria, conhecera muito bem.

> A uma milha de distância está situada a casa da escola em que Maria andava; Nellie, que nunca a vira, dela fez uma descrição exata e exprimiu-me o desejo de tornar a vê-la. Levei-a e, quando lá chegou, dirigiu-se diretamente para a carteira que sua irmã ocupava, dizendo-me: "Esta carteira é a minha!".

O *Journal des Débats*, de 11 de abril de 1912, em seu folhetim científico, cita, sob a assinatura de Henri de Varigny, um caso semelhante, colhido na obra do senhor Fielding Hall, o qual se entregou a longas pesquisas sobre esse assunto:

> Há cerca de meio século, duas crianças, um rapaz e uma menina, nasceram no mesmo dia e na mesma aldeia, na Birmânia. Casaram-se mais tarde e, depois de haver constituído família e praticado todas as virtudes, morreram no mesmo dia.

> Maus tempos sobrevieram, e dois jovens, de sexos diferentes, tiveram de fugir da aldeia onde se tinha desenrolado o primeiro episódio. Foram estabelecer-se em outra parte e tiveram dois filhos gêmeos, que, em vez de se chamarem por seus próprios nomes, se davam entre si os nomes do par virtuoso e já morto do qual falamos.

O Problema do Ser e do Destino

Os pais espantaram-se com isso, mas logo compreenderam o fato. Para eles, o par virtuoso se tinha encarnado em seus filhos. Quiseram tirar a prova. Levaram-nos à aldeia onde anteriormente haviam nascido. Reconheceram tudo: estradas, casas, pessoas e até as vestimentas do casal, conservadas, não se sabe por que razão. Um se lembrou de terem emprestado duas rupias (moeda indiana) a certa pessoa. Esta vivia ainda e confirmou o fato.

O senhor Fielding Hall, que viu as duas crianças quando elas ainda tinham seis anos, achava uma com aparência mais feminina; esta albergava a alma da mulher defunta. Antes da reencarnação, diziam eles, viveram algum tempo sem corpo, nos ramos das árvores. Mas essas lembranças longínquas tornam-se cada vez menos nítidas e vão se apagando pouco a pouco.

Essa percepção das vidas anteriores se encontra, também, excepcionalmente, em alguns adultos.

O doutor Gaston Durville, no *Psychic Magazine*, número de janeiro e abril de 1914, conta um caso interessante de renovação das lembranças em estado de vigília.

A senhora Laura Raynaud, conhecida em Paris por suas curas por meio do magnetismo, afirmava, desde muito, que se recordava de uma vida passada em um lugar que descrevia e que declarava pretensão de encontrar um dia. Afirmava, ainda, ter vivido em condições nitidamente determinadas (sexo, condição social, nacionalidade etc.) e haver desencarnado, havia certo número de anos, em consequência de tal moléstia.

A senhora Raynaud, em viagem à Itália, em março de 1913, reconheceu o país em que vivera. Percorreu os arredores de Gênova e encontrou uma habitação como havia descrito: "Graças ao concurso do senhor Calure, psiquista erudito de Gênova, encontramos – diz o doutor – nos registros da paróquia de São Francisco de Albaro, um registro de óbito que foi o da senhora Raynaud n° 1". Todas as declarações por ela feitas, muitos anos antes (sexo, condição social, nacionalidade, idade e causa da morte) foram confirmadas. Um sujet do doutor, em estado de sonambulismo lúcido, revelou curiosos pormenores sobre a sepultura da citada senhora.

❀ ❀ ❀

Os testemunhos oriundos do mundo invisível são tão numerosos quanto variados. Não só espíritos, em grande número, afirmam, em suas mensagens, terem vivido muitas vezes na Terra, mas há os que anunciam antecipadamente sua reencarnação; designam seu futuro sexo e a época de seu nascimento; ministram indicações sobre suas aparências físicas ou disposições morais que permitem reconhecê-los em seu regresso a este mundo; predizem ou expõem particularidades de sua próxima existência, o que tem sido possível verificar.

A revista Filosofia della Scienza, de Palermo, no número de janeiro de 1911, publicou, sobre um caso de reencarnação, uma narrativa do mais alto interesse, que resumimos aqui. Trata-se do dizer do chefe da família na qual os acontecimentos se passaram, o doutor Carmelo Samona, de Palermo:

> Perdemos, a 15 de março de 1910, uma filhinha que minha mulher e eu adorávamos; em minha companheira o desespero foi tal que receei, um momento, perder a razão. Três dias depois da morte de Alexandrina, minha mulher teve um sonho onde acreditou ver a criança a dizer-lhe:
>
> – Mãe, não chores mais, não te abandonarei; não estou afastada de ti: ao contrário, tornarei a ti como filha.
>
> Três dias mais tarde houve a repetição do mesmo sonho. A pobre mãe, a quem nada podia atenuar a dor e que não tinha, nessa época, noção alguma das teorias do espiritismo moderno, só encontrava nesse sonho motivos para o reavivamento de suas penas. Certa manhã, em que se lamentava, como de costume, três pancadas secas fizeram-se ouvir à porta do quarto em que nos achávamos. Crente da chegada de minha irmã, meus filhos, que estavam conosco, foram abrir a porta, dizendo:
>
> – Tia Catarina, entre.
>
> A surpresa, porém, de todos, foi grande, verificando que não havia ninguém atrás dessa porta nem na sala que a precedia. Foi então que resolvemos realizar sessões de tiptologia, na esperança de que, por esse meio, talvez tivéssemos esclarecimentos sobre o fato misterioso dos sonhos e das pancadas que tanto nos preocupavam.

O Problema do Ser e do Destino   221

Continuamos nossas experiências durante três meses, com grande regularidade. Desde a primeira sessão, duas entidades manifestaram-se: uma dizia ser minha irmã; a outra, nossa querida filha. Esta última confirmou, pela mesa, sua aparição nos dois sonhos de minha mulher e revelou que as pancadas tinham sido dadas por ela. Repetiu à sua mãe:

– Não te consternes, porque nascerei de novo por ti e antes do Natal.

A predição foi acolhida por nós com total incredulidade, pois um acidente, seguido de uma operação cirúrgica (21 de novembro de 1909), tornava impossível nova concepção em minha mulher.

Entretanto, a 10 de abril, uma primeira suspeita de gravidez revelou-se nela. A 4 de maio seguinte nossa filha manifestou-se ainda pela mesa e nos deu novo aviso:

– Mãe, há outra em ti.

Como não compreendêssemos essa frase, a outra entidade que, parece, acompanhava sempre nossa filha, confirmou-a, comentando-a assim:

– A pequena não se engana: outro ser se desenvolve em ti, minha boa Adélia.

As comunicações que se seguiram ratificaram todas essas declarações e mesmo as precisaram, anunciando que as crianças que deviam nascer seriam meninas; que uma se assemelharia a Alexandrina, sendo mais bela do que o tinha sido anteriormente.

Apesar da incredulidade persistente de minha mulher, as coisas pareciam tomar o rumo anunciado, porque, no mês de agosto, o doutor Cordaro, parteiro reputado, prognosticou a gravidez de gêmeos.

E, a 22 de novembro de 1910, minha mulher deu à luz duas filhinhas, sem semelhança entre si; uma, entretanto, reproduzia em todos os seus traços as particularidades físicas bem especiais que caracterizavam a fisionomia de Alexandrina, isto é, uma hiperemia do olho esquerdo, uma ligeira seborréia do ouvido direito e, enfim, uma dissemetria pouco acentuada da face.

Em apoio de suas declarações, o doutor Carmelo Samona traz os atestados de sua irmã Samona Gardini, do professor Wigley, da senhora Mercantini, do Marquês Natoli, da princesa Niscomi, do conde de Ranchileile, todos os que tomavam conhecimento das comunicações obtidas na família do doutor Carmelo Samona, à medida que elas se produziam.

Depois do nascimento dessas crianças, dois anos e meio são decorridos, o doutor Samona escreve à *Filosofia della Scienza*, dizendo que a semelhança de Alexandrina II com Alexandrina I tudo confirma, não só na parte física como na moral: as mesmas atitudes e brincadeiras calmas; as mesmas maneiras de acariciar a mãe; os mesmos terrores infantis expressos nos mesmos termos, a mesma tendência irresistível para servir-se da mão esquerda, o mesmo modo de pronunciar os nomes das pessoas que a rodeavam. Como Alexandrina I, ela abre o armário dos sapatos, no quarto em que esse móvel se encontra, calça um pé e passeia triunfalmente no quarto. Em uma palavra, refaz, de modo absolutamente idêntico, a existência, na idade correspondente, de Alexandrina I.

Não se nota nada de semelhante com Maria Pace, sua irmã gêmea.

Compreende-se todo o interesse que apresenta uma observação dessa ordem, seguida durante tantos anos por um investigador do valor do doutor Samona.[171]

O capitão Florindo Batista, cuja honestidade está ao abrigo de qualquer suspeita, conta, na revista Ultra, de Roma:

No mês de agosto de 1905, minha mulher, que estava grávida de três meses, teve, quando já se havia deitado, mas ainda perfeitamente acordada, uma aparição que a impressionou profundamente. Uma filhinha, morta havia três anos, apresentara-se-lhe repentinamente, manifestando alegria infantil e lhe disse, com voz muito doce, as seguintes palavras:

– Mamãe, eu volto!

Antes que minha mulher tornasse a si da surpresa, a visão desapareceu.

Quando entrei, minha mulher, ainda muito comovida, contou-me sua estranha aventura, e eu tive a impressão de que era de uma alucinação que se tratava; mas não quis combater a convicção em

[171] *Annales des Sciences Psychiques*, n. 7, p. 196 e seguintes, julho de 1913.

O Problema do Ser e do Destino   223

que ela estava, de haver recebido um aviso providencial, e acedi a seu desejo de dar à filhinha que esperávamos o nome de Branca, que era o de sua jovem irmã falecida.

Por essa época eu não tinha noção nenhuma daquilo que aprendi mais tarde e teria chamado louco a quem me viesse falar em reencarnação, porque estava intimamente convencido de que os mortos não renasciam mais.

Seis meses depois, em fevereiro de 1906, minha mulher deu à luz, com felicidade, uma filhinha que se assemelhava inteiramente à sua irmã falecida. Tinha seus olhos muito grandes e seus cabelos espessos e frisados.

Essas coincidências não me desviaram de meu cepticismo materialista, mas minha esposa, muito contente com o favor obtido, convenceu-se, de modo absoluto, de que o milagre se tinha dado e que havia posto duas vezes no mundo a mesma criatura.

Hoje a menina tem cerca de seis anos e, como sua falecida irmã, é muito desenvolvida física e intelectualmente.

A fim de que se compreenda o que vou relatar, devo acrescentar que, durante a vida da primeira Branca, tínhamos como criada certa Mary, suíça, que só falava o francês.

Tinha ela importado de suas montanhas uma espécie de canção. Quando minha filhinha morreu, Mary voltou para seu país, e a *berceuse* se havia completamente apagado de nossas lembranças. Um fato verdadeiramente extraordinário veio trazê-la ao nosso espírito.

Há uma semana, estava eu com minha mulher em meu quarto de trabalho, quando ouvimos ambos, como um eco longínquo, a famosa cantilena; a voz vinha do quarto de dormir onde havíamos deixado nossa filhinha adormecida.

A princípio, emocionados e estupefatos, não lhe tínhamos reconhecido a voz; mas, aproximando-nos do quarto de onde ela partia, achamos a criança sentada na cama e cantando, com acento nitidamente francês, a cantilena que nenhum de nós lhe houvéramos ensinado.

Minha mulher, evitando parecer muito espantada, perguntou-lhe o que cantava, e a criança, com uma prontidão de pasmar, respondeu que cantava uma *canção francesa*, posto que não conhecesse desse idioma senão algumas palavras que tinha ouvido pronunciar por suas irmãs.

– Quem te ensinou essa bela canção? – perguntei-lhe.

– Ninguém; eu a sei de mim mesma – respondeu-me ela e acabou de cantá-la alegremente, como se nunca tivesse cantado outra em sua vida.

O senhor Th. Jaffeux, advogado na Corte de Apelação de Paris, comunica-nos o seguinte fato (em 5 de março de 1911):

> Desde o começo de 1908, tinha como espírito-guia uma mulher que havia conhecido em minha infância e cujas comunicações apresentavam um caráter de rara precisão: nomes, endereços, cuidados médicos, predições de ordem familiar etc.
>
> No mês de junho de 1909, transmitia essa entidade, da parte de Père Henri, diretor espiritual do grupo, o conselho de não prolongar indefinidamente a morada estacionária no espaço. A entidade respondeu-me por essa ocasião:
>
> – Tenho a intenção de reencarnar; terei, sucessivamente, três reencarnações muito breves.
>
> Para o mês de outubro de 1909, anunciou-me espontaneamente que ia reencarnar em minha família e designou-me o lugar dessa reencarnação; uma aldeia do Departamento do Eure-et-Loir.
>
> Eu tinha, com efeito, uma prima grávida nesse momento, e fiz a seguinte pergunta:
>
> – Por que sinal poderei reconhecê-la?
>
> – Terei uma cicatriz de dois centímetros do lado direito da cabeça.
>
> A 15 de novembro, disse a mesma entidade que, no mês de janeiro seguinte, deixaria de vir, sendo substituída por outro espírito.
>
> Procurei, desde esse instante, dar a essa prova todo o seu alcance, e nada me seria mais fácil, depois de ter feito documentar oficialmente a predição e de conseguir um certificado médico do nascimento da criança.

O Problema do Ser e do Destino

Infelizmente, encontrei-me em presença de uma família que manifestava uma hostilidade agressiva contra o espiritismo; estava desarmado.

No mês de janeiro de 1910, a criança nascia com uma cicatriz de dois centímetros do lado direito da cabeça. Ela tem, atualmente, quatorze meses.

O senhor Warcollier, engenheiro químico em Paris, relata o seguinte fato, na Revue Scientifique et Morale, de fevereiro de 1920:

A senhora B... pertencia a uma família aristocrática com ideais da nobreza e me foi apresentada por uma pessoa de minha família, a senhora Viroux. Ela tinha perdido durante a guerra um filho que particularmente amava; ainda lhe restam outros filhos, sendo que um deles é uma filha casada, da qual falaremos a seguir. Os detalhes relativos a esse caso são conhecidos de todos os amigos da senhora B..., que haviam sido informados sobre o assunto no decorrer dos acontecimentos.

Alistado voluntário no início da guerra, seu filho ganhou rapidamente os galões de subtenente, mas foi morto em combate. A mãe teve um sonho no qual viu o local preciso, um planalto da estrada de ferro, onde o corpo de seu filho estava morto. Graças a esse sonho, ela encontrou os despojos do rapaz e os enterrou no cemitério da aldeia vizinha.

Alguns meses depois, teve outro sonho e viu seu filho, que lhe dizia: "Mamãe, não chores, vou voltar, não para ti, mas para minha irmã". Ela não compreendeu o sentido dessas palavras; mas sua filha teve um sonho semelhante, no qual via seu irmão novamente criança brincando em seu próprio quarto. Nem uma nem outra pensava ou acreditava em reencarnação. A filha da senhora B..., que nunca tivera filhos, desolava-se a esse respeito. Mas logo depois ela ficou grávida.

Na noite que precedeu o nascimento, a senhora B... reviu seu filho em sonho. Ele lhe falou ainda de seu retorno e lhe mostrou um bebê recém-nascido que tinha os cabelos negros, que ela reconheceu perfeitamente quando o recebeu em seus braços algumas horas mais tarde. A senhora B... convenceu-se, mediante mil detalhes psicológicos e por traços curiosos de caráter, que essa criança era realmente seu filho reencarnado e, entretanto, afirma que antes não era reencarnacionista; era católica de nascimento e, por sua classe, totalmente simpatizante do clero; confessou que era absolutamente céptica, talvez até um pouco atéia, e nunca tinha frequentado nem os espíritas nem os teósofos.

Indicamos neste capítulo as causas físicas do esquecimento das vidas anteriores. Pergunta-se: não será conveniente, ao terminá-lo, colocarmo-nos sob outro ponto de vista e inquirir se esse esquecimento não se justifica por uma necessidade de ordem moral? Para a maior parte dos homens, frágeis "canas pensantes" que o vento das paixões agita, não se afigura desejável a recordação do passado; pelo contrário, parece indispensável ao seu adiantamento que as vidas anteriores se lhes apaguem momentaneamente da memória.

A persistência das recordações acarretaria a manutenção das ideias errôneas, dos preconceitos de casta, tempo e meio; em resumo, de toda uma herança mental, um conjunto de vistas e coisas que nos custaria tanto mais a modificar, a transformar, quanto mais vivo estivesse em nós. Deparar-nos-íamos, assim, com muitos obstáculos à nossa educação, aos nossos progressos; e nossa capacidade de julgar achar-se-ia muitas vezes adulterada desde o berço. O esquecimento, ao contrário, permitindo-nos aproveitar mais amplamente os estados diferentes que uma nova vida nos proporciona, ajuda-nos a reconstruir nossa personalidade em um plano melhor; nossas faculdades e nossa experiência aumentam em extensão e profundidade.

Outra consideração, mais grave ainda: o conhecimento de um passado corrupto, conspurcado, como deve suceder com o de muitos de nós, seria um fardo pesado. Só uma vontade de rija têmpera pode ver, sem vertigem, desenrolar-se uma longa série de faltas, desfalecimentos, atos vergonhosos, crimes, talvez, para pesar-lhes as consequências e resignar-se a passar por elas. A maior parte dos homens atuais é incapaz de tal esforço. A recordação das vidas anteriores só pode ser proveitosa ao espírito bastante evolvido, senhor de si para suportar-lhe o peso sem fraquejar, com suficiente desapego das coisas humanas, para contemplar com serenidade o espetáculo de sua história, reviver as dores de que padeceu, as injustiças que sofreu, as traições dos que amou. É privilégio doloroso conhecer o passado dissipado, passado de sangue e lágrimas, e é também causa de torturas morais, de íntimas lacerações.

As visões que se lhe vinculam seriam, na maioria dos casos, fonte de cruéis inquietações para a alma fraca, presa nas garras de seu destino. Se nossas vidas precedentes foram felizes, a comparação entre as alegrias que nos davam e as amarguras do presente tornaria estas últimas insuportáveis. Foram culpadas? A expectativa perpétua dos males que elas implicam paralisaria nossa ação e tornaria estéril nossa existência. A persistência dos remorsos e a morosidade de nossa evolução far-nos-iam acreditar que a perfeição é irrealizável.

Quantas coisas, que são outros tantos obstáculos à nossa paz interna, outros tantos estorvos para nossa liberdade, não quiséramos apagar de nossa vida atual? O que seria, pois, se a perspectiva dos séculos percorridos se desenrolasse sem cessar, com todos os pormenores, diante de nossa vista? O que importa é trazer consigo os frutos úteis do passado, isto é, as capacidades adquiridas; é esse o instrumento de trabalho, o meio de ação do espírito. O que constitui o caráter é também o conjunto das qualidades e dos defeitos, dos gostos e das aspirações, tudo o que transborda da consciência profunda para a consciência normal.

O conhecimento integral das vidas passadas apresentaria inconvenientes formidáveis, não só para o indivíduo, mas também para a coletividade; introduziria na vida social elementos de discórdia, fermentos de ódio que agravariam a situação da humanidade e obstariam a todo o progresso moral. Todos os criminosos da História, reencarnados para expiar, seriam desmascarados; as vergonhas, as traições, as perfídias, as iniquidades de todos os séculos seriam de novo assoalhadas à nossa vista. O passado acusador, conhecido de todos, tornaria a ser causa de profunda divisão e de vivos sofrimentos.

O homem, que vem a este mundo para agir, desenvolver suas faculdades, conquistar novos méritos, deve olhar para frente, e não para trás. Diante dele abre-se, cheio de esperanças e promessas, o futuro; a Lei Suprema ordena-lhe que avance resolutamente e, para tornar-lhe a marcha mais fácil, para livrá-lo de todas as prisões, de todo o peso, estende um véu sobre seu passado. Agradeçamos à providência infinita que, aliviando-nos da carga esmagadora das recordações, nos tornou mais cômoda a ascensão e a reparação menos amarga.

Objetam-nos, às vezes, que seria injusto ser castigado por faltas que foram esquecidas, como se o esquecimento apagasse a falta. Dizem-nos,[172] por exemplo: "Uma justiça, que é tramada em segredo e que não podemos pessoalmente avaliar, deve ser considerada como uma iniquidade".

Contudo, em princípio, não há para nós em tudo um mistério? O pequeno talo de erva que rebenta, o vento que sopra, a vida que se agita, o astro que percorre a abóbada silenciosa, tudo é mistério. Se só devemos acreditar no que compreendemos bem, em que havemos então de acreditar?

Se um criminoso, condenado pelas leis humanas, cai doente e perde a memória de suas ações (vimos que os casos de amnésia não são raros), segue-se daí que sua responsabilidade desaparece, ao mesmo tempo em que suas lembranças? Nenhum poder é capaz de fazer com que o passado não tenha existido.

Em muitos casos, seria mais atroz saber do que ignorar. Quando o espírito, cujas vidas distantes foram culpadas, deixa a Terra, e as más lembranças se avivam outra vez para ele, quando vê se levantarem sombras vingadoras, acaso lamenta o tempo do esquecimento? Acusa Deus por ter-lhe tirado com a memória de suas faltas a perspectiva das provas que elas implicam?

Basta-nos, pois, conhecer qual é o fim da vida, saber que a justiça divina governa o mundo. Cada um está no local que para si fez e não sucede nada que não seja merecido. Não temos por guia nossa consciência e não brilham com vivo clarão, na noite de nossa inteligência, os ensinamentos dos gênios celestes?

O espírito humano, porém, flutua agitado por todos os ventos da dúvida e da contradição. Às vezes acha que tudo vai bem e pede novas energias vitais; outras, amaldiçoa a existência e clama o aniquilamento. Pode a justiça eterna conformar seus planos com nossas vistas efêmeras e variáveis? Na própria pergunta está a resposta. A justiça é eterna porque é imutável. No caso que nos ocupa, é a harmonia perfeita que se estabelece entre a liberdade de nossos atos e a fatalidade de suas consequências. O

---

[172] *Journal de Charleroi*, 18 de fevereiro de 1899. Isso mesmo era o que, já no quarto século, objetava Enéias de Gaza, em seu *Théophraste*.

esquecimento temporário de nossas faltas não evita seu efeito. É necessária a ignorância do passado para que toda a atividade do homem se consagre ao presente e ao futuro, para que se submeta à lei do esforço e se conforme com as condições do meio em que renasce.

Durante o sono, a alma exerce sua atividade, pensa e vagueia. Às vezes, segue ao mundo das causas e torna a ter uma noção das vidas passadas. Do mesmo modo que as estrelas brilham somente durante a noite, também nosso presente deve acolher-se à sombra para que os clarões do passado se acendam no horizonte da consciência.

A vida na carne é o sono da alma; é o sonho triste ou alegre. Enquanto ele dura, esquecemos os sonhos precedentes, isto é, as encarnações passadas; entretanto, é sempre a mesma personalidade que persiste em suas duas formas de existência. Em sua evolução, atravessa, alternadamente, períodos de contração e dilatação e de sombra e luz. A personalidade se retrai ou se expande nesses dois estados sucessivos, assim como se perde e torna a encontrar-se pelas alternativas do sono e da vigília, até que a alma, ao alcançar o apogeu intelectual e moral, acabe por uma vez de sonhar.

Há em cada um de nós um livro misterioso, onde tudo se inscreve em caracteres indeléveis. Fechado à nossa vista durante a vida terrena, abre-se no espaço. O espírito adiantado lhe percorre, à vontade, as páginas; encontra nele ensinamentos, impressões e sensações que o homem material compreende a custo.

Esse livro, o subconsciente dos psiquistas, é o que se denomina perispírito. Quanto mais se purifica, tanto mais as recordações se definem; nossas vidas, uma a uma, emergem da sombra e desfilam diante de nós para nos acusarem ou glorificarem. Todos os fatos, os atos e os pensamentos mínimos reaparecem e impõem-se à nossa atenção. Então, o espírito contempla a tremenda realidade; mede seu grau de elevação; e sua consciência julga sem apelação nem agravo. Como são suaves para a alma, nessa hora, as boas ações praticadas e as obras de sacrifício e como, porém, são pesados os desfalecimentos, as obras de egoísmo e iniquidade!

Durante a reencarnação, é preciso relembrar: a matéria cobre o perispírito com seu manto espesso; comprime e apaga suas radiações. Daí o esquecimento. Livre desse laço, o espírito elevado readquire a plenitude de sua memória, enquanto o espírito inferior mal se lembra de sua última existência; é para ele o essencial, pois que ela é a soma dos progressos adquiridos, a síntese de todo o seu passado, e por ela pode avaliar sua situação. Aqueles em cujo pensamento não se penetrou, em nosso mundo, a noção das preexistências ignoram por muito tempo suas vidas primitivas, as mais afastadas. Daí a afirmação de numerosos espíritos, em certos países, de que a reencarnação não é uma lei. Esses tais não interrogaram as profundezas de seu ser, não abriram o livro fatídico onde tudo está gravado. Conservam os preconceitos do meio terrestre em que viveram, os quais, em vez de incitá-los àquela investigação, os dissuadem dela.

Os espíritos superiores, por sentimento de caridade, conhecendo a fraqueza dessas almas, julgando que o conhecimento do passado não lhes é ainda necessário, evitam atrair-lhes para esse ponto a atenção, a fim de lhes pouparem a vista de quadros penosos. Contudo, chega um dia em que, pelas sugestões do Alto, sua vontade desperta e rebusca nos recessos da memória. Então, as vidas anteriores lhes aparecem como miragem longínqua. Há de chegar o tempo em que, estando mais disseminado o conhecimento dessas coisas, todos os espíritos terrestres, iniciados por uma forte educação na lei dos renascimentos, verão o passado se desenrolar à sua frente, logo depois da morte e até, em certos casos, durante esta vida. Terão adquirido a força moral necessária para afrontarem esse espetáculo sem fraquejar.

Para as almas purificadas, a recordação é constante. O espírito elevado tem o poder de reviver à vontade o passado, o presente e o misterioso futuro, cujas profundidades se iluminam por instantes, para ele, com rápidos clarões, para, em seguida, mergulharem nas sombras do desconhecido.

CAPÍTULO IV

As vidas sucessivas – as crianças prodígio e a hereditariedade

Podem ser consideradas certas manifestações precoces do gênio como outras tantas provas das preexistências, em razão de se tratar de uma revelação dos trabalhos realizados pela alma em experiências anteriores.

Os fenômenos desse gênero, que a História relata, não podem ser fatos desconexos, desligados do passado, produzindo-se ao acaso no vácuo dos tempos e do espaço; demonstram, ao contrário, que o princípio organizador da vida em nós concebe um ser que chega a este mundo com um passado inteiro de trabalho e evolução, resultado de um plano traçado e de um alvo para o qual ele se dirige em suas existências sucessivas.

Cada encarnação encontra, na alma que recomeça vida nova, uma cultura particular, aptidões e aquisições mentais que explicam sua facilidade para o trabalho e seu poder de assimilação. Por isso, dizia Platão: "Aprender é recordar-se!".

A lei da hereditariedade vem, muitas vezes, obstar, até certo ponto, a essas manifestações da individualidade, porque é com os elementos fornecidos pela hereditariedade que o espírito põe a seu jeito seu invólucro; contudo, a despeito das dificuldades materiais, vê-se manifestarem-se, em certos seres, desde a mais tenra idade, faculdades de tal modo superiores e sem nenhuma relação com as de seus ascendentes. Não se pode, não obstante todas as sutilezas da casuística materialista, relacioná-las com qualquer causa imediata e conhecida.

Tem-se citado, muitas vezes, o caso de Mozart, que executou uma sonata no piano aos quatro anos e, aos oito, compôs uma ópera. Paganini e Teresa Milanollo, ainda crianças, tocavam violino de forma magistral. Liszt, Beethoven e Rubinstein se faziam aplaudir aos dez anos. Michelangelo e Salvatore Rosa se revelaram de repente com talentos imprevistos. Pascal, aos doze anos, descobriu a geometria plana, e Rembrandt, antes de saber ler, desenhava como um grande mestre.[173]

Napoleão se fez notar por sua aptidão prematura para a guerra. Já na infância, não brincava de soldadinho, como as crianças de sua idade, e sim com um método extraordinário, que parecia ser invenção sua.

O século XVI nos legou a memória de um poliglota prodigioso, Jacques Chrichton, que Scaliger denominava como um "gênio monstruoso". Era escocês e, aos quinze anos, discutia em latim, grego, hebraico ou árabe sobre qualquer assunto. Conquistou o grau de mestre aos quatorze anos.

Henrique de Heinecken, nascido em Lübeck, em 1721, falou quase ao nascer; aos dois anos sabia três línguas; aprendeu a escrever em alguns dias e, dentro de pouco tempo, exercitava-se em pronunciar pequenos discursos; com dois anos e meio, fez exame de Geografia e História antiga e moderna. Seu único alimento era o leite da ama. Quiseram desmamá-lo, depereceu e morreu em Lübeck, em 27 de junho de 1725, de cinco para seis anos de idade, afirmando suas esperanças na outra vida. Dizem as Mémoires de Trévoux: "Era delicado, enfermiço e muitas vezes estava doente". Essa criança fenomenal teve completo conhecimento de seu fim próximo. Falava disso com serenidade pelo menos tão admirável como sua ciência prematura e quis consolar os pais, dirigindo-lhes palavras de alento que ia buscar em suas crenças comuns.

A História dos últimos séculos assinala grande número dessas crianças-prodígio.

O jovem Van der Kerkhove, de Bruges, morreu aos dez anos e onze meses, em 12 de agosto de 1873, deixando trezentos e cinquenta pequenos quadros magistrais, alguns dos quais, diz Adolphe Siret, membro da Academia Real de Ciências, Letras e Belas-Artes da Bélgica, poderiam ser as-

---

[173] Consultar: C. Lombroso. *L'homme de genie.*

O Problema do Ser e do Destino

sinados por nomes como Diaz, Salvatore Rosa, Corot, Van Goyen etc.

Outro menino, William Hamilton, estudava o hebraico aos três anos e, aos sete, possuía conhecimentos mais extensos do que a maior parte dos candidatos ao magistério. "Estou vendo-o ainda – dizia um de seus parentes – responder a uma pergunta difícil de Matemática, afastar-se depois, correndo aos pulinhos e puxando o carrinho com que andava a brincar." Aos treze anos, conhecia doze línguas e, aos dezoito, pasmava toda a gente da vizinhança, a tal ponto que um astrônomo irlandês dizia dele: "Eu não digo que ele será, mas que já é o primeiro matemático de seu tempo".

Nesse momento, em 1908, a Itália se honrou de possuir um linguista fenomenal, o senhor Trombetti, que excedeu em muito seus antigos compatriotas, o célebre Pico de Mirandola e o prodigioso Mezzofanti, o cardeal que discursava em setenta línguas.

Trombetti nasceu de uma família de bolonheses pobres e completamente ignorantes. Aprendeu sozinho, na escola primária, francês e alemão e, no fim de dois meses, lia Voltaire e Goethe. Aprendeu o árabe com a simples leitura da vida de Abd-el-Kader, escrita na mesma língua. Um persa, de passagem por Bolonha, ensinou-lhe sua língua em algumas semanas. Aos doze anos, aprendeu, por si só e simultaneamente, latim, grego e hebraico e, em seguida, estudou quase todas as línguas vivas ou mortas. Seus amigos asseveram que ele chegou a conhecer cerca de trezentos dialetos orientais. O Rei da Itália o nomeou professor de Filologia na Universidade de Bolonha.

No Congresso Internacional de Psicologia de Paris, em 1900, o senhor Charles Richet, da Academia de Medicina, apresentou em assembleia geral, reunidas todas as seções, um menino espanhol de três anos e meio de idade, chamado Pepito Arriola, que toca e improvisa ao piano árias variadas, muito ricas de sonoridade. Reproduzimos a comunicação feita pelo senhor Richet aos congressistas, na sessão de 21 de agosto de 1900, sobre esse menino, antes de sua audição musical:[174]

> Vou transcrever fielmente o que diz sua mãe do modo pelo qual descobriu os extraordinários dons musicais do jovem Pepito:

---

[174] Consultar *Revue Scientifique*, de 6 de outubro de 1900, p. 432 ; e *Compte rendu officiel du Congrès de Psychologie*, Paris: F. Alcan, 1900. p. 93.

"Tinha o menino dois anos e meio, aproximadamente, quando, pela primeira vez, se me depararam casualmente suas aptidões musicais. Nessa época, recebi de um amigo meu, músico, uma composição de sua lavra e pus-me a tocá-la ao piano com bastante frequência. É provável que o menino a ouvisse com atenção, mas não reparei nisso. Ora, certa manhã, ouço tocar em uma sala contígua a mesma ária, com tanta mestria e justeza que quis saber quem assim tomava a liberdade de tocar piano em minha casa. Entrei na sala e vi meu pequeno, que estava só, a tocar a ária; estava sentado em um assento alto para onde subira sozinho e, ao ver-me, pôs-se a rir e disse-me: 'Que me diz, mamãe?'. Acreditei que se realizava um verdadeiro milagre."

A partir desse momento, o pequeno Pepito continuou a tocar, sem que sua mãe lhe tenha dado lições, às vezes, as árias que ela própria tocava diante dele ao piano, outras vezes, árias que ele inventava.

Não tardou a adquirir capacidade suficiente para permitir-lhe, no dia 4 de dezembro de 1899, isto é, com três anos incompletos, tocar diante de um auditório bastante numeroso de críticos e músicos; em 26 de dezembro, com três anos e doze dias, tocou no Palácio Real de Madrid diante do rei e da rainha mãe. Nessa ocasião, tocou seis composições musicais de sua autoria, que foram aplaudidas.

Não sabe ler, quer se trate de música ou do alfabeto; não tem talento especial para o desenho, mas se entretém, às vezes, a escrever árias musicais, escrita que não tem, entenda-se bem, nenhum sentido. É, entretanto, engraçado vê-lo pegar em um papelzinho, pôr-lhe como cabeçalho uns rabiscos (que significam, ao que parece, a natureza do trecho, sonata, *habanera*, valsa etc.); depois, por baixo, figurar linhas que serão a pauta, com uma borradela que quer dizer clave de sol e linhas pretas que, afirma ele, são notas. Olha, então, para esse papel, com satisfação, põe-no no piano e diz: "Vou tocar isto" e, com efeito, tendo diante da vista esse papel informe, *improvisa de maneira admirável.*

Para metodicamente estudar a maneira como ele toca piano, separarei a execução da invenção.

Execução – A execução é infantil; vê-se que ele imaginou a dedilhação em todas as suas partes sem ne-

O Problema do Ser e do Destino   235

nhuma lição. Tem, não obstante, dedilhação bastante desembaraçada, tanto quanto lho permite a pequenez da mão, que não abrange a oitava. Para resolver a dificuldade, imaginou, o que é curioso, substituir a oitava por arpejos habilmente executados e muito rápidos. Toca com as duas mãos, que muitas vezes cruza para obter certos efeitos ou certas harmonias. Às vezes, também, como os pianistas de renome, levanta a mão a grande altura, com a maior seriedade, para deixá-la cair exatamente na nota que quer. *Não é provável que isso lhe tenha sido ensinado*, porque, na maneira de tocar de sua mãe, que, aliás, tem boa execução, nada há de análogo. Pode tocar árias de bravura com agilidade por vezes admirável e vigor surpreendente em uma criança de sua idade; mas, apesar dessas qualidades, força é reconhecer que a execução é desigual. De repente, depois de alguns momentos de prelúdio, põe-se a tocar, *como se estivesse inspirado*, com agilidade e precisão.

Ouvi-o tocar trechos de muita dificuldade, uma *habanera* galiciana e a *Marcha turca de Mozart*, com habilidade em certas passagens.

A harmonia, ainda mais do que a dedilhação, é extraordinária. Acha, quase sempre, o acorde justo e, se hesita, como lhe sucede no princípio de um trecho, tateia alguns segundos; depois, continuando, acha a verdadeira harmonia. Não se trata de uma harmonia muito complicada; quase sempre consiste em acordes de muita simplicidade; *mas por vezes inventa alguns que causam grande surpresa.*

Para falar com rigor, o que mais assombra não é a dedilhação, nem a harmonia, nem a agilidade, mas a expressão; tem uma riqueza de expressão admirável. Seja triste, alegre, marcial ou enérgico o trecho musical, *a expressão é arrebatadora.* Uma vez fiz tocar à mãe a mesma música que a ele. Sem dúvida, ela tocava-a muito melhor, sem notas erradas, nem hesitações, nem tateios, nem repetições, mas o bebezinho tinha muito mais expressão.

Muitas vezes mesmo, é tão forte essa expressão, tão trágica até em certas árias melancólicas ou fúnebres, que se tem a sensação de que Pepito não pode, com sua dedilhação imperfeita, exprimir todas as ideias musicais que nele fremem, de maneira que quase me atreveria a dizer que ele é muito maior músico do que aparenta...

Não somente executa as músicas que acaba de ouvir tocar no piano, mas pode também, posto que com mais dificuldade, executar ao piano as árias que ouviu cantar. "Causa pasmo vê-lo então achar, imaginar, reconstituir os acordes do contraponto e da harmonia, como o poderia fazer um músico perito." Em uma experiência feita há pouco tempo, um amigo meu cantou-lhe uma melodia muito complexa. Depois de tê-la ouvido cinco ou seis vezes, sentou-se ao piano, dizendo que se tratava de uma *habanera*, o que era verdade, e repetiu-a, senão no todo, pelo menos nas partes essenciais.

Invenção – É muitas vezes bem difícil, quando se ouve um improvisador, distinguir o que é invenção do que é reprodução, pela memória, de árias e trechos musicais já ouvidos. É certo, entretanto, que, quando Pepito se põe a improvisar, raras vezes lhe falha a inspiração e acha, muitas vezes, melodias extremamente interessantes, que pareceram mais ou menos originais a todos os assistentes. Há uma introdução, um meio, um fim; há, ao mesmo tempo, uma variedade e uma riqueza de sons que talvez admirassem, se se tratasse de um músico de profissão, *mas que, numa criança de três anos e meio, causam verdadeira estupefação.*

Desde essa época, prosseguiu o jovem artista o curso de seus triunfos cada vez maiores. Tendo-se feito violinista incomparável, causa a admiração do mundo musical com seu talento prematuro. Realizou também muitos concertos em Leipzig e representações musicais em S. Petersburgo.[175]

Assinalava-se de Rennes, a 28 de novembro de 1911, ao Le Matin, o caso de outra criança musicista:

Nossa cidade possui um novo Mozart. Esse pequeno prodígio, filho de um empregado da Posta, nasceu em Rennes, a 8 de outubro de 1904; tem, pois, sete anos e dois meses. O jovem René Guillon, tal é o nome dessa criança extraordinária, compõe, não obstante sua idade, e executa ao piano sinfonias, sonatas, melodias, fugas, duos para piano e violão, duos para violões. Ainda *bebê* já parecia com disposição para o desenho; sentiu inclinação muito viva para a música, em seguida, à audição da *Marcha Fúnebre* de Chopin, executada pela banda do 41° de Linha. Posto que nunca tivesse tocado um único

---

[175] Professor Charles Ríchet. *Annales des Sciences Psychiques*, abril de 1908, p. 98.

O Problema do Ser e do Destino

instrumento, assim que entrou em casa dos pais, pôs-se ao piano e executou a célebre peça.

Desde esse momento, começou a compor, ao correr da inspiração, pedaços de música que fazem a admiração dos professores do Conservatório.

Ajuntemos a essa lista dos meninos músicos o nome de Willy Ferreros, que, com a idade de quatro anos e meio, dirigia com maestria a orquestra do Folies-Bergère, de Paris, depois a do Cassino de Lyon. Eis o que a seu respeito nos diz, no número de 17 de fevereiro de 1911, a revista *Comédia*:

> É um homenzinho que traz já garbosamente o traje negro, as calças de cetim, o colete branco e as botinas de verniz. Tendo na mão a batuta, dirige com desembaraço, segurança e precisão incomparáveis uma orquestra de oitenta músicos, sempre atento às menores particularidades, escrupuloso observador do ritmo...
>
> Há dias, ao acaso de uma viagem ao Meio-Dia (Sul da França), o senhor Clément Baunel descobriu esse pequeno prodígio; entusiasmou-se com tal instinto musical e trouxe o menino para Paris, que conquistou desde ontem à tarde. Ao correr da revista do *Folies-Bergère*, Willy Ferreros regeu, com os *Cadets*, de Souza, a *Sylvia*, de Léo Delibes. Foi um extraordinário acontecimento.

O Intransigeant, de 22 de junho de 1911, acrescenta que ele é igualmente admirável na direção das Sinfonias de Haydn, na marcha do Tannhauser e na Dança de Anitra, de Grieg.

Citemos também Le Soir, de Bruxelas,[176] na enumeração que faz de algumas crianças notáveis de além-mar:

> Entre os rapazes-prodígio do Novo Mundo, devemos citar um, o engenheiro George Steuber, que conta treze primaveras, e Harry Dugan, que ainda não completou nove anos. Harry Dugan acaba de fazer uma excursão de mil milhas (cerca de mil e seiscentos quilômetros) através da República estrelada, onde realizou negócios colossais para a casa que representa.
>
> Por mais incrível que pareça, a Universidade de Nova Orleans acaba de passar diploma de médico

---

[176] Número de 25 de julho de 1900.

a um estudante com cinco anos de idade, chamado Willie Gwin. Os examinadores declararam depois, em sessão pública, que o novel Esculápio era o mais sábio osteólogo a que haviam passado diploma. Willie Gwin é filho de um médico conhecido.

A esse propósito, os jornais transatlânticos publicam uma lista de meninos-prodígio. Um deles, mal contando onze anos de idade, fundou recentemente um jornal intitulado *The Sunny Home*, cuja tiragem, no terceiro número, era já de vinte mil exemplares. Pierre Loti e Sully Prudhomme são colaboradores do Chatterton americano.

Entre os pregadores célebres dos Estados Unidos, cita-se o jovem Dennis Mahan, de Montana, que, desde seis anos, causava pasmo aos fiéis por seu profundo conhecimento das Escrituras e pela eloquência de sua palavra.

Juntemos a essa lista o nome do famoso engenheiro sueco Ericson, que, aos doze anos, era inspetor no grande canal marítimo de Suez e tinha às suas ordens seiscentos operários.[177]

Voltemos ao problema das crianças-prodígio e examinemo-lo em seus diferentes aspectos. Duas hipóteses foram aventadas para explicá-lo: a hereditariedade e a mediunidade.

A hereditariedade é, como ninguém o ignora, a transmissão das propriedades de um indivíduo aos seus descendentes. As influências hereditárias são consideráveis nos dois pontos de vista, físico e psíquico. A transmissão do temperamento, dos traços do caráter e da inteligência de pais a filhos é muito sensível em certas pessoas. Por diferentes títulos, encontramos em nós não somente as particularidades orgânicas de nossos progenitores diretos ou de nossos antepassados, mas também suas qualidades ou seus defeitos.

No homem atual, revive a misteriosa linhagem inteira de seres, de cujos esforços seculares para uma vida mais elevada e completa ele é o resumo. Contudo, a par das analogias, há divergências mais consideráveis. Os membros de uma mesma família, posto que apresentam semelhanças, traços comuns, oferecem também, às vezes, diferen-

[177] Doutor Wahu. *Le spiritisme dans le monde.*

ças que se destacam bem. O fato pode ser verificado por toda a parte, ao redor de nós, em cada família, em irmãos e irmãs e até em gêmeos. Muitos destes, donos de semelhança física nos primeiros anos, a ponto de custar a diferençá-los, apresentam no decurso de seu desenvolvimento diferenças sensíveis de feições, caráter e inteligência.

Para explicar essas dessemelhanças será, pois, necessário fazer intervir um novo fator na solução do problema; serão os antecedentes do ser, que lhe permitiram aumentar suas faculdades, sua experiência, de vida em vida, e constituir-se como individualidade, trazendo um cunho próprio de originalidade e as próprias aptidões.

Só a lei dos renascimentos poderá fazer-nos compreender como certos espíritos encarnados mostram, desde os primeiros anos, a facilidade de trabalho e a assimilação que caracterizam as crianças-prodígio. São os resultados de imensos labores que familiarizaram esses espíritos com as artes ou as ciências por que primam.

Longas investigações, estudos e exercícios seculares deixaram impressas marcas profundas em seu invólucro perispiritual que geram uma espécie de automatismo psicológico. Nos músicos, notadamente, essa faculdade se manifesta cedo, por processos de execução que espantam os mais indiferentes e deixam perplexos sábios como o professor Richet.

Existem, nesses jovens, reservas consideráveis de conhecimentos armazenados na consciência profunda e que, então, transbordam para a consciência física, de modo a produzir as manifestações precoces do talento e do gênio. Mesmo parecendo anormais, não são, entretanto, mais do que consequência do labor e dos esforços continuados através dos tempos. É a essa reserva, a esse capital indestrutível do ser a que F. Myers se refere, denominando como consciência subliminal e que se encontra em cada um de nós. Revela-se não somente no senso artístico, científico ou literário, mas também por todas as aquisições do espírito, tanto na ordem moral quanto na intelectual.

A concepção do bem, do justo e a noção do dever são muito mais vivas em certos indivíduos e em certas raças do que em outros. Não resultam somente da educação atual, como se pode reconhecer por uma observação atenta dos indivíduos em suas impulsões espontâneas, mas também do cabedal próprio que trazem ao nascer. A educação desenvolve esses germens nativos e permite que se expandam e produzam todos os seus frutos, mas, por si só, seria incapaz de incubar tão profundamente aos recém-vindos as noções superiores que lhes dominam toda a existência, o que cotidianamente é verificado nas raças inferiores, refratárias a certas ideias morais e sobre quem a educação tem pouca influência.

Os antecedentes explicam, igualmente, as anomalias estranhas de seres com caráter selvagem, indisciplinado, malfazejo, que aparecem de repente em centros honestos civilizados. Têm sido vistos filhos de boa família cometerem roubos, provocarem incêndios, praticarem crimes com audácia e habilidade consumadas, sofrerem condenações e desonrarem o nome que usavam. Em certas crianças, citam-se atos de ferocidade sanguinária que não encontram explicação nem em seus parentes próximos, nem em sua ascendência. Adolescentes, por exemplo, matam os animais domésticos que lhes caem nas mãos, depois de os terem torturado com rematada crueldade.

Em sentido oposto, podem ser registrados casos extraordinários de dedicação, considerada a idade dos que a praticam. Salvamentos são efetuados com reflexão e decisão por crianças de dez anos de idade ou menos. Tais indivíduos, como os precedentes, parecem trazer para este mundo disposições particulares que não se encontram em seus parentes. Assim como se veem anjos de pureza e doçura nascerem e crescerem em meios grosseiros e depravados, também se encontram ladrões e assassinos em famílias virtuosas; em um e em outro caso, as condições são tais que nenhum precedente atávico pode conferir a chave do enigma.

Todos esses fenômenos, em sua variedade infinita, têm sua origem no passado da alma, nas numerosas vidas humanas que ela percorreu. Cada um traz ao nascer os frutos de sua evolução, a intuição do que aprendeu, as aptidões adquiridas nos diversos domínios do pensamento e da obra social, na ciência, no comércio, na indústria, na navegação, na guerra etc. Traz habilidade para determinada coisa em particular, conforme sua atividade se tenha exercitado nesse ou naquele sentido.

O espírito tem capacidade para os estudos mais diversos, mas, no curso limitado da vida terrestre, por efeito das condições ambientes, por causa das exigências mate-

O Problema do Ser e do Destino   241

riais e sociais, geralmente só se aplica ao estudo de um número restrito de questões e, desde que sua vontade tenha se encaminhado para qualquer dos vastos domínios do saber, em razão de suas tendências e das noções em si acumuladas, sua superioridade nesse sentido se declara e se define cada vez mais; repercute de existência em existência, revelando-se, em cada vinda à arena terrestre, por manifestações cada vez mais precoces e mais acentuadas. Eis a razão da existência das crianças-prodígio e, em forma menos distinta, das vocações, das predisposições nativas, do talento, do gênio, que são o resultado de esforços perseverantes e contínuos para um objetivo determinado.

Que a alma é chamada, todavia, a entrar na posse de todas as formas do saber e não a se restringir a algumas necessidades de estágios sucessivos demonstra-se pelo simples fato de existir uma lei de desenvolvimento sem limites. Do mesmo modo que a prova das vidas anteriores é estabelecida pelas aquisições realizadas antes do nascimento, a necessidade das vidas futuras se impõe como consequência de nossos atos atuais, a qual, para o campo de ação, exige condições e meios em harmonia com o estado das almas.

Atrás de nós há um infinito de promessas e esperanças, mas, de todo esse esplendor de vida, a maior parte dos homens só vê e só quer ver o mesquinho fragmento da existência atual, de um dia, que eles creem sem véspera e sem amanhã. Daí decorre a fraqueza do pensamento filosófico e da ação moral em nossa época.

O trabalho anterior que cada espírito efetua pode ser facilmente calculado, medido pela rapidez com que ele reexecuta um trabalho semelhante, sobre um mesmo assunto, ou também pela prontidão com que assimila os elementos de uma ciência qualquer. Desse ponto de vista, é de tal modo considerável a diferença entre os indivíduos, que seria incompreensível sem a noção das existências anteriores.

Duas pessoas igualmente inteligentes, estudando determinada matéria, não a assimilarão da mesma forma; uma alcançar-lhe-á à primeira vista os menores elementos, a outra somente à custa de um trabalho lento e de uma aplicação porfiada conseguirá penetrar em seu contexto. É que uma já tem conhecimento dessa matéria e só precisa recordá-la, ao passo que a outra se encontra pela primeira vez dentro de tais questões. O mesmo ocorre com certas pessoas que facilmente aceitam tal verdade, tal princípio, tal ponto de uma doutrina política ou religiosa, ao passo que outras só com o tempo e à força de argumentos se convencem ou deixam de convencer-se. Para umas, é coisa familiar ao seu espírito e, para outras, é estranha.

Vimos que as mesmas considerações são aplicáveis à variedade tão grande de caracteres e das disposições morais. Sem a noção das preexistências, a diversidade sem limites das inteligências e das consciências ficaria sendo um problema insolúvel, e a ligação dos diferentes elementos do "eu", em um todo harmonioso, tornar-se-ia fenômeno sem causa.

O gênio, como dizíamos, não se explica pela hereditariedade nem pelas condições do meio. Se a hereditariedade pudesse produzir o gênio, ele seria muito mais frequente. A maior parte dos homens célebres teve ascendentes de inteligência medíocre, e sua descendência foi-lhes notoriamente inferior. Sócrates e Joana d'Arc nasceram de famílias obscuras. Sábios ilustres saíram dos centros mais vulgares, por exemplo: Bacon, Copérnico, Galvani, Kepler, Hume, Kant, Locke, Malebranche, Réaumur, Spinoza, Laplace etc. J.-J. Rousseau, filho de um relojoeiro, apaixonou-se pela Filosofia e pelas Letras na loja de seu pai. D'Alembert, enjeitado, foi encontrado na soleira da porta de uma igreja e criado pela mulher de um vidreiro. Nem a ascendência nem o meio explicam as concepções geniais de Shakespeare.

Os fatos não são menos significativos, quando consideramos a descendência dos homens de gênio. Seu poder intelectual desaparece com eles e não se encontra em seus filhos. A prole conhecida de tal grande poeta ou matemático é incapaz das obras mais elementares, nessas duas espécies de trabalhos. A maior parte dos homens ilustres teve filhos estúpidos ou indignos. Péricles gerou dois patetas, que foram Parallas e Xântipo. Dessemelhanças de outra natureza, mas igualmente acentuadas, encontram-se em Aristipo e seu filho Lisímaco, em Tucídides e Milésias. Sófocles, Aristarco e Temístocles não foram mais felizes com os filhos. Que contraste havia entre Germânico e Calígula, entre Cícero e seu filho, Vespasiano e Domiciano, Marco Aurélio e Cômodo! E o que dizer dos filhos de Carlos Magno, de Henrique IV, de Pedro, o Grande, de Goethe e de Napoleão?

O Problema do Ser e do Destino   243

Há, contudo, casos em que o talento, a memória, a imaginação, as mais altas faculdades do espírito parecem hereditárias. Essas semelhanças psíquicas entre pais e filhos se explicam pela atração e simpatia. São espíritos similares, atraídos uns para os outros por inclinações análogas, que antigas relações uniram.

Generans generat sibi simile. Tal fato pode, no que se refere às aptidões musicais, ser verificado nos casos de Mozart e do jovem Pepito, os quais são, no entanto, muito superiores aos seus ascendentes. Mozart brilha entre os seus como um Sol entre planetas obscuros. As capacidades musicais de sua família não bastam para nos fazer compreender que aos quatro anos tenha podido revelar conhecimentos que ninguém lhe havia ensinado e mostrar ciência profunda das leis da harmonia. De todos os da família Mozart, foi o único que se tornou célebre. Evidentemente, as altas inteligências, a fim de manifestarem com mais liberdade suas faculdades, escolhem, para reencarnar, um meio em que haja comunhão de gostos e em que os organismos materiais se vão, de geração em geração, acomodando às aptidões, cuja aquisição elas prosseguem. Isso ocorre particularmente com os grandes músicos, para quem condições especiais de sensação e percepção são indispensáveis. Contudo, na maior parte dos casos, o gênio aparece no seio de uma família sem antecessor nem sucessor, no encadeamento das gerações.

Os grandes gênios moralizadores, os fundadores de religiões, Lao-Tsé, Buda, Zaratustra, Cristo e Maomé, pertencem a essa classe de espíritos. À mesma classe pertencem também poderosas inteligências que tiveram neste mundo os nomes imortais de Platão, Dante, Newton, G. Bruno etc.

Se as exceções fulgurantes ou funestas, criadas em uma família pelo aparecimento de um homem de gênio ou de um criminoso, fossem simples casos de atavismo, dever-se-ia encontrar na genealogia respectiva o ancestral que serviu de modelo, de tipo primitivo a essa manifestação. Ora, quase nunca isso ocorre, quer em um, quer em outro sentido. Poderiam perguntar-nos como conciliaremos essas dessemelhanças com a lei das atrações e das semelhanças, que parece presidir à aproximação das almas. A penetração em certas famílias de seres sensivelmente superiores ou inferiores, que vêm ensinar ou aprender, exercer ou sofrer novas influências, é facilmente explicável;

pode resultar do encadeamento dos ensinos comuns, que, em certos pontos, se tornam a unir e se enlaçam como consequência de afeições ou ódios mútuos do passado, forças igualmente atrativas que reúnem as almas em planos sucessivos na vasta espiral de sua evolução.

Seria possível explicar, pela mediunidade, os fenômenos apontados? Alguns o tentaram. Nós mesmos, em uma obra precedente,[178] reconhecemos que o gênio deve muito à inspiração e que esta é uma das formas da mediunidade. E acrescentávamos que, mesmo nos casos em que essa faculdade especial nitidamente se desenha, não se pode considerar o homem de gênio como um simples instrumento, assim como o é, antes de tudo, o médium propriamente dito. O gênio, como nós dissemos, é principalmente aquisição do passado, o resultado de pacientes estudos seculares, de lenta e dolorosa iniciação. Esses antecedentes desenvolveram no ser uma profunda sensibilidade que o torna acessível às influências elevadas.

Há diferenças apreciáveis entre as manifestações intelectuais das crianças-prodígio e a mediunidade considerada em seu sentido geral. Esta possui um caráter intermitente, passageiro e anormal. O médium não pode exercer sua faculdade a cada momento; são necessárias condições especiais, as quais são difíceis, às vezes, de serem reunidas, ao passo que as crianças-prodígio podem utilizar seus talentos a cada etapa, constantemente, como nós mesmos podemos fazer com nossas próprias aquisições mentais.

Se analisarmos com cuidado os casos apontados, reconheceremos que o gênio dos jovens-prodígio lhes é muito pessoal. Sua aplicação é regulada por sua própria vontade. Suas obras, por mais originais e admiráveis que pareçam, ressentem-se sempre da idade de seus autores e não têm o cunho que apresentariam se emanassem de uma alta inteligência estranha. Há, em sua maneira de trabalhar e proceder, ensaios, perplexidades e tateamentos que não se produziriam se eles fossem os instrumentos passivos de uma vontade superior e oculta. Foi o que verificamos nomeadamente em Pepito, de cujo caso nos ocupamos mais largamente.

Seria também admissível, sem daí advir enfraqueci-

---

[178] Consultar *No invisível*, "A Mediunidade Gloriosa".

mento para a doutrina da reencarnação, que, em certos indivíduos, a aquisição pessoal e a inspiração exterior se combinem e se completem.

É sempre nessa doutrina que se devem buscar armas, quando se trata de atacar, por qualquer lado que seja, o problema das desigualdades. As almas humanas estão mais ou menos desenvolvidas segundo suas idades e, principalmente, segundo o emprego que fizeram do tempo que viveram. Não fomos todos lançados no mesmo instante ao turbilhão da vida; não temos caminhado todos a passo igual; não temos desfiado todos do mesmo modo o rosário de nossas existências. Percorremos uma estrada infinita. Daí procede a razão pela qual tão diferentes nos parecem nossas situações e nossos valores respectivos; contudo, o alvo é o mesmo para todos.

Sob o açoite das provas, o aguilhão da dor, sobem todos e todos se elevam. A alma não é feita de uma vez só; a si mesma se faz, constrói-se através dos tempos. Suas faculdades, suas qualidades e seus haveres intelectuais e morais, em vez de se perderem, capitalizam-se, aumentam, de século para século. Pela reencarnação, cada qual vem para prosseguir nesse trabalho, para continuar a tarefa de ontem, de aperfeiçoamento que a morte interrompeu. Daí sucede a brilhante superioridade de certas almas que têm vivido muito, granjeado deveras e trabalhado com afinco. Eis que se notam os seres extraordinários que aparecem aqui e ali na História e projetam vivos clarões no caminho que a humanidade percorre. Sua superioridade vem somente da experiência e dos labores acumulados.

Considerada sob esse aspecto, a marcha da humanidade reveste aspecto grandioso. Os humanos vão, vagarosamente, saindo da escuridão das idades, de forma a emergir das trevas da ignorância e da barbaria para avançarem pausadamente no meio dos obstáculos e das tempestades; sobem por via áspera e, a cada volta do caminho, lobrigam melhor os altos cimos, as cumeadas luminosas onde imperam a sabedoria, a espiritualidade e o amor.

Essa marcha coletiva é também a marcha individual, a de cada um de nós, porque essa humanidade somos nós mesmos, os mesmos seres que, depois de certo tempo de descanso no espaço, voltam, de século a século, até que estejam preparados para uma sociedade melhor, para um mundo mais belo. Fizemos parte das gerações extintas e havemos de pertencer às gerações futuras. Formamos, na realidade, uma imensa família humana em marcha para realizar o plano divino nela escrito, o de seus magníficos destinos.

Para quem quer prestar atenção, um passado inteiro vive e freme em nós. Se a História, se todas as coisas antigas têm tantos atrativos a nossos olhos, se avivam em nossas almas tantas impressões profundas, às vezes, dolorosas, se sentimos viver a vida dos homens de outrora, sofrer seus males, é porque essa história é nossa. A solicitude com que estudamos, com que agasalhamos a obra de nossos antepassados, as impulsões súbitas que nos levam para tal causa ou tal crença não têm outra razão de ser.

Quando percorremos os anais dos séculos, apaixonando-nos por certas épocas, quando todo o nosso ser se anima e vibra às recordações heroicas da Grécia ou da Gália, da Idade Média, das Cruzadas, da Revolução, é o passado que sai da sombra, que se anima e revive.

Por meio da teia urdida pelos séculos, tornamos a encontrar as próprias angústias, as aspirações, os dilaceramentos de nosso ser. Momentaneamente, essa recordação está em nós coberta por um véu, mas, se interrogássemos nossa subconsciência, ouviríamos sair de suas profundezas vozes, às vezes vagas e confusas, outras vezes estridentes. Essas vozes falar-nos-iam de grandes epopeias, de migrações de homens, de cavalgadas furiosas que passam como furacões, arrebatando tudo para a escuridão e para a morte; entreter-nos-iam também com as vidas humildes, despercebidas, com as lágrimas silenciosas, os sofrimentos esquecidos, as horas pesadas e monótonas passadas a meditar, a produzir, a orar no silêncio dos claustros ou a vulgaridade das existências pobres e desgraçadas.

Em certas horas, um mundo inteiro obscuro, confuso e misterioso acorda e vibra em nós. Trata-se de um mundo cujos murmúrios, cujos rumores nos comovem e nos inebriam; é a voz do passado. No transe do sonambulismo é ela que nos fala e nos conta as vicissitudes de nossa pobre alma, errante pelo mundo; diz-nos que nosso "eu" atual é feito de numerosas personalidades, que nele se vão juntar como os afluentes em um rio; que nosso princípio de vida animou muitas formas, cuja poeira repousa entre os destroços dos impérios, sob os restos das civilizações extintas. Todas essas existências deixaram, no mais profundo

O Problema do Ser e do Destino   247

de nós mesmos, vestígios, lembranças e impressões indeléveis.

O homem que se estuda e observa sente que tem vivido e que há de viver; herda de si mesmo as dádivas, colhendo no presente o que semeou no passado, sem esquecer de semear para o futuro.

Assim se afirmam a beleza e a grandeza da concepção das vidas sucessivas, que vêm completar a lei de evolução entrevista pela Ciência. Exercendo sua ação simultaneamente em todos os domínios, ela distribui a cada um segundo suas obras e mostra, acima de tudo, essa majestosa lei do progresso, que rege o Universo e dirige a vida para estados cada vez mais belos e melhores.

CAPÍTULO IV

As vidas sucessivas – objeções e críticas

Já respondemos acerca das objeções que, logo à primeira vista, o esquecimento das vidas anteriores traz ao pensamento; resta-nos refutar outras de caráter filosófico ou religioso, que os representantes das igrejas opõem, de boamente, à doutrina das reencarnações.

Em primeiro lugar, dizem que essa doutrina é insuficiente sob o ponto de vista moral. Abrindo ao homem tão vastas perspectivas para o futuro, deixando-lhe a possibilidade de reparar tudo em suas existências vindouras, acoroçoa-o ao vício e à indolência; não oferece estímulo de bastante poder e eficácia para a prática do bem, e, por todas essas razões, é menos enérgico que o temor de um castigo eterno depois da morte.

A teoria das penas eternas não é, como vimos,[179] no próprio pensamento da Igreja, mais do que um espantalho destinado a amedrontar os maus, mas a ameaça do inferno, o temor dos suplícios, eficaz nos tempos de fé cega; hoje, contudo, já não reprime ninguém. No fundo, é uma impiedade para com Deus, de quem se faz um ser cruel, que castiga sem necessidade e sem o objetivo de corrigir.

Em seu lugar, a doutrina das reencarnações nos mostra a verdadeira lei de nossos destinos e, com ela, a realização do progresso e da justiça no Universo. Ao nos fazer conhecer as causas anteriores de nossos males, põe termo à concepção iníqua do pecado original, segundo a qual toda a descendência de Adão, isto é, a humanidade inteira, sofreria o castigo das fraquezas do primeiro homem.

[179] *Cristianismo e espiritismo*, capítulo X.

É por isso que sua influência moral será mais profunda que a das fábulas infantis do inferno e do paraíso; oporá freio às paixões, mostrando-nos as consequências de nossos atos, recaindo sobre nossa vida presente e nossas vidas futuras, semeando nelas germens de dor ou de felicidade. Ensina-nos que a alma é tanto mais desgraçada quanto mais imperfeita e culpada e estimulará nossos esforços para o bem. É verdade que essa doutrina é inflexível, mas pelo menos proporciona o castigo à culpa e, depois da reparação, fala-nos de reabilitação e esperança, ao passo que o crente ortodoxo, imbuído da ideia de que a confissão e a absolvição lhe apagam os pecados, afaga uma esperança vã e prepara para si próprio decepções na outra vida. O homem cuja mente foi iluminada pela nova luz aprende a retificar seu proceder, a precatar-se e a preparar com cuidado o futuro.

Há outra objeção que consiste em dizer que, se estamos convencidos de que nossos males são merecidos, de que são consequência da lei de justiça, tal crença terá por efeito extinguir em nós toda a piedade, toda a compaixão pelos sofrimentos alheios; sentir-nos-emos menos inclinados a socorrer, a consolar nossos semelhantes; deixaremos livre curso às suas provações, pois que devem ser para eles uma expiação necessária e um meio de adiantamento.[180] Essa objeção é especiosa; emana de fonte interessada.

Consideremos, primeiramente, a questão sob o ponto de vista social; examiná-la-emos, depois, no sentido individual. O moderno espiritualismo nos ensina que os homens são solidários uns com os outros, unidos por uma sorte comum. As imperfeições sociais, de que todos sofremos, de forma mais ou menos intensa, são resultado de nossos erros coletivos no passado. Cada um de nós traz sua parte de responsabilidade e tem o dever de trabalhar para melhorar o destino geral.

---

[180] Foi, igualmente, o que Taine exprimiu em seus Nouveaux essais de critique et d'histoire, por estes termos: "Se se acreditar que os desgraçados só o são em castigo de suas faltas, de que servirão, nesse caso, a caridade e a fraternidade? Poder-se-á ter compaixão de um doente que está sofrendo e que desespera, mas não haverá propensão para ter-se menos pena de um culpado? Ainda mais, a comiseração deixa de ter razão de ser, seria uma falta, em virtude de ser a justiça de Deus afirmando-se e exercendo-se nos sofrimentos dos homens. Com que direito havíamos, pois, de contrariar e pôr obstáculos à justiça divina? A própria escravidão é legítima e, quanto mais castigados, mais humilhados são os homens pelo destino, tanto mais se deve crer em sua decadência e punição".
É de admirar que um espírito tão penetrante como o de H. Taine se tenha colocado em ponto de vista tão acanhado para enfrentar tão grave problema.

A educação das almas humanas as obriga a ocupar situações diversas. Todas têm de passar alternadamente pela prova da riqueza e da pobreza, do infortúnio, da doença e da dor.

O egoísta fica alheio a todas as misérias deste mundo que não o atingem e diz: "Depois de mim, o dilúvio". Crê que a morte o subtrai à ação das leis terrestres e às convulsões da sociedade. Com a reencarnação, o ponto de vista muda. Será forçoso voltar e sofrer os males que contávamos legar aos outros. Todas as paixões, todas as iniquidades que tivermos tolerado, animado, sustentado, seja por fraqueza, seja por interesse, voltar-se-ão contra nós. O meio social em prol do qual nada tivermos feito constranger-nos-á com toda a força de seus braços. Quem esmagou e explorou os outros será, por sua vez, explorado e esmagado; quem semeou a divisão e o ódio sofrer-lhes-á os efeitos: o orgulhoso será desprezado, e o espoliador, espoliado; aquele que fez sofrer sofrerá. Se quiserdes assentar em bases firmes vosso próprio futuro, trabalhai, pois, desde já, em aperfeiçoar, em melhorar o meio em que haveis de renascer; pensai em vossa própria reforma. Eis o que é indispensável se fazer para que as misérias coletivas sejam vencidas pelo esforço de todos. Aquele que, podendo ajudar seus semelhantes, deixa de fazê-lo falta à lei de solidariedade.

Quanto aos males individuais, diremos, colocando-nos segundo outro ponto de vista: "Não somos juízes das medidas exatas onde começa e onde acaba a expiação". Sabemos, porventura, quais são os casos em que há expiação? Muitas almas, sem serem culpadas, mas ávidas de progresso, pedem uma vida de provas para mais rapidamente efetuarem sua evolução. O auxílio que devemos a essas almas pode ser uma das condições de seu destino, como do nosso, e é possível que estejamos adrede colocados em seu caminho para aliviá-las, esclarecê-las e confortá-las. Sempre que se nos ofereça o mínimo ensejo de nos tornarmos úteis e prestativos e deixamos de o ser, há de nossa parte mau cálculo, porquanto todo o bem e todo o mal feitos remontam à sua origem, com seus efeitos.

"Fora da caridade não há salvação", disse Allan Kardec. Tal é o preceito por excelência da moral espírita. O sofrimento, onde quer que se manifeste, deve encontrar corações compassivos prontos a socorrer e consolar. A ca-

O Problema do Ser e do Destino   251

ridade é a mais bela das virtudes; só ela confere acesso aos mundos felizes.

Muitas pessoas para quem a vida foi rude e difícil se aterram com a perspectiva de a renovarem indefinidamente. Essa longa e penosa ascensão através dos tempos e dos mundos enche de pavor aqueles que, tomados de fadiga, contam com um descanso imediato e uma felicidade sem fim. É certa a necessidade de ter têmpera na alma para contemplar sem vertigem essas perspectivas imensas. A concepção católica era mais sedutora para as almas tímidas, para os espíritos indolentes, pois, segundo ela, poucos esforços tinham a fazer para alcançar a salvação.

A visão do destino é formidável. Só espíritos vigorosos podem considerá-lo sem fraquejar, encontrar na noção do destino o incentivo necessário, a compensação dos pequenos hábitos confessionais, a calma e a serenidade do pensamento.

Uma felicidade, que é preciso conquistar à custa de tantos esforços, amedronta mais do que atrai as almas humanas, fracas ainda em grande parte e inconscientes de seu magnífico futuro. A verdade, porém, está acima de tudo.

Aqui, portanto, não estão em jogo nossas conveniências pessoais. A lei, agrade ou não, é a lei. E é nosso dever subordinar-lhe nossos desígnios e atos, pois não cabe a ela se dobrar às nossas exigências.

A morte não pode transformar um espírito inferior em espírito elevado. Somos, tanto nesta como na outra vida, o que fizemos, intelectualmente e moralmente. Isso é demonstrado por todas as manifestações espíritas. Há quem diga, entretanto, que só as almas perfeitas penetrarão nos reinos celestes e, por outro lado, restringem os meios de aperfeiçoamento ao círculo de uma vida efêmera.

Pode alguém vencer suas paixões, modificar seu caráter durante uma única existência? Se alguns o têm conseguido, o que pensar da multidão dos seres ignorantes e viciosos que povoam nosso Planeta? É admissível que sua evolução se restrinja a essa curta passagem pela Terra? Onde os que se tornaram culpados de grandes crimes encontrarão, também, as condições necessárias à reparação? Se não fossem as reencarnações ulteriores, tornaríamos forçosamente a cair no labirinto do inferno. E um inferno perpétuo é tão impossível como um paraíso eterno, porque não há ato, por mais louvável, nem crime, por mais horrendo, que produza uma eternidade de recompensas ou de castigos.

Basta considerar a obra da natureza, desde a origem dos tempos, para verificar, por toda parte, a lenta e tranquila evolução dos seres e das coisas, que tanto se ajusta ao poder eterno e que todas as vozes do Universo proclamam. A alma humana não escapa a essa regra soberana. Ela é a síntese, o remate desse esforço prodigioso, o último anel da cadeia que se desenrola desde as mais profundas camadas da vida e cobre o Globo inteiro. Não é no homem que se resume toda a evolução dos reinos inferiores e que aparece fulgente o princípio sagrado da perfectibilidade? Não é esse princípio sua própria essência, como o selo divino impresso em sua natureza? E, se assim é, como admitir que a inteligência humana possa estar colocada fora das leis imponentes, emanadas da causa primária das inteligências?

A onda de vida que rola suas águas através das idades para chegar ao ser humano e que, em seu curso, é dirigida pela lei grandiosa da evolução pode terminar na imobilidade? Por toda a parte – na natureza e na História – está escrito o princípio do progresso. Todo o movimento que ele imprime às forças em ação em nosso mundo vai em direção ao homem. Pode, pois, pretender-se que a parte essencial do homem, seu "eu", sua consciência, escape à lei de continuidade e progressão? Não. A lógica, sem falar dos fatos, demonstra que nossa existência não pode ser única. O drama da vida não pode constar de um só ato; é-lhe indispensável uma continuação, um prolongamento, pelos quais se explicam e esclarecem as incoerências aparentes e as obscuridades do presente; requer um encadeamento de existências solidárias umas às outras, realçando o plano e a economia que presidem aos destinos dos seres humanos.

Resultará daí estarmos condenados a um labor ímprobo e incessante? A lei de ascensão recua indefinidamente o período de paz e descanso? De modo nenhum. À saída de cada vida terrestre, a alma colhe o fruto das experiências adquiridas; aplica suas forças e faculdades ao exame da vida íntima e subjetiva; procede ao inventário de sua obra terrestre, assimila as partes úteis e rejeita o elemento estéril. É a primeira ocupação na outra vida, o trabalho por

O Problema do Ser e do Destino 253

excelência de recapitulação e análise. O recolhimento entre os períodos de atividade terrestre é necessário, e todo o ser que segue a vida normal dele recebe, a seu turno, os benefícios.

Dizemos recolhimento porque, na realidade, o espírito, no estado livre, ignora o descanso, e a atividade é sua própria natureza. Essa atividade não é visível no sono? Só os órgãos materiais de transmissão sentem fadiga e pouco a pouco periclitam. Na vida do espaço são desconhecidos esses obstáculos; o espírito pode se consagrar, sem incômodo ou coação, até a hora da reencarnação, às missões que lhe cabem.

O regresso à vida terrestre é para ele como um rejuvenescimento. Em cada renascimento, a alma reconstitui para si uma espécie de virgindade. O esquecimento do passado, qual Letes benfazejo e reparador, torna a fazer dela um ser novo, que repete a ascensão vital com mais ardor. Cada vida realiza um progresso; cada progresso aumenta o poder da alma e aproxima-a do estado de plenitude. Essa lei nos mostra a vida eterna em sua amplitude. Todos nós temos um ideal a realizar – a beleza suprema e a suprema felicidade. Encaminhamo-nos para esse ideal com mais ou menos rapidez, segundo a impulsão de nossos ímpetos e a intensidade de nossos desejos. Não existe nenhuma predestinação. Nossa vontade e nossa consciência, reflexo vivo da norma universal, são nossos árbitros. Cada existência humana estabelece as condições do que se há de seguir. Seu conjunto constitui a plenitude do destino, isto é, a comunhão com o infinito.

Perguntam-nos, muitas vezes: "Como podem a expiação e o resgate das faltas passadas serem meritórios e fecundos para o espírito reencarnado, se este, esquecido e inconsciente das causas que o oprimem, ignora atualmente o fim e a razão de ser de suas provações?".

Vimos que o sofrimento não é forçosamente uma expiação. Toda a natureza sofre; tudo o que vive – a planta, o animal e o homem – está sujeito à dor. O sofrimento é principalmente um meio de evolução, de educação, mas, no caso em questão, é preciso lembrar que se deve estabelecer distinção entre a inconsciência atual e a consciência virtual do destino no espírito reencarnado.

Quando o espírito compreende, à luz intensa do Além, que lhe é absolutamente necessária uma vida de provações para apagar os lamentáveis resultados de suas existências anteriores, esse mesmo espírito, em um movimento de plena inteligência e liberdade, escolhe ou aceita espontaneamente a reencarnação futura com todas as consequências que ela acarreta, aí compreendido o esquecimento do passado, que se segue ao ato da reencarnação.

Essa vista inicial, clara e completa, de seu destino no momento preciso em que o espírito aceita o renascimento, basta amplamente para estabelecer a consciência, a responsabilidade e o mérito dessa nova vida. Dela conservam-se neste mundo a intuição velada e o instinto adormecido, que a menor reminiscência e o menor sonho bastam para acordar e fazer reviver.

É por esse laço invisível, porém real e possante, que a vida atual se liga à vida anterior do mesmo ser e constitui a unidade moral e a lógica implacável de seu destino. Se, como já o demonstramos, não nos lembramos do passado, é porque, na maioria das vezes, nada fazemos para despertar as recordações adormecidas. Contudo, a ordem das coisas não deixa por isso de subsistir, e nenhum elo da cadeia magnética do destino se obliterou e, ainda menos, quebrou-se.

O homem de idade madura não se lembra do que fez na meninice. Deixa por isso de ser a criancinha de outrora e de lhe realizar as promessas? O grande artista que, ao entardecer de um dia de labor, cede ao cansaço e adormece não retém durante o sono o plano virtual, a visão íntima da obra que vai prosseguir, que vai continuar, assim que acordar? Acontece o mesmo com nosso destino, que é uma lide constante entrecortada, muitas vezes, em seu curso, por sonos que são, na realidade, atividades de formas diferentes, abrilhantadas por sonhos de luz e beleza.

A vida do homem é um drama lógico e harmônico, cujas cenas e decorações mudam, variam ao infinito, mas não se apartam nunca, um só instante, da unidade do objetivo nem da harmonia do conjunto. Só quando voltarmos para o mundo invisível é que compreenderemos o valor de cada cena, o encadeamento dos atos, a incomparável harmonia do todo em suas ligações com a vida e a unidade universais.

Sigamos, pois, com fé e confiança, a linha traçada pela mão infalível. Dirijamo-nos aos nossos fins, como os rios se dirigem ao mar – fecundando a terra e refletindo o céu.

O Problema do Ser e do Destino

❀ ❀ ❀

Há mais duas objeções que reclamam nossa atenção. Jacques Brieu diz, no Moniteur des Études Psychiques:

> Se a teoria da reencarnação fosse verdadeira, o progresso moral deveria ser sensível desde o começo dos tempos históricos. Ora, sucede coisa muito diferente; os homens de hoje são tão egoístas, tão violentos, tão cruéis e tão ferozes como o eram há dois mil anos.[181]

É uma apreciação exagerada. Ainda que a consideremos como exata, nada prova contra a reencarnação. Sabemos que os melhores homens, aqueles que, depois de uma série de existências, alcançaram certo grau de perfeição, prosseguem sua evolução em mundos mais adiantados e só voltam à Terra, excepcionalmente, na qualidade de missionários. Por outro lado, contingentes de espíritos, vindos de planos inferiores, cotidianamente se vão juntando à população do Globo. Como estranhar, nessas condições, que o nível moral se eleve muito pouco?

E a segunda objeção é: a doutrina das vidas sucessivas, espalhando-se na humanidade, produz abusos inevitáveis. Não sucede o mesmo com todas as coisas no seio de um mundo pouco adiantado, cuja tendência é corromper, desnaturar os ensinamentos mais sublimes, acomodá-los a seus gostos, suas paixões e seus vis interesses?

O orgulho humano pode encontrar aí fartas satisfações e, com a ajuda dos espíritos zombeteiros ou da sugestão automática, assiste-se, por vezes, às revelações mais burlescas. Assim como muita gente tem a pretensão de descender de ilustre estirpe, assim também, entre os teósofos e os espíritas, encontra-se muito crente vaidoso convencido de ter sido tal ou qual personagem célebre do passado.

Diz Myers: "Em nossos dias, Anna Kingsford e Edward Maitland pretendiam ser nada menos do que a Virgem Maria e São João Batista".[182]

Pelo que pessoalmente me diz respeito, conheço por este mundo afora umas dez pessoas que afirmam ter sido Joana d'Arc. Nunca seria possível acabar se fosse preciso enumerar todos os casos desse gênero. Não obstante, é necessário encontrar nesse terreno alguma parcela de verdade. Como havemos, porém, de joeirá-la dos erros?

[181] Número de 5 de maio de 1901, p. 298.
[182] F. Myers. *La personnalite humaine*, p. 331.

Em tais matérias, precisamos entregar-nos a uma análise atenta e passar tais revelações pelo crivo de uma crítica rigorosa; investigar primeiramente se nossa individualidade apresenta traços salientes da pessoa designada; reclamar, depois, da parte dos espíritos reveladores, as provas de identidade no tocante a tais personalidades do passado e a indicação de particularidades e de fatos desconhecidos, cuja verificação seja possível fazer ulteriormente.

Convém observar que esses abusos, como tantos outros, não derivam da natureza da causa incriminada, mas da inferioridade do meio em que ela exerce sua ação. Tais abusos, frutos da ignorância e de uma falsa apreciação, hão de diminuir de importância e desaparecer com o tempo, graças a uma educação mais sólida e prática.

Uma última dificuldade ainda subsiste: a que resulta da contradição aparente dos ensinamentos espíritas acerca da reencarnação. Por muito tempo, nos países anglo-saxônios, as mensagens dos espíritos não falavam sobre o assunto; muitas até a negaram, e isso serviu de argumento capital para os adversários do espiritismo.

Já, em parte, respondemos a essa objeção. Dissemos que essa anomalia se explicava pela necessidade em que se achavam os espíritos de contemporizar, a princípio, com preconceitos religiosos muito inveterados em certos pontos. Nos países protestantes, hostis à reencarnação, foram deixados voluntariamente na penumbra vários pontos da doutrina, para serem divulgados com o tempo, quando fosse julgado oportuno. Com efeito, passado esse período de silêncio, vemos as afirmações espíritas em favor das vidas sucessivas se produzirem hoje nos países de além-mar com a mesma intensidade que nos países latinos. Houve graduação em alguns pontos do ensino; não houve contradição.

As negações derivam quase sempre de espíritos muito pouco adiantados, para saberem e poderem ler em si mesmos e discernir sobre o futuro que os espera. Sabemos que essas almas passam pela reencarnação sem a preverem e, chegada a hora, são imersas na vida material como em um sonho anestésico.

Os preconceitos de raça e religião, que na Terra exerceram influência considerável nesses espíritos, continuam a exercê-la na outra vida. Enquanto a entidade elevada sabe facilmente se libertar deles com a morte, as menos adiantadas ficam muito tempo dominadas por eles.

A lei dos renascimentos foi, no Novo Continente, considerada, por causa dos preconceitos de cor, de baixo aspecto; muito diferente daquele por que o foi no antigo mundo, onde velhas tradições orientais e célticas haviam depositado seu gérmen, ou seja, no fundo de muitas almas. Produziu, logo a princípio, tal choque e levantou tanta repulsão que os espíritos dirigentes do movimento julgaram mais prudente contemporizar.

Deixaram, primeiramente, disseminar-se a ideia em meios mais bem preparados, para, daí, ir lavrando até os centros refratários, por diferentes caminhos, visíveis e ocultos, e, sob a ação simultânea dos agentes dos dois mundos, infiltrar-se neles paulatinamente, como está sucedendo no momento presente.

A educação protestante não deixa no pensamento dos crentes ortodoxos lugar para a noção das vidas sucessivas. Em seu modo de pensar, a alma, por ocasião da morte, é julgada e fixada definitivamente, ou no paraíso ou no inferno. Para os católicos, existe um termo médio: é o purgatório, lugar indefinido, não circunscrito, onde a alma tem de expiar suas faltas e purificar-se por meios incertos. Essa concepção é um encaminhamento para a ideia dos renascimentos terrestres. O católico pode, assim, relacionar as crenças antigas com as novas, ao passo que o protestante ortodoxo se vê na necessidade de fazer tábua rasa e de edificar em seu entendimento doutrinas absolutamente diferentes das que lhe foram sugeridas por sua religião. Daí a hostilidade que o princípio das vidas múltiplas encontrou, logo de princípio, nos países anglo-saxônicos adeptos do protestantismo; daí os preconceitos que persistem, mesmo depois da morte, em certa categoria de espíritos.

Vimos que, na atualidade, pouco a pouco, se vai produzindo uma reação, e a crença nas vidas sucessivas vai ganhando todos os dias mais algum terreno nos países protestantes, à medida que a ideia do inferno vai se tornando estranha. Conta já, na Inglaterra e na América, com numerosos partidários; os principais órgãos espíritas desses países a adotaram ou pelo menos a discutem com uma imparcialidade de bom quilate. Os testemunhos dos espíritos em seu favor, tão raros no princípio, multiplicam-se hoje.

Eis alguns exemplos. Em Nova Iorque, foi publicada, em 1905, uma obra importante, sob o título The widow's mite, na qual se fala da reencarnação. Diz J. Colville, na *Light*:

> O autor, senhor Funck, é homem muito conhecido e altamente respeitado nos centros literários americanos como o mais antigo sócio da firma comercial *Funck and Wagnalls*, editora do famoso *Standard Dictionary*, cuja autoridade é reconhecida em toda a parte onde se fala inglês.
>
> É um homem prudente, que, passo a passo e com as maiores precauções, chegou à conclusão de que a telepatia e a comunicação com os espíritos estão, de ora em diante, demonstradas. Tomou como princípio pesar toda a aparência de prova que se apresente e, graças a isso, chegou, após vinte e cinco anos de observações conscienciosas, a editar uma obra que provocará, com certeza, em muitos espíritos, convicção mais profunda do que provocaria se ele tivesse ligado atenção menos escrupulosa às minúcias. Esse livro contém uma grande variedade de fenômenos psíquicos observados nas condições mais variadas e relatados com o maior cuidado por uma testemunha céptica a princípio, e merece lugar elevado na literatura especial.

Na obra de que se trata, o autor expõe, primeiramente, as condições de experimentação:

> O leitor deve considerar que a médium é uma senhora de idade, sem instrução, e a quem, tendo-a encontrado já em uns quarenta círculos, tivemos todo o vagar de estudar sob o ponto de vista moral. Na presente ocasião, estou absolutamente convencido de que ela não tinha nenhum cúmplice. A primeira comunicação, de natureza muito elevada, dizia respeito às leis da natureza; deixamo-la de parte, apesar de seu interesse, e chegamos à segunda, que tratava da reencarnação. A voz do espírito-guia do grupo, Amos, fazendo-se ouvir, disse:
>
> – Está aqui um espírito luminoso que hoje vos apresento; vem dar-vos esclarecimentos a respeito da reencarnação, que foi o objeto de uma de vossas perguntas; é um espírito muito elevado, que consideramos como instrutor para nós mesmos, e vem a instâncias nossas. Estais lembrados de que as perguntas que haveis feito, em várias reuniões, não re-

O Problema do Ser e do Destino

ceberam resposta satisfatória; por isso recorremos a ele, que consentiu em vir. Sinto vivamente que o professor Hyslop esteja ausente, já que fez várias perguntas a esse respeito, em outra ocasião.

Uma voz, muito mais forte que a precedente e absolutamente diversa, toma assim a palavra:

– Meus amigos, *a reencarnação é a lei do desenvolvimento do espírito na via de seu progresso (e todos devemos progredir, lentamente, é verdade, com pausas mais ou menos prolongadas, desenvolvimento que demanda longos séculos)*. Vem um momento em que o espírito torna a nascer, entrando em outra esfera mais elevada de sua existência. Não falo somente da reencarnação na Terra. Não é frequente que um espírito *elevado*, que tenha vivido na Terra, torne a nascer nela. Algumas vezes, no entanto, os espíritos são afeiçoados à Terra e aos seus atrativos e tornam a tomar corpos humanos e a viver outra vez na Terra; mas isso não é necessário para os espíritos elevados. Os progressos são mais rápidos no corpo espiritual e nas regiões onde nos achamos do que nas condições da vida terrena. O que acabamos de dizer é aplicável a cada uma das esferas que sucessivamente percorremos.

Diz, depois, que Jesus desceu de uma esfera superior para desempenhar missão junto aos homens e trazer-lhes a verdade.

Friedrich Myers, em sua obra magistral La Personnalité Hummaine (edição inglesa), capítulo X, p. 1.011, exprime opinião análoga:

Nosso novo conhecimento, *em psiquismo*, confirmando o pensamento antigo, confirma também, em relação ao cristianismo, as narrativas das aparições do Cristo depois da morte e faz-nos entrever a possibilidade da *reencarnação* benfazeja de espíritos que atingiram um nível mais elevado que o homem.

Depois, acrescenta:

Das três hipóteses que têm por objetivo explicar o mistério das variações individuais, do aparecimento de qualidades e propriedades novas, a teoria das reminiscências de Platão parece-nos a mais verossímil, com a condição de assentar a base nos dados científicos estabelecidos em nossos dias (p. 403).

E ainda:

> A doutrina da reencarnação nada encerra que seja contrário à melhor razão e aos instintos elevados do homem. Não é, decerto, fácil estabelecer uma teoria firmando a criação direta de espíritos em fases de adiantamento tão diversas como aquelas em que tais espíritos entram na vida terrena, com a forma de homens mortais; *deve* existir certa continuidade, certa forma de passado espiritual. Por enquanto, nenhuma prova possuímos em favor da reencarnação (p. 329).

Myers (p. 407) não conhecia as experiências recentes de que falamos no capítulo XIV; no entanto, afirma novamente: "a evolução gradual (das almas) tem estádios numerosos, aos quais é impossível assinalar um limite".

Mais recentemente, as *Cartas do Mundo dos Espíritos*, de Lord Carlingford, publicadas na Inglaterra, admitem as reencarnações como consequência necessária da lei de evolução.

A doutrina das vidas sucessivas vai se insinuando mansamente, na atualidade, por toda a parte, do outro lado da Mancha. Aí vemos um filósofo, como o professor Taggart, adotá-la preferencialmente às outras doutrinas espiritualistas e declarar, como o fizera Hume, antes dele, que "ela é a única que apresenta vistas razoáveis acerca da imortalidade".

No último congresso da Igreja Anglicana, em Weymouth, o venerável arcediago Colley, reitor de Stockton (Warwickshire), fez uma conferência sobre a reencarnação, em sentido favorável. Esse fato nos indica que as novas ideias abrem brecha até no seio das igrejas da Inglaterra (Light of truth).

Enfim, em seu discurso de abertura, como presidente da Society for Psychical Research, o reverendo W. Boyd-Carpenter, bispo de Ripon, em 23 de maio de 1912, diante de seleto e distinto auditório, fez ressaltar a utilidade das pesquisas psíquicas, a fim de se obter um conhecimento mais completo do "eu" humano e precisar as condições de sua evolução. Os *Annales des Sciences Psychiques* de maio de 1912 publicaram: "O interesse desse discurso reside especialmente nisto: o ver-se aí um alto dignitário da Igreja Anglicana afirmar, como certos padres da Igreja, a preexistência da alma e aderir à teoria da evolução e das existências múltiplas".

CAPÍTULO V

As vidas sucessivas – provas históricas

Seria incompleto nosso estudo se não volvêssemos rápida vista para o papel que representou na História a crença nas vidas sucessivas. Essa doutrina domina toda a antiguidade. Vamos encontrá-la no âmago das grandes religiões do Oriente e nas obras filosóficas mais puras e elevadas. Ela guiou em sua marcha as civilizações do passado e perpetuou-se de idade em idade. Apesar das perseguições e dos eclipses temporários, reaparece e persiste através dos séculos, em todos os países.

Oriunda da Índia, espalhou-se pelo mundo. Muito antes de terem aparecido os grandes reveladores dos tempos históricos, era ela formulada nos Vedas e notadamente no *Bhagavad-Gitâ*. O bramanismo e o budismo nela se inspiraram e, hoje ainda, seiscentos milhões de asiáticos – o dobro do que representam todas as agremiações cristãs reunidas – creem na pluralidade das existências.

O Japão nos mostrou, há pouco, o poder de tais crenças em um povo. A coragem magnífica, o espírito de sacrifício que os japoneses mostram diante da morte, sua impassibilidade em presença da dor, todas essas qualidades dominadoras, que fizeram a admiração do mundo em circunstâncias memoráveis, não tiveram outra causa.

Depois da batalha de Tsushima, o Journal, em uma cena de melancolia grandiosa, diante do exército reunido no cemitério de Aoyama, em Tóquio, confere a palavra ao almirante Togo, que falou, em nome da nação, e dirigiu-se aos mortos em termos patéticos. Pediu às almas desses heróis que "protegessem a marinha japonesa, frequentassem os navios e reencarnassem em novas equipagens".[183]

Se, com o professor Izoulet, comentando no Colégio de França a obra do autor americano Alf. Mahan sobre o extremo Oriente, admitirmos que a verdadeira civilização está no ideal espiritual e que, sem ele, os povos caem na corrupção e na decadência, o Japão – força será reconhecê--lo – está destinado a um grande futuro.

Voltemos à antiguidade. O Egito e a Grécia adotaram a mesma doutrina. À sombra de um simbolismo mais ou menos obscuro, esconde-se por toda a parte a universal palingenesia.

A antiga crença dos egípcios nos é revelada pelas inscrições dos monumentos e pelos livros de Hermes: "Tomada na origem, diz-nos o Sr. de Vogue, a doutrina egípcia apresenta-nos a viagem às terras divinas como uma série de provas, ao sair das quais se opera a ascensão na luz"; mas o conhecimento das leis profundas do destino estava reservado só para os adeptos.[184]

Em seu recente livro, *La vie et la mort*, A. Dastre se exprime assim:[185]

> No Egito a doutrina das transmigrações era representada por imagens hieráticas surpreendentes. Cada ser tinha seu *duplo*. Ao nascer, o egípcio é representado por duas figuras. Durante a vigília, as duas individualidades se confundem em uma só; mas, durante o sono, ao passo que uma descansa e restaura os órgãos, a outra se lança no país dos sonhos. Não é, entretanto, completa essa separação; só o será pela morte ou, antes, a separação completa é que será a própria morte. Mais tarde esse duplo ativo poderá vir vivificar outro corpo terrestre e ter, assim, uma nova existência semelhante.

Na Grécia, vamos encontrar a doutrina das vidas sucessivas nos poemas órficos; era a crença de Pitágoras, Sócrates, Platão, Apolônio e Empédocles. Com o nome de metempsicose,[186] falam dela muitas vezes, em suas obras,

---

[183] Consultar o Journal de 12 de dezembro, artigo do senhor Ludovic Nandeau, testemunha da cerimônia. Consultar, principalmente, Iamato Damachi ou a alma japonesa, e o livro do professor americano Hearn, matriculado em uma universidade japonesa, Hakoro, ou a ideia da preexistência.

[184] Consultar *Depois da morte* – A doutrina secreta, o Egito, capítuls I e III.

[185] Citação de P. C. Revel, em *Le hasard, sa loi et ses consequences*, p. 193.

[186] O vulgo não quer ver hoje, na metempsicose, mais do que a passagem da alma humana para o corpo de seres inferiores. Na Índia, no Egito e na Grécia, ela era considerada, de modo mais geral, como a transmigração

O Problema do Ser e do Destino   263

em termos velados, porque, em grande parte, estavam ligados pelo juramento iniciático; contudo, ela é afirmada com clareza no último livro da República, em Fedra, em Timeu e em Fédon. "É certo que os vivos nascem dos mortos e que as almas dos mortos tornam a nascer" (Fedra). "A alma é mais velha que o corpo. As almas renascem incessantemente do Hades para tornarem à vida atual" (Fédon).

A reencarnação era festejada pelos egípcios nos mistérios de Ísis e, pelos gregos, nos de Elêusis, com o nome de mistérios de Perséfone, em cujas cerimônias só os iniciados tomavam parte.

O mito de Perséfone era a representação dramática dos renascimentos, a história da alma humana passada, presente e futura, sua descida à matéria, seu cativeiro em corpos de empréstimo, sua reascensão por graus sucessivos. As festas eleusianas duravam três dias e traduziam, em comovente trilogia, as alternações da vida dupla, terrestre e celeste. Ao cabo dessas iniciações solenes, os adeptos eram sagrados.[187]

Quase todos os grandes homens da Grécia foram iniciados, adoradores fervorosos da grande deusa. Foi em seus ensinamentos secretos que eles beberam a inspiração do gênio, as formas sublimes da arte e os preceitos da sabedoria divina. Quanto ao povo, eram-lhe apenas apresentados símbolos; mas, por baixo da transparência dos mitos, aparecia a verdade iniciática, do mesmo modo que a seiva da vida transuda da casca da árvore.

A grande doutrina era conhecida do mundo romano. Ovídio, Vergílio, Cícero, em suas obras imorredouras, a ela fazem alusões frequentes. Vergílio, na Eneida,[188] assevera que a alma, mergulhando no Letes, perde a lembrança de suas existências passadas.

A escola de Alexandria lhe deu brilho vivíssimo com as obras de Filo, Plotino, Amônio, denominado Sakas, Porfírio, Jâmblico etc. Plotino, quanto aos deuses, diz: "A cada um eles proporcionam o corpo que lhe convém e que está em harmonia com seus antecedentes, conforme suas exis-

---

das almas para outros corpos humanos. Tendemos a crer que a descida da alma à humanidade em um corpo inferior não era, como a ideia do inferno no catolicismo, mais do que um espantalho destinado, no pensamento dos antigos, a apavorar os maus. Qualquer retrogradação dessa espécie seria contrária à justiça e à verdade; além de quê, o desenvolvimento do organismo ou perispírito, vedando ao ser humano continuar a adaptar-se às condições da vida animal, torná-la-ia, aliás, impossível.

[187] Consultar: Ed. Schuré. *Sanctuaires d'Orient*, p. 254 e seguintes.

[188] *Eneida*, VI, p. 713 e seguintes.

tências sucessivas".

Os livros sagrados dos hebreus, o *Zohar*, a *Cabala*, o *Talmude*, afirmam igualmente a preexistência e, com o nome de ressurreição, a reencarnação era a crença dos fariseus e dos essênios.[189]

Da mesma crença encontram-se também vestígios numerosos no Antigo e no Novo Testamento, entre textos obscuros ou alterados. Por exemplo, certas passagens de Jeremias e de Job, depois o caso de João Batista, que foi Elias, o do cego de nascença e a conversação particular de Jesus com Nicodemos.

Lê-se em Mateus:[190] "Em verdade vos digo que, dentre os filhos das mulheres, nenhum há maior que João Batista, e se quiserdes ouvir, é ele mesmo que é Elias que há de vir. Aquele que tem ouvidos para ouvir ouça".

De outra vez interrogaram ao Cristo seus discípulos, dizendo:[191] "Por que dizem então os escribas que é necessário que volte Elias primeiro?". Jesus respondeu-lhes: "É verdade que Elias há de vir primeiro e restabelecer todas as coisas; mas digo-vos que Elias já veio, mas eles não o reconheceram e fizeram-lhe o que quiseram". Então, os discípulos compreenderam que era de João Batista que ele falara.

Um dia Jesus pergunta aos seus discípulos o que o povo dizia dele. Eles respondem:[192] "Uns dizem que és João Batista, outros Elias, outros Jeremias, ou algum dos antigos profetas que voltou ao mundo". Jesus, em vez de dissuadi-los, como se eles tivessem falado de coisas imaginárias, contenta-se com acrescentar: "E vós quem credes que sou eu?". Quando encontra o cego de nascença, os discípulos perguntam-lhe se esse homem nasceu cego por causa dos pecados dos pais ou dos pecados que cometeu antes de nascer. Acreditavam, pois, na possibilidade da reencarnação e na preexistência possível da alma. Sua linguagem fazia até acreditar que essa ideia estava divulgada, e Jesus parece autorizá-la, em vez de combatê-la. Fala das numerosas moradas de que se compõe a casa do Pai. Orígenes, comentando essas palavras, acrescenta: "O Senhor alude às diferentes estações que as almas de-

---

[189] Lê-se no *Zohar*, II: "Todas as almas estão sujeitas à revolução (metempsicose, aleen b'gilgulah), mas os homens não conhecem as vias de Deus, o que é bom". José (Antiq. XVIII, I, 3) diz que o virtuoso terá o poder de ressuscitar e viver de novo.
[190] Mateus, XI, 9, 14, 15.
[191] Mateus, XVII, 10 a 15.
[192] Mateus, XVI, 13, 14; Marcos, VIII, 28.

O Problema do Ser e do Destino

vem ocupar depois de terem sido privadas de seus corpos atuais e de terem sido revestidas de outros".

Lemos no Evangelho de João:[193]

> Havia entre os fariseus um homem chamado Nicodemos, um dos principais dentre os judeus. Esse homem veio de noite ter com Jesus e disse-lhe: "Mestre, sabemos que és um doutor vindo da parte de Deus, porque ninguém poderia fazer os milagres que fazes, se Deus não estivesse com ele". Jesus respondeu-lhe: "Em verdade te digo que, se um homem não *nascer de novo*, não pode ver o reino de Deus". Nicodemos disse-lhe: "Como pode um homem nascer quando é velho? Pode tornar a entrar no ventre de sua mãe e nascer segunda vez?". Jesus responde: "Em verdade te digo que, se um homem não nascer de água e de espírito, não pode entrar no reino de Deus. O que é nascido da carne é carne; o que é nascido do espírito é espírito. Não te admires do que te disse: é necessário que nasças de novo. O vento sopra onde quer e tu lhe ouves o ruído, mas não sabes de onde vem nem para onde vai. Sucede o mesmo com todo homem que é nascido do espírito".

A água representava entre os hebreus a essência da matéria, e, quando Jesus afirma que o homem tem de renascer de água e de espírito, não é como se dissesse que tem de renascer de matéria e de espírito, isto é, em corpo e alma?

Jesus acrescenta estas palavras: "Tu és mestre em Israel e ignoras estas coisas?". Não se tratava, pois, do batismo, que todos os judeus conheciam. As palavras de Jesus tinham um sentido mais profundo, e sua admiração devia traduzir-se assim:

> Tenho para a multidão ensinamentos ao seu alcance, e não lhe dou a verdade senão na medida em que ela a pode compreender. Mas contigo, que és mestre em Israel e que, nessa qualidade, deves ser iniciado em mistérios mais elevados, entendi poder ir mais além.

Essa interpretação parece tanto mais exata quanto mais está em relação com o *Zohar*, que, repetimos, ensina a pluralidade dos mundos e das existências.

O cristianismo primitivo possuía, pois, o verdadeiro

---

[193] João, III, 3 a 8.

sentido do destino. Mas, com as sutilezas da teologia bizantina, o sentido oculto desapareceu pouco a pouco; a virtude secreta dos ritos iniciáticos se desvaneceu como um perfume sutil. A escolástica abafou a primeira revelação com o peso dos silogismos ou arruinou-a com sua argumentação especiosa.

Entretanto, os primeiros padres da Igreja e, entre todos, Orígenes e São Clemente de Alexandria, pronunciaram-se em favor da transmigração das almas. São Jerônimo e Ruffinus (Carta a Anastácio) afirmam que ela era ensinada como verdade tradicional a certo número de iniciados.

Em sua obra capital, Dos princípios, livro I, Orígenes passa em revista os numerosos argumentos que mostram, na preexistência e sobrevivência das almas em outros corpos, o corretivo necessário à desigualdade das condições humanas. De si mesmo inquire qual é a totalidade dos ciclos percorridos por sua alma em suas peregrinações pelo infinito, quais os progressos feitos em cada uma de suas estações, as circunstâncias da imensa viagem e a natureza particular de suas residências.

São Gregório de Nysse diz: "Há necessidade natural para a alma imortal de ser curada e purificada e que, se ela não o foi em sua vida terrestre, a cura se opera pelas vidas futuras e subsequentes".

Todavia, essa alta doutrina não podia se conciliar com certos dogmas e artigos de fé, armas poderosas para a Igreja, tais como a predestinação, as penas eternas e o juízo final. Com ela, o catolicismo teria cedido lugar mais largo à liberdade do espírito humano, chamado em suas vidas sucessivas a elevar-se por seus próprios esforços, e não somente por "graça do Alto".

Por isso, foi um ato fecundo em consequência funesta à condenação das opiniões de Orígenes e das teorias gnósticas pelo Concílio de Constantinopla, em 553. Ela trouxe consigo o descrédito e a repulsa do princípio das reencarnações. Então, em vez de uma concepção simples e clara do destino, compreensível para as mais humildes inteligências, conciliando a justiça divina com a desigualdade das condições e do sofrimento humano, vimos edificar-se todo um conjunto de dogmas, que lançou a obscuridade no problema da vida, revoltou a razão e, finalmente, afastou o homem de Deus.

A doutrina das vidas sucessivas reaparece em épocas

O Problema do Ser e do Destino   267

diferentes no mundo cristão, sob a forma das grandes heresias e das escolas secretas. Contudo, foi muitas vezes afogada no sangue ou abafada debaixo das cinzas das fogueiras.

Na Idade Média, eclipsa-se quase de todo e deixa de influenciar o desenvolvimento do pensamento ocidental, causando-lhe dano por essa forma. Daí os erros e a confusão daquela época sombria, o mesquinho fanatismo, a perseguição cruel e o ergástulo do espírito humano. Uma espécie de noite intelectual se estendeu sobre a Europa.

No entanto, de tempos em tempos, como um relâmpago, o grande pensamento ilumina ainda, por inspiração do Alto, algumas belas almas intuitivas; continua a ser para os pensadores de escol a única explicação possível do que, para a massa, se tornara o profundo mistério da vida.

Não somente os trovadores, em seus poemas e cantos, faziam-lhe discretas alusões, mas até espíritos poderosos, como Boaventura e Dante Alighieri, mencionam-na de maneira formal. Ozanam, escritor católico, reconhece que o plano da Divina comédia segue muito de perto as grandes linhas da iniciação antiga, com base, como vimos, sobre a pluralidade das existências.

O cardeal Nicolau de Cusa sustenta, em pleno Vaticano, a pluralidade das vidas e dos mundos habitados, com o assentimento do papa Eugênio IV.

Thomas Moore, Paracelso, Jacob Boehme, Giordano Bruno e Campanella afirmaram ou ensinaram a grande síntese, muitas vezes com o próprio sacrifício. Van Helmont, em De revolutione animarum, expõe, em duzentos problemas, todos os argumentos em prol da reencarnação das almas.

Não são essas altas inteligências comparáveis aos cumes dos montes, aos cimos gelados dos Alpes, que são os primeiros a receber os alvores do dia, a refletir os raios do Sol e que ainda são iluminados por ele quando já o resto da Terra está imerso nas trevas?

O próprio islamismo, principalmente no novo Alcorão, confere lugar importante às ideias palingenésicas.[194] Finalmente, a filosofia, nos últimos séculos, enriqueceu-se com elas. Cudworth e Hume as consideram como a teoria mais racional da imortalidade. Em Lessing, Herder, Hegel, Schel-

---

[194] Consultar Surate, II, v. 26 do *Alcorão*; Surate, VII, v. 55; Surate, XVII, v. 52; Surate, XIV, v. 25.

ling, Fichte, o moço, elas são discutidas com elevação.

Mazzini, apostrofando os bispos, em sua obra Dal concilio a Dio, diz:

> Cremos em uma série indefinida de reencarnações da alma, de vida em vida, de mundo em mundo, cada uma das quais constitui um progresso em relação à vida precedente. Podemos recomeçar o estádio percorrido quando não merecemos passar a um grau superior; mas, não podemos retrogradar nem perecer espiritualmente.

Reportemo-nos agora às origens dos franceses e veremos a ideia das vidas sucessivas pairar sobre a terra das Gálias. Essa ideia vibra nos cantos dos bardos, sussurra na grande voz das florestas: "Debati-me em cem mundos; em cem círculos vivi" (Canto bárdico; Barddas cad Goddeu).

É a tradição nacional por excelência; inspirava aos pais dos franceses o desprezo da morte, o heroísmo nos combates; deve ser amada por todos aqueles que se sentem vinculados pelo coração ou pelo sangue à raça céltica, móbil, entusiasta, generosa, apaixonada pela justiça e sempre pronta a lutar em prol das grandes causas.

Nos combates contra os romanos – conforme diz d'Arbois de Jubainville, professor do Colégio de França –, os druidas ficavam imóveis como estátuas, recebendo feridas sem fugir e sem se defenderem. Sabiam que eram imortais e contavam achar em outra parte do mundo um corpo novo e sempre jovem.[195]

Os druidas não eram somente homens valentes, eram também sábios profundos.[196] Cultuavam a natureza, sob a abóbada sombria dos carvalhos ou sobre as penedias batidas pelas tempestades. As Tríades proclamam a evolução das almas partidas de anoufn, o abismo, subindo vagarosamente a longa espiral das existências (abred) para chegarem, depois de muitas mortes e renascimentos, a gwynfyd, o círculo da felicidade.

As Tríades são o monumento mais maravilhoso que

---

[195] Consultar: Tácito. Ab excessu Augusti, livro XIV, c. 30.
[196] É o que afirmava César, em seus Commentaires de la guerre des Gaules, liv. VI, capítulo XIX, edição Lemerre, 1919. Consultar também: Alex. Poly. Histor., fragmento 138, na coleção dos fragmentos dos historiadores gregos, edit. Didot, 1849; Strabão, Geogr., liv. IV, capítulo IV, Diodoro di Sicilia. Bibl. hist., liv. V, capítulo XXVIII; Clemente de Alexandria, Stromates, IV, capítulo XXV.

nos resta da antiga sabedoria dos bardos e dos druidas; abrem perspectivas sem limites à vista admirada do investigador. Citaremos três, as que se referem mais diretamente ao nosso assunto, as Tríades 19, 21 e 36:[197]

> 19. Três condições indispensáveis para chegar à plenitude (ciência e virtude): transmigrar em *abred*, transmigrar em *gwynfyd* e recordar-se de todas as coisas passadas até *anoufn*.

> 21. Três meios eficazes de Deus em *abred* (círculo dos mundos planetários) para dominar o mal e vencer sua oposição em relação ao círculo de *gwynfyd* (círculo dos mundos felizes): a necessidade, a perda da memória e a morte.

> 36. Os três poderes (fundamentos) da ciência e da sabedoria: a transmigração completa por todos os estados dos seres; a lembrança de cada transmigração e de seus incidentes; o poder de passar de novo, à vontade, por um estado qualquer em vista da experiência e do julgamento. Será isso obtido no círculo de *gwynfyd*.

Certos autores entenderam, conforme a interpretação que deram aos textos bárdicos, que as vidas ulteriores da alma continuavam exclusivamente nos outros mundos.

Apresentamos dois casos que demonstram que os gauleses admitiam também a reencarnação na Terra. Extraímo-los do Cours de littérature celtique do senhor d'Arbois de Jubainville.[198]

Find Mac Cumail, o célebre herói irlandês, renasce em Morgan, filho de Fiachna, rainha de Ulster, em 603, e sucede-lhe mais tarde.

Os Annales de Tigernach fixam a morte de Find no ano de 273 de nossa era, na batalha de Atbrea. Diz d'Arbois de Jubainville: "Um segundo nascimento dá-lhe nova vida e um trono na Irlanda".

Os celtas praticavam também a evocação dos mortos. Levantara-se uma controvérsia entre Mongan e Forgoll acerca da morte do rei Folhad, da qual Mongan fora testemunha ocular, e do lugar onde esse rei perdera a vida.

---

[197] As Tríades, publicadas por Ed. Williams, conforme o original gaulês e a tradução de Edward Darydd. Consultar Gatien Arnoult, *Philosophie Gauloise*, t. I.

[198] T. L, p. 266, 267. Consultar também: H. d'Arbois de Jubainville. *Les druides et les dieux celtiques*, p. 137 a 140; Livre de leinster, p. 41; *Annales de Tigernach*, publicação de Whitley Stokes; *Revue Celtique*, t. XVII, p. 21; *Annales des Quatre Maltres*, edição O. Donovan, t. I, 118, 119.

Conforme expressa o mesmo autor: "Ele evocou do reino dos mortos, Cailté seu companheiro nos combates. No momento em que o terceiro dia ia expirar, o testemunho de Cailté fornece a prova de que Mongan falara a verdade".

O outro fato de reencarnação remonta à época muito mais antiga. Algum tempo antes de nossa era, Aeochaid Airem, rei absoluto da Irlanda, desposara Etâin, filha de Etar. Etâin, já alguns séculos antes, havia nascido em país céltico. Nessa vida anterior foi filha de Aillil e esposa de Mider, deificado depois de morto por causa de suas façanhas.

É provável que, na história dos tempos célticos, se encontrassem numerosos casos de reencarnação, mas, como se sabe, os druidas nada confiavam à escrita e contentavam-se com o ensino oral. Os documentos referentes à sua ciência e filosofia são raros e de data relativamente recente.

A doutrina céltica, decorridos séculos de esquecimento, reapareceu na França moderna e foi reconstituída ou sustentada por toda uma plêiade de escritores conspícuos: C. Bonnet, Dupont de Nemours, Ballanche, Jean Reynaud, Henri Martin, Pierre Leroux, Fourier, Esquiros, Michelet, Victor Hugo, Flammarion, Pezzani, Fauvety, Strada etc.

"Nascer, morrer, renascer e progredir sempre, tal é a lei", disse Allan Kardec. Graças a ele, graças à escola espírita de que ele é o fundador, a crença nas vidas sucessivas da alma vulgarizou-se, espalhou-se por todo o Ocidente, onde conta hoje com milhões de partidários. O testemunho dos espíritos veio dar-lhe sanção definitiva. À exceção de algumas almas em grau atrasado de evolução, para quem o passado está ainda envolto em trevas, todos, nas mensagens recolhidas na França, afirmam a pluralidade das existências e o progresso indefinido dos seres.

A vida terrestre – dizem eles –, em essência, não é mais do que um exercício, uma preparação para a vida eterna. Limitada a uma única existência, não poderia, em sua efêmera duração, corresponder a tão vasto plano. As reencarnações são os degraus da subida que todas as almas percorrem em sua ascensão; é a escada misteriosa que, das regiões obscuras, por todos os mundos da forma, nos leva ao reino da luz.

Nossas existências desenrolam-se através dos séculos; passam, sucedem-se e renovam-se. Em cada uma delas, largamos um pouco do mal que há em nós. Lentamen-

O Problema do Ser e do Destino

te, avançamos, penetramos mais na via sagrada, até que tenhamos adquirido os méritos que nos hão de dar entrada nos círculos superiores de onde eternamente irradiam a beleza, a sabedoria, a verdade e o amor.

O estudo atento da história dos povos não nos mostra somente o caráter universal da doutrina palingenésica. Permite-nos, talvez, seguir o encadeamento grandioso das causas e dos efeitos que repercutem, através dos tempos, na ordem social. Nela vemos, principalmente, que esses efeitos renascem de si mesmos e volvem à sua causa, encerrando os indivíduos e as nações na rede de uma lei inelutável.

Sob esse ponto de vista, as lições do passado são surpreendentes. Há um cunho de majestade gravado no testemunho dos séculos que impressiona o mais indiferente homem, o que nos demonstra a irresistível força do direito. Todo o mal feito, o sangue vertido e as lágrimas derramadas recaem, cedo ou tarde, fatalmente, sobre seus autores – indivíduos ou coletividades. Os mesmos fatos criminosos, os mesmos erros produzem as mesmas consequências nefastas. Enquanto os homens persistem em se hostilizarem, em se oprimirem, em se dilacerarem, as obras de sangue e luto prosseguem, e a humanidade sofre até o mais profundo de suas entranhas.

Há expiações coletivas, como há reparações individuais. Com o passar dos tempos, exerce-se uma justiça imanente, que faz desabrochar os elementos de decadência e destruição, os germens de morte que as nações semeiam em seu próprio seio, cada vez que transgridem as leis superiores.

Se lançarmos as vistas para a história do mundo, veremos que a adolescência da humanidade, como a do indivíduo, tem seus períodos de perturbações, desvarios e experiências dolorosas. Em suas páginas, desenrola-se o cortejo de misérias consequentes; as quedas profundas se alternam com as elevações, e os triunfos, com as derrotas.

Civilizações precárias assinalam as primeiras idades; os maiores impérios se esboroaram uns após outros, na refrega das paixões. Egito, Nínive, Babilônia e o império dos persas caíram. Roma e Bizâncio, roídas pela corrupção, baquearam ao embate da invasão dos bárbaros. Depois da

Guerra dos Cem Anos e do suplício de Joana d'Arc, a Inglaterra foi açoitada por terrível guerra civil, a das Duas Rosas, York e Lencastre, que a conduziram a dois passos de sua perda.

O que é feito da Espanha, responsável por tantos suplícios e degolações, com seus "conquistadores" e seu Santo Ofício? Onde está hoje esse vasto império no qual o Sol jamais se punha?

Vede os Habsburg, herdeiros do Santo Império, e, talvez, reencarnações dos algozes dos Hussitas? A Casa de Áustria é ferida em todos os seus membros: Maximiliano é fuzilado; Rodolfo cai no meio de uma orgia; a imperatriz é assassinada. Chega a vez de François-Ferdinand, e o velho imperador, com a cabeça encanecida, fica sozinho, em pé, no meio dos destroços de sua família e de seus estados ameaçados de desagregação completa.

Onde estão os impérios fundados pelo ferro e pelo sangue, dos Califas, dos Mongóis, dos Carlovíngios, de Carlos V? Napoleão disse: "Tudo se paga!". E ele mesmo pagou, e a França pagou com ele. O império de Napoleão passou como um meteoro.

Detenhamo-nos um instante nesse prodigioso destino, que, depois de haver lançado, em sua trajetória pelo mundo, um clarão fulgurante, vai extinguir-se miseravelmente em um rochedo do Atlântico. Essa vida é bem conhecida de todos e, por conseguinte, melhor do que qualquer outra, e por isso deve servir de exemplo; nela, como disse Maurice Maëterlinck, pode-se observar que as três causas principais da queda de Napoleão foram as três maiores iniquidades que ele cometeu:

> Foi, primeiro que tudo, o assassínio do Duque de Enghien, condenado por sua ordem, sem julgamento e sem provas, e executado nos fossos de Vincennes, assassínio que fez ao redor do ditador ódios daí em diante implacáveis e um desejo de vingança que nunca abrandou; foi, depois, a odiosa emboscada de Bayonne, a que ele atrai, por baixas intrigas, para despojá-los de sua coroa hereditária, os bonacheirões e excessivamente confiados Bourbons de Espanha; a horrível guerra que se seguiu, que tragou trezentos mil homens, toda a energia, toda a moralidade, a maior parte do prestígio, quase todas as garantias, quase todas as dedicações e todos os destinos felizes do Império; foi, finalmente, a horro-

O Problema do Ser e do Destino   273

rosa e indesculpável campanha da Rússia que terminou pelo desastre definitivo de sua fortuna nos gelos de Berezina, ou nas neves da Polônia.[199]

A história da diplomacia europeia nos últimos cinquenta anos não escapa a essas regras. Os autores de faltas contra a equidade têm sido castigados por mão invisível.

A Rússia, depois de dilacerada a Polônia, prestou seu apoio à Prússia, para a invasão dos ducados dinamarqueses, "o maior crime de pirataria cometido nos tempos modernos" – diz um historiador. Foi por isso punida, primeiro pela própria Prússia, que, em 1877, no Congresso de Berlim, desapossava-a de todas as vantagens obtidas sobre a Turquia; depois, mais cruelmente ainda, pelos reveses da Guerra da Mandchúria e sua terrível repercussão em todo o império dos czares.

A Inglaterra, depois de ter arrastado a França à longa campanha da Crimeia, que foi toda em seu favor, não deixou de continuar, mais ou menos por toda a parte, uma política fria, egoísta e homicida. Depois da Guerra do Transvaal, vê-se mais enfraquecida, aproximando-se, talvez, dos tempos que o senhor Robert predisse em termos que causam admiração: "A habilidade de nossos homens de Estado os imortalizará, se, para nós, suavizarem essa descida, de modo a evitar que se transforme em uma queda; se a dirigirem de modo a fazê-la parecer-se com a Holanda e não com Cartago e Veneza".

O destacamento da Irlanda, do Egito e a revolta dos indianos vieram a confirmar essas previsões.

Tal será também a sorte de todas as nações que foram grandes por seus filósofos e pensadores, mas que tiveram a fraqueza de pôr seus destinos nas mãos de políticos ávidos e desonestos.

Napoleão III, no exílio, e Bismarck, em desvalimento e doloroso retiro, começaram a expiar seu pouco respeito às leis morais.

Não insistimos sobre esses fatos. Não vimos se desenvolver sob nossos olhos, de 1914 a 1918, o drama imenso e vingador que deixou a Alemanha vencida, punida por seu orgulho e por seus crimes?

Ao mesmo tempo, é preciso reconhecer que a França recebia uma lição terrível, talvez por causa da leviandade, imprevidência e sensualismo de um grande número de

---

[199] Maëterlinck. *Le temple enseveli*, p. 35.

seus filhos, mas, com a vitória, encontrava seu prestígio no mundo. Assim se afirmava uma vez mais a grande missão, o papel providencial que lhe parece destinado e que consiste em proclamar e defender, de todas as formas, pelo verbo e pela espada, o direito, a verdade e a justiça.

A Alemanha e a Áustria, aventuradas em um pacto e em uma cumplicidade ferozes, haviam sonhado com o domínio da Europa e do mundo: uma sobre o Oriente e a outra sobre o Ocidente. Na perseguição desse objetivo, calcaram os pés nos empenhos mais solenes, por exemplo, para com a Bélgica; não recuaram diante dos crimes mais odiosos. Qual foi o resultado? Após quatro anos de luta encarniçada, os impérios centrais rolaram no abismo. A Áustria é apenas um fantasma de nação, a Alemanha diminuiu, arruinada, presa às lutas internas e a todos os males econômicos.

Não se trata da repercussão dos acontecimentos de 1870 a 1871? Por sua vez, os alemães tiveram que conhecer a derrota e a anarquia.

Talvez, em nenhuma outra guerra, a luta de dois princípios ficou tão evidente. De um lado, a força brutal, do outro, o direito e a liberdade. E o que prova que Deus não se desinteressou pelo destino de nosso pequeno globo é que o direito venceu. Pode-se dizer que, como os gregos em Maratona e em Salamina, os soldados de Marne e de Verdun, sustentados por esses poderes invisíveis, preservaram a humanidade do domínio da espada e salvaram a civilização.[200] Esse será o justo julgamento da História.

Sim, a História é um grande ensino. Podemos ler em suas profundezas a ação de uma lei poderosa. Pela sucessão dos acontecimentos, sentimos, por vezes, perpassar como que um sopro sobre-humano; no meio da noite dos séculos, vemos luzirem, por um instante, como relâmpagos, as radiações de um pensamento eterno.

Para os povos, bem como para os indivíduos, há uma justiça; no que concerne aos povos, podemos seguir-lhes a marcha silenciosa. Vemo-la, muitas vezes, manifestar-se pelo encadeamento dos fatos. Não sucede o mesmo com relação ao indivíduo. Nem sempre ela é visível como na vida de Napoleão. Não se lhe pode seguir a marcha quando sua ação, em vez de ser imediata, exerce-se em longo prazo.

---

[200] Consultar a obra *O mundo invisível e a guerra*.

O Problema do Ser e do Destino

A reencarnação, ou seja, o regresso à carne, o escuro invólucro da matéria que cai sobre a alma e produz o esquecimento, encobre-nos a sucessão dos efeitos e das causas, porém, como vimos, particularmente nos fenômenos do transe, desde que podemos erguer o véu estendido sobre o passado e ler o que está gravado no fundo do ser humano, então, na adversidade que o fere, nas grandes dores, nos reveses, nas aflições pungentes, somos obrigados a reconhecer a ação de uma causa anterior, moral, e a nos inclinarmos ante a majestade das leis que presidem os destinos das almas, das sociedades e dos mundos.

O plano da História se desenrola em suas linhas formidáveis. Deus envia à humanidade seus messias, seus reveladores, visíveis e invisíveis, os guias, os educadores de todas as ordens, mas o homem, na liberdade de seus pensamentos, de sua consciência, escuta-os ou desatende-os. O homem é livre; as incoerências sociais são obra sua. Ele lança sua nota confusa no comércio universal, mas ela, discordante, nem sempre consegue dominar a harmonia dos séculos.

Os gênios enviados do Alto brilham como faróis na escuridão da noite. Sem remontarmos à mais alta Antiguidade, sem falarmos dos Hermes, dos Zoroastros, dos Krishnas, desde a aurora dos tempos cristãos, vimos erguer-se a estátua enorme dos profetas, gigantes que avultam também na História. Foram eles, com efeito, que prepararam as vias do cristianismo, a religião dominadora, da qual mais tarde há de nascer, no evolver dos tempos, a fraternidade universal.

Depois vemos o Cristo, o homem de dor e de amor, cujo pensamento irradia, como beleza imperecível, o drama do Gólgota, a ruína de Jerusalém, a dispersão dos judeus.

Aquém do mar azul, o desabrochar do gênio grego, foco de educação, esplendor de arte e ciência, há de iluminar a humanidade. Finalmente, tem-se o poder romano, que ensinará ao mundo o direito, a disciplina e a vida social.

Voltam, depois, os tempos de torva ignorância, mil anos de barbárie, a grande vaga e a revessa das invasões, a emergência dos elementos ferozes na civilização, o rebaixamento do nível intelectual, a noite do pensamento, mas aparecem Gutenberg, Cristóvão Colombo, Lutero, entre outros. Erguem-se as catedrais góticas, revelam-se continentes desconhecidos, e a religião entra na disciplina. Graças à imprensa, o novo pensamento se espalha por todos os pontos do mundo. Depois da Reforma, vem a Renascença e, em seguida, as revoluções.

Eis que, após muitas vicissitudes, lutas e dilacerações, a despeito das perseguições religiosas, das tiranias civis e das inquisições, o pensamento se emancipa. O problema da vida que, com as concepções de uma igreja que se tornara fanática e cega, continuava impenetrável, vai esclarecer-se de novo.

Tal qual estrela sobre o mar brumoso, reaparece a grande lei. O mundo renascerá para a vida do espírito, e a existência humana deixará de ser um escuro beco sem saída para se transformar em estrada largamente aberta para o futuro.

As leis da natureza e da História se completam e afirmam-se em sua unidade imponente. Uma lei circular preside à evolução dos seres e das coisas; ela rege a marcha dos séculos e das humanidades. Cada destino gravita em um círculo imenso, e cada vida descreve uma órbita. Toda a ascensão humana se divide em ciclos, em espirais que se vão amplificando, de modo a obter um sentido cada vez mais universal.

Assim como a natureza se renova sem cessar, em suas ressurreições, desde as metamorfoses dos insetos até o nascimento e a morte dos mundos, assim também as coletividades humanas nascem, desenvolvem-se e morrem em suas formas sucessivas, mas não morrem senão para renascer e crescer em perfeições, em instituições, artes e ciências, em cultos e doutrinas.

Nas horas de crise e desvario, surgem enviados que vêm restabelecer as verdades obscurecidas e encaminhar a humanidade. E, não obstante a migração das melhores almas humanas para as esferas superiores, as civilizações terrestres vão se regenerando, e as sociedades evolvem.

A despeito dos males inerentes ao nosso Planeta e das múltiplas necessidades que nos oprimem, o testemunho dos séculos nos diz que, em sua ascensão secular, as inteligências se apuram, os corações se tornam mais sensíveis, a humanidade, em seu conjunto, sobe devagar. A contar de hoje, ela aspira à paz na solidariedade.

Em cada renascimento volve o indivíduo à massa; a

O Problema do Ser e do Destino   277

alma, reencarnando, toma nova máscara; as respectivas personalidades anteriores se apagam temporariamente. Reconhecem-se, entretanto, através dos séculos, certas grandes figuras do passado; torna-se a encontrar Krishna no Cristo e, em ordem menos elevada, Vergílio em Lamartine, Vercingetorix em Desaix, César em Napoleão.

Em certa medida, de feições altivas, de olhar imperioso, acocorada sobre uma esterqueira às portas de Roma, coberta de úlceras e estendendo a mão aos transeuntes, poder-se-ia, segundo as indicações dos espíritos, no século passado, reconhecer Messalina.

Quantas outras almas culpadas vivem ao nosso redor escondidas em corpos disformes, expostas a males que elas por si mesmas prepararam e, de alguma sorte, moldaram com seus pensamentos, seus atos de outrora? O doutor Pascal se exprime da seguinte forma sobre isso:

> O estudo das vidas anteriores de certos homens, particularmente feridos, revelou estranhos segredos. Aqui, uma traição, que causa uma carnificina, é punida, passados séculos, com uma vida dolorosa desde a infância e com uma enfermidade que traz a marca de sua origem – a mudez: os lábios que traíram já não podem falar; ali, um inquisidor torna à encarnação, com um corpo doente desde a meninice, para um meio familiar eminentemente hostil e com intuições nítidas da crueldade passada; os sofrimentos físicos e morais mais agudos acossam-no sem afrouxar.[201]

Esses casos são mais numerosos do que se supõe; cumpre ver neles a aplicação de uma regra inflexível. Todos os nossos atos, consoante sua natureza, traduzem-se por acréscimo ou diminuição de liberdade. Daí, para os culpados, o renascimento em invólucros miseráveis, prisões da alma, imagens e repercussão de seu passado.

Nem os problemas da vida individual nem os da vida social se explicam sem a lei dos renascimentos; todo o mistério do ser se resume a ela. É dela que nosso passado recebe sua luz, e o futuro se engrandece. Nossa personalidade se amplifica inesperadamente. Compreendemos que não é de ontem que data nosso aparecimento no Universo, como ainda é crença de muitos, mas, ao contrário, nosso ponto de origem, nosso primeiro nascimento se afunda na escuridão dos tempos.

---

[201] Doutor Th. Pascal. *Les lois de la destinee*, p. 208.

Sentimos que mil laços, tecidos lentamente através dos séculos, prendem-nos à humanidade. É nossa a sua história; havemos viajado com ela no oceano das idades, afrontando os mesmos perigos, sofrendo os mesmos reveses. O esquecimento dessas coisas é apenas temporário; dia virá em que um mundo completo de recordações reavivar-se-á em nós. O passado, o futuro e toda a História assumirão a nossos olhos um novo aspecto, um interesse profundo. Aumentará nossa admiração à vista de tão magníficos destinos. As leis divinas parecer-nos-ão maiores, mais sublimes, e a própria vida tornar-se-á bela e desejável, apesar de suas provas e de seus males.

CAPÍTULO VI

Justiça e responsabilidade
– o problema do mal

A lei dos renascimentos, como dissemos, rege a vida universal. Com alguma atenção, poderíamos ler em toda a natureza, como em um livro, o mistério da morte e da ressurreição.

As estações se sucedem em seu ritmo imponente. O inverno é o sono das coisas; a primavera é o acordar; o dia alterna com a noite; ao descanso segue a atividade; o espírito ascende às regiões superiores para tornar a descer e continuar com forças novas a tarefa interrompida.

As transformações da planta e do animal não são menos significativas. A planta morre para renascer, cada vez que volta a seiva; tudo murcha para reflorir. A larva, a crisálida e a borboleta são outros tantos exemplos que reproduzem, com mais ou menos fidelidade, as fases alternadas da vida imortal.

Como seria, pois, possível que só o homem ficasse fora do alcance dessa lei? Quando tudo está ligado por laços numerosos e fortes, como admitir que nossa vida seja como um ponto atirado, sem ligação, para os turbilhões do tempo e do espaço? Nada antes, nada depois. Não. O homem, como todas as coisas, está sujeito à lei eterna. Tudo o que tem vivido reviverá em outras formas para evoluir e aperfeiçoar-se. A natureza não nos oferece a morte senão para presentear-nos com a vida. Em consequência da renovação periódica das moléculas de nosso corpo, que as correntes vitais trazem e dispersam, pela assimilação e desassimilação cotidianas, já habitamos um sem-número de invólucros diferentes em uma única vida. Não é lógico admitir que continuaremos a habitar outros no futuro?

A sucessão das existências apresenta-se-nos, pois, como uma obra de capitalização e aperfeiçoamento. Depois de cada vida terrestre, a alma ceifa e recolhe, em seu corpo fluídico, as experiências e os frutos da existência decorrida. Todos os seus progressos se refletem na forma sutil da qual é inseparável, no corpo etéreo, lúcido, transparente, que, purificando-se com ela, se transforma no instrumento maravilhoso, na harpa que vibra a todos os sopros do infinito.

Assim, o ser psíquico, em todas as fases de sua ascensão, encontra-se tal qual a si mesmo se fez. Nenhuma aspiração nobre é estéril, nenhum sacrifício baldado. E na obra imensa todos são colaboradores, desde a alma mais obscura até o gênio mais radioso. Uma cadeia sem fim liga os seres na majestosa unidade do Cosmo. É uma efusão de luz e amor que, das cumeadas divinas, é jorrada e se derrama sobre todos, para regenerá-los e fecundá-los. Ela reúne todas as almas em comunhão universal e eterna, em virtude de um princípio que é a mais esplêndida revelação dos tempos modernos.

A alma deve conquistar, um por um, todos os elementos, todos os atributos de sua grandeza, de seu poder, de sua felicidade. Para isso, ela precisa do obstáculo, da natureza resistente, e mesmo hostil, da matéria adversa, cujas exigências e rudes lições provocam seus esforços e formam sua experiência. Daí também, nos estágios inferiores da vida, a necessidade das provações e da dor, a fim de que se inicie sua sensibilidade e, ao mesmo tempo, exerça sua livre escolha, fazendo crescer sua vontade e sua consciência.

A luta é indispensável para tornar possível o triunfo e fazer surgir o herói. Sem a iniquidade, a arbitrariedade, a traição, seria possível sofrer e morrer por amor à justiça?

Cumpre que haja o sofrimento físico e a angústia moral para que o espírito seja depurado, possa limpar-se das partículas grosseiras, para que a débil centelha, que se está elaborando nas profundezas da inconsciência, converta-se em chama pura e ardente, em consciência radiosa, centro de vontade, energia e virtude.

Verdadeiramente, só se conhecem, saboreiam e apreciam os bens que se adquirem à própria custa, lentamente, penosamente. A alma, criada de forma perfeita, como o querem certos pensadores, seria incapaz de aquilatar e até de compreender sua perfeição e sua felicidade. Sem termos de comparação, sem permutas possíveis com seus semelhantes, perfeitos tanto quanto ela, sem objetivo para sua atividade, seria condenada à inação, à inércia, o que seria o pior dos estados, porque viver, para o espírito, é agir, crescer, conquistar sempre novos títulos, méritos inéditos, um lugar cada vez mais elevado na hierarquia luminosa e infinita. E para merecê-lo é necessário ter penado, lutado e sofrido. Para gozar da abundância, é preciso ter conhecido as privações. Para apreciar a claridade dos dias, é imprescindível haver atravessado a escuridão das noites. A dor é a condição da alegria e o preço da virtude, sendo esta última o bem mais precioso que há no Universo.

Construir o próprio "eu", sua individualidade por milhares de vidas, passadas em centenas de mundos e sob a direção de nossos irmãos mais velhos, de nossos amigos do espaço; escalar os caminhos do Céu; arrojarmo-nos cada vez mais para cima, abrindo um campo de ação cada vez mais largo, de forma a proporcionar à obra feita ou sonhada figurarmos como atores do drama divino, um dos agentes de Deus na obra eterna; trabalhar para o Universo, como o Universo trabalha para nós; este é o segredo do destino.

Assim, a alma sobe de esfera em esfera, de círculos em círculos, unida aos seres que tem amado; vai, continua suas peregrinações, à procura das perfeições divinas. Chegada às regiões superiores, está livre da lei dos renascimentos; a reencarnação deixa de ser para ela obrigação, para tornar-se somente ato de sua vontade, o cumprimento de uma missão, obra de sacrifício.

Depois que atingiu as alturas supremas, o espírito diz, às vezes, de si para si:

> Sou livre; quebrei para sempre as algemas que me acorrentavam aos mundos materiais. Conquistei a ciência, a energia, o amor. Mas o que granjeei quero repartir com meus irmãos, os homens, e para isso irei de novo viver entre eles, irei oferecer-lhes o que de melhor há em mim, retomarei um corpo de carne, descerei outra vez para junto daqueles que penam, que sofrem, que ignoram, para os ajudar, consolar e esclarecer.

E, então, temos Lao-Tse, Buda, Sócrates, Cristo; em uma palavra, todas as grandes almas que têm dado sua vida pela humanidade.

Resumamos. Temos demonstrado, no decurso deste estudo, a importância da doutrina das reencarnações. Vimos nela uma das bases essenciais em que se assenta o Novo Espiritualismo, com seu alcance imenso. Essa doutrina explica a desigualdade das condições humanas, a variedade infinita das aptidões, das faculdades e dos caracteres; dissipa os mistérios perturbadores e as contradições da vida; resolve o problema do mal. É por meio dela que a ordem sucede à desordem, a luz se faz no seio das trevas, desaparecem as injustiças, e as iniquidades aparentes da sorte se desvanecem para ser substituídas pela lei máscula e majestosa da repercussão dos atos e de suas consequências. E essa lei de justiça imanente que governa os mundos foi inscrita por Deus no âmago das coisas e na consciência humana.

A doutrina das reencarnações aproxima os homens mais que qualquer outra crença, ensinando-lhes a comunidade de origens e fins, mostrando-lhes a solidariedade que os liga no passado, no presente e no futuro.

Diz-se que não há, entre eles, deserdados nem favorecidos, que cada um é filho de suas obras, senhor de seu destino. Nossos sofrimentos, ocultos ou aparentes, são consequências do passado ou também a escola austera onde se aprendem as altas virtudes e os grandes deveres.

Percorreremos todos os estágios da via imensa; passaremos alternadamente por todas as condições sociais para conquistarmos as qualidades inerentes a esses meios. Assim, a solidariedade que nos liga compensa, em uma harmonia final, a variedade infinita dos seres, resultante da desigualdade de seus esforços e também das necessidades de sua evolução. Com ela, para longe vão a inveja, o desprezo e o ódio. Os menores de nós talvez já tenham sido grandes, e os maiores tornarão a nascer pequenos, se abusarem de sua superioridade. A cada um, por sua vez, reservam-se a alegria e a dor. Daí a verdadeira confraternidade das almas; sentimo-nos todos perenemente unidos nos degraus de nossa ascensão coletiva; aprendemos a nos ajudar e a nos sustentar, a estender a mão uns aos outros.

Por meio dos ciclos do tempo, todos se aperfeiçoam e se elevam; os criminosos do passado serão os sábios do futuro. Chegará a hora em que nossos defeitos serão eliminados, em que nossos vícios e nossas chagas morais serão curados. As almas frívolas tornar-se-ão sisudas; as inteligências obscuras iluminar-se-ão. Todas as forças do mal que em nós vibram ter-se-ão transformado em forças do bem. Do ser fraco, indiferente, fechado a todos os grandes pensamentos, sairá, com o perpassar dos tempos, um espírito poderoso, que reunirá todos os conhecimentos, todas as virtudes e tornar-se-á capaz de realizar as coisas mais sublimes.

Essa será a obra das existências acumuladas; será, sem dúvida, indispensável um grande número delas para operar tal mudança, para nos expurgar de nossas imperfeições, fazer desaparecer as asperezas de nossos caracteres, transformar as almas de trevas em almas de luz. Contudo, só é poderoso e durável aquilo que teve o tempo necessário para germinar, sair da sombra, subir para o Céu. A árvore, a floresta, a natureza, ou seja, o mundo nos diz tudo isso em sua linguagem profunda.

Não se perde nenhuma semente, e nenhum esforço é inútil. A planta oferece suas flores e seus frutos somente na estação própria, assim como a vida só desabrocha nas terras do espaço após imensos períodos geológicos.

Vede os diamantes esplêndidos que fazem mais formosas as mulheres e faíscam mil cores. Quantas metamorfoses não tiveram de passar para adquirir essa pureza incomparável, esse brilho fulgurante? Foi lenta sua incubação no seio da matéria obscura.

O mesmo acontece com a entidade humana. Para se purificar de seus elementos grosseiros e adquirir todo o seu brilho, são necessários períodos de evolução mais vastos ainda, muitos anos de aprisionamento na carne.

É nesse trabalho de aperfeiçoamento que aparece a utilidade, a importância das vidas de provas, das vidas modestas e despercebidas, das existências de labor e dever para vencer as paixões ferozes, o orgulho e o egoísmo, a fim de curar as chagas morais. Desse ponto de vista, o papel dos humildes, dos pequenos neste mundo, e as tarefas desprezadas se patenteiam em toda a sua grandeza à nossa vista. Assim, compreendemos melhor a necessidade do regresso à carne para resgate e purificação.

❈ ❈ ❈

Resolvendo o problema do mal, o novo espiritualismo mostra, mais uma vez, sua superioridade sobre as outras doutrinas.

Para os materialistas evolucionistas, o mal e a dor são constantes e universais. Em toda a parte – dizem Taine, Soury, Nietzsche e Haeckel –, vemos espraiar-se o mal, e sempre ele há de reinar na humanidade; todavia – acrescentam –, com o progresso, o mal decrescerá, mas será mais doloroso, porque nossa sensibilidade física e também a moral aumentarão, e será necessário sofrermos e chorarmos sem esperança, sem consolação. Como exemplo, eis o caso de uma catástrofe, irreparável a seus olhos, como a morte de um ser querido. Por conseguinte, o mal sempre sobrepujará o bem.

Certas doutrinas religiosas não são muito mais consoladoras. Segundo o catolicismo, o mal parece predominar também no Universo, e Satanás parece muito mais poderoso do que Deus. O inferno, segundo a palavra fatídica, povoa-se constantemente de multidões inumeráveis, ao passo que o paraíso é partilhado por raros eleitos. Para o crente ortodoxo, a perda e a separação dos seres que amou são quase tão definitivas como para o materialista. Não há nunca para ele certeza completa de tornar a encontrá-los e de possibilidade de se reunir com eles um dia.

Com o novo espiritualismo, a questão adquire aspecto muito diferente. O mal é apenas o estado transitório do ser em via de evolução para o bem; é a medida da inferioridade dos mundos e dos indivíduos e é, também, como vimos, a sanção do passado. Toda a escala comporta graus, e nossas vidas terrestres representam os graus inferiores de nossa ascensão eterna.

Tudo ao nosso redor demonstra a inferioridade do Planeta que habitamos. Muito inclinado sobre o eixo, sua posição astronômica é a causa de perturbações frequentes e de bruscas mudanças de temperatura: tempestades, inundações, convulsões sísmicas, calores tórridos e frios rigorosos. A humanidade terrestre, para subsistir, está condenada a um labor penoso. Milhões de homens, jungidos ao trabalho, não sabem o que é o descanso nem o bem-estar. Ora, existem relações íntimas entre a ordem física dos mundos e o estado moral das sociedades que os povoam.

O Problema do Ser e do Destino

Os mundos imperfeitos, como a Terra, são reservados, em geral, às almas ainda em baixo grau de evolução.

Entretanto, nossa estada nesse meio é simplesmente temporária e subordinada às exigências de nossa educação psíquica; outros mundos, melhor aquinhoados sob todos os pontos de vista, aguardam-nos. O mal, a dor, o sofrimento, atributos da vida terrestre, têm forçosa razão de ser, pois são o chicote e a espora que nos estimulam e nos fazem andar para frente.

Sob esse ponto de vista, o mal tem um caráter relativo e passageiro; é a condição da alma ainda criança que se ensaia para a vida. Pelo simples fato de terem sido alcançados os progressos, o mal vai pouco a pouco diminuindo, desaparece, dissipa-se, à medida que a alma sobe os degraus que conduzem ao poder, à virtude e à sabedoria.

Então, a justiça se patenteia no Universo; deixa de haver eleitos e réprobos; sofrem todos as consequências de seus atos, mas reparam, resgatam e, cedo ou tarde, regeneram-se para evolverem desde os mundos obscuros e materiais até a luz divina. Todas as almas amantes tornam a encontrar-se, reúnem-se em sua ascensão para cooperarem, juntas, com a grande obra, para que tomem parte na comunhão universal.

O mal não tem, pois, existência real, não há mal absoluto no Universo, mas, em toda a parte, a realização vagarosa e progressiva de um ideal superior; em toda a parte, exerce-se a ação de uma força, de um poder, de uma causa que, conquanto nos deixe livres, atrai-nos e arrasta-nos para um estado melhor. Por toda a parte, é grande a lida dos seres trabalhando para desenvolver em si, à custa de imensos esforços, a sensibilidade, o sentimento, a vontade e o amor.

Insistamos na noção de justiça, que é essencial, porque há precisão, necessidade imperiosa, para todos, de saber que a justiça não é uma palavra vã, que há uma sanção para todos os deveres e compensações para todas as dores. Nenhum sistema pode satisfazer nossa razão, nossa consciência, se não realizar a noção de justiça em toda a sua plenitude. Essa noção está gravada em nós, é a lei da alma e do Universo. Por tê-la desconhecido é que tantas doutrinas se enfraquecem e se extinguem na presente hora, em redor de nós. Ora, a doutrina das vidas sucessivas é um resplendor da ideia de justiça; dá-lhe realce e brilho incomparáveis.

Todas as nossas vidas são solidárias umas com as outras e se encadeiam rigorosamente. As consequências de nossos atos constituem uma sucessão de elementos que se ligam uns aos outros pela estreita relação de causa e efeito. Constantemente, em nós mesmos, em nosso ser interior, como nas condições exteriores de nossa vida, sofremos os resultados inevitáveis. Nossa vontade ativa é uma causa geradora de efeitos mais ou menos longínquos, bons ou maus, que recaem sobre nós e formam a trama de nossos destinos.

O cristianismo, renunciando a este mundo, procrastinava a felicidade e a justiça para o outro; e, se seus ensinamentos podiam bastar aos simples e aos crentes, tornavam fácil aos hábeis cépticos dispensarem-se da justiça, pretextando que seu reino não era da Terra. Contudo, com a prova das vidas sucessivas, o caso muda completamente de figura. A justiça deixa de ser transferida para um domínio quimérico e desconhecido. É aqui mesmo, em nós e em torno de nós, que ela exerce seu império. O homem tem de reparar, no plano físico, o mal que fez no mesmo plano; torna a descer ao cadinho da vida, ao próprio meio onde se tornou culpado, para, junto daqueles que enganou, despojou, espoliou, sofrer as consequências do modo como anteriormente procedeu.

Com o princípio dos renascimentos, a ideia de justiça se define e se verifica; a lei moral, a lei do bem, patenteia-se em toda a sua harmonia. Esta vida não é mais do que um anel da grande cadeia de suas existências; eis o que o homem afinal compreende: tudo o que semeia colherá, mais cedo ou mais tarde. Deixa, portanto, de ser possível desconhecermos nossas obrigações e esquivarmo-nos às nossas responsabilidades. Nisso, como em tudo o mais, o dia seguinte vem a ser o produto da véspera; por baixo da aparente confusão dos fatos, descobrimos as relações que os ligam. Em vez de estarmos escravizados a um destino inflexível, cuja causa está fora de nós, tornamo-nos senhores e autores desse destino. Em vez sermos dominados pela sorte, muito ao contrário, dominamo-la e criamos independentemente dela, por sua vontade e seus atos.

O ideal de justiça deixa de ser afastado para um mundo transcendental. Podemos definir seus termos em cada vida humana, renovada em sua relação com as leis universais, no domínio das causas reais e tangíveis.

Essa grande luz se mostra precisamente na hora em que as velhas crenças desabam sob o peso do tempo, em que todos os sistemas apresentam sinais de próxima ruína, em que os deuses do passado se cobrem e se afastam; os deuses de nossa infância, os que nossos pais adoraram. Há muito tempo, o pensamento humano, ansioso, tateia nas trevas à procura do novo edifício moral que há de abrigá-lo. E, precisamente, vem agora a doutrina dos renascimentos oferecer-lhe o ideal necessário a toda a sociedade em marcha e, ao mesmo tempo, o corretivo indispensável aos apetites violentos, às ambições desmedidas, à avidez das riquezas, das posições, das honras: um dique aos desmandos do sensualismo que ameaça nos submergir.

Com ela, o homem aprende a suportar, sem amargura ou revolta, as existências dolorosas, indispensáveis à sua purificação; aprende a submeter-se às desigualdades naturais e passageiras que são o resultado da lei da evolução, a postergar as divisões fictícias e malsãs, provenientes dos preconceitos de castas, de religiões ou de raças. Esses preconceitos se desvanecem inteiramente, desde que se saiba que todo o espírito, em suas vidas ascendentes, tem de passar pelos mais diversos meios.

Graças à noção das vidas sucessivas, as responsabilidades individuais, ao mesmo tempo em que as das coletividades, aparecem-nos mais distintas. Há, em nossos contemporâneos, uma tendência para atirar o peso das dificuldades presentes sobre os ombros das gerações futuras. Persuadidos de que não tornarão à Terra, deixam a nossos sucessores o cuidado de resolverem os problemas espinhosos da vida política e social.

Com a lei dos destinos, a questão muda logo de face; não somente o mal que tivermos feito recairá sobre nós e teremos de pagar nossas dívidas até o último ceitil como o estado social que tivermos contribuído para perpetuar com nossos vícios, com nossas iniquidades, apanhar-nos-á em sua férrea engrenagem, quando voltarmos à Terra, e sofreremos por todas as suas imperfeições. Essa sociedade, à qual teremos pedido muito e oferecido pouco, virá a ser outra vez "nossa" sociedade, uma madrasta para seus filhos, egoístas e ingratos.

No decurso de nossas estações terrestres, às vezes como poderosos, outras vezes como fracos, diretores ou dirigidos, sentiremos, muitas vezes, recair sobre nós o peso das injustiças que deixamos se perpetuarem. E não nos esqueçamos de que as existências obscuras, as vidas humildes e despercebidas serão em muito maior número para cada um de nós, ao passo que os homens que possuírem a abastança, a educação e a instrução representarão a minoria, na totalidade das populações do Globo.

Mas, quando a grande doutrina se tiver tornado a base da educação humana e a partilha de todos, quando a prova das vidas sucessivas aparecer a todas as vistas, então, os mais instruídos, os mais refletidos, desenvolvendo em si as intuições do passado, compreenderão que têm vivido em todos os meios sociais e terão mais tolerância e benevolência para com os pequenos, pois sentirão que há menos maldade e acrimônia do que sofrimento revoltado na alma dos deserdados. Que partido admirável não podem, então, tirar de sua própria experiência, difundindo em torno de si a luz, a esperança e a consolação?

Assim, o interesse, o bem pessoal, tornar-se-á o bem de todos. Cada um sentir-se-á inclinado a cooperar mais ativamente para o melhoramento dessa sociedade em cujo seio terá de renascer para progredir com ela e avançar para o futuro.

A hora presente é ainda uma hora de lutas; luta das nações para a conquista do Globo; luta das classes para a conquista do bem-estar e do poder. Em torno de nós, agitam-se forças cegas e profundas, que ontem não se conheciam e hoje se organizam e entram em ação. Uma sociedade agoniza; outra nasce. O ideal do passado vem à Terra. Qual será o de amanhã?

Abriu-se um período de transição; uma fase diferente de evolução humana, obscura, cheia, ao mesmo tempo, de promessas e ameaças, começou. Na alma das gerações que sobem, jazem os germens de novas florescências. Flores do mal ou flores do bem?

Muitos se alarmam, outros tantos se espantam. Não duvidamos do futuro da humanidade, de sua ascensão para a luz, e derramamos em volta de nós, com coragem e perseverança incansáveis, as verdades que asseguram o dia de amanhã e fazem as sociedades fortes e felizes.

Os defeitos de nossa organização social provêm principalmente de nossos legisladores, que, em suas acanhadas concepções, abrangem somente o horizonte de uma vida material. Não compreendendo o fim evolutivo da existência e o encadeamento de nossas vidas terrenas, estabeleceram um estado de coisas incompatível com os fins reais do homem e da sociedade.

A conquista do poder pelo maior número não é própria para ampliar esse ponto de vista. O povo segue o instinto surdo que o impele. Incapaz de aquilatar o mérito e o valor de seus representantes, leva, muitas vezes, ao poder os que desposam suas paixões e participam de sua cegueira. A educação popular precisa ser completamente reformada, porque só o homem ilustrado pode colaborar com inteligência, coragem e consciência na renovação social.

Nas reivindicações atuais, a noção de direito é objeto de excessivas especulações, sobre-excitam-se os apetites, exaltam-se os espíritos. Esquece-se de que o direito é inseparável do dever e, na verdade, é simplesmente sua resultante. Daí uma ruptura de equilíbrio, uma inversão das relações de causa para efeito, isto é, do dever para o direito, na repartição das vantagens sociais, o que constitui uma causa permanente de divisão e ódio entre os homens. O indivíduo que encara somente seu interesse próprio e seu direito pessoal ocupa lugar inferior, ainda, na escala da evolução.

O direito – como disse Godin, fundador do familistério de Guise – é feito do dever cumprido. Sendo os serviços prestados à humanidade a causa, o direito vem a ser o efeito. Em uma sociedade bem organizada, cada cidadão classificar-se-á de acordo com seu valor pessoal e o grau de sua evolução, em proporção com sua cota social.

O indivíduo só deve ocupar a situação merecida; seu direito está em proporção equivalente à sua capacidade para o bem. Tal é a regra, tal é a base da ordem universal, e a ordem social, enquanto não for sua contraprova, sua imagem fiel, será precária e instável.

Cada membro de uma coletividade deve, por força dessa regra, em vez de reivindicar direitos fictícios, tornar-se digno deles, aumentando o próprio valor e sua participação na obra comum. O ideal social se transforma, o sentido da harmonia se desenvolve, o campo do altruísmo se dilata, mas, no estado atual das coisas, no seio de uma sociedade onde fermentam tantas paixões, onde se agitam tantas forças brutais, no meio de uma civilização feita de egoísmo e cobiça, de incoerência e má-vontade, de sensualidade e sofrimentos, são de temer muitas convulsões.

Às vezes, ouve-se o bramido da onda que sobe. O queixume dos que sofrem se transforma em brados de cólera. As multidões se contam. Interesses seculares são ameaçados. Levanta-se, porém, uma nova fé, iluminada por um raio do Alto e assente em fatos, em provas sensíveis. Diz a todos:

> Sede unidos, porque sois irmãos, irmãos neste mundo, irmãos na imortalidade. Trabalhai em comum para tornardes mais suaves as condições da vida social, mais fácil o desempenho de vossas tarefas futuras. Trabalhai para aumentar os tesouros de saber, de sabedoria, de poder, que são a herança da humanidade. A felicidade não está na luta, na vingança; está na união dos corações e das vontades.

CAPÍTULO VII

A lei dos destinos

Demonstrada a prova das vidas sucessivas, o caminho da existência se acha desimpedido e traçado com firmeza e segurança. A alma vê claramente seu destino, que é a ascensão para a mais alta sabedoria, para a luz mais viva. A equidade governa o mundo; nossa felicidade está em nossas mãos; deixa de haver falhas no Universo, sendo seu alvo a beleza e seus meios a justiça e o amor. Dissipa-se, portanto, todo o temor quimérico, todo o terror do Além. Em vez de recear o futuro, o homem saboreia a alegria das certezas eternas. Confiado no dia seguinte, multiplicam-se suas forças, e seu esforço para o bem será centuplicado.

Entretanto, levanta-se outra pergunta: quais são as molas secretas por cuja via se exerce a ação da justiça, no encadeamento de nossas existências?

Notemos, primeiramente, que o funcionamento da justiça humana nada nos oferece que se possa comparar com a lei divina dos destinos. Esta se executa por si mesma, sem intervenção alheia, tanto para os indivíduos como para as coletividades. O que chamamos mal, ofensa, traição, homicídio determina nos culpados um estado da alma que os entrega aos golpes da sorte, na medida proporcionada à gravidade de seus atos.

Essa lei imutável é, antes de tudo, de equilíbrio. Estabelece a ordem no mundo moral, da mesma forma que as leis de gravitação e gravidade asseguram a ordem e o equilíbrio no mundo físico. Seu mecanismo é, ao mesmo tempo, simples e grande. Todo o mal se resgata pela dor. O que o homem faz de acordo com a lei do bem lhe proporciona tranquilidade e contribui para sua elevação; toda a violação provoca sofrimento. Este prossegue sua obra interior; cava as profundidades do ser; traz para a luz os tesouros de sabedoria e beleza que ele contém e, ao mesmo tempo, elimina os germens malsãos. Prolongará sua ação e voltará à carga por tanto tempo quanto for necessário, até que ele se expanda no bem e vibre uníssono com as forças divinas. Contudo, na persecução dessa ordem grandiosa, compensações estarão reservadas à alma. Alegrias, afeições, períodos de descanso e felicidade alternarão, no rosário das vidas, com as existências de luta, resgate e reparação. Assim, tudo é regulado, disposto com uma arte, uma ciência, uma bondade infinita na obra providencial.

No princípio de sua carreira, em sua ignorância e fraqueza, o homem desconhece e transgride muitas vezes a lei. Daí as provações, as enfermidades, as servidões materiais, mas, desde que se instrui, desde que aprende a pôr os atos de sua vida em harmonia com a regra universal, torna-se, com efeito, cada vez menos, a ser presa da adversidade.

Nossos atos e pensamentos se traduzem em movimentos vibratórios, e seu foco de emissão, pela repetição frequente dos mesmos atos e pensamentos, transforma-se, pouco a pouco, em poderoso gerador do bem ou do mal.

O ser se classifica, assim, pela natureza das energias de que se torna o centro irradiador, mas, ao passo que as forças do bem se multiplicam por si mesmas e aumentam incessantemente, as forças do mal se destroem por seus próprios efeitos, porque estes voltam para sua causa, para seu centro de emissão e traduzem-se sempre em consequências dolorosas. Estando o mau, como todos os seres, sujeito à impulsão evolutiva, vê por isso aumentar-se forçosamente sua sensibilidade.

As vibrações de seus atos, de seus pensamentos maus, depois de haverem efetuado sua trajetória, volvem a ele, mais cedo ou mais tarde, oprimem-no e apertam-no na necessidade de reformar-se.

Esse fenômeno pode se explicar cientificamente pela correlação das forças, pela espécie de sincronismo vibratório que faz voltar sempre o efeito à sua causa. Temos demonstração disso no fato bem conhecido de, em tempo de epidemia, de contágio, serem atacadas principalmente as

O Problema do Ser e do Destino

pessoas cujas forças vitais se harmonizam com as causas mórbidas em ação, ao passo que os indivíduos dotados de vontade firme e isentos de receio ficam geralmente indenes.

Sucede o mesmo na ordem moral. Os pensamentos de ódio e vingança, os desejos de prejudicar, provenientes do exterior, só podem agir sobre nós e influenciar-nos caso encontrem elementos que vibrem uníssonos com eles. Se nada existir em nós de similar, essas forças ruins resvalam sem nos penetrarem, volvem para aquele que as projetou para, por sua vez, ferirem-no, seja no presente, seja no futuro, quando circunstâncias particulares as fizerem entrar na corrente de seu destino.

Há, pois, na lei de repercussão dos atos, alguma coisa mecânica, automática na aparência. Entretanto, quando implica acerbas expiações, reparações dolorosas, grandes espíritos intervêm para regular o exercício e acelerar a marcha das almas em via de evolução. Sua influência se faz sentir principalmente na hora da reencarnação, a fim de guiar essas almas em suas escolhas, determinando as condições e os meios favoráveis à cura de suas enfermidades morais e ao resgate das faltas anteriores.

Sabemos que não há educação completa sem dor. Ao analisarmos por esse ponto de vista, é necessário livrarmo-nos de ver, nas provações e dores da humanidade, a consequência exclusiva de faltas passadas. Todos aqueles que sofrem não são forçosamente culpados em via de expiação; muitos são simplesmente espíritos ávidos de progresso, que escolheram vidas penosas e de labor para colherem o benefício moral que anda ligado a toda a pena sofrida.

Contudo, em tese geral, é do choque, do conflito do ser inferior, que não se conhece ainda, com a lei da harmonia, que nascem o mal e o sofrimento. É pelo regresso gradual e voluntário do mesmo ser a essa harmonia que se restabelece o bem, isto é, o equilíbrio moral. Em todo o pensamento, em toda a obra, há ação e reação, e esta é sempre proporcional em intensidade à ação realizada. Por isso podemos dizer: o ser colhe exatamente o que semeou. E colhe efetivamente, pois, por sua ação contínua, modifica sua própria natureza, depura ou materializa seu invólucro fluídico, o veículo da alma, o instrumento que serve para todas as suas manifestações e no qual é calcado e modelado o corpo físico, em cada renascimento.

Nossa situação no Além resulta, como vimos precedentemente, das ações repetidas que nossos pensamentos e nossa vontade exercem constantemente sobre o perispírito. Segundo sua natureza e seu objetivo, vão transformando-o pouco a pouco em um organismo sutil e radiante, aberto às mais altas percepções, às sensações mais delicadas da vida do espaço, capaz de vibrar harmonicamente com espíritos elevados e de participar das alegrias e impressões do infinito. No sentido inverso, farão dele uma forma grosseira, opaca, acorrentada à Terra por sua própria materialidade e condenada a ficar encerrada nas baixas regiões.

Essa ação contínua do pensamento e da vontade, exercida no decorrer dos séculos e das existências sobre o perispírito, faz-nos compreender como se criam e desenvolvem nossas aptidões físicas, assim como as faculdades intelectuais e as qualidades morais.

Nossas aptidões para cada gênero de trabalho, a habilidade e a destreza em todas as coisas são o resultado de inumeráveis ações mecânicas acumuladas e registradas pelo corpo sutil, do mesmo modo que todas as recordações e aquisições mentais estão gravadas na consciência profunda. Ao renascer, essas aptidões são transmitidas, por uma nova educação, da consciência externa aos órgãos materiais. Assim se explica a habilidade consumada e quase nativa de certos músicos e, em geral, de todos aqueles que mostram, em um domínio qualquer, uma superioridade de execução que surpreende à primeira vista.

Sucede o mesmo com as faculdades e virtudes, com todas as riquezas da alma adquiridas no decurso dos tempos. O gênio é um longo e imenso esforço na ordem intelectual, e a santidade foi conquistada à custa de uma luta secular contra as paixões e as atrações inferiores.

Com alguma atenção, poderíamos estudar e seguir em nós o processo da evolução moral. A cada vez que praticamos uma boa ação, um ato generoso, uma obra de caridade, de dedicação, a cada sacrifício do "eu", não sentimos uma espécie de dilatação interior? Alguma coisa parece expandir-se em nós; uma chama acende-se ou aviva-se nas profundezas do ser.

Essa sensação não é ilusória. O espírito se ilumina a cada pensamento altruísta, a cada impulso de solidarieda-

O Problema do Ser e do Destino

de e de amor puro. Se esses pensamentos e atos se repetem, multiplicam-se, acumulam-se, e o homem se vê transformado ao sair de sua existência terrestre; a alma e seu invólucro fluídico terão adquirido um poder de radiação mais intenso.

No sentido contrário, todo o pensamento ruim, todo o ato criminoso e todo o hábito pernicioso provocam um estreitamento, uma contração do ser psíquico, cujos elementos se condensam, entenebrecem-se e carregam-se de fluidos grosseiros.

Os atos violentos, a crueldade, o homicídio e o suicídio produzem no culpado um abalo prolongado, que se repercute, de renascimento em renascimento, no corpo material e traduz-se em doenças nervosas, tiques, convulsões e até em deformidades, enfermidades ou casos de loucura, consoante a gravidade das causas e o poder das forças em ação. Toda a transgressão à lei implica diminuição, mal-estar e privação de liberdade.

As vidas impuras, a luxúria, a embriaguez e a devassidão nos conduzem a corpos débeis, sem vigor, sem saúde e sem beleza. O ser humano que abusa de suas forças vitais, por si mesmo, condena-se a um futuro miserável e a enfermidades mais ou menos cruéis.

Às vezes, a reparação se efetua em uma longa vida de sofrimentos, necessária para destruir em nós as causas do mal, ou, então, em uma existência curta e difícil, terminada por morte trágica. Uma atração misteriosa reúne, às vezes, os criminosos de lugares muito afastados em um dado ponto para feri-los em comum. Daí as catástrofes célebres, os naufrágios, os grandes sinistros, as mortes coletivas, tais como o desastre de Saint-Gervais, o incêndio do Bazar de Caridade, a explosão de Courrières, a do Iena, o naufrágio do Titanic, do Ireland etc.

Explicam-se, assim, as existências curtas, que são o completar de vidas precedentes, terminadas muito cedo, abreviadas prematuramente por excessos, abusos ou por qualquer outra causa moral, mas que, normalmente, deveriam ter durado mais.

Não devem ser incluídas em tais casos as mortes de crianças em tenra idade. A vida curta de uma criança pode ser uma provação para os pais, assim como para o espírito que quer encarnar. Em geral, é simplesmente uma entrada falsa no teatro da vida, quer por causas físicas, quer por falta de adaptação dos fluidos. Em tal caso, a tentativa de encarnação renova-se, pouco depois, no mesmo meio; reproduz-se até completo êxito ou, então, se as dificuldades são insuperáveis, efetua-se em um meio mais favorável.

As considerações que acabamos de fazer demonstram que, para assegurar a depuração fluídica e o bom estado moral do ser, tem-se de estabelecer uma disciplina do pensamento, a fim de seguir uma higiene da alma, assim como é preciso realizar uma higiene física para manter a saúde do corpo.

Em virtude da ação constante do pensamento e da vontade sobre o perispírito, vê-se que a retribuição é absolutamente perfeita. Cada um colhe o fruto imperecível de suas obras passadas e presentes; colhe-o não por efeito de uma causa exterior, mas por um encadeamento que liga em nós mesmos o pesar à alegria, o esforço ao êxito e a culpa ao castigo. É, pois, na intimidade secreta de nossos pensamentos e na viva luz de nossos atos que devemos procurar a causa eficiente de nossa situação presente e futura.

Colocamo-nos segundo nossos méritos e, no meio deles, chamam-nos nossos antecedentes. Se somos infelizes é porque não temos suficiente perfeição para gozar de melhor sorte, mas nosso destino melhorará à medida que soubermos fazer nascer em nós mais desinteresse, justiça e amor. O ser deve se aperfeiçoar, deve embelezar incessantemente sua natureza íntima, para aumentar o valor próprio e construir o edifício da consciência – tal é o fim de sua elevação.

Cada um de nós possui a disposição particular a que os druidas chamavam awen, isto é, a aptidão primordial de todo o ser para realizar uma das formas especiais do pensamento divino. Deus depositou no íntimo da alma os germens de faculdades poderosas e variadas; todavia, há uma das formas de seu gênio que, acima de todas as outras, é chamada a se desenvolver, com trabalho contínuo, até que alcance seu ponto de excelência. Essas formas são inumeráveis e tratam-se dos aspectos múltiplos da inteligência, da sabedoria e da beleza eternas: a música, a poesia, a eloquência, o dom da invenção, a previsão do futuro e das coisas ocultas, a ciência ou a força, a bondade, o dom da educação, o poder de curar etc.

Ao projetar a entidade humana, o pensamento divino a impregna mais particularmente com uma dessas forças e assina-lhe, por isso mesmo, um papel especial no vasto concerto universal.

As missões do ser, seu destino e sua ação na evolução geral ir-se-ão definindo, cada vez mais, no sentido de suas próprias aptidões, a princípio, latentes e confusas no começo de sua carreira, mas que despertarão, crescerão, acentuar-se-ão à medida que ele for percorrendo a imensa espiral.

As intuições e as inspirações que ele receber do Alto corresponderão a esse lado especial de seu caráter. Consoante suas necessidades e seus apelos, será sob essa forma que ele perceberá, em seu íntimo, a melodia divina.

Assim, Deus, da variedade infinita dos contrastes, sabe fazer brotar a harmonia tanto na natureza como no seio da humanidade.

Dessa forma, se a alma abusar desses dons, se os aplicar às obras do mal, se, por causa deles, conceber vaidade ou orgulho, ser-lhe-á preciso, como expiação, renascer em organismos impotentes para sua manifestação. Viverá como gênio desconhecido, humilhado entre os homens, por tanto tempo quanto seja necessário para que a dor triunfe dos excessos da personalidade e lhe permita continuar o voo sublime, a carreira, por um momento interrompida, para o ideal.

Vós, almas humanas que percorreis estas páginas, elevai vossos pensamentos e resoluções à altura das tarefas que vos tocam. As vias para o infinito se abrem, semeadas de maravilhas inexauríveis, diante de vós. A qualquer ponto que o voo vos leve, lá vos aguardam objetos de estudo com mananciais inesgotáveis de alegrias e deslumbramentos de luz e beleza. Por toda a parte e sempre, horizontes inimagináveis suceder-se-ão aos horizontes percorridos.

Tudo é beleza na obra divina. Está reservado a vós, em vossa ascensão, apreciar os inumeráveis aspectos, risonhos ou terríveis, desde a flor delicada até os astros rutilantes, bem como assistir às eclosões dos mundos e das humanidades. Sentireis, ao mesmo tempo, desenvolver-se vossa compreensão das coisas celestiais e aumentar vosso desejo ardente de penetrar em Deus, de vos mergulhardes

Nele, em Sua luz, em Seu amor. Em Deus está nossa origem, nossa essência e nossa vida.

A inteligência humana não pode descrever os futuros que pressente nem as ascensões que entrevê. Nosso espírito, encarcerado em um corpo de argila, nos laços de um organismo perecível, não pode encontrar nele os recursos necessários para exprimir esses esplendores; a expressão ficará sempre aquém das realidades. A alma, em suas intuições profundas, tem a sensação das coisas infinitas, de que participa e às quais aspira. Seu destino é vivê-las cada vez mais e aproveitar-se delas. Em vão, procuraria exprimi-las com o balbuciar da fraca linguagem humana, debalde esforçar-se-ia por traduzir as coisas eternas na linguagem da Terra. A palavra é impotente, mas a consciência evolvida percebe as radiações sutis da vida superior.

Dia virá em que a alma engrandecida dominará o tempo e o espaço. Um século não será para ela mais do que um instante na duração e, em um lampejo de seu pensamento, transporá os abismos do Céu. Seu organismo sutil, apurado em milhares de vidas, há de vibrar a todos os sopros, a todas as vozes e a todos os apelos da imensidade. Sua memória mergulhará nas idades extintas. Poderá reviver à vontade tudo o que vivera, bem como chamar a si as almas queridas que compartilharam de suas alegrias e de suas dores, podendo juntar-se a elas.

Isso porque todas as afeições do passado se encontram e se ligam na vida do espaço, da mesma forma que se conquistam novas amizades e, de camada em camada, uma comunhão mais forte reúne os seres em uma unidade de vida, de sentimento e de ação.

Crê, ama, espera, homem, meu irmão; depois, exerce tua atividade. Aplica-te a fazer passar para tua obra os reflexos e as esperanças de teu pensamento, as aspirações de teu coração, as alegrias e as certezas de tua alma imortal. Comunica tua fé às inteligências que te cercam e participam de tua vida, a fim de que te secundem na tua tarefa e de que, por toda a Terra, um esforço poderoso erga o fardo das opressões materiais, triunfe das paixões grosseiras e abra larga saída aos voos do espírito.

Uma ciência nova e restaurada – não mais a ciência dos preconceitos, das práticas rotineiras, dos métodos acanhados e envelhecidos, mas uma ciência aberta a todas as pesquisas, a todas as investigações, à ciência do invisível

O Problema do Ser e do Destino   299

e do Além – virá fecundar o ensino, esclarecer o destino, fortificar a consciência. A fé na sobrevivência edificar-se-á sob mais belas formas, assentes na rocha da experiência e desafiando toda a crítica.

Uma arte mais idealista e pura, iluminada por luzes que não se apagam, imagem da vida radiosa, reflexo do Céu entrevisto, virá regozijar e vivificar o espírito e os sentidos.

Sucederá o mesmo com as religiões, as crenças e os sistemas. No voo do pensamento para elevar-se das verdades de ordem relativa às verdades de ordem superior, elas chegarão a aproximar-se, a juntar-se, a fundir-se para fazer das múltiplas crenças do passado, hostis ou mortais, uma fé viva que há de reunir a humanidade em um mesmo impulso de adoração e prece.

Trabalha com todas as potências de teu ser por preparar essa evolução. É mister que a atividade humana se dirija com mais intensidade para os caminhos do espírito. Depois da humanidade física, é indispensável criar a humanidade moral; depois dos corpos, as almas. O que se conquistou em energias materiais, em forças externas, perdeu-se em conhecimentos profundos, em revelações do sentido íntimo. O homem está vitorioso do mundo visível; as aberturas praticadas no Universo físico são imensas; restam-lhe as conquistas do mundo interior, o conhecimento de sua própria natureza e do segredo de seu esplêndido porvir.

Não discutas, pois, mas trabalhe. A discussão é vã, e estéril é a crítica, mas a obra pode ser grande, se consistir em engrandeceres a ti mesmo, engrandecendo os outros, em fazeres o teu ser melhor e mais belo, porque não deves esquecer-te de que para ti trabalhas, trabalhando para todos, associando-te à tarefa comum. O Universo, como tua alma, renova-se, perpetua-se, embeleza-se sem cessar pelo trabalho e pela reciprocidade. Deus, aperfeiçoando sua obra, goza dela como tu gozas da tua, embelezando-a. Tua obra mais bela és tu mesmo. Com teus esforços constantes podes fazer de tua inteligência, de tua consciência, uma obra admirável, de que gozarás indefinidamente. Cada uma de tuas vidas é um cadinho fecundo do qual deves sair apto para tarefas e missões cada vez mais altas, apropriadas às tuas forças. Também para cada uma delas receberá tua recompensa e tua alegria.

Assim, com tuas mãos irás, dia a dia, moldando teu destino e renascerás nas formas que teus desejos constroem, que tuas obras geram, até que teus desejos e apelos te tenham preparado formas e organismos superiores aos da Terra. Renascerás nos meios que preferes, junto dos seres queridos, que já estiveram associados a teus trabalhos, a tuas vidas e que viverão contigo e para ti, como tu reviverás com eles e para eles.

Terminada que seja tua evolução terrestre, quando tiveres exaltado tuas faculdades e tuas forças a um grau de suficiente capacidade, quando tiveres esvaziado a taça dos sofrimentos, das amarguras e das felicidades que nos oferece este mundo, quando lhe houveres sondado as ciências e crenças, comungado com todos os aspectos do gênio humano, subirás, então, com teus amados para outros mundos mais belos, de paz e harmonia.

Volvidos ao pó teus últimos despojos terrestres, e, chegadas às regiões espirituais, tua essência purificada, tua memória e tua obra hão de amparar ainda os homens, teus irmãos, em suas lutas, em suas provações, e poderás dizer com a alegria de uma consciência tranquila: "Minha passagem na Terra não foi estéril; não foram vãos meus esforços!".

Terceira Parte

As potências da alma

CAPÍTULO I

A vontade

O estudo do ser, que consagrou a primeira parte desta obra, deixou-nos entrever a poderosa rede de forças e de energias ocultas em nós. Mostrou-nos que todo o nosso futuro, mesmo em seu desenvolvimento ilimitado, está já contido no gérmen de nosso ser. As causas da felicidade não se acham em lugares determinados no espaço; elas estão em nós, nas profundezas misteriosas de nossa alma, o que é confirmado por todas as grandes doutrinas. "O reino dos Céus está dentro de vós", disse o Cristo.

O mesmo pensamento está expresso de outra forma nos Vedas: "Tu trazes em ti um amigo sublime que não conheces".

A sabedoria persa não é menos afirmativa: "Vós viveis no meio de armazéns cheios de riquezas e morreis de fome à porta" (Suffis Ferdousis).

Todos os grandes ensinamentos concordam neste ponto: é na vida íntima, no desabrochar de nossas potências, de nossas faculdades, de nossas virtudes que está o manancial das felicidades futuras.

Olhemos atentamente para o fundo de nós mesmos, fechemos nosso entendimento às coisas externas e, depois de havermos habituado nossos sentidos psíquicos à escuridade e ao silêncio, veremos surgirem luzes inesperadas e ouviremos vozes fortificantes e consoladoras. Contudo, há poucos homens que sabem ler em si, que sabem explorar as jazidas que encerram tesouros inestimáveis. Gastamos a vida em coisas banais, improfícuas; percorremos o caminho da existência sem nada saber de nós mesmos, das riquezas psíquicas cuja valorização nos proporcionaria gozos inumeráveis.

Há, em toda a alma humana, dois centros, ou melhor, duas esferas de ação e expressão. Uma delas, a exterior, manifesta a personalidade, o "eu", com suas paixões, suas fraquezas, sua mobilidade e sua insuficiência. Enquanto ela for a reguladora de nosso proceder, teremos a vida inferior, semeada por provações e males. A outra, interna, profunda, imutável, é, ao mesmo tempo, a sede da consciência, a fonte da vida espiritual e o templo de Deus em nós. É somente quando esse centro de ação domina o outro, quando suas impulsões nos dirigem, que se revelam nossas potências ocultas e que o espírito se afirma em seu brilho e em sua beleza. É por ele que estamos em comunhão com "o Pai que habita em nós", segundo as palavras do Cristo, ou seja, com o Pai que é o foco de todo o amor e o princípio de todas as ações.

Por um desses centros, perpetuamo-nos em mundos materiais, onde tudo é inferioridade, incerteza e dor; pelo outro, temos entrada nos mundos celestes, onde tudo é paz, serenidade e grandeza. Somente pela manifestação crescente do espírito divino em nós chegaremos a vencer o "eu" egoísta, a associar-nos plenamente à obra universal e eterna e a criar uma vida feliz e perfeita.

Por que meio poremos em movimento as potências internas e as orientaremos para um ideal elevado? Pela vontade.

Os usos persistentes e tenazes dessa faculdade soberana permitir-nos-ão modificar nossa natureza, vencer todos os obstáculos, dominar a matéria, a doença e a morte.

É pela vontade que dirigimos nossos pensamentos para um alvo determinado. Na maior parte dos homens, os pensamentos flutuam sem cessar. Sua mobilidade constante e sua variedade infinita oferecem limitado acesso às influências superiores. É preciso saber se concentrar, colocar o pensamento acorde com o pensamento divino. Então, a alma humana é fecundada pelo espírito divino, que a envolve e penetra, tornando-a apta a realizar nobres tarefas, preparando-a para a vida do espaço, cujos esplendores ela começa fracamente a entrever desde este mundo.

Os espíritos elevados veem e ouvem os pensamentos uns dos outros, com os quais possuem harmonias penetrantes, ao passo que os nossos são, o mais das vezes, somente discordâncias e confusões. Aprendamos, pois, a servir-nos de nossa vontade e, por ela, a unir nossos pensamentos a tudo o que é grande, à harmonia universal, cujas vibrações enchem o espaço e embalam os mundos.

A vontade é a maior de todas as potências, pois é em sua ação comparável ao ímã. A vontade de viver e de desenvolver em nós a vida atrai-nos para novos recursos vitais, tal é o segredo da lei de evolução. A vontade pode atuar com intensidade sobre o corpo fluídico, ativar-lhe as vibrações e, dessa forma, apropriá-lo a um modo cada vez mais elevado de sensações, preparando-o para o mais alto grau da existência.

O princípio de evolução não está na matéria, e sim na vontade, cuja ação tanto se estende à ordem invisível das coisas como à ordem visível e material. Esta é simplesmente a consequência daquela. O princípio superior, ou seja, o motor da existência é a vontade, e a vontade divina é o supremo mantenedor da vida universal.

O que importa, acima de tudo, é compreender que podemos realizar tudo no domínio psíquico, pois nenhuma força permanece estéril quando exercida de maneira constante, visando alcançar um desígnio em conformidade com o direito e a justiça.

É o que ocorre com a vontade: ela pode agir tanto no sono como na vigília, porque a alma valorosa, que, para si mesma, estabeleceu um objetivo, procura-o com tenacidade em ambas as fases de sua vida e determina, assim, uma corrente poderosa, que mina devagar e silenciosamente todos os obstáculos.

Com a preservação acontece o mesmo que com a ação. A vontade, a confiança e o otimismo são outras tantas forças preservadoras, outros tantos baluartes opostos em nós a toda a causa de desassossego e de perturbação interna e externa. Às vezes, bastam para desviar o mal, ao passo que o desânimo, o medo e o mau-humor nos desarmam e nos entregam a ele sem defesa. O simples fato de olharmos de frente para o que chamamos de mal, perigo e dor, com a resolução de os afrontarmos, de os vencermos, diminui-lhes a importância e o efeito.

Os americanos têm, com o nome de mind cure (cura

mental) ou ciência cristã, aplicado esse método à terapêutica, e não se pode negar que os resultados obtidos são consideráveis. Esse método se resume à seguinte fórmula: "O pessimismo enfraquece; o otimismo fortalece". Consiste na eliminação gradual do egoísmo, na união completa com a vontade suprema, causa das forças infinitas. Os casos de cura são numerosos e apoiam-se em testemunhos irrecusáveis.[202]

De resto, foi esse – em todos os tempos e com formas diversas – o princípio da saúde física e moral. Na ordem física, por exemplo, não se destroem os infusórios, os infinitamente pequenos, que vivem e se multiplicam em nós, mas se ganham forças para melhor resistir a eles. Da mesma forma, nem sempre é possível, na ordem moral, afastar as vicissitudes da sorte, mas se pode adquirir força suficiente para suportá-las com alegria, sobrepujá-las com esforço mental, dominá-las por tal forma que percam todo o aspecto ameaçador, para se transformarem em auxiliares de nosso progresso e de nosso bem.

Em outra parte, demonstramos, apoiando-nos em fatos recentes, o poder da alma sobre o corpo na sugestão e autossugestão.[203] Limitar-nos-emos a lembrarmo-nos de outros exemplos ainda mais concludentes.

Louise Lateau, a estigmatizada de Bois-d'Haine, cujo caso foi estudado por uma comissão da Academia de Medicina da Bélgica, fazia, meditando sobre a paixão do Cristo, correr à vontade o sangue de seus pés, mãos e lado esquerdo. A hemorragia durava muitas horas.[204]

Pierre Janet observou casos análogos na Salpêtrière, em Paris. Uma extática apresentava estigmas nos pés, quando lhos colocavam em um aparelho.[205]

Louis Vivé, em suas crises, a si mesmo dava ordem de sangrar-se em horas determinadas, e o fenômeno se produzia com exatidão.

Encontra-se a mesma ordem de fatos em certos sonhos, bem como nos fenômenos chamados "noevi" ou si-

---

[202] Consultar W. James, reitor da Universidade Harvard, *L'expérience religieuse*, p. 86, 87. Tradução francesa de Abauzit. Paris: Félix Alcan editor, 1906.
[203] Consultar *Depois da morte*, capítulo XXXII, "A Vontade e os Fluidos", e *No invisível*, capítulo XV.
[204] Doutor. Warlomont. *Louise Lateau, la stigmatisée de Bois-d'Haine*. Bruxelas, 1873.
[205] P. Janet. "Une extatique". *Bulletin de 1'Institut Psychologique*, julho, agosto, setembro de 1901.

nais de nascença.[206] Em todos os domínios da observação, achamos a prova de que a vontade impressiona a matéria e pode submetê-la a seus desígnios. Essa lei se manifesta com mais intensidade ainda no campo da vida invisível. É em virtude das mesmas regras que os espíritos criam as formas e os atributos que nos permitem reconhecê-los nas sessões de materialização.

Pela vontade criadora dos grandes espíritos e, acima de tudo, do espírito divino, uma vida repleta de maravilhas se desenvolve e se estende, de degrau em degrau, até o infinito, nas profundezas do Céu; vida incomparavelmente superior a todas as maravilhas criadas pela arte humana e tanto mais perfeita quanto mais se aproxima de Deus.

Se o homem conhecesse a extensão dos recursos que nele germinam, talvez ficasse deslumbrado e, em vez de se julgar fraco e temer o futuro, compreenderia sua força e sentiria que ele próprio pode criar esse futuro.

Cada alma é um foco de vibrações que a vontade põe em movimento. Uma sociedade é um agrupamento de vontades que, quando estão unidas, concentradas em um mesmo fito, constituem centro de forças irresistíveis. As humanidades são focos ainda mais poderosos, as quais vibram por meio da imensidade.

Pela educação e pelo exercício da vontade, certos povos chegam a resultados que parecem prodígios.

A energia mental, o vigor de espírito dos japoneses, seu desprezo pela dor, sua impassibilidade diante da morte causaram pasmo aos ocidentais e foram para eles uma espécie de revelação. O japonês se habitua, desde a infância, a dominar suas impressões, a nada deixar trair dos desgostos, das decepções, dos sentimentos por que passa, a ficar impenetrável, a não se queixar nunca, a nunca se encolerizar e a receber sempre com boa cara os reveses.

Tal educação retempera os ânimos e assegura a vitória em todos os terrenos. Na grande tragédia da existência e da História, o heroísmo representa o papel principal, e é a vontade que faz os heróis.

Esse estado de espírito não é privilégio dos japoneses. Os hindus chegam também, com o emprego do que eles chamam de hatha-yoga, ou exercício da vontade, a suprimir em si o sentimento da dor física.

---

[206] Consultar, entre outros, o *Bulletin de la Société Psychique de Marseille*, de outubro de 1903.

Em uma conferência feita no Instituto Psicológico de Paris e que Les Annales des Sciences Psychiques, de novembro de 1906, reproduziram, Annie Besant cita vários casos notáveis decorrentes dessas práticas persistentes.

Um hindu possuirá bastante poder de vontade para conservar um braço erguido até se atrofiar. Outro deitar-se-á em uma cama eriçada de pontas de ferro sem sentir nenhuma dor. Encontra-se esse mesmo poder em pessoas que não praticaram a hatha-yoga. A conferencista cita o caso de um de seus amigos, que, tendo ido à caça de um tigre e tendo recebido, por causa da imperícia de um caçador, uma bala na coxa, recusou-se a submeter-se à ação do clorofórmio para a extração do projétil, afirmando ao cirurgião que teria suficiente domínio sobre si mesmo para ficar imóvel e impassível durante a operação. Esta foi efetuada, e o ferido tinha plena consciência de si mesmo para não fazer um só movimento. "O que para outro teria sido uma tortura atroz, nada era para ele; havia fixado sua consciência na cabeça e nenhuma dor sentira. Sem ser yogui, possuía o poder de concentrar a vontade, poder que, nas Índias, se encontra frequentemente."

Pelo que se acaba de ler, pode-se julgar quão diferente dos nossos são a educação mental e o objetivo dos asiáticos. Tudo, neles, tende a desenvolver o homem interior, sua vontade, sua consciência, à vista dos vastos ciclos de evolução que se lhes abrem, enquanto o europeu adota, de preferência, como objetivo, os bens imediatos, limitados pelo círculo da vida presente.

Os alvos em que se põe à mira nos dois casos são diferentes; e essa divergência resulta da concepção essencialmente diversa do papel do ser no Universo. Os asiáticos consideraram, por muito tempo, em um espanto misturado com piedade, nossa agitação febril, nossa preocupação pelas coisas contingentes e sem futuro, nossa ignorância das coisas estáveis, profundas, indestrutíveis, que constituem a verdadeira força do homem. Daí o contraste surpreendente que oferecem as civilizações do Oriente e as do Ocidente.

A superioridade pertence evidentemente à que abarca mais vasto horizonte e se inspira nas verdadeiras leis da alma e de seu futuro. Pode ter parecido atrasada aos observadores superficiais, enquanto as duas civilizações fizeram paralelamente sua evolução, sem que entre uma e outra houvesse choques excessivos. Mas, desde que as necessidades da existência e a pressão crescente dos povos do Ocidente forçaram os asiáticos a entrarem na corrente dos progressos modernos – tal é o caso dos japoneses –, pode-se ver que as qualidades eminentes dessa raça, manifestando-se no domínio material, podiam assegurar-lhes igualmente a supremacia.

Se esse estado de coisas se acentuar, como é de se recear, ou seja, se o Japão conseguir arrastar consigo todo o Extremo Oriente, é possível que mude o eixo da dominação do mundo e passe de uma raça para outra, principalmente se a Europa persistir em não se interessar pelo que constitui o mais alto objetivo da vida humana e em contentar-se com um ideal inferior e quase bárbaro.

Mesmo restringindo o campo de nossas observações à raça branca, vamos verificar também que as nações de vontade mais firme, mais tenaz, vão pouco a pouco galgando predomínio sobre as outras. É o que ocorre com os povos anglo-saxônios e germânicos. Podemos ver o que a Inglaterra tem realizado, através dos tempos, para a execução de seu plano de ação. A Alemanha, com seu espírito de método e continuidade, soube criar e manter uma poderosa coesão, em detrimento de seus vizinhos, não menos bem dotados do que ela, mas menos resolutos e perseverantes. A América do Norte prepara também para si um grande lugar no concerto dos povos.

A França é, pelo contrário, uma nação de vontade fraca e volúvel. Os franceses passam de uma ideia a outra com extrema mobilidade, e a esse defeito não são estranhas as vicissitudes de sua História. Seus primeiros impulsos são admiráveis e vibrantes de entusiasmo. Mas, se com facilidade empreendem uma obra, com a mesma facilidade a abandonam, quando o pensamento já vai edificando-a, e os materiais se vão reunindo silenciosamente ao seu derredor. Por isso o mundo apresenta, por toda a parte, vestígios meio apagados de sua ação passageira e de seus esforços rapidamente interrompidos.

Além disso, o pessimismo e o materialismo, que cada vez mais se alastram entre eles, tendem também a amesquinhar as qualidades generosas de sua raça. O positivismo e o agnosticismo trabalham sistematicamente para apagar o que restava de viril na alma francesa; e os recursos profundos do espírito francês se atrofiam por falta de

O Problema do Ser e do Destino   311

uma educação sólida e de um ideal elevado.

Aprendamos, pois, a criar uma "vontade de potência", de natureza mais elevada do que a sonhada por Nietzsche. Fortaleçamos em torno de nós os espíritos e os corações, se não quisermos ver nossas sociedades votadas à decadência irremediável.

Querer é poder, e o poder da vontade é ilimitado. O homem, consciente de si mesmo, de seus recursos latentes, sente suas forças crescerem na razão de seus esforços, pois sabe que tudo o que de bem e de bom desejar há de, mais cedo ou mais tarde, realizar-se inevitavelmente; seja na atualidade, seja na série de suas existências, quando seu pensamento se puser de acordo com a lei divina. E é nisso que se verifica a palavra celeste: "A fé transporta montanhas".

É consolador e belo poder dizer:

> Sou uma inteligência e uma vontade livre; a mim mesmo me fiz, inconscientemente, através das idades; edifiquei lentamente minha individualidade e liberdade e agora conheço a grandeza e a força que há em mim. Amparar-me-ei nelas; não deixarei que uma simples dúvida as empane por um instante sequer e, fazendo uso delas com o auxílio de Deus e de meus irmãos do espaço, elevar-me-ei acima de todas as dificuldades; vencerei o mal em mim; desapegar-me-ei de tudo o que me acorrenta às coisas grosseiras para levantar o voo para os mundos felizes.

Vejo claramente o caminho que se desenrola e que tenho de percorrer. Esse caminho atravessa extensão ilimitada e não tem fim. Contudo, para guiar-me na estrada infinita, tenho um guia seguro – a compreensão da lei de vida, progresso e amor que rege todas as coisas. Aprendi a conhecer-me, a crer em mim e em Deus. Possuo, pois, a chave de toda a elevação e, na vida imensa que tenho diante de mim, conservar-me-ei firme, inabalável na vontade de enobrecer-me e elevar-me, cada vez mais. Atrairei, com o auxílio de minha inteligência, que é filha de Deus, todas as riquezas morais, participando de todas as maravilhas do Cosmo.

Minha vontade chama-me: "Para frente, sempre para

frente, cada vez mais conhecimento, mais vida, vida divina!". E com ela conquistarei a plenitude da existência e construirei para mim uma personalidade melhor, mais radiosa e amante. Saí para sempre do estado inferior do ser ignorante, inconsciente de seu valor e poder; afirmo-me na independência e dignidade de minha consciência e estendo a mão a todos os meus irmãos, dizendo-lhes: "Despertai de vosso pesado sono; rasgai o véu material que vos envolve, aprendei a conhecer-vos, a conhecer as potências de vossa alma e a utilizá-las".

Todas as vozes da natureza, todas as vozes do espaço vos bradam: "Levantai-vos e marchai. Apressai-vos para a conquista de vossos destinos".

A todos vós que vergais ao peso da vida, que, julgando-vos sós e fracos, vos entregais à tristeza e ao desespero ou que aspirais ao nada venho dizer: "O nada não existe; a morte é um novo nascimento, um encaminhar para novas tarefas, novos trabalhos, novas colheitas; a vida é uma comunhão universal e eterna que liga Deus a todos os seus filhos".

A vós todos que vos credes gastos pelos sofrimentos e pelas decepções, pobres seres aflitos, corações que o vento áspero das provações secou, espíritos esmagados, dilacerados pela roda de ferro da adversidade, venho dizer-vos:

Não há alma que não possa renascer, fazendo brotar novas florescências. Basta-vos querer para sentirdes o despertar em vós de forças desconhecidas. Crede em vós, em vosso rejuvenescimento em novas vidas; crede em vossos destinos imortais. Crede em Deus, Sol dos sóis, foco imenso, do qual brilha em vós uma centelha, que se pode converter em chama ardente e generosa.

Sabei que todo o homem pode ser bom e feliz; para vir a sê-lo basta que o queira com energia e constância. A concepção mental do ser, elaborada na obscuridade das existências dolorosas, preparada pela vagarosa evolução das idades, expandir-se-á à luz das vidas superiores, e todos conquistarão a magnífica individualidade que lhes está reservada.

Dirigi incessantemente vosso pensamento para esta verdade: podeis vir a ser o que quiserdes. E sabei querer ser cada vez maiores e melhores. Tal é a noção do progresso eterno e o meio de realizá-lo; tal é o segredo da força mental, da qual emanam todas as forças magnéticas e físicas. Quando tiverdes conquistado esse domínio sobre vós mesmos, não mais tereis que temer os retardamentos nem as quedas, nem as doenças, nem a morte; tereis feito de vosso "eu" inferior e frágil uma alta e poderosa individualidade.

CAPÍTULO II

A consciência - o sentido íntimo

A alma é, como nos demonstraram os ensinamentos precedentes, uma emanação, ou seja, uma partícula do Absoluto. As vidas da alma têm por objetivo a manifestação cada vez mais grandiosa do que nela há de divino, o aumento do domínio que está destinada a exercer dentro e fora de si, por meio de seus sentidos e de suas energias latentes.

Pode-se alcançar esse resultado por processos diferentes, pela ciência ou pela meditação, pelo trabalho ou pelo exercício moral. O melhor processo consiste em utilizar todos esses modos de aplicação, em completá-los uns pelos outros; o mais eficaz, porém, de todos, é o exame íntimo, a introspecção. Acrescentemos o desapego das coisas materiais, a firme vontade de melhorar nossa união com Deus em espírito e verdade e veremos que toda a religião verdadeira e toda a filosofia profunda aí vão buscar sua origem, resumindo-se nessas fórmulas. O resto – doutrinas culturais, ritos e práticas – não é mais do que o vestuário externo que encobre, aos olhos das turbas, a alma das religiões.

Victor Hugo escrevia no Post scriptum de ma vie: "É dentro de nós que devemos olhar o exterior [...]. Inclinando-nos sobre esse poço, o nosso espírito, avistamos, a uma distância de abismo, em estreito círculo, o mundo imenso".

Dizia também Emerson: "A alma é superior ao que se pode saber dela e mais sábia do que qualquer uma de suas obras".

As profundezas da alma ligam-na à grande Alma universal e eterna da qual ela é como uma vibração. Essa origem e participação da natureza divina explicam as necessidades irresistíveis do espírito em evolução adiantada: necessidade de infinito, de justiça, de luz; necessidade de sondar todos os mistérios, de estancar a sede nos mananciais vivos e inexauríveis cuja existência ele pressente, mas que não consegue descobrir no plano de suas vidas terrestres.

Daí provêm nossas mais altas aspirações, nosso desejo de saber, jamais satisfeito, nosso sentimento do belo e do bem; daí os clarões repentinos que iluminam, de tempos em tempos, as trevas da existência e os pressentimentos, a previsão do futuro, os relâmpagos fugitivos no abismo do tempo, que luzem, às vezes, para certas inteligências.

Sob a superfície do "eu", agitada por desejos, esperanças e temores, está o santuário que encerra a consciência integral, calma, pacífica e serena, o princípio da sabedoria e da razão, de que a maior parte dos homens só tem conhecimento por surdas impulsões ou vagos reflexos entrevistos.

Todo o segredo da felicidade e da perfeição está na identificação, na fusão em nós desses dois planos ou focos psíquicos; a causa de todos os nossos males e de todas as nossas misérias morais está em sua oposição.

Em Crítica da razão pura, o grande filósofo Emmanuel Kant demonstrou que a razão humana, isto é, a razão superficial de que falamos, por si mesma nada podia perceber e provar do que concerne às realidades do mundo transcendental, às origens da vida, ao espírito, à alma e a Deus.

Dessa argumentação infere-se, de forma lógica e necessária, a consequência de que existe em nós um princípio, uma razão mais profunda que, por meio da revelação interior, nos inicia nas verdades e leis do mundo espiritual.

William James faz a mesma afirmação, nestes termos: "O 'eu' consciente faz um só com um 'eu' maior, do qual lhe vem o resgate".[207]

E, mais adiante:

> Os prolongamentos do "eu" consciente dilatam-se muito além do mundo da sensação e da razão, em certa região que se pode chamar mística ou sobrenatural. Quando nossas tendências para o ideal têm sua origem nessa região – é o caso da maior parte

---

[207] W. James. *L'experience religieuse*, p. 421 e 429.

delas, porque somos possuídos por elas de maneira que não podemos perceber –, ali temos raízes mais profundas do que no mundo visível, pois nossas mais altas aspirações são centro de nossa personalidade. Mas esse mundo invisível não é somente ideal, produz efeitos no mundo visível. Pela comunhão com o invisível, o "eu" finito transforma-se; tornamo-nos homens novos, e nossa regeneração, modificando nosso proceder, repercute no mundo material. Como, pois, recusar o nome de realidade ao que produz efeitos no seio de outra realidade? Com que direito diriam os filósofos que não é real o mundo invisível?

A consciência é, pois, como diria W. James, o centro da personalidade, permanente e indestrutível, que persiste e se mantém em todas as transformações do indivíduo. A consciência não é somente a faculdade de perceber, mas também o sentimento que temos para viver, agir e pensar. Ela é una e indivisível.

A pluralidade de seus estados nada prova, como vimos,[208] contra essa unidade. Aqueles estados são sucessivos, como as percepções correlativas, e não simultâneos. Para demonstrar que existem em nós vários centros autônomos de consciência, seria necessário provar também que há ações e percepções simultâneas e diferentes, mas isso não é exato e não pode ser auferido.

Todavia, a consciência apresenta, em sua unidade, como sabemos, vários planos e aspectos. Fisicamente, confunde-se com o que a ciência denomina sensorium, isto é, a faculdade de concentrar as sensações externas, coordená-las, defini-las, perceber-lhes as causas e determinar-lhes os efeitos.

Pouco a pouco, pelo próprio fato da evolução, essas sensações vão se multiplicando e apurando, e a consciência intelectual acorda. Daí em diante, seus desenvolvimentos não encontrarão limites, pois poderão abraçar todas as manifestações da vida infinita. Então, desabrocharão o sentimento e o juízo, e a alma compreender-se-á e tornar-se-á, ao mesmo tempo, sujeito e objeto. Na multiplicidade e variedade de suas operações mentais, terá sempre consciência do que pensa e quer.

[208] Capítulo III.

O "eu" afirma-se, desenvolve-se, e a personalidade completa-se pela manifestação da consciência moral ou espiritual. A faculdade de perceber os efeitos do mundo sensível exercer-se-á por modos mais elevados; converter-se-á na possibilidade de sentir as vibrações do mundo moral e de discriminar suas causas e leis.

É com os sentidos internos que o ser humano percebe os fatos e as verdades de ordem transcendental. Os sentidos físicos enganam, pois apenas distinguem a aparência das coisas, mas nada seriam sem o sensorium, que agrupa, centraliza suas percepções e as transmite à alma. Esta registra tudo e tira o efeito útil. Abaixo, porém, desse sensorium superficial, há outro mais profundo, que distingue as regras e as coisas do mundo metafísico. É esse sentido profundo, desconhecido e inutilizado para a maior parte dos homens, que certos experimentadores designaram pelo nome de consciência subliminal.

A maior parte das grandes descobertas, na ordem física, foi simplesmente a confirmação das ideias percebidas pela intuição ou pelo sentido íntimo. Newton, por exemplo, havia muito tempo que concebera o pensamento da atração universal, quando a queda de uma maçã veio objetivamente demonstrá-la a seus sentidos materiais.

Assim como existe um organismo e um sensorium físicos, que nos põem em relação com os seres e as coisas do plano material, também há um sentido espiritual por meio do qual certos homens penetram desde já no domínio da vida invisível. Quando, depois da morte, cair o véu da carne, esse sentido tornar-se-á o centro único de nossas percepções.

É na extensão e no desenvolvimento crescente desse sentido espiritual que estão a lei de nossa evolução psíquica, a renovação do ser e o segredo de sua iluminação interior e progressiva. Por ele nos desapegamos do relativo e do ilusório, de todas as contingências materiais, para nos vincularmos cada vez mais ao imutável e ao absoluto.

Por isso a ciência experimental será sempre insuficiente, a despeito das vantagens que oferece e das conquistas que realiza, se não for completada pela intuição, essa espécie de adivinhação interior que nos faz descobrir as verdades essenciais. Há uma maravilha que se avantaja a todas às do exterior: somos nós mesmos; trata-se do espelho oculto no homem que reflete todo o Universo.

Aqueles que se absorvem no estudo exclusivo dos fenômenos, em busca das formas mutáveis e dos fatos exteriores, procuram, muitas vezes bem longe, essa certeza, esse criterium, que está neles. Deixam de escutar as vozes íntimas, de consultar as faculdades de entendimento que se desenvolvem e apuram no estudo silencioso e recolhido. É essa a razão pela qual as coisas do invisível, do impalpável, do divino, imperceptíveis para tantos sábios, são percebidas, às vezes, por ignorantes. O mais belo livro está em nós mesmos, pois o infinito se revela nele. Feliz é aquele que neste livro pode ler.

Todo esse domínio fica fechado para o positivista que posterga a única chave, o único instrumento com o auxílio do qual pode penetrar nele; o positivista se afadiga em experimentar, por meio dos sentidos físicos e de instrumentos materiais, o que escapa a toda a medida objetiva. Por isso, o homem dos sentidos externos raciocina acerca do mundo e dos seres metafísicos como um surdo raciocina sobre as regras da melodia, e um cego, sobre as leis da óptica. Desperte, porém, e ilumine-se nele o senso íntimo, e, então, comparada a essa luz que o inunda, a ciência terrestre, tão grande, antes, à sua vista, imediatamente amesquinhar-se-á.

O eminente psicólogo americano William James, reitor da Universidade de Harvard, [209] declara-o, nestes termos:

> Posso me colocar na atitude do homem de ciência e imaginar vivamente que nada existe fora da sensação e das leis da matéria, mas não posso fazê-lo sem ouvir uma admoestação interior: "Tudo isso é fantasmagoria". Toda a experiência humana, em sua viva realidade, impele-me irresistivelmente a sair dos estreitos limites onde pretende encerrar-nos a ciência. O mundo real é constituído diversamente, é muito mais rico e complexo que o da ciência.

Depois de Myers e Flournoy, cujas opiniões citamos, W. James estabelece, por sua vez, que a psicologia oficial não pode continuar a desconhecer os recessos da consciência profunda, colocados sob a consciência normal. Ele o diz, formalmente:[210]

> Nossa consciência normal não é mais que um tipo particular de consciência, separado, como por fina

---

[209] W. James. *L'experience religieuse*, p. 436.
[210] Ibidem, p. 329.

O Problema do Ser e do Destino

membrana, de vários outros que aguardam momento favorável para entrar em jogo. Podemos atravessá-los sem suspeitarmos de sua existência; mas, em presença de estímulo conveniente, mostram-se mais reais e complexos.

A propósito de certas conversões, acrescenta:[211] "Descobrem-se profundezas novas na alma, à proporção que ela se transforma, como se fosse formada de camadas sobrepostas, cada uma das quais permanece desconhecida, enquanto está coberta por outras."

E, mais adiante:[212]

> Quando um homem tende conscientemente para um ideal, é em geral para alguma coisa vaga e indefinida; existem, contudo, bem no fundo de seu organismo, forças que aumentam e caminham em sentido determinado. Os fracos esforços, que esclarecem a sua consciência, suscitam esforços subconscientes, aliados vigorosos que trabalham na sombra; mas essas forças orgânicas convergem para um resultado que muitas vezes não é o mesmo e que é sempre mais bem determinado que o ideal concebido, meditado, reclamado pela consciência nítida.

Tudo isso confirma que a causa inicial e o princípio da sensação não estão no corpo, mas na alma; os sentidos físicos são simplesmente a manifestação externa e grosseira, o prolongamento na superfície do ser, dos sentidos íntimos e ocultos.

O Chicago Chronicle, de dezembro de 1905, refere-se a um caso extraordinário de manifestação do sexto sentido, que julgamos ser necessário citar aqui. Trata-se de uma menina de dezessete anos, cega e surda-muda, desde a idade de seis anos. A partir disso, ela desenvolveu uma faculdade nova:

> Ella Hopkins pertence a uma boa família de Utica, Nova Iorque. Há três anos, foi colocada pelos pais em um Instituto de Nova Iorque destinado à instrução dos surdos-mudos. Como às outras crianças daquela casa, ensinaram-lhe a ler, a ouvir e a exprimir-se por meio dos dedos.
>
> Não somente Ella rapidamente se apropriou dessa linguagem, como chegou a perceber o que se passa

[211] W. James. *L'experience religieuse*, p. 160.
[212] Ibidem, p. 178.

em volta de si, tão facilmente como se gozasse de seus sentidos normais. Sabe quem entra e sai, se é pessoa conhecida ou estranha; segue e percebe a conversa sustentada em voz baixa no aposento onde se encontra e, a pedido, a reproduz fielmente por escrito. Não se trata de leitura de pensamento direto, pois a menina não compreende o pensamento das pessoas presentes senão quando lhe dão uma expressão vocal.

Mas essa faculdade tem intermitências e mostra-se às vezes com outros aspectos.

A memória de Ella é das mais notáveis. O que aprendeu uma vez – e aprende depressa – nunca mais esquece. Sentada diante da máquina de escrever, com os olhos fixos, como se vissem, com interesse intenso nas teclas do instrumento, do qual se serve com extrema precisão, tem toda a aparência de uma jovem em plena posse das faculdades normais. Os olhos são claros e expressivos, a fisionomia, animada e variável. Ninguém diria que Ella é cega, surda e muda.

Devemos acreditar que o diretor do Instituto, Sr. Currier, está habituado à manifestação das faculdades anormais nesses infelizes, pois que não parece admirar-se com o caso da menina. Diz ele: "Temos todos consciência de certas coisas sem o auxílio aparente dos sentidos ordinários... Aqueles que são privados de dois ou três desses sentidos e obrigados a contar com o desenvolvimento de outras faculdades para os substituir veem naturalmente estas se desenvolverem e fortificarem".

Há, na mesma classe de Ella, outras duas mocinhas igualmente cegas, surdas e mudas, que possuem também esse "sexto sentido", ainda que em menor grau. Faz gosto, ao que parece, vê-las, todas as três, comunicarem-se rapidamente pelo voo do pensamento, tendo apenas necessidade do ligeiro contato dos dedos sensitivos.

À enumeração desses fatos acrescentaremos um testemunho de alto valor, o do professor César Lombroso, da Universidade de Turim. Ele escrevia na revista italiana Arena, em junho de 1907:

> Até 1890, fui acérrimo adversário do espiritismo. Em 1891, porém, tive de combater em uma cliente minha um dos fenômenos mais curiosos que

jamais se me depararam. Tive de tratar a filha de um alto funcionário de minha cidade natal, a qual, de repente, foi acometida, na época da puberdade, de violento acesso de histeria, acompanhado de sintomas de que nem a patologia nem a fisiologia podiam dar explicação. Havia momentos em que os olhos perdiam totalmente a faculdade de ver, e, em compensação, a doente via com os ouvidos. Era capaz de ler com os olhos vendados algumas linhas impressas que lhe apresentassem ao ouvido. Quando se lhe punha uma lente entre o ouvido e a luz solar, ela experimentava como que uma queimadura nos olhos; exclamava que queriam cegá-la... Conquanto não fossem novos esses fatos, não deixavam de ser singulares. Confesso que, pelo menos, pareciam-me inexplicáveis pelas teorias fisiológicas e patológicas estabelecidas até então. Parecia-me bem clara uma única coisa: que esse estado punha em ação, em uma pessoa dantes inteiramente normal, forças singulares em relação com sentidos desconhecidos. Foi então que tive a ideia de que talvez o espiritismo me facilitasse a aproximação da verdade.

Eis outro exemplo do desenvolvimento dos sentidos psíquicos, para o qual chamamos toda a atenção do leitor. A pessoa de quem vamos falar é considerada uma das maravilhas de nossa época.[213] Helen Keller é também uma menina cega, surda e muda. Não possui, em aparência, senão o sentido do tato para comunicar-se com o mundo exterior. Entretanto, pode comunicar-se em três línguas com seus visitantes, e sua bagagem intelectual é considerável. Possui um sentimento estético que lhe permite gozar das obras de arte e das harmonias da natureza. Pelo simples contato das mãos, ela distingue o caráter e a disposição de espírito das pessoas com quem encontra. Com a ponta dos dedos, colhe a palavra nos lábios e lê nos livros, apalpando os caracteres salientes, especialmente impressos para ela. Eleva-se à concepção das coisas mais abstratas, e sua consciência se ilumina com claridades que vai buscar nas profundezas de sua alma.

Escutemos o que nos diz a senhora Maëterlinck, depois da visita que fez à jovem em Wrentham (América):

Helen Keller é um ser superior; vê-se sua razão

---

[213] Consultar a obra de Gérard Harry sobre Helen Keller. Livraria Larousse, com prefácio de Maëterlinck.

equilibrada, tão poderosa e tão sã, sua inteligência tão clara e tão bela, que o problema logo se transmuda. Já não se procura ser compreendido, mas compreender.

Helen possui profundos conhecimentos de álgebra, de matemática, um pouco de astronomia, de latim e grego; lê Molière e Anatole France e se exprime em seus idiomas; compreende Goethe, Schiller e Heine em alemão, Shakespeare, Rudyard Kipling e Wells em inglês e escreve ela própria como filósofa, psicóloga e poetisa.

O sentido do tato é impotente para produzir tal estado mental, tanto mais que Helen, como dizem seus educadores, consegue perceber o farfalhar das folhas e o zumbido das abelhas. Agrada-lhe correr nos bosques.

Seu biógrafo, Gérard Harry, assegura que a intensidade de suas percepções lhe confere aptidões de uma leitora do pensamento.

Evidentemente, encontramo-nos em presença de um ser evoluído, retornando à cena do mundo com toda a aquisição dos séculos percorridos.

O caso de Helen prova que, por trás dos órgãos momentaneamente atrofiados, existe uma consciência, desde muito, familiarizada com as noções do mundo exterior. Há, ao mesmo tempo, uma demonstração das vidas anteriores da alma e da existência de seus próprios sentidos, independentes da matéria, dominando-a e sobrevivendo a toda a desagregação corporal.

Para desenvolver e apurar a percepção, de modo geral, é preciso, a princípio, acordar o sentido íntimo, o sentido espiritual. A mediunidade nos demonstra que há seres humanos muito mais bem dotados, em relação à visão e à audição interiores, do que certos espíritos que vivem no espaço e cujas percepções são extremamente limitadas, em vista da insuficiência de sua evolução.

Quanto mais puros e desinteressados são os pensamentos e os atos, em uma palavra, quanto mais "intensa" é a vida espiritual e quanto mais ela predomina sobre a vida física, tanto mais se desenvolvem os sentidos interiores. O véu que nos esconde o mundo fluídico se adelgaça, torna-se transparente, e, por trás dele, a alma distingue um conjunto maravilhoso de harmonias e belezas, ao mesmo tempo em que se torna mais apta a recolher e trans-

O Problema do Ser e do Destino

mitir as revelações, as inspirações dos seres superiores, porque o desenvolvimento dos sentidos internos coincide, geralmente, com uma extensão das faculdades do espírito, com uma atração mais enérgica das radiações etéreas.

Cada plano do Universo e cada círculo da vida correspondem a um número de vibrações que se acentuam e se tornam mais rápidas, mais sutis, à medida que se aproximam da vida perfeita. Os seres dotados de fraco poder de radiação não podem perceber as formas de vida que lhes são superiores, mas todo o espírito é capaz de obter, pela preparação da vontade e pela educação dos sentidos íntimos, um poder de vibração que lhe permite agir em planos mais extensos. Achamos uma prova da intensidade dessa forma de emissão mental no fato de se terem visto moribundos ou pessoas em perigo de morte impressionarem telepaticamente, a grandes distâncias, vários indivíduos, ao mesmo tempo.[214]

Na realidade, cada um de nós poderia, se quisesse, comunicar-se, a todos os momentos, com o mundo invisível. Somos espíritos. Pela vontade, podemos governar a matéria e desprender-nos de nossos laços para vivermos em uma esfera mais livre, a da vida superconsciente. Para isso é mister espiritualizar-nos, voltarmos à vida do espírito por uma concentração perfeita de nossas forças interiores. Então, encontrar-nos-emos face a face com uma ordem de coisas que nem o instinto, nem a experiência, nem mesmo a razão podem perceber.

A alma, em sua expansão, pode quebrar a parede de carne que a encerra e comunicar-se por seus próprios sentidos com os mundos superiores e divinos. É o que os videntes e os verdadeiros santos, os grandes místicos de todos os tempos e de todas as religiões têm podido fazer.

William James nota-o nestes termos:[215]

> O mais importante resultado do êxtase é fazer cair toda a barreira levantada entre o indivíduo e o Absoluto. Por ele percebemos nossa identidade com o infinito. É a eterna e triunfante experiência do misticismo, que se encontra em todos os climas e em todas as religiões. Todas fazem ouvir as mesmas vozes com imponente unanimidade; todas proclamam a unidade do homem com Deus.

---

[214] Consultar *Annales des Sciences Peychiques*, outubro de 1906, p. 611, 613.
[215] William James. L'experience religieuse, p. 355.

Em outro lugar, expõe, também nesses termos, suas vistas sobre o misticismo:[216]

> Os estados místicos aparecem no *sujet* como uma forma de conhecimento; revelam-lhe profundezas insondáveis à razão discursiva; é uma iluminação de riqueza inexaurível, que, sente-se, terá em toda a vida imensa repercussão.
>
> Chegados a seu pleno desenvolvimento, esses estados impõem-se de fato e de direito aos que os experimentam, com absoluta autoridade... Opõem-se à autoridade da consciência puramente racional fundada unicamente no entendimento e nos sentidos, provando que ela não é mais do que um dos modos da consciência.

William James pensa, igualmente, que os estados místicos podem ser considerados como janelas que se abrem para um mundo mais extenso e completo.

O espiritismo demonstra, até certo ponto, a exatidão de tais apreciações. A mediunidade, em suas formas tão variadas, é, também, a resultante de uma exaltação psíquica, a qual permite que os sentidos da alma entrem em ação e substituam, por um momento, os sentidos físicos, percebendo o que é imperceptível para os outros homens.

Caracteriza-se e desenvolve-se segundo as aptidões do sentido íntimo, para o predomínio, de uma forma ou de outra, de sua manifestação por uma das vias habituais da sensação.

O espírito que desejar fazer uma comunicação reconhece, à primeira vista, o sentido orgânico que, no médium, lhe servirá de intermediário e atua sobre esse ponto. Algumas vezes, acontece pela palavra ou também pela escrita, em ação mecânica da mão; outras, ocorre pelo cérebro, quando se trata da mediunidade intuitiva. Nas incorporações temporárias, ocorre pela posse plena e pela adaptação dos sentidos espirituais do manifestante aos sentidos físicos do sujet.

A faculdade mais comum é a clarividência, isto é, a percepção, com os olhos fechados, do que se passa ao longe, no tempo ou no espaço, no passado ou no futuro. Trata-se da penetração do espírito do clarividente nos meios

---
[216] William James. *L'experience religieuse*, p. 325 e 358.

fluídicos onde são registrados os fatos consumados e onde se elaboram os planos das coisas futuras. A clarividência é exercida, na maioria das vezes, inconscientemente, sem preparação nenhuma. Nesse caso, resulta da evolução natural do médium, mas também é possível provocá-la, assim como a visão espírita.

Sobre esse assunto, o coronel de Rochas se exprime da seguinte maneira:[217]

> Mireille descrevia-me assim os efeitos, sobre si, das minhas magnetizações:
>
> – Quando estou acordada, minha alma está aprisionada ao corpo e eu me sinto como uma pessoa que, encerrada no pavimento térreo de uma torre, não vê o exterior senão através das cinco janelas dos sentidos, tendo cada uma vidros de cores diferentes. Quando me magnetizais, livrais-me pouco a pouco das minhas cadeias e minha alma, que deseja sempre subir, penetra na escada da torre, escada sem janela, e não percebo que me guiais, senão no momento em que desemboco na plataforma superior. A minha vista estende-se em todas as direções com um sentido único muito aguçado que me põe em relação com objetos que ele não podia perceber através dos vidros da torre.

Pode-se também adquirir a clariaudiência, a audição das vozes interiores, modo de comunicação possível com os espíritos. Outra manifestação dos sentidos íntimos é a leitura dos acontecimentos registrados, fotografados de algum modo na ambiência de um objeto antigo ou moderno. Por exemplo, um pedaço de arma, uma medalha, um fragmento de sarcófago e uma pedra de ruínas evocarão na alma do vidente uma série completa de imagens referentes aos tempos e aos lugares a que pertenceram esses objetos. É o que se denomina psicometria.

Acrescentemos também a esses fenômenos os sonhos simbólicos, os premonitórios e mesmo os pressentimentos obscuros que nos advertem de um perigo do qual não desconfiamos.

Já dissemos que muitas pessoas têm, sem saber, a possibilidade de se comunicar com seus amigos do espaço por intermédio do sentido íntimo. Nesse grupo estão as almas verdadeiramente religiosas, isto é, idealizadas, em que as provações, os sofrimentos e uma longa prepa-

[217] A. de Rochas. *Les vies successives*, p. 499.

ração moral apuraram os sentidos sutis, tornando-as mais sensíveis às vibrações dos pensamentos externos. Muitas vezes, dirigiram-se a mim almas humanas aflitas para, do Além, solicitar avisos, conselhos, indicações que não me era possível proporcionar-lhes. Recomendava-lhes, então, a experiência seguinte, que, às vezes, alcançava bom resultado:

> Concentrai-vos em retiro e no silêncio; elevai os pensamentos para Deus; chamai o vosso Espírito protetor, o guia tutelar, que Deus nos dá para a viagem da vida. Interrogai-o sobre as questões que vos preocupam, desde que sejam dignas dele, livres de todo o interesse vil; depois, esperai. Escutai em vós mesmos, atentamente, e, ao cabo de um instante, ouvireis nas profundezas de vossa consciência como que o eco enfraquecido de uma voz longínqua ou, antes, percebereis as vibrações de um pensamento misterioso que expulsará vossas dúvidas, dissipará vossas angústias, embalar-vos-á e consolará.

É essa, com efeito, uma das formas de mediunidade, e não é das menos belas. Todos nós podemos obtê-la, participando daquela comunicação dos vivos com os mortos, que está destinada a estender-se um dia a toda a humanidade.

Pode-se até, por esse processo, corresponder com o plano divino. Em circunstâncias difíceis de minha vida, quando hesitava entre resoluções contrárias acerca da tarefa que me fora confiada, de difundir as verdades consoladoras do neoespiritualismo, apelando para a Entidade Suprema, ouvia sempre ressoar em mim uma voz grave e solene que me ditava o dever. Clara e distinta, contudo, essa voz parecia provir de um ponto muito distante. Seu acento de ternura me enternecia até eu alcançar as lágrimas.

A intuição não é, pois, na maioria das vezes, senão uma das formas empregadas pelos habitantes do mundo invisível para nos transmitirem seus avisos e suas instruções. Outras vezes, será a revelação da consciência profunda à consciência normal. No primeiro caso, pode ser considerada como inspiração. Pela mediunidade, o espírito infunde suas ideias no entendimento do transmissor, e este fornecerá a expressão, a forma e a linguagem. Assim, na medida de seu desenvolvimento cerebral, o espírito achará meios mais ou menos seguros e abundantes para comunicar seu pensamento com todo o desenvolvimento e o relevo.

O pensamento do espírito agente é uno em seu princípio de emissão, mas varia em suas manifestações, segundo o estado mais ou menos perfeito dos instrumentos que emprega. Cada médium marca com o cunho de sua personalidade a inspiração que lhe vem do Alto. Quanto mais cultivado e espiritualizado é o intelecto do sujet, tanto mais comprimidos são nele os instintos materiais, assim como com mais pureza e fidelidade será transmitido o pensamento superior, pois a larga corrente de um rio não pode se escoar por um canal estreito. O espírito inspirador não pode, assim, semelhantemente, transmitir pelo organismo do médium senão aquelas de suas concepções que por ele puderam passar.

Por um grande esforço mental, sob a excitação de uma força externa, o médium poderá exprimir concepções superiores a seu próprio saber; contudo, na expressão das ideias sugeridas, encontrar-se-ão seus termos preferidos, seus modos de dizer habituais, ainda que o estimulante que nele atua lhe confira, por alguns momentos, mais amplitude e elevação da linguagem.

Vemos, assim, quantas dificuldades, quantos obstáculos o organismo humano opõe à transmissão fiel e completa das concepções da alma e como é necessária uma longa preparação, uma educação prolongada para torná-lo flexível e adaptá-lo às necessidades da inteligência que o move. Isso, contudo, não se aplica somente ao espírito desencarnado que quer se manifestar por intermediário de um humano, um médium, mas também à própria alma encarnada, cujas concepções profundas nunca conseguem vir plenamente à luz no plano terrestre, como o afirmam todos os homens de gênio e, particularmente, os compositores e poetas.

A princípio, a inspiração é consciente, mas desde que a ação do espírito se acentua, o médium se acha sob a influência de uma força que o faz agir independentemente de sua vontade; invade-o uma espécie de peso; velam-se seus olhos, e ele perde a consciência de si mesmo para passar a um domínio invisível. Nesse caso, o médium não é mais do que um instrumento, um aparelho de recepção e transmissão. Qual máquina que obedece à corrente elétrica que a põe em movimento, assim também obedece o médium à corrente de pensamentos que o invade.

No exercício da mediunidade intuitiva, no estado de vigília, muitos desanimam diante da impossibilidade de distinguir as ideias que nos são próprias das que nos são sugeridas. Cremos, todavia, que é fácil reconhecer as ideias de origem estranha. Brotam espontaneamente, de improviso, como clarões súbitos que derivam de foco desconhecido; ao passo que nossas ideias pessoais, as que provêm de nosso cabedal, estão sempre à nossa disposição e ocupam de maneira permanente nosso intelecto. Somente as ideias inspiradas surgem como por encanto, mas se seguem, encadeiam-se por si mesmas e exprimem-se com rapidez, às vezes, de maneira febril.

Quase todos os autores, escritores, oradores e poetas são médiuns em certos momentos, pois têm a intuição de uma assistência oculta que os inspira e participa de seus trabalhos. Eles mesmos assim o confessam nas horas de expansão.

Thomas Paine escrevia:

> Ninguém há que, tendo-se ocupado com os progressos do espírito humano, não tenha feito a observação de que há duas classes bem distintas do que se chama ideias ou pensamentos: as que em nós mesmos se produzem pela reflexão e as que de si mesmas se precipitam em nosso espírito. Tomei para mim como regra acolher sempre com cortesia esses visitantes inesperados e investigar, com todo o cuidado de que era capaz, se eles mereciam a minha atenção. Declaro que é a esses hóspedes estranhos que devo todos os conhecimentos que possuo.

Emerson falava do fenômeno da inspiração nos seguintes termos:

> Os pensamentos não me vêm sucessivamente como em um problema de matemática, mas penetram por si mesmos em meu intelecto, como um relâmpago que brilha na escuridão da noite. A verdade aparece-me, não pelo raciocínio, mas por intuição.

A rapidez com que Walter Scott, o bardo d'Aven, escrevia seus romances era motivo de assombro para seus contemporâneos. A explicação do fato é ele mesmo quem fornece:

O Problema do Ser e do Destino

Vinte vezes encetei o trabalho depois de ter delineado o plano e nunca me foi possível segui-lo. Meus dedos trabalham independentes de meu pensamento. Foi assim que, depois de ter escrito o segundo volume de *Woodstock*, não tinha a menor ideia de que a história desenrolar-se-ia em uma catástrofe no terceiro volume.

Falando de L'Antiquaire, disse também:

Tenho um plano geral, mas logo que pego na pena ela corre com muita rapidez sobre o papel, a tal ponto que muitas vezes sou tentado a deixá-la correr sozinha para ver se não escreverá tão bem como quando é guiada por meu pensamento.

Novalis, cujos Fragments e Disciples de Saïs ficarão entre os mais poderosos esforços do espírito humano, escrevia:

Parece ao homem que ele está empenhado em uma conversa e que algum ser desconhecido e espiritual o determina, de maneira maravilhosa, a desenvolver os pensamentos mais evidentes. Esse ente deve ser superior e homogêneo, porque se põe em relação com o homem de tal maneira que não é possível a um ser sujeito aos fenômenos.

Convém lembrar também a célebre inspiração de Jean-Jacques Rousseau, descrita por ele próprio, a qual se tornou, por assim dizer, clássica:

Eu ia ver Diderot, prisioneiro em Vincennes. Tinha no bolso um *Mercure de France*, que me pus a folhear durante o caminho. Deparou-se-me a questão da Academia de Dijon, que motivou meu primeiro escrito. Se jamais alguma coisa se pareceu com uma inspiração sutil, foi o movimento que se operou em mim com essa leitura. De repente senti o espírito deslumbrado por mil luzes. Multidões de ideias vivas apresentam-se ao mesmo tempo com uma força e uma confiança que me lançaram em uma perturbação inexprimível. Senti a cabeça tomada de um atordoamento semelhante à embriaguez. Violenta palpitação me oprimia e ansiava-me o peito. Não me sendo possível caminhar por não poder respirar, deixei-me cair debaixo de uma árvore da avenida e passei ali meia hora em tal agitação que, ao levantar-me, vi molhada de lágrimas toda a frente do paletó sem ter percebido que houvesse chorado. Oh!

Se alguma vez me tivesse sido possível escrever a quarta parte do que vi debaixo daquela árvore, com que clareza teria feito ver todas as contradições do sistema social, com que força teria exposto todos os abusos de nossas instituições, com que simplicidade teria demonstrado que o homem é naturalmente bom... Tudo o que pude reter daquela massa de grandes verdades que, dentro de um quarto de hora, me iluminaram debaixo daquela árvore, foi facilmente disseminado em meus três principais escritos, a saber: este primeiro *Discurso*, o da *Desigualdade* e o *Tratado da educação*... Tudo mais se perdeu e não houve, escrito no próprio lugar, senão a prosopopéia de Fabrícius.

O caso de inspiração mediúnica mais extraordinário, talvez, dos tempos modernos é o de Andrew Jackson Davis, também chamado de o vidente de Poughkeepsie. Essa personagem aparece ao alvorecer do neoespiritualismo americano como uma espécie de apóstolo de forte relevo. Graças a uma faculdade que não teve rival, pôde exercer irresistível influência em sua época, nos Estados Unidos.

Extraímos os seguintes pormenores da obra da sra. Emma Harding, intitulada *Espiritualismo Americano Moderno*:

Na idade de quinze anos, o jovem Davis se tornou, primeiramente, célebre em Nova Iorque e no Connecticut por sua habilidade em diagnosticar as doenças e prescrever remédios, graças a uma admirável faculdade de clarividência. De temperamento franzino e delicado, o jovem médium possuía um grau de cultura intuitiva que compensava a ausência total de educação e uma facilidade de apresentação que não era de se esperar de sua origem muito humilde, porque era filho e aprendiz de um pobre sapateiro da terra.

Havia sido por acaso magnetizado aos quatorze anos por um certo Levingston, de Poughkeepsie, que, descobrindo que o aprendiz de sapateiro possuía admiráveis faculdades de clarividência e um dom extraordinário para curar as doenças, tirou-o da loja o fez seu sócio.

Desde que o acaso fizera Levingston descobrir os dons maravilhosos do jovem Davis, o tempo deste último fora tão bem empregado que nem naquele momento, nem em época nenhuma de sua carreira, teve tempo disponível para acrescentar uma letra à sua instrução de campônio. A humildade de classe e os meios de seus pais privaram-no de toda a possibilidade de cultura, salvo durante cinco meses em que frequentou a escola da aldeia e os rudes camponeses dos distritos atrasados.

A celebridade extraordinária a que chegou tornou públicas as menores particularidades de sua infância. Está, pois, averiguado que sua mais alta ciência, na época, pode-se dizer, de sua iluminação espiritual, limitava-se a saber ler, escrever e contar sofrivelmente, e toda a sua literatura se resumia a um conto chamado *Les troes espagnoles*.

Davis tinha dezoito anos quando anunciou, ao círculo de admiradores a quem interessava sua clarividência, que ia ser instrumento de uma nova e admirável fase de poder espiritual, começando por uma série de conferências destinadas a produzir considerável efeito no mundo científico e nas opiniões religiosas da humanidade.

Em cumprimento a essa profecia, começou ele uma série de conferências e escolheu para magnetizador o dr. Lyon de Bridgeport, para secretário o rev. William Fishbough, para testemunhas especiais o rev. J. N. Parcker, R. Lapham, esq. e o dr. L. Smith, de Nova Iorque. Além dessas, muitas outras pessoas de alta posição ou de extensos conhecimentos literários e científicos eram convidadas de vez em quando a assistir àquelas conferências. Assim se produziu a vasta miscelânea de conhecimentos literários, científicos, filosóficos e históricos, intitulada *Divinas revelações da natureza*.

O caráter maravilhoso dessa obra, emanada de pessoa tão inteiramente incapaz de produzi-la nas circunstâncias ordinárias, excitou a mais profunda admiração em todas as classes sociais.

Às *Revelações* não tardaram a seguirem-se: *Grande harmonia, A idade presente* e a *Vida interior*.

Junto às conferências de Davis, a seus trabalhos de editor, às associações que agrupou e à sua larga influência pessoal, outras volumosas produções realizaram uma revolução completa nos Estados Unidos, nos espíritos de numerosa classe de pensadores chamados os *advogados da filosofia harmônica*, e essa revolução deve incontestavelmente sua origem ao pobre aprendiz de sapateiro.

James Victor Wilson, de Nova Orleans, bem conhecido por seus trabalhos literários e autor de um excelente tratado de magnetismo, diz, falando das primeiras conferências: "Não tardará que Davis faça conhecer ao mundo a vitória da clarividência, e será isto uma grande surpresa".

No decurso do ano passado, esse amável rapaz, sem educação, sem preparo, ditou dia a dia um livro extraordinário, bem concebido, bem ligado, tratando das grandes questões da época, das ciências físicas, da natureza em todas as suas ramificações infinitas, do homem em seus inumeráveis modos de existência, de Deus no abismo insondável de seu amor, de sua sabedoria e de seu poder.

Milhares de pessoas, que o viram em seus exames médicos ou em suas exposições científicas, dão testemunho da admirável elevação de espírito que Davis possui no estado anormal. Seus manuscritos foram muitas vezes submetidos à investigação das mais altas inteligências do país, que se certificaram, da maneira mais profunda, da impossibilidade de ele ter adquirido os conhecimentos de que dava prova no estado anormal. O resultado mais claro da vida dessa personagem fenomenal foi a demonstração da clarividência, bem como a gloriosa revelação de que a alma do homem pode comunicar-se espiritualmente com os espíritos do outro mundo, como com os deste, e aspirar a adquirir conhecimentos que se estendem muito além da esfera terrestre.

Falamos incidentemente do método a ser seguido para o desenvolvimento dos sentidos psíquicos. Ele consiste em insular-se uma pessoa em certas horas do dia ou da noite, em suspender a atividade dos sentidos externos, afastando de si as imagens e os ruídos da vida externa, o que é possível fazer mesmo nas condições sociais mais humildes, no meio das ocupações mais vulgares. É necessário, para isso, concentrar-se e, na calma e no recolhimento do pensamento, fazer um esforço mental para ver e ler no grande livro misterioso o que há em nós.

Nesses momentos, apartai de vosso espírito tudo o que é passageiro, terrestre e variável. As preocupações de ordem material criam correntes vibratórias horizontais, que põem obstáculo às radiações etéreas e restringem nossas percepções. Ao contrário, a meditação, a contemplação e o esforço constante para o bem e o belo formam correntes ascensionais, que estabelecem a relação com os planos superiores e facilitam a penetração em nós dos eflúvios divinos. Com esse exercício repetido e prolongado, o ser interno se sente pouco a pouco iluminado, fecundado e regenerado. Essa obra de preparação é longa e difícil e reclama, às vezes, mais de uma existência. Por isso, nunca é cedo demais para empreendê-la; seus bons efeitos não tardarão a se fazer sentir.

Tudo o que perderdes em sensações de ordem inferior ganhá-lo-eis em percepções supraterrestres, em equilíbrio mental e moral, em alegrias do espírito. Vosso sentido íntimo adquirirá delicadeza e acuidade extraordinárias, e chegareis a vos comunicar um dia com as mais altas esferas espirituais. As religiões procuraram constituir esses poderes por meio da comunhão e da prece, mas a prece usada nas igrejas, conjunto de fórmulas aprendidas e repetidas mecanicamente durante horas inteiras, é incapaz de dar à alma o voo necessário, de estabelecer o laço fluídico, o fio condutor pelo qual se estabelecerá a relação. É preciso um apelo, um impulso mais vigoroso, uma concentração, um recolhimento mais profundo. Por isso preconizamos sempre a prece improvisada, o grito da alma que, em sua fé e em seu amor, se lança com todas as forças acumuladas em si para o objeto de seu desejo.

Em vez de convidar, por meio da evocação, os espíritos celestes a descerem para nós, aprenderemos, assim, a desprender-nos e subir até eles.

São necessárias, contudo, certas precauções. O mundo invisível está povoado de entidades de todas as ordens, então, quem nele penetra deve possuir uma perfeição suficiente, ser inspirado por sentimentos bastante elevados para se pôr a salvo de todas as sugestões do mal. Pelo menos, deve ter em suas pesquisas um guia seguro e esclarecido. É pelo progresso moral que se obtém a autoridade e a energia necessárias para impor o devido respeito aos espíritos levianos e atrasados que pululam em torno de nós.

A plena posse de nós mesmos e o conhecimento profundo e tranquilo das leis eternas preservam-nos dos perigos, dos laços, das ilusões do Além; proporcionam-nos os meios de examinar as forças em ação sobre o plano oculto.

CAPÍTULO

O livre-arbítrio

A liberdade é a condição necessária da alma humana, pois, sem ela, não seria possível construirmos nosso destino. Em vão, os filósofos e os teólogos têm argumentado longamente acerca dessa questão. À porfia, têm-na obscurecido com suas teorias e seus sofismas, voltando a humanidade no caminho da servidão, em vez de guiá-la para a luz libertadora.

A noção, contudo, é simples e clara. Os druidas a haviam formulado desde os primeiros tempos de nossa História, e ela está expressa nas Tríades nestes termos: "Há três unidades primitivas: Deus, a luz e a liberdade".

À primeira vista, a liberdade do homem parece muito limitada ao círculo de fatalidades que o encerra: necessidades físicas, condições sociais e interesses ou instintos. Porém, analisando a questão mais de perto, vê-se que essa liberdade é sempre suficiente para permitir que a alma quebre esse círculo e escape às forças opressoras.

A liberdade e a responsabilidade são correlativas no ser e aumentam sua elevação; é a responsabilidade do homem que culmina em sua dignidade e moralidade. Sem a primeira, não seria ele mais do que um autômato, um joguete das forças do ambiente. A noção de moralidade, portanto, é inseparável da de liberdade.

Por sua vez, a responsabilidade é estabelecida pelo testemunho da consciência, que nos aprova ou censura segundo a natureza de nossos atos. A sensação do remorso é prova mais demonstrativa do que todos os argumentos filosóficos. Para todo o espírito, por menor que seja seu grau de evolução, a lei do dever brilha como um farol, pela névoa das paixões e dos interesses. Por isso, vemos todos os dias homens, nas posições mais humildes e difíceis, preferirem aceitar provações duras a se rebaixarem para cometer atos indignos.

Se a liberdade humana é restrita, está pelo menos em via de perfeito desenvolvimento, porque o progresso não é outra coisa senão a extensão do livre-arbítrio no indivíduo e na coletividade. A luta entre a matéria e o espírito tem precisamente como objetivo libertar este último, cada vez mais, do jugo das forças cegas. A inteligência e a vontade chegam, pouco a pouco, a predominar sobre o que, a nossos olhos, representa a fatalidade. O livre-arbítrio é, pois, a expansão da personalidade e da consciência.

Assim, para sermos livres, é necessário queiramos ser e que façamos esforço para vir a sê-lo, libertando-nos da escravidão da ignorância e das paixões inferiores, substituindo o império das sensações e dos instintos pelo da razão.

Isso só pode ser obtido por uma educação e uma preparação prolongadas das faculdades humanas: libertação física pela limitação dos apetites; libertação intelectual pela conquista da verdade; e libertação moral pela procura da virtude. É essa a obra dos séculos. Porém, em todos os graus de sua ascensão, na repartição dos bens e dos males da vida, ao lado da concatenação das coisas, sem prejuízo dos destinos que nosso passado nos inflige, há sempre lugar para a livre vontade do homem.

Pergunta-se: como conciliar nosso livre-arbítrio com a presciência divina? E ainda: perante o conhecimento antecipado que Deus tem de todas as coisas, pode-se verdadeiramente afirmar que há liberdade humana? Trata-se de questão complexa e árdua na aparência, que fez correr rios de tinta, porém cuja solução é das mais simples. Assim, o homem não gosta das coisas simples; ele prefere o obscuro, o complicado e não aceita a verdade senão depois de ter esgotado todas as formas de erro.

Deus, por meio da ciência infinita, abrange todas as coisas e conhece a natureza de cada homem e as impulsões, as tendências, de acordo com as quais poderá determinar-se. Nós mesmos, conhecendo o caráter de uma pessoa, poderíamos facilmente prever o sentido em que, em uma dada circunstância, ela decidirá, quer segundo o interesse, quer segundo o dever.

Assim, uma resolução não pode nascer do nada. Está forçosamente ligada a uma série de causas e efeitos anteriores dos quais deriva e que a explicam. Deus, conhecendo cada alma em suas particularidades, pode, rigorosamente, deduzir, com certeza, de acordo com o conhecimento que tem dessa alma e com as condições em que ela é chamada a agir, as determinações que, livremente, ela tomará.

Notemos que não é a previsão de nossos atos que os provoca. Se Deus não pudesse prever nossas resoluções, elas não deixariam, por isso, de seguir seu livre curso.

É assim que a liberdade humana e a previdência divina se conciliam e se combinam, quando se considera o problema à luz da razão.

O círculo dentro do qual se exerce a vontade do homem é, de mais a mais, excessivamente restrito e não pode, em nenhum caso, impedir a ação divina, cujos efeitos se desenrolam na imensidade sem limites. O fraco inseto, perdido em um canto do jardim, não pode, desarranjando os poucos átomos ao seu alcance, lançar a perturbação na harmonia do conjunto e pôr obstáculos à obra do Divino Jardineiro.

A questão do livre-arbítrio tem importância capital e graves consequências para toda a ordem social, devido a sua ação e repercussão na educação, na moralidade, na justiça, na legislação etc. Há quanto a isso duas correntes opostas de opinião: a dos que negam o livre-arbítrio e a dos que o admitem com restrição.

Os argumentos dos fatalistas e deterministas se resumem ao seguinte: "O homem está submetido aos impulsos de sua natureza, que o dominam e obrigam a querer, determinar-se em um sentido, de preferência a outro; logo, não é livre".

A escola adversa, que admite a livre vontade do homem, em face desse sistema negativo, exalta a teoria das causas indeterminadas. Seu mais ilustre representante, em nossa época, foi Ch. Renouvier.

As vistas desse filósofo foram confirmadas, mais recentemente, pelos belos trabalhos de Wundt sobre a apercepção, de Alfred Fouillée sobre a ideia-força e de Boutroux sobre a contingência da lei natural.

Os elementos que a revelação neoespiritualista nos traz, sobre a natureza e o futuro do ser, conferem à teoria do livre-arbítrio sanção definitiva. Vêm arrancar a consciência moderna da influência deletéria do materialismo e orientar o pensamento para uma concepção do destino que terá por efeito, como dizia C. du Prel, recomeçar a vida interior da civilização.

Até agora, tanto sob o ponto de vista teológico como sob o do determinista, a questão havia ficado quase insolúvel. E não poderia ser de outro modo, já que cada um daqueles sistemas partia do dado inexato de que o ser humano tem a percorrer uma única existência. A questão muda, porém, inteiramente de aspecto ao se alargar o círculo da vida e se considerar o problema à luz do que projeta a doutrina dos renascimentos. Assim, cada ser conquista a própria liberdade no decurso da evolução que tem de perfazer.

Suprida, a princípio, pelo instinto, que pouco a pouco desaparece para ceder lugar à razão, nossa liberdade é muito escassa nos graus inferiores e em todo o período de nossa educação primária. Toma extensão considerável, desde que o espírito adquire a compreensão da lei. Assim, sempre, em todos os graus de sua ascensão, na hora das resoluções importantes, será o espírito assistido, guiado, aconselhado por inteligências superiores, por espíritos evoluídos e mais esclarecidos do que ele.

O livre-arbítrio, a livre vontade do espírito se exerce principalmente na hora das reencarnações. Escolhendo tal família, certo meio social, ele sabe de antemão quais provações o aguardarão e compreende, igualmente, a necessidade delas para desenvolver suas qualidades, curar seus defeitos e despir-se de seus preconceitos e vícios.

Tais provações podem ser também consequência de um passado nefasto, que é preciso reparar, e ele aceita-as com resignação e confiança, porque sabe que seus grandes irmãos do espaço não o abandonarão nas horas difíceis.

O futuro lhe aparece, então, não em seus pormenores, mas em seus traços mais salientes, isto é, na medida em que esse futuro é a resultante de atos anteriores. Esses atos representam a parte de fatalidade ou "a predestinação" que certos homens são levados a ver em todas as vidas.

São simplesmente efeitos ou reações de causas remotas. Na realidade, nada há de fatal e, qualquer que seja o peso das responsabilidades em que se tenha incorrido, pode-se sempre atenuar, modificar a sorte com obras de dedicação, de bondade e de caridade, por um longo sacrifício ao dever.

A questão do livre-arbítrio tem grande importância sob o ponto de vista jurídico. Considerando, não obstante, o direito de repressão e preservação social, é muito difícil precisar, em todos os casos que dependem dos tribunais, a extensão das responsabilidades individuais. Não é possível o fazer senão estabelecendo o grau de evolução dos criminosos. O neoespiritualismo fornecer-nos-ia talvez os meios, mas a justiça humana, pouco versada nessas matérias, continua a ser cega e imperfeita em suas decisões e sentenças.

Muitas vezes, o sujeito mau, o criminoso, não é, na realidade, mais do que um espírito novo e ignorante, cuja razão não teve tempo de amadurecer. Conforme diz Duclos: "O crime é sempre o resultado de um falso juízo".

É por isso que as penalidades infligidas deveriam ser estabelecidas de modo que obrigassem o condenado a refletir, a instruir-se, a esclarecer-se e a emendar-se. A sociedade deve corrigir com amor, e não com ódio; sem o quê, torna-se criminosa.

As almas, como demonstramos, são equivalentes em seu ponto de partida, pois que são diferentes por seus graus infinitos de adiantamento: umas novas, outras velhas e, por conseguinte, diversamente desenvolvidas em moralidade e sabedoria, segundo a idade. Seria injusto pedir ao espírito infantil méritos iguais aos que se pode esperar de um espírito que viu e aprendeu muito. Eis aí uma grande diferenciação nas responsabilidades.

O espírito só estará verdadeiramente preparado para a liberdade no dia em que as leis universais, que lhe são externas, tornarem-se internas e conscientes em razão de sua própria evolução. No dia em que ele conhecer a lei e fizer dela a norma de suas ações, terá atingido o ponto moral em que o homem se possui, domina-se e governa-se.

Daí em diante, já não precisará do constrangimento e da autoridade social para corrigir-se. E isso ocorre tanto com a coletividade quanto com o indivíduo. Um povo só é verdadeiramente livre, digno da liberdade, se aprendeu a obedecer a essa lei interna, lei moral, eterna e universal, que não emana nem do poder de uma casta, nem da vontade das multidões, mas de um poder mais alto. Sem a disciplina moral que cada qual deve impor a si mesmo, as liberdades não passam de um logro; tem-se a aparência, mas não os costumes de um povo livre. A sociedade fica exposta, pela violência de suas paixões e a intensidade de seus apetites, a todas as complicações e desordens.

Tudo o que se eleva para a luz se eleva para a liberdade, a qual se expande plena e inteira na vida superior. A alma sofre tanto mais o peso das fatalidades materiais quanto mais atrasada e inconsciente é e mais livre se torna quanto mais se eleva e aproxima do divino.

No estado de ignorância, é uma felicidade para ela estar submetida a uma direção. Contudo, quando sábia e perfeita, goza de sua liberdade na luz divina.

Em tese geral, todo o homem chegado ao estado de razão é livre e responsável, na medida de seu adiantamento. Passam em claro os casos em que, sob o domínio de uma causa qualquer, física ou moral, doença ou obsessão, o homem perde o uso de suas faculdades. Não se pode desconhecer que o físico exerce, às vezes, grande influência sobre o aspecto moral; todavia, na luta travada entre ambos, as almas fortes triunfam sempre. Sócrates dizia que havia sentido germinar em si os instintos mais perversos, mas que os domava. Havia, para esse filósofo, duas correntes de forças contrárias, uma orientada para o mal, e outra, para o bem. Era a última, contudo, que predominava.

Há também causas secretas que muitas vezes atuam sobre nós. Às vezes, a intuição vem combater o raciocínio, e os impulsos partidos da consciência profunda nos determinam um sentido não previsto. Não é a negação do livre-arbítrio; trata-se da ação da alma em sua plenitude, intervindo no curso de seus destinos ou, então, a influência exercida por nossos guias invisíveis, que nos impele a seguir em direção ao plano divino ou, ainda, à intervenção de uma inteligência que, vindo de mais longe e de mais alto, procura arrancar-nos das contingências inferiores e levar-nos para as cumeadas. Em todos esses casos, porém, é somente nossa vontade que rejeita ou aceita e decide em última instância.

Em resumo, em vez de negar ou afirmar o livre-arbítrio, segundo a escola filosófica a que pertence, seria mais exato dizer: "O homem é o obreiro de sua libertação". Ele atinge o estado completo de liberdade pelo cultivo íntimo e pela valorização de suas potências ocultas. Os obstáculos acumulados em seu caminho são meramente meios de obrigá-lo a sair da indiferença e a utilizar suas forças latentes. Todas as dificuldades materiais podem ser vencidas.

Somos todos solidários, e a liberdade de cada um se liga à liberdade dos outros.

Libertando-se das paixões e da ignorância, cada homem liberta seus semelhantes. Tudo o que contribui para dissipar da inteligência as trevas e fazer recuar o mal torna a humanidade mais livre e mais consciente de si mesma, de seus deveres e de suas potências.

Elevemo-nos, pois, à consciência de nosso papel e de nosso objetivo e sejamos livres. Com nossos esforços, ensinamentos e exemplos, asseguraremos a vitória da vontade, assim como do bem, e, em vez de formarmos seres passivos, curvados ao jugo da matéria, expostos à incerteza e à inércia, teremos feito almas verdadeiramente livres, soltas das cadeias da fatalidade e pairando acima do mundo pela superioridade das qualidades conquistadas.

O Problema do Ser e do Destino

CAPÍTULO IV

O pensamento

O pensamento é criador. Assim como o pensamento do Eterno projeta sem cessar no espaço os germens dos seres e dos mundos, também o do escritor, o do orador, o do poeta e o do artista fazem brotar incessante florescência de ideias, de obras e de concepções que vão influenciar e impressionar a multidão humana para o bem ou para o mal, segundo sua natureza.

É por isso que a missão dos obreiros do pensamento é, ao mesmo tempo, grande, temível e sagrada, e o é porque o pensamento dissipa as sombras do caminho, resolve os enigmas da vida e traça o caminho da humanidade, pois é sua chama que aquece as almas e ilumina os desertos da existência; e é temível porque seus efeitos são poderosos tanto para a descida como para a ascensão.

Mais cedo ou mais tarde, todo o produto do espírito reverte para seu autor com suas consequências, acarretando-lhe, segundo o caso, sofrimento, diminuição, privação da liberdade ou, então, satisfações íntimas, dilatação e elevação do ser.

A vida atual é, como se sabe, um simples episódio de nossa longa história, um fragmento da grande cadeia que se desenrola para todos por meio da imensidade. Assim, constantemente recaem sobre nós, em brumas ou claridades, os resultados de nossas obras. A alma humana percorre seu caminho, cercada de uma atmosfera brilhante ou turva, povoada pelas criações de seu pensamento; e é isso, na vida do Além, sua glória ou sua vergonha.

❀ ❀ ❀

Para dar ao pensamento toda a força e amplitude de que pode gozar, não há nada mais eficaz do que a investigação dos grandes problemas.

Por bem dizer, é preciso sentir com veemência. Para saborear as sensações elevadas e profundas, é necessário remontar à nascente de onde deriva toda a vida, toda a harmonia e toda a beleza.

O que há de nobre e elevado no domínio da inteligência emana de uma causa eterna, viva e pensante. Quanto mais largo é o voo do pensamento para essa causa, tanto mais alto ele paira, mais radiosas são também as claridades entrevistas, mais inebriantes são as alegrias sentidas, mais poderosas são as forças adquiridas e mais geniais são as inspirações. Depois de cada voo, o pensamento torna a descer vivificado, esclarecido para o campo terrestre, a fim de prosseguir a tarefa pela qual continuará a desenvolver-se, porque é o trabalho que faz a inteligência, como é a inteligência que faz a beleza e o esplendor da obra acabada.

Eleva teu olhar, ó, pensador, ó, poeta! Lança teu brado de apelo, de aspiração e prece. Diante do mar de reflexos variáveis, à vista de brancos cimos longínquos ou do infinito estrelado, não passaste nunca horas de êxtase e embriaguez, em que a alma se sente imersa em um sonho divino, em que a inspiração chega poderosa, como um relâmpago, um rápido mensageiro do Céu para a Terra?

Escuta bem, nunca ouviste, no fundo de teu ser, vibrarem as harmonias estranhas e confusas, os rumores do mundo invisível e as vozes de sombra que te acalentam o pensamento e o preparam para as intuições supremas?

Em todo o poeta, o artista ou o escritor há germens de mediunidade inconsciente, incalculáveis, que desejam desabrochar. Por intermédio deles, o obreiro do pensamento entra com o manancial inexorável e recebe sua parte de revelação, a qual, do tipo estética, apropriada à sua natureza, ao gênero de seu talento, tem ele por missão exprimir em obras que farão penetrar na alma das multidões uma vibração das forças divinas e uma radiação das verdades eternas.

É na comunhão frequente e consciente com o mundo dos espíritos que os gênios do futuro hão de encontrar os elementos de suas obras. Desde hoje, a penetração dos se-

O Problema do Ser e do Destino   343

gredos de sua dupla vida vem oferecer ao homem socorros e luzes que as religiões desfalecidas já não podem lhe proporcionar.

Em todos os domínios, a ideia espírita fecundará o pensamento em atividade.

A ciência dever-lhe-á a renovação completa de suas teorias e de seus métodos, assim como a descoberta de forças incalculáveis e a conquista do Universo oculto.

A filosofia obterá um conhecimento mais extenso e preciso da personalidade humana. Ela, no transe e na exteriorização, é como uma cripta que se abre, cheia de coisas estranhas e onde está escondida a chave do mistério do ser.

As religiões do futuro hão de encontrar no espiritismo as provas da sobrevivência e as regras da vida no Além e, ao mesmo tempo, o princípio de uma união das duas humanidades, visível e invisível, em sua ascensão para o Pai comum. A arte, em todas as suas formas, descobrirá no espiritismo mananciais inexauríveis de inspiração e emoção, e o homem do povo, nas horas de cansaço, beberá nele a coragem moral. Compreenderá que a alma pode se desenvolver tanto pela lide humilde como pela obra majestosa e que não se deve desprezar nenhum dever; que a inveja é irmã do ódio; e, muitas vezes, que o ser é menos feliz no luxo do que na mediocridade.

O poderoso aprenderá a bondade com o sentimento da solidariedade que a todos liga, por meio de nossas vidas, e pode obrigar-nos a retornar pequenos para adquirirmos as virtudes modestas.

O céptico achará no espiritismo a fé; o desanimado, as esperanças duradouras e as resoluções viris; todos os que sofrem encontrarão a ideia profunda de que uma lei de justiça preside todas as coisas, pois não há, em nenhum domínio, efeito sem causa, parto sem dor, vitória sem combate, triunfo sem rudes esforços, e, acima de tudo, reina uma perfeita e majestosa sanção, em que ninguém é abandonado por Deus, do qual é uma parcela.

Assim, vagarosamente, operar-se-á a renovação da humanidade, tão nova ainda, tão ignorante de si mesma, mas cujos desejos se dirigem pouco a pouco para a compreensão de sua tarefa e de seu fim, ao mesmo tempo em que seu campo de exploração e a perspectiva de um futuro ilimitado se alargam.

Em breve, eis que ela avançará mais consciente de si

mesma e de sua força, consciente de seu magnífico destino. A cada passo que transpõe, vendo e querendo mais, sentindo brilhar e avivar-se o foco que arde em si, vê também as trevas recuarem, fundirem-se, resolverem-se os sombrios enigmas do mundo e iluminar-se o caminho com um raio poderoso.

Com as sombras, desvanecem-se pouco a pouco os preconceitos, os vãos terrores; as contradições aparentes do Universo dissipam-se; faz-se a harmonia nas almas e nas coisas. Então, a confiança e a alegria penetram-lhe, e o homem sente desenvolverem-se seu pensamento e seu coração. Novamente avança, assim, pelo caminho das idades para o termo de sua obra; mas esta não tem termo, porque, a cada vez que a humanidade se eleva para um novo ideal, julga ter alcançado o ideal supremo, quando, na realidade, só atingiu a crença ou o sistema correspondente ao seu grau de evolução. Assim, também, de seus impulsos e de seus triunfos decorrem-lhe felicidades e forças novas, e ela encontra a recompensa de seus labores e angústias no próprio trabalho, na alegria de viver e progredir, que é a lei dos seres, a comunhão mais íntima com o Universo, em uma posse mais completa do bem e do belo.

Ó, escritores, artistas, poetas, vós, cujo número aumenta todos os dias, cujas produções se multiplicam e sobem como a maré, belas, muitas vezes, pela forma, mas fracas no fundo, superficiais e materiais, quanto talento não gastais com coisas medíocres? Quantos são os esforços desperdiçados e postos a serviço de paixões nocivas, de volúpias inferiores e interesses vis?

Quando vastos e magníficos horizontes se desdobram, quando o livro maravilhoso do Universo e da alma se abre, de par em par, diante de vós, e o gênio do pensamento vos convida para nobres tarefas, para obras cheias de seiva, fecundas para o adiantamento da humanidade, vós vos comprazeis bastas vezes com estudos pueris e estéreis, com trabalhos em que a consciência se estiola, em que a inteligência se abate e definha no culto exagerado dos sentidos e dos instintos impuros.

Quem de vós contará a epopeia da alma, lutando pela conquista de seus destinos no ciclo imenso das idades e dos mundos, suas dores e alegrias, suas quedas e levantamentos, a descida aos abismos da vida, o bater de asas para a luz, as imolações, os holocaustos que são um resgate, as missões redentoras e a participação cada vez maior das concepções divinas?

Quem dirá também sobre as poderosas harmonias do Universo, harpa gigantesca vibrando em consonância com o pensamento de Deus, o canto dos mundos, o ritmo eterno que embala a gênese dos astros e das humanidades? Ou, então, a lenta elaboração, a dolorosa gestação da consciência pelos estágios inferiores e a construção laboriosa de uma individualidade, de um ser moral.

Quem dirá sobre a conquista da vida, cada vez mais completa, mais ampla, mais serena, mais iluminada pelos raios do Alto, a marcha, de cimo em cimo, em busca da felicidade, do poder e do puro amor? Quem cantará a obra do homem, lutador imortal, erguendo, por meio de suas dúvidas, dilaceramentos, angústias e lágrimas, o edifício harmônico e sublime de sua personalidade pensante e consciente? Sempre para frente, para mais longe e para mais alto. Responderão: "Não sabemos". E perguntam: "Quem nos ensinará essas coisas?".

Quem? As vozes interiores e as vozes do Além. Aprendei a abrir, a folhear, a ler o livro oculto em vós, o livro das metamorfoses do ser. Ele vos dirá o que fostes e o que sereis, ensinar-vos-á o maior dos mistérios, a criação do "eu" pelo esforço constante, a ação soberana que, no pensamento silencioso, faz germinar a obra e, segundo vossas aptidões, vosso gênero de talento, fará com que pintais as telas mais encantadoras, esculpindo as mais ideais formas, compondo as sinfonias mais harmoniosas, escrevendo as páginas mais brilhantes e realizando os mais belos poemas.

Tudo está aí, em vós, em torno de vós. Tudo fala, tudo vibra, o visível e o invisível, tudo canta e celebra a glória de viver, a ebriedade de pensar, de criar e de associar-se à obra universal. Esplendores dos mares e do céu estrelado, majestade dos cimos, perfumes das florestas, melodias da Terra e do espaço, vozes do invisível que falam no silêncio da noite, vozes da consciência, eco da voz divina, tudo é ensino e revelação para quem sabe ver, escutar, compreender, pensar e agir.

Depois, acima de tudo, a visão suprema, a visão sem formas, o pensamento incriado, verdade total, harmonia final das essências e das leis que, desde o fundo de nosso ser até a estrela mais distante, liga tudo e todos em sua unidade resplandecente. É a cadeia de vida, que se eleva e desenrola no infinito, escada das potências espirituais que levam a Deus os apelos do homem, por meio da oração, e trazem-lhe respostas de Deus, pela inspiração.

Agora, uma última pergunta: por que, no meio do imenso labor e da abundante produção intelectual que caracterizam nossa época, encontram-se tão poucas obras viris e concepções geniais? Porque deixamos de ver as coisas divinas com os olhos da alma e porque deixamos de crer e amar.

Remontemos, pois, às origens celestes e eternas, vez que é o único remédio para nossa anemia moral. Dirijamos o pensamento para as coisas solenes e profundas. Ilumine--se e complete-se a ciência com as intuições da consciência e as faculdades superiores do espírito. O espiritualismo moderno auxiliá-la-á.

CAPÍTULO V

A disciplina do pensamento e a reforma do caráter

O pensamento, como dizíamos, é criador. Ele não atua somente em torno de nós, influenciando nossos semelhantes para o bem ou para o mal; atua principalmente em nós, gerando nossas palavras e ações. Com ele construímos, dia a dia, o edifício grandioso ou miserável de nossa vida presente e futura. Modelamos nossa alma e seu invólucro com nossos pensamentos, os quais produzem formas e imagens que se imprimem na matéria sutil de que o corpo fluídico é composto.

Assim, pouco a pouco, nosso ser se povoa de formas frívolas ou austeras, graciosas ou terríveis, grosseiras ou sublimes; a alma se enobrece, embeleza-se ou cria uma atmosfera de fealdade. Segundo o ideal a que visa, a chama interior aviva-se ou obscurece-se.

Não há assunto mais importante do que o estudo do pensamento, de seus poderes e de sua ação. Trata-se da causa inicial de nossa elevação ou de nosso rebaixamento, pois prepara todas as descobertas da ciência, todas as maravilhas da arte, bem como todas as misérias e as vergonhas da humanidade.

Segundo o impulso dado, funda ou destrói as instituições, como os impérios, e os caracteres, como as consciências. O homem só é grande, só tem valor segundo seu pensamento. Por ele suas obras irradiam e se perpetuam pelos séculos.

O espiritualismo experimental, muito melhor do que as

doutrinas anteriores, permite-nos perceber e compreender toda a força de projeção do pensamento, que é o princípio da comunhão universal. Vemo-lo agir no fenômeno espírita, que o facilita ou o dificulta, e seu papel nas sessões de experimentação é sempre considerável.

A telepatia nos demonstrou que as almas podem se impressionar e influenciar-se, a todas as distâncias. É o meio de que se servem as humanidades do espaço para se comunicarem, por meio das imensidades siderais. Em qualquer campo das atividades sociais, em todos os domínios do mundo visível ou invisível, a ação do pensamento é soberana; não é menor sua ação, repetimos, em nós mesmos, modificando constantemente nossa natureza íntima.

As vibrações de nossos pensamentos, de nossas palavras, renovando-se em sentido uniforme, expulsam de nosso invólucro os elementos que não podem vibrar em harmonia com elas; também atraem elementos similares que acentuam as tendências do ser. Uma obra, muitas vezes inconsciente, elabora-se, e mil obreiros misteriosos trabalham na sombra. Nas profundezas da alma, esboça-se um destino inteiro, e, em sua ganga, o diamante se purifica ou perde o brilho.

Se meditarmos sobre assuntos elevados, como sabedoria, dever e sacrifício, nosso ser impregna-se, pouco a pouco, das qualidades de nosso pensamento. É por isso que a prece improvisada e ardente, o impulso da alma para as potências infinitas, tem tanta virtude. Nesse diálogo solene do ser com sua causa, o influxo do Alto nos invade e desperta sentidos novos. Também aumentam a compreensão e a consciência da vida e sentimos, melhor do que se pode exprimir, a gravidade e a grandeza da mais humilde das existências.

A oração, a comunhão pelo pensamento com o Universo espiritual e divino é o esforço da alma para a beleza e para a verdade eternas. Trata-se da entrada, por um instante, nas esferas da vida real e superior, aquela que não tem termo.

Se, ao contrário, nosso pensamento é inspirado por maus desejos, pela paixão, pelo ciúme, pelo ódio, as imagens que cria se sucedem, acumulam-se em nosso corpo fluídico e o entenebrecem. Assim, podemos, à vontade, fazer em nós a luz ou a sombra, o que afirmam tantas comunicações do além-túmulo.

O Problema do Ser e do Destino   349

Somos o que pensamos, com a condição de pensarmos com força, vontade e persistência. Mas, quase sempre, nossos pensamentos passam constantemente de um a outro assunto. Pensamos raras vezes por nós mesmos; refletimos os mil pensamentos incoerentes do meio em que vivemos. Poucos homens sabem viver do próprio pensamento, beber nas fontes profundas, nesse grande reservatório de inspiração que cada um traz consigo, mas que a maior parte ignora. Por isso criam um invólucro povoado das mais disparatadas formas. Seu espírito é como uma habitação franca a todos os que passam. Os raios do bem e as sombras do mal lá se confundem, em um caos perpétuo. Trava-se um combate incessante entre a paixão e o dever, em que, quase sempre, a paixão sai vitoriosa. Antes de tudo, é preciso aprender a fiscalizar os pensamentos, a discipliná-los, a imprimir-lhes uma direção determinada, um fim nobre e digno.

A fiscalização dos pensamentos implica a dos atos, porque, se uns são bons, os outros sê-lo-ão igualmente, e todo o nosso procedimento achar-se-á regulado por uma concatenação harmônica. Todavia, se nossos atos são bons, e nossos pensamentos maus, apenas haverá uma falsa aparência do bem, e continuaremos a trazer em nós um foco malfazejo, cujas influências, mais cedo ou mais tarde, derramar-se-ão fatalmente sobre nossa vida.

Às vezes, observamos uma contradição surpreendente entre os pensamentos, os escritos e as ações de certos homens, e somos levados, por essa mesma contradição, a duvidar de sua boa-fé e de sua sinceridade. Muitas vezes, não há mais do que uma interpretação errônea de nossa parte. Os atos desses homens resultam do impulso surdo dos pensamentos e das forças que eles acumularam em si no passado. Suas aspirações atuais, mais elevadas, seus pensamentos mais generosos traduzir-se-ão em atos no futuro. Assim, tudo se combina e explica quando se consideram as coisas do largo ponto de vista da evolução, ao passo que tudo fica obscuro, incompreensível, contraditório, com a teoria de uma vida única para cada um de nós.

É bom viver em contato, pelo pensamento, com os escritores de gênio, com os autores verdadeiramente grandes, de todos os tempos e países, lendo, meditando sobre suas obras, impregnando todo o nosso ser da substância de sua alma. As radiações de seus pensamentos despertarão em nós efeitos semelhantes e produzirão, com o tempo, modificações de nosso caráter pela própria natureza das impressões sentidas.

É necessário escolhermos com cuidado nossas leituras, depois, amadurecê-las e assimilar-lhes à quintessência. Em geral, lê-se demais, lê-se depressa, e não se medita. Seria preferível ler menos e refletir mais acerca do que se leu, pois é um meio seguro de fortalecer nossa inteligência, de colher os frutos de sabedoria e da beleza que nossas leituras podem conter. Nisso, como em todas as coisas, o belo atrai e gera o belo, do mesmo modo que a bondade atrai a felicidade e o mal atrai o sofrimento.

O estudo silencioso e recolhido é sempre fecundo para o desenvolvimento do pensamento, pois é no silêncio que se elaboram as grandes obras. A palavra é brilhante, mas degenera demasiadas vezes em conversas estéreis e às vezes maléficas. Com isso, o pensamento se enfraquece, e a alma se esvazia. Vez que na meditação o espírito se concentra e volta-se para o lado grave e solene das coisas, a luz do mundo espiritual banha-o com suas ondas. Há, em volta do pensador, grandes seres invisíveis que só querem inspirá-lo. É, à meia-luz das horas tranquilas ou, então, à claridade discreta da lâmpada de trabalho, que melhor podem entrar em comunhão com ele. Em toda a parte e sempre, uma vida oculta se mistura com a nossa.

Evitemos as discussões ruidosas, as palavras vãs e as leituras frívolas. Sejamos sóbrios em relação aos jornais, pois sua leitura, fazendo-nos passar continuamente de um assunto para outro, torna o espírito ainda mais instável. Vivemos em uma época de anemia intelectual, causada pela raridade dos estudos sérios, pela procura abusiva da palavra pela palavra, da forma enfeitada e oca e, principalmente, pela insuficiência dos educadores da mocidade. Apliquemo-nos a obras mais substanciais, a tudo o que pode esclarecer-nos acerca das leis profundas da vida e facilitar nossa evolução. Pouco a pouco, edificar-se-ão em nós uma inteligência e uma consciência mais fortes, e nosso corpo fluídico iluminar-se-á com os reflexos de um pensamento elevado e puro.

Dissemos que a alma oculta profundezas onde o pensamento raras vezes desce, porque mil objetos externos

O Problema do Ser e do Destino   351

ocupam-no incessantemente. Sua superfície, como a do mar, é muitas vezes agitada, mas por baixo se estendem regiões inacessíveis às tempestades. Aí dormem as potências ocultas, que esperam nosso chamamento para emergirem e aparecerem. O chamamento raras vezes se faz ouvir, e o homem se agita em sua indigência, ignorante dos tesouros inapreciáveis que nele repousam.

É necessário o choque das provações, as horas tristes e desoladas para fazer-lhe compreender a fragilidade das coisas externas e encaminhá-lo para o estudo de si mesmo e para a descoberta de suas verdadeiras riquezas espirituais.

É por isso que as grandes almas se tornam tanto mais nobres e belas quanto mais vivas são suas dores. A cada nova desgraça que as fere, têm a sensação de se haverem aproximado um pouco mais da verdade e da perfeição e, com esse pensamento, experimentam uma espécie de volúpia amarga. Levantou-se no céu de seu destino uma nova estrela, cujos raios trêmulos penetram no santuário de sua consciência e lhe iluminam os recônditos. Nas inteligências de cultura elevada, faz sementeira a desgraça: cada dor é um sulco onde se levanta uma seara de virtude e beleza.

Em certas horas de nossa vida, quando morre nossa mãe, quando se desmorona uma esperança ardentemente acariciada, quando se perde a mulher, o filho amado, cada vez que se despedaça um dos laços que nos ligavam a este mundo, uma voz misteriosa se eleva nas profundezas de nossa alma, voz solene, a qual nos fala de mil leis augustas, mais veneráveis que as da Terra, e entreabre-se todo um mundo ideal. Contudo, os ruídos do exterior abafam-na bem depressa, e o ser humano recai quase sempre em suas dúvidas, em suas hesitações e na vulgaridade de sua existência.

Não há progresso possível sem observação atenta de nós mesmos. É necessário vigiar todos os nossos atos impulsivos para chegarmos a saber em que sentido devemos dirigir nossos esforços para nos aperfeiçoarmos. Primeiramente, regular a vida física, reduzir as exigências materiais ao necessário, a fim de garantir a saúde do corpo, instrumento indispensável para o desempenho de nosso papel terrestre. Em seguida, é preciso disciplinar as impressões e as emoções, exercitando-nos em dominá-las, em utilizá-las como agentes de nosso aperfeiçoamento moral. É necessário aprender principalmente a esquecer, a fazer o sacrifício do "eu", a desprender-nos de todo o sentimento de egoísmo. A verdadeira felicidade neste mundo está na proporção do esquecimento próprio.

Não basta crer e saber, é necessário viver nossa crença, isto é, fazer penetrarem na prática diária da vida os princípios superiores que adotamos. É necessário habituarmo-nos a comungar, pelo pensamento e pelo coração, com os espíritos eminentes que foram os reveladores, com todas as almas de escol que serviram de guias à humanidade, viver com eles em uma intimidade cotidiana, inspirarmo-nos em suas vistas e sentindo sua influência pela percepção íntima que nossas relações com o mundo invisível desenvolvem.

Entre essas grandes almas é bom escolher uma como exemplo, a mais digna de nossa admiração e, em todas as circunstâncias difíceis, em todos os casos em que nossa consciência oscila entre dois partidos a tomar, inquirirmos acerca do que ela teria resolvido e procedermos no mesmo sentido.

Assim, pouco a pouco, construiremos, de acordo com esse modelo, um ideal moral que se refletirá em todos os nossos atos. Todo o homem, na humilde realidade de cada dia, pode modelar uma consciência sublime. A obra é vagarosa e difícil, mas para isso nos são dados os séculos.

Concentremos, pois, muitas vezes, nossos pensamentos, para dirigi-los, pela vontade, em direção ao ideal sonhado. Meditemos nele todos os dias, à hora certa, de preferência pela manhã, quando tudo está sossegado e repousa ainda à nossa volta esse momento a que o poeta denomina "a hora divina", quando a natureza, fresca e descansada, acorda para as claridades do dia.

Nas horas matinais, a alma, pela oração e pela meditação, eleva-se com mais fácil impulso até as alturas, de onde se vê e se compreende que tudo – a vida, os atos, os pensamentos – está ligado a alguma coisa grande e eterna e que habitamos em um mundo em que potências invisíveis vivem e trabalham conosco.

Na vida mais simples, na tarefa mais modesta, na existência mais apagada, mostram-se, então, faces profundas, uma reserva de ideal, fontes possíveis de beleza. Cada alma pode criar com seus pensamentos uma atmosfera es-

O Problema do Ser e do Destino   353

piritual tão bela, tão resplandecente, como nas paisagens mais encantadoras; e, na morada mais mesquinha, no mais miserável tugúrio, há frestas para Deus e para o infinito.

❊ ❊ ❊

Em todas as nossas relações sociais, em nossas relações com nossos semelhantes, é preciso lembrarmo-nos constantemente de que os homens são viajantes em marcha, ocupando pontos diversos na escala da evolução pela qual todos subimos. Por conseguinte, nada devemos exigir, nada devemos esperar deles que não esteja em relação com seu grau de adiantamento.

A todos devemos tolerância, benevolência e até perdão, porque, se nos causam prejuízo, se escarnecem de nós e nos ofendem, é quase sempre pela falta de compreensão e de saber, resultantes de desenvolvimento insuficiente. Deus não pede aos homens senão o que eles têm podido adquirir à custa de lentos e penosos trabalhos. Não temos o direito de exigir mais. Não fomos semelhantes aos mais atrasados deles? Se cada um de nós pudesse ler em seu passado o que foi, o que fez, quanto não seria maior nossa indulgência para com as faltas alheias? Às vezes, também nós carecemos da mesma indulgência que lhes devemos. Sejamos severos conosco e tolerantes com os outros. Instruamo-los, esclareçamo-los, guiemo-los com doçura, é o que a lei de solidariedade nos preceitua.

Enfim, é preciso saber suportar todas as coisas com paciência e serenidade. Seja qual for o procedimento de nossos semelhantes para conosco, não devemos conceber nenhuma animosidade ou ressentimento, mas, ao contrário, saibamos fazer reverter em benefício de nossa própria educação moral todas as causas de aborrecimento e aflição. Nenhum revés poderia nos atingir, se, por nossas vidas anteriores e culpadas, não tivéssemos dado margem à adversidade. É isso o que muitas vezes se deve repetir. Chegaremos, assim, a aceitar todas as provações sem amargura, considerando-as como reparação do passado ou como meio de aperfeiçoamento.

De grau em grau, chegaremos, assim, ao sossego de espírito, à posse de nós mesmos, à confiança absoluta no futuro, que conferem força, quietação e satisfação íntima, permitindo-nos permanecermos firmes no meio das mais duras vicissitudes.

Quando chega a idade, as ilusões e as esperanças vãs caem como folhas mortas, mas as altas verdades aparecem com mais brilho, como as estrelas no céu de inverno por entre os ramos nus de nossos jardins.

Pouco importa, então, que o destino não nos tenha oferecido nenhuma glória, nenhum raio de alegria, se tiver enriquecido nossa alma com mais uma virtude e com alguma beleza moral. As vidas obscuras e atormentadas são, às vezes, as mais fecundas, ao passo que as vidas suntuosas nos prendem, bastas vezes e por muito tempo, na corrente formidável de nossas responsabilidades.

A felicidade não está nas coisas externas nem nos acasos do exterior, mas somente em nós mesmos, na vida interna que soubermos criar. O que importa que o céu esteja escuro por cima de nossas cabeças e os homens sejam ruins em volta de nós, se tivermos a luz na fronte, a alegria do bem e a liberdade moral no coração? Se, porém, eu tiver vergonha de mim mesmo, se o mal tiver invadido meu pensamento, se o crime e a traição habitarem em mim, todos os favores e todas as felicidades da Terra não me restituirão a paz silenciosa e a alegria da consciência.

O sábio cria, desde este mundo, para si mesmo, um refúgio seguro, um lugar sagrado, um retiro profundo aonde não chegam as discórdias e as contrariedades do exterior. Do mesmo modo, na vida do espaço, a sanção do dever e a realização da justiça são de ordem inteiramente íntima, pois cada alma traz em si sua claridade ou sua sombra, seu paraíso ou seu inferno. E lembremo-nos de que nada há que seja irreparável; a situação atual do espírito inferior não é mais que um ponto quase imperceptível na imensidade de seus destinos.

O Problema do Ser e do Destino

CAPÍTULO VI

O amor

O amor, como comumente se entende na Terra, é um sentimento, um impulso do ser, que o leva para outro ser, movido pelo desejo de união. Na realidade, contudo, o amor reveste formas infinitas, desde as mais vulgares até as mais sublimes. Como princípio da vida universal, ele proporciona à alma, em suas manifestações mais elevadas e puras, a intensidade de radiação que aquece e vivifica tudo em volta de si. É por ele que a alma se sente estreitamente ligada ao Poder Divino, foco ardente de toda a vida, de todo o amor.

Acima de tudo, Deus é amor. Por amor, criou os seres para associá-los às suas alegrias e à sua obra. O amor é um sacrifício. Deus hauriu nele a vida para dá-la às almas. Ao mesmo tempo em que recebiam a efusão vital, também garantiam o princípio afetivo destinado a germinar e expandir-se pela provação dos séculos, a fim de aprenderem a doar-se, por sua vez, isto é, a dedicar-se, a sacrificar-se pelas outras almas. Com esse sacrifício, em vez de se amesquinharem, mais se engrandecem, enobrecem-se e aproximam-se do foco supremo.

O amor é uma força inexaurível, que se renova sem cessar e enriquece ao mesmo tempo aquele que dá e aquele que recebe amor. É pelo amor, sol das almas, que Deus mais eficazmente atua no mundo. Por ele, atrai para si todos os pobres seres retardados nos antros da paixão, os espíritos cativos na matéria, e eleva-os e arrasta-os na espiral da ascensão infinita para os esplendores da luz e da liberdade.

O amor conjugal, o materno, o filial ou fraterno, o da pátria, da raça, da humanidade são refrações, raios refratados do amor divino, que abrange todos os seres e penetra-lhes, difundindo-se neles, fazendo rebentar e desabrochar mil formas variadas, mil esplêndidas florescências de amor.

Até as profundidades do abismo de vida, infiltram-se as radiações do amor divino e vão acender nos seres rudimentares, pela afeição à companheira e aos filhos, como as primeiras claridades que, nesse meio de egoísmo feroz, serão como a aurora indecisa e a promessa de uma vida mais elevada.

É o apelo do ser ao ser, é o amor que provocará, no fundo das almas embrionárias, os primeiros rebentos do altruísmo, da piedade e da bondade. Mais acima, na escala evolutiva, entreverá o ser humano, nas primeiras felicidades, nas únicas sensações de ventura perfeita que lhe é dado gozar na Terra; sensações mais fortes e suaves que todas as alegrias físicas, conhecidas somente pelas almas que sabem verdadeiramente amar.

Assim, de grau em grau, sob a influência e irradiação do amor, a alma desenvolver-se-á e engrandecer-se-á. Verá, também, alargar-se o círculo de suas sensações. Lentamente, o que nela não era senão paixão, desejo carnal, ir-se-á depurando, transformando em um sentimento nobre e desinteressado. A afeição a um só ou a alguns converter-se-á na afeição a todos, à família, à pátria e à humanidade. A alma adquirirá a plenitude de seu desenvolvimento quando for capaz de compreender a vida celeste, que é toda feita de amor, e puder dela participar.

O amor é mais forte do que o ódio e mais poderoso do que a morte. Se o Cristo foi o maior dos missionários e dos profetas, se tanto império teve sobre os homens, foi porque trazia em si um reflexo mais poderoso do amor divino. Jesus passou pouco tempo na Terra, foram três anos de evangelização para que seu domínio se estendesse a todas as nações. Assim, não foi pela ciência nem pela arte da oratória que ele seduziu e cativou as multidões, e sim pelo amor. Desde a sua morte, seu amor ficou no mundo como um foco sempre vivo e ardente. Por isso, apesar dos erros e das faltas de seus representantes, apesar de tanto sangue derramado por eles, de tantas fogueiras acesas, de tantos véus estendidos sobre seu ensinamento, o cristianismo continuou a ser a maior das religiões, tendo disciplinado e moldado a alma humana, amansando a índole feroz dos bárbaros e arrancando raças inteiras da sensualidade ou da bestialidade.

O Cristo não é o único exemplo a apresentar. Pode-se, de modo geral, verificar que das almas eminentes se desprendem radiações, eflúvios regeneradores, que constituem como uma atmosfera de paz, uma espécie de proteção, de providência particular. Todos aqueles que vivem sob essa benéfica influência moral sentem calma, sossego de espírito, uma espécie de serenidade que confere antegozo das quietações celestes. Essa sensação é mais pronunciada ainda nas sessões espíritas dirigidas e inspiradas por almas superiores. Nós mesmos a experimentamos, muitas vezes, em presença das entidades que presidem aos trabalhos de nosso grupo de Tours.[218]

Essas impressões vão se encontrando cada vez mais vivas, à medida que se afastam dos planos inferiores onde reinam as impulsões egoístas e fatais e se sobem os degraus da gloriosa hierarquia espiritual para aproximar-se do foco divino. Pode-se, assim, verificar, por uma experiência que vem completar nossas intuições, que cada alma é um sistema de força e um gerador de amor, cujo poder de ação aumenta com a elevação.

Por isso também se explicam e se afirmam a solidariedade e a fraternidade universais. Um dia, quando a verdadeira noção do ser se desembaraçar das dúvidas e incertezas que obsidiam o pensamento humano, compreender-se-á a grande fraternidade que liga as almas. Sentir-se-á que são todas envolvidas pelo magnetismo divino, pelo grande sopro de amor que enche os espaços.

À parte desse poderoso laço, as almas constituem também agrupamentos separados, famílias que foram pouco a pouco se formando através dos séculos, pela comunidade das alegrias e das dores. A verdadeira família é a do espaço; a da Terra não é mais do que uma imagem daquela, uma redução enfraquecida, como o são as coisas deste mundo comparadas com as do Céu. A verdadeira família é composta por espíritos que subiram juntos as ásperas sendas do destino feitas para se compreenderem e se amarem.

Quem pode descrever os sentimentos ternos e íntimos que unem esses seres, as alegrias inefáveis nascidas da fusão das inteligências e das consciências, a união das almas sob o sorriso de Deus?

---

[218] Consultar *No invisível*, capítulo XIX.

Esses agrupamentos espirituais são os centros abençoados onde todas as paixões terrestres se apaziguam, onde os egoísmos se desvanecem e os corações se dilatam, onde vêm retemperar-se e consolar-se todos aqueles que têm sofrido, quando, livres pela morte, tornam a juntar-se com os bem-amados, reunidos para festejarem seu regresso.

Quem pode descrever os êxtases que proporciona às almas purificadas, que chegaram às cumeadas luminosas, a efusão nelas do amor divino e os noivados celestes pelos quais dois espíritos se ligam para sempre no seio das famílias do espaço, reunidos para consagrarem com um rito solene essa união simbólica e indestrutível? Tal é o matrimônio verdadeiro, o das almas irmãs, que Deus reúne eternamente com um fio de ouro.

Com essas festas do amor, os espíritos que aprenderam a se tornar livres e a usar de sua liberdade fundem-se em um mesmo fluido, à vista comovida de seus irmãos. Daí em diante, seguirão uns aos outros em suas peregrinações através dos mundos; caminharão, de mãos dadas, sorrindo à desgraça e haurindo na ternura comum a força para suportar todos os reveses e todas as amarguras da sorte. Algumas vezes, separados pelos renascimentos, conservarão a intuição secreta de que seu insulamento é apenas passageiro; depois das provas da separação, entreveem a embriaguez do regresso ao seio das imensidades.

Entre os que caminham neste mundo, solitários, entristecidos, curvados sob o fardo da vida, há os que conservam no fundo do coração a vaga lembrança de sua família espiritual. Estes sofrem cruelmente da nostalgia dos espaços e do amor celeste, e nada entre as alegrias da Terra os pode distrair e consolar. Seu pensamento vai, muitas vezes, durante a vigília e, mais ainda, durante o sono, reunir-se aos seres queridos que os esperam na paz serena do Além. O sentimento profundo das compensações que os aguardam explica sua força moral na luta e sua aspiração para um mundo melhor. A esperança semeia de flores austeras os atalhos que eles percorrem.

Todo o poder da alma se resume a três palavras: querer, saber e amar.

Querer significa fazer convergir toda a atividade e toda a energia para o alvo que se pretende atingir, desenvolvendo a vontade e aprendendo a dirigi-la.

O saber, por sua vez, é essencial, porque, sem estudo profundo, sem conhecimento das coisas e das leis, o pensamento e a vontade podem se transviar no meio das forças que procuram conquistar e dos elementos a quem aspiram governar.

Acima de tudo, porém, é preciso amar, porque, sem o amor, a vontade e a ciência seriam incompletas e, muitas vezes, estéreis. O amor as ilumina, fecunda-as e centuplica seus recursos. Não se trata, aqui, contudo, do amor que contempla sem agir, mas do que se aplica a espalhar o bem e a verdade pelo mundo. A vida terrestre é um conflito entre as forças do mal e as do bem, e o dever de toda a alma viril é tomar parte no combate, trazer-lhe todos os seus impulsos, todos os seus meios de ação e lutar pelos outros, por todos aqueles que se agitam ainda na via escura.

O uso mais nobre que se pode fazer dessas faculdades é trabalhar para engrandecer e desenvolver, no sentido do belo e do bem, a civilização, a sociedade humana, a qual tem suas chagas e fealdades, sem dúvida, mas que é rica em esperanças e magníficas promessas que se transformarão em realidade vivaz, no dia em que a humanidade tiver aprendido a comungar-se, pelo pensamento e pelo coração, com o foco de amor, que é o esplendor de Deus.

Amemos, pois, com todo o poder de nosso coração; amemos até o sacrifício, como Joana d'Arc amou a França, como Cristo amou a humanidade, e todos aqueles que nos rodeiam receberão nossa influência e sentir-se-ão nascer para uma nova vida.

Ó, homem, procura em volta de ti as chagas a pensar, os males a curar e as aflições a consolar. Alarga as inteligências, guia os corações transviados, associa as forças e as almas, trabalha para ser edificada a alta cidade de paz e de harmonia que será a cidade de amor, a cidade de Deus. Ilumina, levanta e purifica.

O que importa que se riam de ti? O que importa que a ingratidão e a maldade se levantem à tua frente? Aquele que ama não recua por tão pouca coisa. Ainda que colha espinhos e silvas, continua sua obra, porque esse é seu dever, pois sabe que a abnegação o engrandece.

O próprio sacrifício também tem suas alegrias, pois, feito com amor, transforma as lágrimas em sorrisos e faz nascer em nós alegrias desconhecidas do egoísta e do mau.

Para aquele que sabe amar, as coisas mais vulgares são de interesse, vez que tudo parece iluminar-se e mil sensações novas são despertadas nele.

São necessários à sabedoria e à ciência longos esforços, lenta e penosa ascensão para conduzir-nos às altas regiões do pensamento. O amor e o sacrifício lá chegam de um só pulo, com um único bater de asas. Em sua impulsão, conquistam a paciência, a coragem e a benevolência, todas essas, virtudes fortes e suaves. O amor depura a inteligência e engrandece o coração. E é pela soma de amor acumulado em nós que podemos avaliar o caminho que temos percorrido até Deus.

A todas as interrogações do homem, a suas hesitações, a seus temores, a suas blasfêmias, uma voz grande, poderosa e misteriosa responde: "Aprende a amar, pois o amor é o resumo de tudo, o fim de tudo". Dessa maneira, estende-se e desdobra-se, sem cessar, sobre o Universo, a imensa rede de amor tecida de luz e ouro.

Amar é o segredo da felicidade. Com uma só palavra, o amor resolve todos os problemas e dissipa todas as obscuridades. O amor salvará o mundo; seu calor fará derreter os gelos da dúvida, do egoísmo e do ódio; enternecerá os corações mais duros e mais refratários.

Mesmo em seus magníficos derivados, o amor é sempre um esforço para a beleza. Nem sequer o amor sexual, o do homem e da mulher, deixa, por mais material que pareça, de poder aureolar-se de ideal e poesia, de perder todo o caráter vulgar, se, misturado com ele, houver um sentimento de estética e um pensamento superior. Isso depende principalmente da mulher. Aquela que ama, sente e vê coisas que o homem não pode conhecer possui em seu coração inexauríveis reservas de amor, uma espécie de intuição que pode dar ideia do amor eterno.

A mulher é sempre, de qualquer modo, irmã do mistério. A parte de seu ser que toca o infinito parece ter maior extensão do que no homem. Quando este responde como a mulher aos apelos do invisível, quando seu amor é isento de todo o desejo brutal, convertem-se ambos em um só, pelo espírito e pelo corpo. Então, no abraço desses dois seres que se penetram e completam-se para transmitir a vida, passará como um relâmpago, uma chama, tal qual o reflexo de mais altas felicidades entrevistas.

São, todavia, passageiras e misturadas de amarguras as alegrias do amor terrestre, pois não andam desacompanhadas de decepções, retrocessos e quedas. Somente Deus é o amor em sua plenitude; é o braseiro ardente e, ao mesmo tempo, o abismo de pensamento e luz, de onde dimanam e para quem ascendem eternamente os ardentes eflúvios de todos os astros, as ternuras apaixonadas de todos os corações de mulheres, mães e esposas, e de afeições viris de todos os corações de homens. Deus gera e chama o amor, porque se trata de uma beleza infinita, perfeita, e é propriedade da beleza provocá-lo.

Quem, pois, em um dia de verão, quando o Sol irradia, quando a imensa cúpula azulada se desenrola sobre nossas cabeças e, sobre prados e bosques, montes e mar, sobe a adoração, e a prece muda dos seres e das coisas se faz ouvir, deixará de sentir as radiações de amor que enchem o infinito?

É preciso nunca ter aberto a alma a essas influências sutis para ignorá-las ou negá-las. Muitas almas terrestres ficam, é verdade, hermeticamente fechadas para as coisas divinas, ou, então, quando sentem suas harmonias e belezas, escondem cuidadosamente o segredo de si mesmas; parecem ter vergonha de confessar o que conhecem ou o que de maior e melhor experimentam.

Tentai a experiência. Abri vosso ser interno, abri as janelas da prisão da alma aos eflúvios da vida universal, e, de súbito, essa prisão encher-se-á de claridades e de melodias. Um mundo todo de luz penetrará em vós. Vossa alma arrebatada conhecerá êxtases e felicidades que não podem ser descritas. Compreenderá que há em seu derredor um Oceano de amor, de força e de vida divina, no qual ela está imersa, e que lhe basta querer para ser banhada por suas águas regeneradoras.

Também sentirá no Universo um poder soberano e maravilhoso que nos ama, envolve-nos, sustenta-nos, vela sobre nós como o avarento sobre a joia preciosa, e, invocando-o, dirigindo-lhe um apelo ardente, será logo penetrada de sua presença e de seu amor.

Essas coisas se sentem e exprimem dificilmente, pois só as podem compreender aqueles que as saborearam. Mas todos podem chegar a conhecê-las e a possuí-las, despertando o que há de divino em si. Não há homem, por mais perverso, por pior que seja, que em uma hora de abandono e sofrimento não veja se abrir uma fresta por onde um pouco da claridade das coisas superiores e um pouco de amor se filtrem até ele.

Basta ter experimentado uma vez só essas impressões para não se esquecer mais delas. E, quando chega o declínio da vida, com suas desilusões, quando as sombras crepusculares se acumulam sobre nós, então, essas poderosas sensações acordam com a memória de todas as alegrias sentidas, e a lembrança das horas em que verdadeiramente amamos cai como delicioso orvalho sobre nossas almas dissecadas pelo vento áspero das provações e da dor.

CAPÍTULO **VII**

A dor

Tudo o que vive neste mundo, seja natureza, animal irracional ou homem, sofre. O amor, todavia, é a lei do Universo e por meio dele Deus formou os seres. Trata-se de uma contradição aparentemente horrível, de um problema angustioso que perturbou tantos pensadores e os levou à dúvida e ao pessimismo.

O animal está sujeito à luta ardente pela vida. Entre as ervas do prado, as folhas e a ramaria dos bosques, nos ares, no seio das águas, por toda a parte, desenrolam-se dramas ignorados. Em nossas cidades, prossegue sem cessar a hecatombe de pobres animais inofensivos, sacrificados às nossas necessidades ou entregues, nos laboratórios, ao suplício da vivisseção.

Quanto à humanidade, sua história não é mais que um longo martirológio. Através dos tempos, com o transcorrer dos séculos, vê-se a triste melopeia dos sofrimentos humanos, e o lamento dos desgraçados sobe com uma intensidade dilacerante, com a regularidade de uma vaga.

A dor segue todos os nossos passos; espreita-nos em todas as voltas do caminho. E, diante dessa esfinge que o fita com seu olhar estranho, o homem faz a eterna pergunta: por que existe a dor?

Trata-se de uma punição, uma expiação, como dizem alguns? É a reparação do passado, o resgate das faltas cometidas?

Fundamentalmente, a dor é uma lei de equilíbrio e educação. Sem dúvida, as falhas do passado recaem sobre nós com todo o seu peso e determinam as condições de nosso destino. O sofrimento, muitas vezes, não é mais do que a repercussão das violações da ordem eterna cometidas, contudo, sendo partilha de todos, deve ser considerado como a necessidade de ordem geral, como agente de desenvolvimento e condição do progresso.

Todos os seres têm de, por sua vez, passar por ele. Sua ação é benfazeja para quem sabe compreendê-lo, mas somente podem efetivamente alcançar compreensão aqueles que lhe sentiram os poderosos efeitos. Dirijo essas páginas principalmente a esses, a todos aqueles que sofrem, têm sofrido ou são dignos de sofrer.

A dor e o prazer são duas formas extremas de sensação. Para suprimir uma ou outra, seria preciso suprimir a sensibilidade. São, pois, inseparáveis, em princípio, e necessários à educação do ser, que, em sua evolução, deve experimentar todas as formas ilimitadas, tanto do prazer como da dor.

A dor física produz sensações, e o sofrimento moral produz sentimentos. Mas, como já vimos,[219] no sensório íntimo, sensação e sentimento se confundem e são uma só coisa.

O prazer e a dor estão, pois, muito menos nas coisas externas do que em nós mesmos. Incumbe, assim, a cada um de nós, regulando nossas sensações, disciplinando nossos sentimentos, dominar umas e outras e limitar-lhes os efeitos.

Epicteto dizia: "As coisas são apenas o que imaginamos que são". Dessa forma, pela vontade, podemos domar e vencer a dor ou, pelo menos, fazê-la redundar em nosso proveito, como meio de elevação.

A ideia que fazemos da felicidade e da desgraça, da alegria e da dor varia ao infinito, segundo nossa evolução individual. A alma pura, boa e sábia não pode ser feliz à maneira da alma vulgar. O que encanta uma deixa a outra indiferente.

À medida que se sobe, o aspecto das coisas muda. Da mesma maneira que a criança, ao crescer, deixa de lado os brinquedos que a cativaram, a alma que se eleva procura satisfações cada vez mais nobres, graves e profundas.

---

[219] Capítulo II, "A consciência – o sentido íntimo".

O espírito que julga com superioridade e considera o fim grandioso da vida achará mais felicidade e serena paz em um belo pensamento, em uma boa obra, em um ato de virtude e até na desgraça que purifica do que em todos os bens materiais e no brilho das glórias terrestres, porque estas o perturbam, corrompem e embriagam ficticiamente.

É muito difícil fazer entender aos homens que o sofrimento é bom. Cada qual quereria refazer e embelezar a vida à sua vontade, adorná-la com todos os deleites, sem pensar que não há bem sem dor e ascensão sem suores e esforços.

A tendência geral consiste em fecharmo-nos no estreito círculo do individualismo, do cada um por si. Por essa forma, o homem se abate e reduz a estreitos limites tudo quanto nele é grande, tudo o que está destinado a desenvolver-se, a estender-se, a dilatar-se e a desferir voo: o pensamento e a consciência; em uma palavra, toda a sua alma.

Ora, os gozos, os prazeres e a ociosidade estéril não fazem mais do que apertar esses limites, acanhar nossa vida e nosso coração. Para quebrar esse círculo, para que todas as virtudes ocultas se expandam à luz, a dor é necessária. A desgraça e as provações fazem jorrar em nós as fontes de uma vida desconhecida e mais bela. A tristeza e o sofrimento nos fazem ver, ouvir e sentir mil coisas, delicadas ou fortes, que o homem feliz ou o homem vulgar não podem perceber.

Obscurece-se o mundo material; desenha-se outro, vagamente, a princípio, mas que cada vez se tornará mais distinto, à medida que nossas vistas se desprenderem das coisas inferiores e mergulharem no ilimitado.

O gênio não é somente o resultado de trabalhos seculares; é também a apoteose, a coroação de sofrimento. De Homero a Dante, a Camões, a Tasso, a Milton, todos os grandes homens, como eles, têm sofrido. A dor lhes fez vibrar a alma, inspirou-lhes a nobreza dos sentimentos e a intensidade da emoção, que souberam traduzir com os acentos do gênio e a qual os imortalizou.

É na dor que mais sobressaem os cânticos da alma. Quando ela atinge as profundezas do ser, faz saírem de lá os gritos eloquentes, os poderosos apelos que comovem e arrastam as multidões.

O mesmo acontece com todos os heróis, com todos os grandes caracteres, com os corações generosos e com os espíritos mais eminentes. Sua elevação se mede pela soma dos sofrimentos que passaram. Ante a dor e a morte, a alma do herói e do mártir se revela em sua beleza comovedora, em sua grandeza trágica, que toca, às vezes, o sublime e o nimba de uma luz inextinguível.

Suprimi a dor e suprimireis, ao mesmo tempo, o que é mais digno de admiração neste mundo, isto é, a coragem de suportá-la. Pergunta-se: o mais nobre ensinamento que se pode apresentar aos homens não é a memória daqueles que sofreram e morreram pela verdade e pela justiça? Há coisa mais augusta, mais venerável que seus túmulos? Nada iguala o poder moral que daí provém. As almas que deram tais exemplos avultam aos nossos olhos com os séculos e parecem, de longe, mais imponentes ainda; são outras tantas fontes de força e beleza onde vão retemperar-se as gerações.

Através do tempo e do espaço, sua irradiação, como a luz dos astros, estende-se sobre a Terra. Sua morte gerou a vida, e sua lembrança, como aroma sutil, lançará em toda a parte a semente dos entusiasmos futuros.

É, como nos ensinaram essas almas, pela dedicação e pelo sofrimento dignamente suportados que se sobe até os caminhos do Céu. A história do mundo não é outra coisa mais que a sagração do espírito pela dor. Sem ela, não pode haver virtude completa, nem glória imperecível.

É necessário sofrer para adquirir e conquistar. Os atos de sacrifício aumentam as radiações psíquicas. Há uma espécie de esteira luminosa que segue, no espaço, os espíritos dos heróis e dos mártires.

Aqueles que não sofreram mal podem compreender essas coisas, porque neles só a superfície do ser está arroteada e valorizada. Há falta de largueza em seus corações e de efusão em seus sentimentos; seu pensamento abrange horizontes acanhados. São necessários os infortúnios e as angústias para conferir à alma seu aveludado, sua beleza moral, para despertar seus sentidos adormecidos.

A vida dolorosa é um alambique onde se destilam os seres para mundos melhores. A forma, como o coração, tudo embeleza por ter sofrido. Há, já nesta vida, um não sei quê de grave e enternecido nos rostos que as lágrimas sulcaram muitas vezes. Tomam uma expressão de beleza austera e uma espécie de majestade que impressiona e seduz.

Michelangelo adotara como norma de proceder os seguintes preceitos: "Concentra-te e faze como o escultor faz à obra que quer aformosear. Tira o supérfluo, aclara o obscuro, difunde a luz por tudo e não largues o cinzel".

Máxima sublime, que contém o princípio de todo o aperfeiçoamento íntimo. Nossa alma é nossa obra, com efeito, obra capital e fecunda, que sobrepuja em grandeza todas as manifestações parciais da arte, da ciência e do gênio.

Todavia, as dificuldades da execução são correlativas ao esplendor do objetivo e, diante da penosa tarefa da reforma interior, do combate incessante travado com as paixões, com a matéria, quantas vezes o artista não desanima? Quantas vezes não abandona o cinzel? É, então, que Deus lhe envia um auxílio, a dor. Ela cava ousadamente nas profundezas da consciência, aonde o trabalhador hesitante e inábil não podia ou não sabia chegar. Desobstrui seus recessos, modela-lhe os contornos; elimina ou destrói o que era inútil ou ruim e, do mármore frio, informe, sem beleza, da estátua feia e grosseira, que nossas mãos mal tinham esboçado, faz surgir com o tempo a estátua viva, a obra-prima incomparável, as formas harmoniosas e suaves da divina Psique.

A dor não fere somente os culpados. Em nosso mundo, o homem honrado sofre tanto quanto o mau, o que é explicável. Em primeiro lugar, a alma virtuosa é mais sensível por ser mais adiantado o seu grau de evolução; depois, estima muitas vezes e procura a dor, por lhe conhecer todo o valor.

Há almas que só vêm a este mundo para dar o exemplo da grandeza por meio do sofrimento. São, por sua vez, missionárias, e sua missão não é menos bela e comovedora do que a dos grandes reveladores. Encontram-se em todos os tempos e ocupam todos os planos da vida. Estão em pé nos cimos resplandecentes da História, e, para encontrá-las, é preciso ir procurá-las no meio da multidão onde se acham escondidas e humildes.

Admiramos o Cristo, Sócrates, Antígono, Joana d'Arc, mas quantas vítimas obscuras do dever ou do amor caem todos os dias e ficam sepultadas no silêncio e no esquecimento? Entretanto, seus exemplos não são perdidos; eles iluminam toda a vida dos poucos homens que os presenciaram.

Para que uma vida seja completa e fecunda, não é necessário que nela superabundem os grandes atos de sacrifício, nem que uma morte que a sagre aos olhos de todos a remate. Tal existência, aparentemente apagada e triste, indistinta e despercebida, é, na realidade, um esforço contínuo, uma luta de todos os instantes contra a desgraça e o sofrimento.

Não somos juízes de tudo o que se passa no recôndito das almas; muitas, por pudor, escondem chagas dolorosas, males cruéis, que as tornariam tão interessantes aos nossos olhos como os mártires mais célebres. O combate ininterrupto que pelejam contra o destino também torna essas almas grandes e heroicas. Seus triunfos ficam ignorados, mas todos os tesouros de energia, de paixão generosa, de paciência ou de amor que elas acumulam nesse esforço de cada dia constituir-lhes-ão um capital de força e de beleza moral que pode, no Além, fazê-las iguais às mais nobres figuras da História.

Na oficina augusta onde se forjam as almas, não são suficientes o gênio e a glória para fazê-las verdadeiramente formosas. Para dar-lhes o último traço sublime, tem sido sempre necessária a dor. Se certas existências se tornaram, de obscuras que eram, tão santas e sagradas, como dedicações célebres, é que nelas foi contínuo o sofrimento. Não foi somente uma vez, em tal circunstância ou na hora da morte, que a dor as elevou acima de si mesmas e as apresentou à admiração dos séculos; foi por ter sido toda a sua vida uma imolação constante.

E essa obra de longo aperfeiçoamento, esse lento desfilar das horas dolorosas, essa afinação misteriosa dos seres que se preparam, assim, para as derradeiras ascensões, força a admiração dos próprios espíritos. É esse espetáculo comovedor que lhes inspira a vontade de renascerem entre nós, a fim de sofrerem e morrerem outra vez por tudo o que é grande, por tudo o que amam e para, com esse novo sacrifício, tornarem mais vivo o próprio brilho.

Feitas essas considerações de ordem geral, retomemos a questão em seus elementos primários.

A dor física é, em geral, um aviso da natureza, que procura nos preservar dos excessos. Sem ela, abusaríamos de nossos órgãos a ponto de os destruirmos antes do tempo. Quando um mal perigoso se vai insinuando para nós, o que aconteceria se não lhe sentíssemos logo os efeitos desagradáveis? Iria cada vez lavrando mais, invadir-nos-ia e secaria em nós as fontes da vida.

Ainda quando, persistindo em desconhecer os avisos repetidos da natureza, deixamos a doença se desenvolver em nós, pode ela ser um benefício, se, causada por nossos abusos e vícios, ensinar-nos a detestá-los e a corrigir-nos deles. É necessário sofrer para nos conhecermos e entendermos bem a vida.

Epicteto, que gostamos de citar, dizia também: "É falso dizer-se que a saúde é um bem, e a doença, um mal. Usar bem da saúde é um bem; usar mal é um mal. De tudo se tira o bem, até da própria morte".

Às almas fracas a doença ensina a paciência, a sabedoria e o governo de si mesmas. Às almas fortes pode oferecer compensações de ideal, deixando ao espírito o livre voo de suas aspirações até o ponto de esquecer os sofrimentos físicos.

A ação da dor não é menos eficaz para as coletividades do que o é para os indivíduos. Não foi graças a ela que se constituíram os primeiros agrupamentos humanos? Não foi a ameaça das feras, da fome e dos flagelos que obrigou o indivíduo a procurar seu semelhante para se associar a ele? Foi da vida comum, dos sofrimentos comuns, da inteligência e do labor comuns que saiu toda a civilização, com suas artes, ciências e indústrias.

A dor física, como se pode também dizer, resulta da desproporção entre nossa fraqueza corporal e a totalidade das forças que nos cercam, colossais e fecundas, que são outras tantas manifestações da vida universal. Apenas podemos assimilar ínfima parte delas, mas, atuando sobre nós, elas trabalham para aumentar, para alargar incessantemente a esfera de nossa atividade e a gama de nossas sensações. Sua ação sobre o corpo orgânico repercute na forma fluídica e contribui para enriquecê-la, dilatá-la, torná-la mais impressionável; em uma palavra, para torná-la apta a novos aperfeiçoamentos.

O sofrimento, por sua ação química, tem sempre um resultado útil, o qual varia infinitamente segundo os indivíduos e seu estado de adiantamento. Apurando nosso invólucro material, confere-se mais força ao ser interior e mais facilidade para se desapegar das coisas terrenas. Em outros, mais adiantados em seu grau de evolução, atuará no sentido moral. A dor é como uma asa dada à alma escravizada pela carne para ajudá-la a desprender-se e a elevar-se cada vez mais alto.

O primeiro movimento do homem infeliz é revoltar-se diante dos golpes da sorte. Mais tarde, porém, depois de o espírito ter subido os aclives e quando contempla o escabroso caminho percorrido, o desfiladeiro movediço de suas existências, é com enternecimento alegre que se lembra das provas e das tribulações com cujo auxílio pôde alcançar o cimo.

Se, nas horas da provação, soubéssemos observar o trabalho interno, a ação misteriosa da dor em nós, em nosso "eu", em nossa consciência, compreenderíamos melhor a obra sublime de educação e aperfeiçoamento que vivenciamos. Veríamos que ela fere sempre a corda sensível. A mão que dirige o cinzel é a de um artista incomparável, que não se cansa de trabalhar, enquanto não arredondar, polir e desbastar as arestas de nosso caráter. Para isso, voltará tantas vezes à carga quantas forem necessárias. E, sob a ação das marteladas repetidas, forçosamente, a arrogância e a personalidade excessiva hão de cair nesse indivíduo; a moleza, a apatia e a indiferença desaparecerão em outro; a dureza, a cólera e o furor, em um terceiro.

Para todos haverá processos diferentes, infinitamente variados, segundo os indivíduos, mas em todos agirá com eficácia, de modo a provocar ou desenvolver a sensibilidade, a delicadeza, a bondade e a ternura, a fazer sair das dilacerações e das lágrimas alguma qualidade desconhecida que dormia silenciosa no fundo do ser ou, então, uma nobreza nova, adorno da alma, para sempre adquirida.

Quanto mais a alma se eleva, cresce e se torna bela, tanto mais a dor se espiritualiza e se torna sutil. Os maus precisam de numerosas operações, assim como as árvores necessitam de muitas flores para produzir alguns frutos. Porém, quanto mais o ser humano se aperfeiçoa, tanto mais admiráveis se tornam nele os frutos da dor. Às almas gastas, mal desbastadas, tocam os sofrimentos físicos e as dores violentas; às egoístas, às avarentas hão de caber as perdas de fortuna, as negras inquietações e os tormentos do espírito. Depois, aos seres delicados, às mães, às filhas, às esposas, as torturas ocultas e as feridas do coração; aos nobres pensadores, aos inspiradores, a dor sutil e profunda que faz brotar o grito sublime e o relâmpago do gênio.

Assim, por trás da dor, há alguém invisível que lhe dirige a ação e a regula segundo as necessidades de cada um, com uma arte, uma sabedoria infinitas, trabalhando por aumentar nossa beleza interior nunca acabada, sempre continuada, de luz a luz, de virtude a virtude, até que nos tenhamos convertido em espíritos celestes.

Por mais admirável que possa parecer à primeira vista, a dor é apenas um meio de que usa o poder infinito para nos chamar e, ao mesmo tempo, tornar-nos mais rapidamente acessíveis à felicidade espiritual, única e duradoura. É, pois, realmente, pelo amor que nos tem que Deus nos envia o sofrimento. Fere-nos, corrige-nos como a mãe corrige o filho, para educá-lo e melhorá-lo; trabalha incessantemente para tornar-nos dóceis e purificar e embelezar nossas almas, porque elas não podem ser verdadeiras, completamente felizes, senão na medida correspondente às suas perfeições.

Para isso pôs Deus, nesta terra de aprendizagem, ao lado das alegrias raras e fugitivas, dores frequentes e prolongadas, para nos fazer sentir que nosso mundo é um lugar de passagem, e não o ponto de chegada. Gozos e sofrimentos, prazeres e dores, tudo isso Deus distribuiu na existência como um grande artista que, na tela, combina a sombra e a luz para produzir uma obra-prima.

O sofrimento nos animais é já um trabalho de evolução para o princípio de vida que existe neles. Eles adquirem, por esse modo, os primeiros rudimentos de consciência, e o mesmo sucede com o ser humano, em suas reencarnações sucessivas. Se, desde as primeiras estadas na Terra, a alma vivesse livre de males, ficaria inerte, passiva e ignorante acerca das coisas profundas e das forças morais que nela jazem.

O alvo a que nos dirigimos está à nossa frente, e nosso destino é caminhar para ele sem nos demorarmos no caminho. Ora, as felicidades deste mundo nos imobilizaram, e há atrasos e esquecimentos, mas, quando a demora é excessiva, vem a dor e impele-nos para frente.

Desde que para nós se abre uma fonte de prazeres, por exemplo, na mocidade, o amor e o matrimônio, e nos inebriamos no encanto das horas abençoadas, é bem raro que pouco depois não sobrevenha uma circunstância imprevista, e o aguilhão se faz sentir.

À medida que avançamos na vida, as alegrias diminuem e as dores aumentam; o corpo e o fardo da vida se tornam mais pesados. Quase sempre a existência começa na felicidade e finda na tristeza. O declínio traz, para a maior parte dos homens, o período moroso da velhice, com suas lassidões, suas enfermidades e seus abandonos. As luzes se apagam; as simpatias e as consolações se retiram; os sonhos e as esperanças se desvanecem; abrem-se, cada vez mais numerosas, as covas em volta de nós. É então que vêm as longas horas de imobilidade, inação e sofrimento; obrigam-nos a refletir, a passar, muitas vezes, em revista os atos e as lembranças de nossa vida. Trata-se de uma prova necessária para que a alma, antes de deixar seu invólucro, adquira a madureza, o critério e a clarividência das coisas que serão o remate de sua carreira terrestre. Por isso, quando amaldiçoamos as horas aparentemente estéreis e desoladas da velhice enferma e solitária, desconhecemos um dos maiores benefícios que a natureza nos proporciona; esquecemos que a velhice dolorosa é o cadinho onde se completam as purificações.

Nesse momento da existência, os raios e as forças que, durante os anos da juventude e da virilidade, dispersávamos para todos os lados, em nossa atividade e exuberância, concentram-se e convergem para as profundezas do ser, ativando a consciência e proporcionando ao homem mais sabedoria e juízo.

Pouco a pouco, vai se fazendo a harmonia entre nossos pensamentos e as radiações externas; a melodia íntima se afina com a melodia divina.

Há, então, na velhice resignada, mais grandeza e mais serena beleza que no brilho da mocidade e no vigor da idade madura. Sob a ação do tempo, o que há de profundo e de imutável em nós desprende-se, e a fronte dos velhos se aureola de claridades do Além.

A todos aqueles que perguntam: "Para que serve a dor?", respondo: "Para polir a pedra, esculpir o mármore, fundir o vidro e martelar o ferro. Serve para edificar e ornar o templo magnífico, cheio de raios, vibrações, hinos, perfumes, onde se combinam todas as artes para exprimirem o divino, prepararem a apoteose do pensamento consciente e celebrarem a libertação do espírito".

E vede qual o resultado obtido. Com o que eram em nós elementos esparsos, materiais informes e, às vezes, até no vicioso e decaído, ruínas e destroços, a dor levantou e construiu no coração do homem um altar esplêndido à beleza moral e à verdade eterna.

A estátua, em suas formas ideais e perfeitas, está escondida no bloco grosseiro. Quando o homem não tem a energia, o saber e a vontade de continuar a obra, então, vem a dor. Ela pega no martelo, no cinzel e, pouco a pouco, a golpes violentos, ou, então, sob o vagaroso e persistente trabalho do buril, a estátua viva se desenha em seus contornos flexíveis e maravilhosos. Sob o quartzo despedaçado cintila a esmeralda.

Sim, para que a forma se desenvolva em suas linhas puras e delicadas, para que o espírito triunfe sobre a substância, para que o pensamento rebente em ímpetos sublimes e o poeta ache os acentos imortais, bem como o músico encontre os suaves acordes, nossos corações precisam do aguilhão do destino, do luto e das lágrimas, da ingratidão, das traições da amizade e do amor, das angústias e das dilacerações; são precisos os esquifes adorados que descem à Terra, a juventude que foge, a gelada velhice que sobe, as decepções e as tristezas amargas que se sucedem. O homem precisa do sofrimento, assim como o fruto da videira precisa do lagar para se lhe extrair o licor precioso.

Consideremos ainda o problema da dor sob o ponto de vista das sanções penais.

Censuraram a Allan Kardec por ter, em suas obras, repisado a ideia de castigo e expiação, que suscitou numerosas críticas. Diz-se que ela confere uma falsa noção da ação divina, pois implica um luxo de punições incompatível com a suprema bondade.

Essa apreciação resulta de um exame muito superficial das obras do grande iniciador. A ideia, a expressão de castigo, excessiva talvez quando ligada a certas passagens insuladas, mal interpretadas em muitos casos, atenua-se e apaga-se quando se estuda a obra inteira.

É principalmente na consciência, bem o sabemos, que está a sanção do bem o do mal. Ela registra minuciosamente todos os nossos atos e, mais cedo ou mais tarde, erige-se em juiz severo para o culpado, que, em consequência de sua evolução, acaba sempre por lhe ouvir a voz e sofrer as sentenças. Para o espírito, as lembranças do passado se unem, no espaço, ao presente e formam um todo inseparável; vive ele fora da duração, além dos limites do tempo, e sofre tão vivamente pelas faltas há muito cometidas como pelas mais recentes. Por isso pede, muitas vezes, uma reencarnação rápida e dolorosa, que resgatará o passado, conquanto dê tréguas às recordações importunas.

Com a diferença de plano, o sofrimento mudará de aspecto. Na Terra, será simultaneamente físico e moral e constituirá um modo de reparação; mergulhará o culpado em suas chamas para purificá-lo; tornará a forjar a alma, deformada pelo mal, na bigorna das provas. Assim, cada um de nós pode ou poderá apagar seu passado, as tristes páginas do princípio de sua história, as faltas graves cometidas quando era apenas espírito ignorante ou arrebatado. Pelo sofrimento, aprendemos a humildade, ao mesmo tempo em que experimentamos a indulgência e a compaixão para com todos os que sucumbem em volta de nós, sob o impulso dos instintos inferiores, como tantas vezes nos sucedeu a nós mesmos outrora.

Não é, pois, por vingança que a lei nos pune, mas porque é bom e proveitoso sofrer, vez que o sofrimento nos liberta, conferindo satisfação à consciência, cujo veredicto ela executa.

Tudo se resgata e repara pela dor. Há, assim, uma arte profunda nos processos que ela emprega para modelar a alma humana e, quando esta se transvia, é reconduzida à ordem sublime das coisas.

Tem-se falado, muitas vezes, da pena de talião. Na realidade, a reparação não se apresenta sempre sob a mesma forma que a falta cometida; as condições sociais e a evolução histórica se opõem a isso. Ao mesmo tempo em que os suplícios da Idade Média fez desaparecer muitos flagelos, a soma dos sofrimentos humanos se apresenta, sob suas formas variadas, inumeráveis, sempre proporcionais à causa que os produz.

Debalde se realizam progressos, estende-se a civilização, desenvolvem-se a higiene e o bem-estar; doenças novas aparecem, e o homem é impotente para curá-las. Cumpre reconhecer nisso a manifestação da lei superior de equilíbrio, da qual havemos falado. A dor será necessária enquanto o homem não tiver posto seu pensamento e seus atos de acordo com as leis eternas; deixará de se fazer sentir logo que se fizer a harmonia. Todos os nossos males provêm de agirmos em um sentido oposto à corrente divina. Se tornarmos a entrar nessa corrente, a dor desaparece com as causas que a fizeram nascer.

Por muito tempo ainda a humanidade terrestre, ignorante das leis superiores, inconsciente do futuro e do dever, precisará da dor para estimulá-la em sua via, para transformar o que nela predomina: os instintos primitivos e grosseiros, em sentimentos puros e generosos.

Por muito tempo terá o homem de passar pela iniciação amarga para chegar ao conhecimento de si mesmo e do alvo a que deve mirar. Presentemente, ele só cogita de aplicar suas faculdades e energias para combater o sofrimento no plano físico, aumentar o bem-estar e a riqueza, a fim de tornar mais agradáveis as condições da vida material, contudo, será em vão. Os sofrimentos poderão variar, deslocar-se, mudar de aspecto; a dor persistirá, enquanto o egoísmo e o interesse regerem as sociedades terrestres, enquanto o pensamento se desviar das coisas profundas e a flor da alma não tiver desabrochado.

Todas as doutrinas econômicas e sociais serão impotentes para reformar o mundo, para aliviar os males da humanidade, porque assentam em base muito acanhada e porque põem só na vida presente a razão de ser, o fim da existência e de todos os esforços. Para acabar com o mal social, é necessário elevar a alma humana à consciência de seu papel, fazer-lhe compreender que sua sorte somente dela depende e que sua felicidade será sempre proporcional à extensão de seus triunfos sobre si mesma e de sua dedicação às outras. Então, a questão social será resolvida por meio da substituição do personalismo exclusivo e apertado pelo altruísmo. Os homens sentir-se-ão irmãos e iguais perante a lei divina, que distribui a cada um os bens e os males necessários à sua evolução, os meios de vencer a si próprio e de acelerar sua ascensão. Somente daí em diante a dor verá seu império restringir-se. Fruto da ignorância e da inferioridade, fruto do ódio, da inveja, do egoísmo e de todas as paixões animais que se agitam ainda no fundo do ser humano, desaparecerá com as causas que a produzem, graças a uma educação mais elevada, à realização em nós da beleza moral, da justiça e do amor.

O mal moral existe na alma somente em suas dissonâncias com a harmonia divina. Mas, à medida que ela sobe para uma claridade mais viva, para uma verdade mais ampla, para uma sabedoria mais perfeita, as causas do sofrimento vão se atenuando, ao mesmo tempo em que se dissipam as ambições vãs e os desejos materiais.

De estância em estância, de vida em vida, ela penetra na grande luz e na grande paz onde o mal é desconhecido e onde só reina o bem.

Muitas vezes, ouvimos certas pessoas, cuja existência foi penosa e eriçada de provações, dizerem: "Eu não queria renascer em uma vida nova; não quero voltar à Terra". Quando se sofreu muito, quando se foi violentamente sacudido pelas tempestades do mundo, é muito legítima a aspiração ao descanso. É compreensível que uma alma acabrunhada recue perante o pensamento de tornar a começar essa batalha da vida em que recebeu feridas que ainda sangram. Mas a lei é inexorável. Para subir um pouco na hierarquia dos mundos, é preciso ter deixado neste a embaraçosa bagagem dos gostos e dos apetites que nos prendem à Terra.

Muitas vezes, levamos conosco tais laços para o Além; e são eles que nos retêm nas baixas regiões. Às vezes, julgamo-nos capazes e dignos de chegar às grandes altitudes e, sem o sabermos, mil cadeias nos acorrentam ainda a este Planeta inferior. Não compreendemos o amor em sua essência sublime, nem o sacrifício como é praticado nas humanidades purificadas, em que ninguém vive para si ou para alguns, mas para todos.

Ora, só os que estão preparados para tal vida podem possuí-la. Para nos tornarmos dignos dela, será preciso descermos de novo ao cadinho, à fornalha, onde se fundirão como cera as durezas de nosso coração. E, quando tiverem sido rejeitadas e eliminadas as escórias de nossa alma, quando nossa essência estiver livre de liga, então, Deus chamar-nos-á para uma vida mais elevada e para uma tarefa mais bela.

Acima de tudo, cumpre aquilatar em seu justo valor os cuidados e as tristezas deste mundo. Para nós são coisas muito cruéis, mas tudo isso se amesquinha e se apaga, se for observado de longe, se o espírito, elevando-se acima das miudezas da existência, abarcar com um só olhar as perspectivas de seu destino. Só este sabe pesar e medir as coisas que existem nos dois oceanos do espaço e do tempo: a imensidade e a eternidade, oceanos que o pensamento sonda sem se perturbar.

Ó, vós todos que vos queixais amargamente das decepções, das pequeninas misérias, das tribulações de que está semeada toda a existência e que vos sentis invadidos pelo cansaço e pelo desânimo, se quereis novamente achar a resolução e a coragem perdidas, se quereis aprender a afrontar alegremente a adversidade, a suportar resignados a sorte que vos toca, lançai um olhar atento em torno de vós.

Considerai as dores tantas vezes ignoradas dos pequenos, dos deserdados, e os sofrimentos de milhares de seres que são homens como vós; considerai essas aflições sem conta; cegos privados do raio que guia e conforta, paralíticos impotentes, corpos que a existência torceu, imobilizou e quebrou, que padecem de males hereditários. E os que carecem do necessário, sobre quem sopra, glacial, o inverno. Pensai em todas essas vidas tristes, obscuras, miseráveis; comparai vossos males, muitas vezes imaginários, com as torturas de vossos irmãos de dor, e julgar-vos-eis menos infelizes, ganhareis paciência e coragem e de vosso coração descerá sobre todos os peregrinos da vida, que se arrastam acabrunhados no caminho árido, o sentimento de uma piedade sem limites e de um amor imenso.

CAPÍTULO **VIII**

Revelação pela dor

É principalmente perante o sofrimento que se mostram a necessidade e a eficácia de uma crença robusta, poderosamente assente, ao mesmo tempo, na razão, no sentimento e nos fatos, os quais explicam o enigma da vida e o problema da dor.

E pergunta-se: que consolações o materialismo e o ateísmo podem oferecer ao homem atacado por um mal incurável? O que dirão para acalmar os desesperos e preparar a alma daquele que vai morrer? Que linguagem usarão com o pai e com a mãe ajoelhados diante do berço do filhinho morto ou com todos aqueles que veem descer à cova os esquifes dos entes queridos? Aqui se mostra toda a pobreza e toda a insuficiência das doutrinas do nada.

A dor não é somente o critério, por excelência, da vida, o juiz que pesa os caracteres, as consciências, e confere a medida da verdadeira grandeza do homem; é também um processo infalível para reconhecer o valor das teorias filosóficas e das doutrinas religiosas. E a melhor será, evidentemente, a que nos conforta, a que diz por que as lágrimas são quinhão da humanidade e fornece os meios de estancá-las. Pela dor, descobre-se com mais segurança o lugar onde brilha o mais belo e o mais doce raio da verdade, aquele que não se apaga.

Se o Universo não é mais do que um campo fechado, unicamente acessível às forças caprichosas e cegas da natureza, uma odiosa fatalidade nos esmaga; se não há nele nem consciência, nem justiça, nem bondade, então, a dor não tem sentido, não tem utilidade, não comporta consolações; resta apenas impor silêncio ao nosso coração despedaçado, porque seria pueril e vão importunar os homens e o Céu com nossos lamentos.

Para todos aqueles cuja vida é limitada pelos estreitos horizontes do materialismo, o problema da dor é insolúvel, pois não há esperança para aquele que sofre.

Contudo, não é verdadeiramente estranha a impotência de tantos sábios, filósofos e pensadores, há milhares de anos, para explicar e consolar a dor, para não fazerem com que seja aceita, quando é inevitável?

Uns a negaram, o que é pueril; outros aconselharam o esquecimento, a distração, o que é vão e covarde, quando se trata da perda dos que amamos. Em geral, têm-nos ensinado a temê-la, a receá-la e detestá-la. Bem poucos a têm compreendido e explicado.

Por isso, em torno de nós, nas relações cotidianas pobres, banais e infantis, há as palavras de simpatia, as tentativas de consolação prodigalizadas àqueles a quem a desgraça tocou. Que frias palavras nos lábios, que falta de calor e de luz nos pensamentos e nos corações! Que fraqueza, que inanidade nos processos empregados para confortar as almas enlutadas, processos que, antes, lhes agravam e redobram os males e a tristeza! Tudo isso resulta unicamente da obscuridade que envolve o problema da dor, dos falsos dados vulgarizados pelas doutrinas negativistas e por certas filosofias espiritualistas. Com efeito, é próprio das teorias errôneas desanimar, acabrunhar, ensombrar a alma nas horas difíceis, em vez de lhe proporcionar os meios de fazer frente ao destino com firmeza.

"E as religiões?", podem perguntar-nos. Sim, sem dúvida, as religiões oferecem socorros espirituais para as almas aflitas; todavia, as consolações que oferecem se assentam em uma concepção demasiadamente acanhada do fim da vida e das leis do destino, como já por nós foi suficientemente demonstrado.

As religiões cristãs, principalmente, compreenderam o papel grandioso do sofrimento, mas o exageram e desnaturam seu sentido. O paganismo exprimia a alegria; seus deuses se coroavam com flores e presidiam as festas; entretanto, os estoicos e, com eles, certas escolas secretas, consideravam já a dor como elemento indispensável à ordem do mundo.

O cristianismo a glorificou e deificou-a na pessoa de Jesus. Diante da cruz do Calvário, a humanidade achou menos pesada a sua cruz. A recordação do grande supliciado ajudou os homens a sofrer e a morrer. Todavia, levando as coisas ao extremo, o cristianismo deu à vida, à morte, à religião e a Deus aspectos lúgubres e, às vezes, terrificantes.

É necessário reagir e restituir as coisas a seus termos, porque, em razão dos próprios excessos das religiões, elas veem a cada dia seu império se restringir. O materialismo vai conquistando pouco a pouco o terreno que elas têm perdido; a consciência popular se obscurece; e a noção do dever se desfaz por falta de uma doutrina adaptada às necessidades do tempo e da evolução humana.

Diremos, por isso, aos sacerdotes de todas as religiões:

> Alargai o círculo de vossos ensinamentos; dai ao homem uma noção mais extensa de seus destinos, uma vista mais clara do Além, uma ideia mais elevada do alvo que ele deve atingir. Fazei-lhe compreender que sua obra consiste em construir por suas próprias mãos, com a ajuda da dor, sua consciência, sua personalidade moral, e isso por intermédio do infinito do tempo e do espaço. Se, na hora atual, vossa influência se enfraquece, se vosso poder está abalado, não é por causa da moral que ensinais, é por causa da insuficiência de vossa concepção da vida, que não mostra nitidamente a justiça nas leis e nas coisas e, por conseguinte, não mostra Deus. Vossas teologias encerraram o pensamento em um círculo que o abafa; fixaram-lhe uma base demasiadamente restrita e, sobre ela, todo o edifício vacila e ameaça desabar. Cessai de discutir textos e de oprimir as consciências; saí das criptas onde sepultastes o pensamento; caminhai e agi!

Ergue-se, cresce e se alastra uma nova doutrina, a qual vem ajudar o pensamento a executar sua obra de transformação. Esse novo espiritualismo contém todos os recursos necessários a consolar as aflições, enriquecer a filosofia, regenerar as religiões e atrair conjuntamente a estima do discípulo mais humilde e o respeito do gênio mais altivo.

Pode ela satisfazer os mais nobres impulsos da inteligência e as aspirações do coração, o que explica, ao mesmo tempo, a fraqueza humana, o lado obscuro e atormentado da alma inferior entregue às paixões e proporciona-lhe os meios de elevar-se ao conhecimento e à plenitude.

O Problema do Ser e do Destino

Finalmente, constitui o remédio moral mais poderoso contra a dor. Na explicação que dá, nas consolações que vem oferecer ao infortúnio, acha-se a prova mais evidente e mais tocante de seu caráter verídico e de sua solidez inabalável.

Melhor que qualquer outra doutrina filosófica ou religiosa, revela-nos o grande papel do sofrimento e ensina-nos a aceitá-lo. Fazendo dele um processo de educação e reparação, mostra-nos a intervenção da justiça e do amor divinos em nossas próprias provações e diante dos males. Em vez dos desesperados, que as doutrinas negativistas fazem de nós, em vez de decaídos, de réprobos ou malditos, o espiritismo apresenta, nos desgraçados, simples aprendizes, simples neófitos que a dor ilumina e inicia, candidatos à perfeição e à felicidade.

Dando à vida um alvo infinito, o novo espiritualismo nos oferece uma razão de viver e de sofrer que nos faz reconhecer meritório tal sofrimento; em uma palavra, um objetivo digno da alma e digno de Deus. Na desordem aparente e na confusão das coisas, mostra-nos a ordem que, lentamente, se vai esboçando e realizando o futuro, que se vai elaborando no presente e, acima de tudo, a manifestação de uma imensa e divina harmonia.

E vede as consequências desse ensinamento. A dor perde seu aspecto terrífico; deixa de ser um inimigo, um monstro temível; torna-se um auxiliar, e seu papel é providencial. Purifica, engrandece e refunde o ser em sua chama, reveste-o de uma beleza que não se lhe conhecia. O homem, a princípio admirado e inquieto, com seu aspecto, aprende a conhecê-la, a apreciá-la e a familiarizar-se com ela; acaba quase por amá-la. Certas almas heroicas, em vez de se afastarem dela, de a evitarem, vão ao seu encontro para nela livremente se embeberem e regenerarem.

O destino, em virtude de ser ilimitado, prepara-nos possibilidades sempre novas de melhoramento. O sofrimento é apenas um corretivo aos nossos abusos, aos nossos erros, e incentivo para nossa marcha. Assim, as leis soberanas se mostram perfeitamente justas e boas; não infligem ninguém penas inúteis ou imerecidas. O estudo do universo moral nos enche de admiração pelo poder que, mediante o emprego da dor, transforma pouco a pouco as forças do mal em do bem e faz sair do vício a virtude e do egoísmo, o amor.

Daí em diante, certo do resultado de seus esforços, o homem aceita com coragem as provas inevitáveis. Pode vir a velhice, pode a vida declinar e rolar pelo declive rápido dos anos; sua fé o ajuda a atravessar os períodos acidentados e as horas tristes da existência. À medida que esta decai e se vai envolvendo de névoas, vão se fazendo mais viva a grande luz do Além e os sentimentos de justiça, bondade e amor, que presidem o destino de todos os seres, tornam-se para ele força nas horas de desalento e tornam mais fácil a preparação para a partida.

Para o materialista e até para muitos crentes, o falecimento dos seres amados cava entre eles e nós um abismo que nada pode encher, de sombra e treva, onde não brilha nenhum raio e nenhuma esperança. O protestante, incerto de seu destino, nem mesmo por seus mortos ora. O católico, não menos ansioso, pode recear para seus o juízo que para sempre separa os eleitos dos réprobos.

Aí está, porém, a nova doutrina, com suas certezas inabaláveis. Para aqueles que a têm adotado, a morte, como a dor, não traz pavores. Cada cova que se abre é uma porta de libertação, uma saída franca para a liberdade dos espaços; cada amigo que desaparece vai preparar a morada futura, balizar a estrada comum em que todos nos havemos de reunir; só aparentemente há separação. Sabemos que essas almas não nos deixarão para sempre, pois íntima comunhão pode estabelecer-se entre elas e nós. Se suas manifestações na ordem sensível encontram obstáculos, podemos pelo menos corresponder-nos com elas pelo pensamento.

Conheceis a lei telepática; não há grito, lágrima e apelo de amor que não tenha sua repercussão e sua resposta. Eis a solidariedade admirável das almas por quem oramos e que oram por nós, em permutas de pensamentos vibrantes e de chamamentos regeneradores, que atravessam o espaço e embebem os corações angustiados em radiações de força e esperança e nunca deixam de chegar ao alvo.

Julgáveis sofrer sozinhos, mas não é assim. Junto de vós, em torno de vós e até na extensão sem limites, há seres que vibram ao vosso sofrer e participam de vossa dor. Não a torneis demasiadamente viva, por amor a eles.

À dor, à tristeza humana, deu Deus por companheira

a simpatia celeste, a qual toma, muitas vezes, a forma de um ser amado que, nos dias de provação, desce, cheio de solicitude, e recolhe cada uma de nossas dores para com elas nos tecer uma coroa de luz no espaço.

Quantos esposos, noivos, amantes, separados pela morte, vivem em nova união mais apertada e infinita? Nas horas de aflição, o espírito de um pai, de uma mãe, todos os amigos do Céu se inclinam para nós e nos banham as frontes com seus fluidos suaves e afetuosos; envolvem-nos os corações em tépidas palpitações de amor. Como nos entregarmos ao mal ou ao desespero, em presença de tais testemunhas, certos de que elas veem nossas inquietações, leem nossos pensamentos, esperam-nos e se aprontam para nos receberem nos portões da imensidade?

Ao deixarmos a Terra, iremos encontrá-los todos e, com eles, ainda maior número de espíritos amigos, que havíamos esquecido durante nossa estada na Terra, a multidão daqueles que compartilharam de nossas vidas passadas e compõem nossa família espiritual.

Todos os nossos companheiros da grande viagem eterna agrupar-se-ão para nos acolher, não como pálidas sombras, vagos fantasmas, animados de uma vida indecisa, mas, na plenitude de suas faculdades aumentadas, como seres ativos, continuando a interessar-se pelas coisas da Terra, tomando parte na obra universal, cooperando em nossos esforços, em nossos trabalhos e em nossos projetos.

Os laços do passado reatar-se-ão com maior força. O amor, a amizade e a paternidade, outrora esboçados em múltiplas existências, cimentar-se-ão com os compromissos novos tomados, em vista do futuro, a fim de aumentar incessantemente e de elevar à suprema potência os sentimentos que nos unem. As tristezas das separações passageiras e o afastamento aparente das almas, causados pela morte, fundir-se-ão em efusões de felicidade no enlevo dos regressos e das reuniões inefáveis.

Não deis, pois, crédito nenhum às sombrias doutrinas que vos falam de leis ferrenhas ou, então, de condenação, inferno e paraíso, afastando uns dos outros e, para sempre, aqueles que se amaram.

Não há abismo que o amor não possa encher. Deus, que é todo amor, não podia condenar à extinção o sentimento mais belo e o mais nobre de todos os que vibram no coração do homem. O amor é imortal como a própria alma.

Nas horas de sofrimento, de angústia e de acabrunhamento, concentrai-vos e, por invocação ardente, atraí a vós os seres que foram, como nós, homens e que são agora espíritos celestes, e forças desconhecidas penetrarão em vós e ajudar-vos-ão a suportar vossos males e misérias.

Homens, pobres viajantes que trilhais penosamente a subida dolorosa da existência, sabei que, por toda a parte, em nosso caminho, seres invisíveis, poderosos e bons caminham ao nosso lado. Nas passagens difíceis, seus fluidos amparadores sustentam nossa marcha vacilante. Abri-lhes vossas almas, ponde vossos pensamentos de acordo com os seus e logo sentireis a alegria de sua presença; uma atmosfera de paz e bênção envolver-vos-á, e suaves consolações descerão para vós.

Em meio às provações, as verdades que acabamos de recordar não nos dispensam das emoções e das lágrimas, pois seria contra a natureza. Ensinam-nos, pelo menos, a não murmurarmos, a não ficarmos acabrunhados com o peso da dor e afastam de nós os funestos pensamentos de revolta, desespero ou suicídio, que, muitas vezes, enxameiam no cérebro dos niilistas. Assim, se continuamos a chorar, será sem amargura e sem blasfêmia.

Mesmo quando se trata do suicídio de mancebos arrebatados pelo ardor de suas paixões, diante da dor imensa de uma mãe, o neoespiritualismo não fica impotente, pois derrama também a esperança nos corações angustiados, proporcionando-lhes, pela oração e pelo pensamento ardente, a possibilidade de aliviarem essas almas, que flutuam nas trevas espirituais entre a Terra e o Espaço ou permanecem confinadas, por seus fluidos grosseiros, aos meios em que viveram. Atenua-lhes a aflição, dizendo-lhes que nada há de irreparável ou de definitivo no mal. Toda a evolução contrariada retoma seu curso, quando o culpado paga sua dívida à justiça.

Em tudo essa doutrina nos oferece uma base, um ponto de apoio, de onde a alma pode levantar o voo para o futuro e se consolar quanto às coisas presentes com a perspectiva das futuras. A confiança e a fé em nossos destinos projetam à nossa frente uma luz que ilumina o carreiro da vida, fixa-nos o dever, alarga nossa esfera de ação e nos ensina como devemos proceder com os outros. Sentimos que há, no Universo, uma força, um poder, uma sabedoria incomparáveis e sentimos também que nós mesmos fazemos parte dessa força e desse poder de que descendemos.

Compreendemos que as vistas de Deus sobre nós, seu plano, sua obra, seu objetivo, tudo tem princípio e origem em seu amor. Em todas as coisas, Deus quer nosso bem e, para alcançá-lo, segue caminhos, ora claros, ora misteriosos, mas constantemente apropriados a nossas necessidades. Se nos separa daqueles que amamos, é para fazer-nos achar mais vivas as alegrias do regresso. Se deixa que passemos por decepções, abandonos, doenças e reveses, é para obrigar-nos a nos despregar a vista da Terra e elevá-la para Ele, a fim de procurar alegrias superiores àquelas que podemos provar neste mundo.

O Universo é soma de justiça e amor. Na espiral infinita das ascensões, o resultado dos sofrimentos, divina alquimia, converte-se, lá em cima, em ondas de luz e torrentes de felicidade.

Não tendes notado no âmago de certas dores um travo particular e tão característico em que não é possível deixar de reconhecer uma intervenção benfazeja? Algumas vezes, a alma ferida vê brilhar uma claridade desconhecida, tanto mais viva quanto maior é o desastre. Com um só golpe da dor, levanta-se a tais alturas, aonde seriam necessários vinte anos de estudos e esforços para chegar.

Não posso resistir ao desejo de citar dois exemplos, entre muitos outros que me são conhecidos. Trata-se de dois indivíduos que, depois, foram meus amigos, pais de duas meninas encantadoras, as quais eram toda a sua alegria neste mundo, mas que a morte arrebatou brutalmente em alguns dias.

Um é oficial superior na região leste. Sua filha mais velha possuía todos os dotes de inteligência e beleza. De caráter sério, desprezava, de bom grado, os prazeres de sua idade e tomava parte nos trabalhos de seu pai, escritor, militar e publicista de talento. Ele lhe havia dedicado, por essa razão, um afeto que beirava o culto. Em pouco tempo, uma doença irremediável arrebatou a donzela à ternura dos seus. Então, entre seus papéis, foi encontrado um caderno com o seguinte título: "Para meu pai, quando eu já não existir". Posto que gozasse de perfeita saúde no momento em que traçara tais páginas, depreende-se que ela pressentia sua morte próxima e dirigia ao pai consolações comovedoras.

Graças a esse livro que descobriu na escrivaninha da filha, iniciamos contato. Pouco a pouco, procedendo com método e persistência, fez-se médium vidente e, hoje, possui não somente a graça de estar iniciado nos mistérios da sobrevivência, mas também a de tornar a ver muitas vezes a filha perto de si e de receber os testemunhos de seu amor.

Yvonne (espírito) se comunica igualmente com seu noivo e com um de seus primos, oficial subalterno no regimento de seu pai. Essas manifestações se completam e verificam-se umas pelas outras, pois são também percebidas por dois animais domésticos, assim como o atestam as cartas do general.[220]

O segundo caso é o do negociante Debrus, de Valence, cuja única filha, Rose, nascida muitos anos depois do matrimônio, era ternamente amada. Todas as esperanças do pai e da mãe se concentravam na filha estimada, mas, aos doze anos, foi a menina bruscamente atacada por uma meningite aguda, que a levou. Inexprimível foi o desespero dos pais, e a ideia do suicídio mais de uma vez visitou o espírito do pobre pai. Cobrou, porém, ânimo em razão de alguns conhecimentos que colhia do espiritismo e teve a alegria de tornar-se médium. Atualmente, comunica-se com a filha sem intermediário, livremente e com segurança. Ela intervém frequentes vezes na vida íntima dos seus e produz, às vezes, ao redor deles, fenômenos luminosos de grande intensidade.

Uns e outros nada sabiam do Além e viviam em uma culpada indiferença acerca dos problemas da vida futura e do destino. Agora, fez-se para eles a luz. Depois de haverem sofrido, foram consolados e consolam, por sua vez, os outros, trabalhando para difundir a verdade em volta de si, impressionando todos os que deles se aproximam pela elevação de suas vistas e pela firmeza de suas convicções. Suas filhas lhes voltaram transfiguradas e radiantes, e eles chegaram a compreender por que Deus os havia separado e como lhes preparara uma vida comum na luz e na paz dos espaços. Eis a obra da dor!

❋ ❋ ❋

---

[220] Essas cartas estão publicadas em extenso na brochura *O Além e a Sobrevivência do Ser*, p. 27 e seguintes.

O Problema do Ser e do Destino   387

Para o materialista, convém repeti-lo, não há explicação para o enigma do mundo nem para o problema da dor. Toda a magnífica evolução da vida, todas as formas de existência e de beleza, lentamente desenvolvidas no decurso dos séculos, tudo isso, a seus olhos, é decorrente do capricho de um acaso cego e não tem outra saída além do nada. No fim dos tempos, será como se a humanidade nunca tivesse existido. Todos os seus esforços para se elevar a um estado superior, todas as suas queixas, seus sofrimentos, suas misérias acumuladas, tudo se desvanecerá como uma sombra e tudo terá sido inútil e vão.

Nós, porém, que temos a certeza da vida futura e do mundo espiritual, em vez da teoria da esterilidade e do desespero, vemos no Universo o imenso laboratório onde se afina e apura a alma humana, através das existências alternativamente celestes e terrestres. O objetivo das últimas é um só: a educação das inteligências associadas aos corpos. A matéria é um instrumento de progresso: o que nós chamamos de mal e dor é simplesmente um meio de elevação.

O "eu" é coisa odiosa, tem-se dito, todavia, permita-me uma confissão: a cada vez que o anjo da dor me tocou com sua asa, senti agitarem-se em mim potências desconhecidas e ouvi vozes interiores entoarem o cântico eterno da vida e da luz; agora, depois de ter compartilhado de todos os males de meus companheiros de viagem, bendigo o sofrimento, pois foi ele que amoldou meu ser, que me fez obter um critério mais seguro e um sentimento mais exato das altas verdades eternas. Minha vida foi mais de uma vez sacudida pela desgraça, como o carvalho pela tempestade, mas nenhuma prova deixou de me ensinar a conhecer-me um pouco mais e a tomar maior posse de mim.

Chega a velhice e aproxima-se o termo de minha obra. Após cinquenta anos de estudos, trabalho, meditação e experiência, é-me dado o grato poder de afirmar a todos aqueles que sofrem, a todos os aflitos deste mundo que há no Universo uma justiça infalível. Nenhum de nossos males se perde; não há dor sem compensação, nem trabalho sem proveito. Caminhamos todos pelas vicissitudes e lágrimas, para um fim grandioso fixado por Deus, e temos ao nosso lado um guia seguro e um conselheiro invisível para nos sustentar e consolar.

Homem, meu irmão, aprende a sofrer, porque a dor é

santa. Ela é o mais nobre agente da perfeição. Penetrante e fecunda, é indispensável à vida de todo aquele que não quer ficar petrificado no egoísmo e na indiferença. Esta é uma verdade filosófica: Deus envia o sofrimento àqueles a quem ama. Dizia Epicteto: "Eu sou escravo, aleijado, outro Irus em pobreza e miséria e, todavia, amado dos deuses".

Aprende a sofrer. Não te direi: "Procura a dor", mas, quando ela se erguer inevitável em teu caminho, acolhe-a como uma amiga. Aprende a conhecê-la, a apreciá-la, em sua beleza austera, a entender-lhe os secretos ensinamentos. Estuda sua obra oculta. Em vez de te revoltares contra ela ou de ficares acabrunhado, inerte e fraco debaixo de sua ação, associa tua vontade, teu pensamento ao alvo a que ela visa e procura tirar dela, em sua passagem por tua vida, todo o proveito que ela pode oferecer ao espírito e ao coração.

Esforça-te para seres, a teu turno, um exemplo para os outros, por tua atitude na dor, pelo modo voluntário e corajoso por que a aceitas; por tua confiança no futuro, torna-a mais aceitável aos olhos dos outros.

Em uma palavra, faze a dor mais bela. A harmonia e a beleza são leis universais, e, nesse conjunto, a dor tem seu papel estético. Seria pueril enraivecermo-nos contra esse elemento necessário à beleza do mundo. Exaltemo-la antes, com vistas e esperanças mais elevadas. Vejamos nela o remédio para todos os vícios, para todas as decadências e para todas as quedas.

Vós todos que vergais sob o peso do fardo de vossas provações ou que chorais em silêncio, aconteça o que acontecer, nunca desespereis. Lembrai-vos de que nada sucede debalde, nem sem causa; quase todas as nossas dores vêm de nós mesmos, de nosso passado e abrem-nos os caminhos do Céu. O sofrimento é um iniciador, pois revela-nos o sentido grave, o lado sério e imponente da vida, a qual não é uma comédia frívola, e sim uma tragédia pungente; é a luta para a conquista da vida espiritual, na qual o que há de maior é a resignação, a paciência, a firmeza e o heroísmo. No fundo, as lendas alegóricas de Prometeu, dos Argonautas, dos Niebelungem e os mistérios sagrados do Oriente não têm outro sentido.

Um instinto profundo nos faz admirar aqueles cuja existência não é senão um combate perpétuo contra a dor, um esforço constante para escalarem as abruptas ladeiras que conduzem aos cimos virgens, aos tesouros inviolados;

O Problema do Ser e do Destino

e não admiramos somente o heroísmo que se patenteia, as ações que provocam o entusiasmo das multidões, mas também a luta obscura e oculta contra as privações, a doença, a miséria e tudo o que nos desata dos laços materiais e das coisas transitórias.

Dar tensão às vontades; retemperar os caracteres para os combates da vida; desenvolver a força de resistência; afastar da alma da criança tudo o que pode amolentá-la; elevar o ideal a um nível superior de força e grandeza – eis o que a educação moderna deveria adotar como objetivo essencial –, mas, em nossa época, tem-se perdido o hábito das lutas morais à procura dos prazeres do corpo e do espírito. Por isso a sensualidade extravasa de nós, os caracteres aviltam-se e a decadência social se acentua.

Ergamos os pensamentos, os corações e as vontades. Abramos nossas almas aos grandes sopros do espaço. Levantemos nossas vistas para o futuro sem limites. Lembremo-nos de que esse futuro nos pertence, e nossa tarefa é conquistá-lo.

Vivemos em tempos de crise. Para que as inteligências se abram às novas verdades, para que os corações falem, serão necessários avisos ruidosos e as duras lições da adversidade. Conheceremos dias sombrios e períodos difíceis. A desgraça aproximará os homens, e só a dor verdadeiramente lhes fará sentir que são irmãos.

Parece que as sociedades seguem um caminho orlado de precipícios. O alcoolismo, a imoralidade, o suicídio, o crime e a anarquia provocam suas devastações. A cada instante surgem escândalos, despertando curiosidades novas, remexendo o lodo onde fermentam as corrupções e onde o pensamento rasteja.

A alma da França, que foi, muitas vezes, a iniciadora dos povos, seu guia na via sagrada, sofre por sentir que vive em um corpo viciado. Ó, alma viva da França, separa-te desse invólucro gangrenado, evoca as grandes recordações, os altos pensamentos e as sublimes inspirações de teu gênio, porque ele não está morto, apenas dormita; amanhã despertará.

A decomposição precede a renovação. Da fermentação social sairá outra vida, mais pura e mais bela. Ao influxo da ideia nova, a sociedade humana encontrará de novo a crença e a confiança e levantar-se-á maior e mais forte para realizar sua obra neste mundo.

Profissão de fé do século XX

No ponto de evolução a que o pensamento humano chegou, considerando, do alto dos sistemas filosóficos e religiosos, o problema formidável do ser, do Universo e do destino, em que termos poderiam ser resumidas as noções adquiridas? Em uma palavra, qual poderia ser o credo filosófico do século XX?

Já tentei resumir, no livro *Depois da morte*, para conclusão, os princípios essenciais do espiritismo moderno. Se dermos a este trabalho nova forma, adotando por base, como o fez Descartes, a própria noção do ser pensante, mas desenvolvendo-a e ampliando-a, poderemos dizer:

1) O primeiro princípio do conhecimento é a ideia do ser (inteligência e vida), a qual se impõe: "Eu sou!". Essa afirmação é indiscutível. Não podemos duvidar de nós mesmos. Mas essa ideia, por si só, não é suficiente; deve completar-se com a ideia de ação e a de vida progressiva: "Eu sou e quero ser cada vez mais e melhor".

O ser, em seu "eu" consciente – a alma –, é a única unidade viva, a única mônada indivisível e indestrutível, de substância simples, que debalde se procura na matéria, porque só existe em nós mesmos. A alma permanece invariável em sua unidade por milhares e milhares de formas e milhares de corpos de carne que ela constrói e anima para as necessidades de sua evolução eterna; é sempre diferente pelas qualidades adquiridas e pelos progressos realizados, cada vez mais consciente e livre na espiral infinita de suas existências planetárias e celestes.

2) Entretanto, a alma só em metade pertence a si mesma. Pela outra metade, é do Universo, do todo de que faz parte. Por isso, só pode chegar ao inteiro conhecimento de si mesma pelo estudo do Universo.

A aquisição desse duplo conhecimento é a própria razão e o objeto de sua vida, de todas as suas vidas, pois a morte é simplesmente a renovação das forças vitais necessárias para mais uma nova fase.

3) O estudo do Universo demonstra, logo à primeira vista, que uma ação superior, inteligente e soberana governa o mundo.

O caráter essencial dessa ação, pelo próprio fato de sua perpetuidade, é a duração. Pela necessidade de ser absoluta, essa duração não poderia comportar limites; daí a eternidade.

4) A eternidade, viva e agente, resulta no ser eterno e infinito, ou seja, Deus, causa primária, princípio gerador e origem de todos os seres. Dizemos eterno e infinito, porque o ilimitado na duração implica matematicamente o ilimitado na extensão.

5) A ação infinita está ligada às necessidades da duração. Ora, onde há ligação e relação, há lei.

A lei do Universo é a conservação, a ordem e a harmonia. Da ordem deriva o bem; e da harmonia deriva a beleza.

O fim mais elevado do Universo é a beleza, sob todos os seus aspectos: material, intelectual e moral. A justiça e o amor são seus meios. A beleza, em sua essência, é, pois, inseparável do bem, e ambas, por sua estreita união, constituem a verdade absoluta, a inteligência suprema e a perfeição.

6) O objetivo da alma, em sua evolução, é atingir e realizar em si e em volta de si, através dos tempos e das estações ascendentes do Universo, pelo desabrochar das potências que possui em gérmen, essa noção eterna do belo e do bem, que exprime a ideia de Deus e a própria ideia de perfeição.

7) Da lei da ascensão, bem entendida, deriva a explicação de todos os problemas do ser: a evolução da alma, que recebe, primeiramente, pela transmissão atávica, todas as suas qualidades ancestrais, depois as desenvolve por sua ação própria, para lhes acrescentar novas qualidades; a liberdade relativa do ser igualmente relativo no ser absoluto; a formação lenta da consciência humana através dos séculos e seus desenvolvimentos sucessivos nos infinitos do porvir; a unidade de essência e a solidariedade eterna das almas, em marcha para a conquista dos altos cimos.

FIM

O Espiritismo Perante a Ciência
GABRIEL DELANNE
Formato 14 x 21 cm • 358 p.

"O espiritismo é uma ciência progressiva. Conforme os espíritos progridem – e nós crescemos intelectualmente –, eles descobrem verdades novas, que nos transmitem gradualmente. Portanto, não temos dogmas nem pontos doutrinários inflexíveis". Com essa visão, Gabriel Delanne, estudioso dos fenômenos mediúnicos que viveu no século XIX, analisa aqui algumas crenças básicas do espiritismo, como a existência da alma e do perispírito, conseguindo comprová-las com argumentos lógicos, baseados em fatos rigorosamente documentados. Cumpre assim a orientação kardequiana de nortear a doutrina espírita pela pesquisa permanente e a aliança corajosa com a vanguarda da ciência, ao invés do conformismo que faz estacionar no tempo.

Delanne apresenta nesta obra casos fascinantes que comprovam os fenômenos de materialização, movimento de corpos, transporte, vidência, entre vários outros, que brotavam por toda parte naqueles dias predestinados em que se consolidava a Terceira Revelação. E também analisa, com profundo conhecimento de causa, as experiências notáveis do magnetismo, do sonambulismo e da hipnose, que dão apoio à fenomenologia espírita.

A lucidez e a profundidade dos conhecimentos deste importante divulgador das idéias espíritas, sua lógica perfeita e a riqueza do material apresentado, fazem desta obra precioso material de reflexão e documento imprescindível para reconstituir muito da história daquele período áureo em que os fenômenos paranormais despertaram a humanidade para a revelação espírita.

Urânia
CAMILLE FLAMMARION
Formato 14 x 21 cm • 168 p.

Urânia era, na Grécia Antiga, a musa da Astronomia que presidia ao céu estrelado. Uma estatueta da deusa, tão perfeita que mais parecia animada, inspirou a um jovem estudante do Observatório de Paris uma devoção próxima do amor. Então ele é levado por ela, numa visão, a uma viagem desbravadora pelo Cosmo. Assim começa a narrativa encantadora de Camille Flammarion, que nos convida a participar dessa viagem pelo espaço estelar, guiados pelas mãos de Urânia.

Com dois séculos de antecedência, ele compõe a mais inspirada visão da cosmogonia, em que intui uma perspectiva do espaço celeste, dos mundos do Universo, das galáxias e estrelas, que nos encanta e inspira como uma revelação, justificando a fama duradoura de que goza esta obra.

A narrativa prossegue com a história de George, o amigo dileto do nosso herói, homem obcecado pelo estudo dos mistérios do Universo e da alma, e da terna paixão que o une a Icleia, jovem norueguesa que partilha de suas ansiedades metafísicas.

A descrição deste romance delicado e intenso permite a Flammarion desenvolver, em diálogos ricos de conhecimento, reflexões que partem da visão científica para os altos voos do espírito em busca da verdade. O desfecho aventuroso conduz a narrativa a um incrível testemunho da imortalidade, calcado nos fenômenos que o autor exaustivamente pesquisava, e no que foi um dos maiores vultos do espiritismo nascente.

Urânia é um clássico, uma obra consagrada da literatura espiritualista, que já encantou gerações de estudiosos. Ao ser envolvido pelo seu encanto, o leitor entenderá por quê.

O PROBLEMA DO SER E DO DESTINO
foi confeccionado em impressão digital, em junho de 2020
Conhecimento Editorial Ltda
(19) 3451-5440 — conhecimento@edconhecimento.com.br
Impresso em Luxcream 70g, StoraEnso